스페인어
통역교육론

한원덕 지음

HU:iNE

이 저서는 2008년도 정부재원(교육부 인문사회연구역량강화사업비)으로 한국연구재단의 지원을 받아 연구되었음(NRF-2008-812-A00395).

This work was supported by the National Research Foundation of Korea Grant funded by the Korean Government(NRF-2008-812-A00395).

서문 Introducción

최근 스페인어는 중국어와 함께 우리나라의 글로벌 전략 언어로써 급부상하고 있다. 각 대학 스페인어과의 취업률이나 우리나라의 대 중남미 교역량 증가, 이 지역의 외교적 중요성 등 일일이 그 증거를 열거하는 것도 이젠 진부한 일이다. 다만 급증하는 수요만큼이나 스페인어권 국가들에 대한 문화적 이해와 사회경제학적인 교육이 충분히 공급되고 있는 지에 대한 의문은 여전히 해소되지 않고 있다. 물론 우리나라의 스페인 및 중남미 지역에 대한 이해가 부족하다고 해서 대기업의 상품과 기술이 시장에 진입하는데 당장 어려움이 있다고 단언할 수는 없다. 어찌 보면 양 지역 교류의 역사가 짧고 상당한 거리가 떨어져 있음에도 불구하고 이러한 물리적 접근이 놀랄만한 신장세를 견지하고 있는 현실은 두 지역에 대한 문화와 소통 전문가의 필요성을 희석하고 있는지도 모른다.

그러나 저자가 현장에서 직접 보고 들은 것은 이러한 피상적인 느낌과는 상당한 거리가 있다. 우리나라를 찾는 스페인어권 국가들의 전문가들은 대부분 통역사 섭외를 한국 측에 의존하고 있으며 한국인 통역사를 통해 최소한의 정보만 전달된다면 그들은 우호적인 분위기에서 방문 일정을 마무리하고 귀국 길에 오른다. 동북아의 주역으로써 우리나라는 스페인 및 중남미 지역 국가들의 주요 교역 상대국으로 그리고 고도의 민주화와 경제 성장을 이룬 국가로서의 이미지로 기억됨은 물론이다. 그러나 과연 이렇게 밝기만한 우리나라의 이미지가 방문 인사들의 모든 궁금증과 호기심을 더욱 유발하거나 대체할 수 있을까에 대한 답은 부정적이다. 만약 이들 국가들이 자국의 이익을 위해 통역사를 스스로 교육하고 한국과의 관계에 있어서 상시 전력으로 사용한다면 단순히 우호적인 관계 이상의 유대를 쌓아나가는데 크게 도움이 될 것으로 믿는다. 현재의 의사소통 단계에서는 통역 상황이 발생해야 대응하는 선(先)상황 후(後)수습 상태의 교류를 지속시킬 것이며 자국의 핵심이익을 위해 장기적인 협상전략을 갖춘 전문가들의 양성은 요원할 것으로 예상된다. 또 이러한 인력을 양성하기 위해서 관련국들은 비단 농업전문가, IT전문가 등 우리나라의 전통적인 공여 아이템에서 한 단계 더 나아가서 통번역 전문가들의 양성에도 재원과 인력을 투입할 시기가 온 것으로 판단된다.

바로 이런 현상은 국내 통역사와 통역 교육자들에게 추가적인 과제를 던지고 있다. 즉, 스페인어권 국가들이 우리나라와의 관계에 있어서 불규칙적으로 제기하는 통역 수요에 잘 준비된 통역을 제공해야 하는 일이다. 이를 위해서는 통역사들은 이 지역에 대한 이해를 매우 높은 수준으로 유지해야 하며 특히 수많은 중남미 국가들의 개별 및 집단적 핵심이익과 문화적 특성을 인식해야 할 것이다. 얼마 전 까지도 방대한 스페인어권 국가들의 자료를 체계적으로 관리할 만한 인프라도 부재하였으며 그 필요성도 제기되지 않았지만 통신기술의 발달로 더 이상 지리적 거리가 학습의 장애 요인이 되지 않는 시대가 도래하였으며 교육 역량을 갖춘 전문 인력 또한 지난 십여 년 동안 토목, 전자, 문화, 자원 개발 등 다양한 분야에서 꾸준히 축적되어 왔다.

이 책은 저자가 현장에서 얻은 통역 관련 지식과 경험을 교육학적 관점에서 정리한 이론서이다. 전반적으로 한국어-스페인어 통역의 특성을 전제로 하여 작성되었으며 일반 통역학 이론서와 공통되는 부분도 있지만 한국어와 스페인어 통역의 특수한 언어 및 비언어적 양태를 비교적 상세히 기술한다. 교육자에게는 어떻게 하면 교육 효율을 높일 수 있을지에 대한 질문을 던지고 학습자들로 하여금 수업에 보다 깊이 집중할 수 있도록 하는 제언을 제시하는 한편 통역과 통역 교육을 학습자의 시각에서 폭넓게 이해하고 학습 요소를 교육 시기 이전에 조기에 파악하여 자신의 필요에 따라 학습 계획을 세울 수 있도록 하는 지침서가 될 것으로 기대한다.

'스페인어 통역 교육론'은 현재 통역 업무를 장기적으로 추진하고 있는 기관이나 단체들의 교육관련 부서에도 유용성이 크다. 현재 해당 기관에서 근무하고 있는 통역사들이 만약 국내의 석사학위 과정 전문 통역 교육 과정을 이수하지 않았다면 교육 전문가를 초빙하여 이 저서를 통해 최소한의 교육을 실시할 수 있으며 또한 실제로 현장에서 통역을 담당하지는 않지만 관리 및 지휘 책임이 있는 담당자는 스페인어-한국어의 특성을 간접적으로나마 이해하고 통역사들에게 요청할 사항이 무엇인지를 파악할 수 있도록 도움을 제공할 것이다. 이 책에는 통역과 직접적인 관련이 있는 교육 요소도 담겨있지만 통역 현장에서 요구되는 시설과 회의 형태, 참석자들의 관심과 회의 발언 순서 등 행사 진행을 담당하는 관리자에게도 반드시 유의해야 할 사항이 수록 되어있다.

현재 교육을 받고 있는 예비 통역사들은 물론 이미 2년 이상의 전문 통역 교육을 받은 통역사들도 이 책을 통해 지금 까지 자신이 알고 있던 통역 관련 지식과 시스템을 일목요연하게 정리할 수 있으며 평소 익숙하지 않은 통역 현장에 갈 때에도 사전에 일독할 자료들을 발견하게 될 것이다.

우리나라에서 스페인어 학과가 설립 된지 58년 되었고 국제 기준의 통역 교육은 1979년 한국외국어대학교 통번역대학원 스페인어과 설립 이래 34년의 역사를 이어왔다. 순차통역과 동시통역 교육으로 구분되던 통역 교육은 이제 대한민국의 대내외적 위상과 글로벌 파워의 확대로 국제기구에서의 통역, 의료 및 법정 통역, 광물탐사와 자원 개발 통역, 인적교류와 문화코드 통역 등 새로운 전문 분야 통역 교육 국면으로 접어들고 있다. 언어 중심, 스킬 중심의 통역 교육에서 인문-자연 융합 통역, 분야를 넘나드는 학제 간 통역 교육 시대로 진입하고 있는 것이다. 따라서 '스페인어 통역교육론' 또한 단면적인 통역 교육 이론을 정립하는 수준에 머무르지 않고 앞으로 더욱 확장되고 진화해야 할 것은 의심의 여지가 없는 사실이다.

이 지면을 빌어 '스페인어 통역교육론'이 발행될 수 있도록 지원해 준 한국학술진흥재단과 한국외국어대학교에 깊은 감사의 뜻을 표하며 교정을 도와준 윤승진 교수, 자료 조사와 업데이트에 힘써준 이은성, 장대현 학생에게 고마움을 전하고 싶다.

2013년 9월 추석이 끝나고

지은이 한원덕

목차 Tabla de Contenidos

Capítulo 1

통역 학습자

Alumno de interpretación

Capítulo

1 통역 학습자

한국어-스페인어 통역 학습자와 전문 통역사의 대부분은 여성이다. 여기에는 섬세하고 감성적인 통번역 업무의 특성 때문에 여성이 더욱 효율적으로 수행할 수 있다는 해석도 작용한 것으로 보이지만 이외에도 남성들의 조직문화 선호 현상 즉 조직에 소속되지 않고 자기 책임 아래 고객을 확보하고 수익을 창출하는 개인적인 직업보다 조직생활에서의 경험을 선호하는 현상과 직급 상승에 따른 보상, 그리고 안정적인 수입과 가장으로서의 책임 등 여러 가지 원인이 혼재한다. 그러나 남성 통역사와 여성 통역사의 업무능력은 통역사 자신의 언어 및 비언어 능력과 상관관계를 유지할 뿐 성별이 통역사의 능력을 결정짓는 주요 요인은 아니다. 통역 학습자들은 국내의 통번역대학원에서 졸업시험을 합격한 후 전문통역사로 활동하게 되는데 그 형태는 자신의 계획과 책임에 따라 통역 업무를 수행하는 프리랜서 통역사 그리고 정부, 공공단체 또는 기업에서 계약을 맺고 일하는 기관통역사이다. 하지만 실제 통역 교육을 받는 국내의 스페인어-한국어 학습자들 가운데에는 통역사로서 활동하는 것 이외에도 로스쿨진학, 의학전문대학원 진학, 국내외 스페인어문학 박사과정 진학 등을 희망하는 학습자들도 있다. 통역 교육을 통해 획득한 고급 스페인어 의사소통능력을 다른 전공분야와 연계하여 교육 효과와 자아실현 범위를 확대하려는 시도로 이해된다.

국내의 스페인어 통역 학습자들은 스페인어 학습 지역과 기간을 고려하여 다음과 같은 유형으로 구분할 수 있다.

첫째 해외에서 고등교육 과정을 이수하면서 장기 체류 경험이 있는 사람으로서 스페인어와 한국어의 수준이 모두 높은 학습자. 해외 거주기간이 길지만, 부모의 지원을 받거나 학습자 스스로 한국어 학습을 위해 특별한 노력을 기울인 사람만이 두 개의 언어를 스페인어권 국가에서 높은 수준으로 유지할 수 있다.

둘째 해외에서 고등교육 과정을 이수하면서 장기 체류 경험이 있으며 스페인어의 수준은 높으나 한국어의 수준은 낮은 학습자.

셋째 해외에서의 체류기간이 길지 않으면서 스페인어와 한국어가 모두 중간 수준에 머물러 있는 학습자.

넷째 해외 체류기간이 짧으면서 한국어 수준은 높지만, 스페인어 수준은 중간 수준에 있는 학습자.

다섯째 해외 체류기간이 짧으면서 스페인어와 한국어 수준이 모두 중간 수준에 있는 학습자.

여섯째 해외 체류기간이 짧으면서 스페인어와 한국어 수준이 모두 높은 학습자.

기본적으로 통역 학습자는 스페인어와 한국어 모두를 높은 수준으로 유지해야 하는 것이 원칙이지만 실제로 전문가의 엄격한 평가 기준을 적용하면 다수의 국내 스페인어-한국어 통역 학습자는 스페인어보다 한국어의 수준이 상대적으로 높다.

통역 학습자는 제한된 시간 내에 연사 또는 발표자가 청중에게 전달하기 원하는 정보를 신속, 정확하게 처리하기 때문에 고도의 순발력이 필요하다. 물론 순발력을 비롯하여 모든 필요한 자질들은 훈련에 의하여 강화되고 개선될 수 있는 것이 사실이다. 그러나 전문통역사로서 미래를 열어갈 예비통역사들은 전문 직업으로서의 통역이 우선 자신의 적성과 성격에 적합한지 냉정하게 돌아볼 필요가 있다. 통역사는 대중 앞에서 분명하게 말할 수 있는 자신감이 있어야 한다. 언어전문가들의 수가 갈

수록 증가하고 있지만, 통역사는 자신의 말을 전하는 것이 아니라 연사의 메시지를 전달하는 임무를 부여받기 때문에 부담감과 긴장감을 가지고 통역에 임할 때가 많다. 이러한 환경을 이겨낼 수 있는 심리적 자질을 갖지 못하면 효율적인 통역을 수행할 수 없게 된다. 이외에도 통역 학습자들은 통역을 수행하면서 다음과 같은 능력을 보유해야 한다(남성우:317-318).

선천적으로 타고나야 하는 신체-정신적 자질

- 집중력, 최대한 주의를 모으는 능력, 방해 요소로부터 벗어날 수 있는 능력
- 동시에 여러 개의 일을 할 수 있는 능력
- 빠른 반응
- 빠른 말
- 신체-정신적인 인내력

후천적으로 습득해야 하는 능력

- 넓은 시야, 백과사전적 지식
- 유창한 모국어, 풍부한 어휘
- 실무 외국어를 듣고 자연스레 이해할 수 있는 능력
- 구어와 관용어구를 포함한 유창한 실무 외국어 구사 능력
- 뛰어난 지식, 사고의 유연함

상황 대비능력

- 연사가 매우 빠른 속도로 말을 하거나 준비해온 연설문을 그대로 낭독할 수 있다. 그냥 읽어 내려가는 경우 속도는 훨씬 빨라진다.
- 연사의 발음이 불분명하거나 방언을 사용할 수 있다.
- 연사가 약어 또는 전문 분야에서만 통용되는 표현을 사용할 수 있다.

이와 같이 통역을 수행하기 위해 통역사가 갖추어야 할 기본 조건이 있다면 통역 교육을 받기 위한 수학능력도 중요한 요소이다.

학습자의 수학능력은 인지적 능력과 심리적인 능력으로 나눌 수 있다.

인지적 능력

- 학습의 목표와 자신의 성취도를 비교해 가면서 스스로 강한 동기유발을 촉발시킨다.
- 통역 교육 과정 속에서 이해가 어려운 부분과 학습 효율이 떨어지는 부분을 선별하고 집중적인 개선 노력을 기울인다.
- 빈번한 오류 등 수정이 필요한 통역요소들이 파악되면 재발 되지 않도록 노력을 기울인다.
- 통역 학습과정을 스스로 간결하고 활용하기 쉽게 재정리하여 동일하거나 유사한 학습 요소에 대하여 학습재원이 중복 투입되지 않도록 한다.
- 성공적인 학습자들의 수업 준비와 수업 참여를 주의 깊게 관찰하여 자신의 학습방법 구축에 참고한다.

심리적 능력

- 학습자는 대중 앞에서 긴장하지 않고 통역을 수행할 수 있는 심리적 능력이 필요하다. 심리적 능력 중에서 긴장감을 해소할 수 있는 훈련으로는 수업 환경을 최대한 실질적인 간접 체험 공간으로 인식할 수 있도록 스스로 몰입하는 것, 실제로 개최되는 행사에서 작은 행사를 시작으로 차츰 큰 규모의 통역 기회를 맡아 경험을 쌓아 가는 것 등이 필요하다. 심리적 긴장을 발생시키는 장애요인이 있다면 철저히 분석하여 제거하는 것이 필요하다. 장애 요인 가운데는 작은 음성, 떨리는 음성, 말을 더듬는 습관, 무대 공포증, 미비한 통역 능력, 불리한 통역 환경, 연사의 발음과 권위로부터 발생하는 두려움, 행사의 규모와 중요성, 동료와의 비교 의식 등이 영향을 미칠 수 있다. 긴장을 포함한 모든 장애 요인을 극복하기 위해서는 무엇이 어떤 이유와 형태로 자신에게 영향을 미치는지 구체적으로 파악하고 적극적으로 대응해야 하며 필요하다고 판단되면 심리치료전문가의 도움을 받을 수 있다.

정의 결과로서만 이해하기보다는 분석 가능하고 대안을 찾을 수 있는 가능성을 열어야 한다는 의미에서 학습자언어에 다양한 정체성을 부여한 학자들로서는 Dulay, Burt & Krashen(1982), Bialystock & Sharwood Smith(1985) 등이 있는데 이들은 각각 과도구조(Construcción Transitoria)와 체계적인 실행(Ejecución Sistemática)이라는 용어를 사용했다.

학습자언어는 다양한 특성을 갖지만 크게 구분하면 변이성, 방향성, 하위성이라는 특징을 갖는다(Han. W. D.:1994)

1. 1. 2. 1. 변이성

학습자언어는 항상 여러 가지 변이 요인들에 의하여 변화의 영향을 받는다. Ellis(1985:19)는 변이성을 체계적인 변이성과 비체계적인 변이성으로 구분하였다. 체계적인 변이성이란 특정한 원인 또는 반복적으로 발생하는 언어 및 비언어적인 현상으로 정의된다. 가장 대표적인 체계적 변이성의 원인들은 우선 모국어, 성격, 제1외국어, 학습 환경과 내용, 학습 목표, 교수, 교수법 등을 들 수 있고 이 요인들은 학습자로 하여금 학습 목표어의 틀을 형성하게 하는 경향을 보인다. 구체적으로 기술하기는 어렵지만, 한국어를 모국어로 하는 한국인 학습자들은 스페인어를 학습하면서 다양한 한국어 간섭 현상을 보이게 되는데 비교적 많은 한국인 학생들이 동일한 유형의 오류를 노출한다. 다만 변이 요인으로서의 한국어는 통사, 어휘, 화용 등의 하위분야에서 다양한 간섭 현상을 일으킬 가능성이 있다. 즉 학습자언어 또는 중간언어의 발달 과정이 하나의 단위로 진행하기보다는 다양한 하위체계 요소들의 변화 과정이라고 본다면 그 간섭의 양태도 복잡다단할 것을 예상하기란 그리 어려운 일이 아니다. 한국 문화의 간섭 현상을 예로 들면 "사나이는 말이 없다", "어른 앞에서는 말을 삼가야 한다" 라는 통념이 존재하는 가부장적인 사회 환경 등은 외국어 학습 효율을 저하시키는 요인이 될 수 있다. 따라서 외국어로 대화를 이끌어갈 수 있는 능력을 키울 수 있는 길이 수평적 인간관계에 익숙한 스페인어권 국민들보다 불리할 수 있다. 비체계적인 변이 요인으로서는 특정한 원인을 밝힐 수 없고 발생을 예측하기가 어려운 변이 요인으로서 학습자의 피로도, 조음을 하기 위한 신경생리학적인 능력, 심리적 공황이나 공포에 따른 실어증 등을 예로 들 수 있다.

1. 1. 2. 2. 방향성

학습자의 언어는 먼저 익힌 언어 즉, 모국어와 학습의 대상이 되는 언어 사이에서 운동성을 갖고 움직이는데 이러한 특성을 방향성이라고 한다. 즉 학습자의 언어는 항상 움직이는 상태라는 것과 그것이 모국어를 기준으로 하여 학습 목표어를 향하여 진행하거나 반대로 진전된 학습 목표어어의 상태에서 퇴행하여 모국어로 되돌아 올 수 있다는 성질을 설명하는 말이다. 학습자언어의 방향성은 통시 및 공시적인 분석을 통해 가능할 수 있지만, 학습자 개인 또는 학습자 군에 따라서 일단 학습된 후에는 절대로 모국어로 되돌아오지 않거나 또는 학습이 불가능한 정도의 난이도를 갖는 언어요소도 존재한다. 행동주의 언어학자들은 이렇게 운동성을 상실하고 한 지점에서 머무르게 되는 현상을 화석화(Fosilización)로 인식했다. 일정한 학습요소는 시간이 경과하면서 반복적인 자극에 노출되면 결국 고착화되어 추후에 발생하는 학습조건에 반응하지 못하거나 더 나아가서 새로운 학습 요소가 체득되지 못하도록 적극적으로 방해하면서 간섭한다고 보는 시각이다. 언어의 하위체계 가운데 비교적 고착화 또는 화석화가 잘 발생하는 대표적인 영역은 음운체계의 학습이며 상대적으로 시간의 변화에 따라 학습 효과가 높지만, 학습 시간이 줄어들 때 가장 빠른 속도로 퇴행하는 부분은 어휘라고 할 수 있다. 즉 어휘의 학습과정은 운동성과 방향성이 크고 발음의 학습과정은 운동성이 약하다. 학습속도 또한 모든 하위체계에서 일정한 속도를 보이지 않는다. Ellis(1985:63)는 외국어로서 영어를 학습할 때 가장 빈도 높게 나타나는 학습발달 순서는 문법, 어순, 형태소, 단문과 복문의 복합적인 사용이라고 하였다.

1. 1. 2. 3. 하위성

자연언어의 생성과 소멸의 과정은 화자 각각의 개별언어와 공동체언어 즉 Habla와 Lengua의 관계로 설명할 수 있다. 한 사람이 출생하면 가깝게는 어머니를 비롯하여 가족과 친구, 동료, 미디어 매체 등을 통해 언어를 습득하게 되고 그 또한 자신의 시대에 존재하는 언어에 어떠한 형태로든 기여하면서 일생을 보내게 된다. 하나의 언어는 바로 그 언어가 속하는 공동체의 정체성을 무엇보다도 잘 보여주는 동질성의 발현이다. 모국어 또는 모국어에 비견될 수 있는 제2언어의 습득과정에서는 학습의 과정속에서 학습자가 비교적 학습자 친화적인 환경에서 교육을 받을 수 있는 기회가 제공되는 반면에 성인으로서의 외국어 학습자언어는 동일한 폭의 학습자 군이 형성되지 않기 때문에 동질성의 위기 속에 처하게 되며 성인 학습자인 경우 경미한 실수에도 인지적 능력의 부족까지도 의심을 받게 되는 심각한 상황이 발생한다. 모국어 학습자와 달리 기본적으로 목표어에 대한 노출시간이 매우 적다. 물론 노력에 의하여 인터넷을 통한 학습을 강화하거나 국내에서 접근이 용이한 외국인 화자의 도움을 받아서 필요한 시간을 확보할 수 있지만, 이것은 자연스럽게 충분한 모국어 활용기회를 제공받는 모국어 습득자와 비교할 때 학습조건이 상당히 열악하다고 하겠다. 학습 목표어 예를 들어 스페인어 학습 시간을 최대한 늘린다고 하여도 학습된 요소가 바르게 사용되었는지에 대한 평가 및 조언을 받을 수 있는 여건도 갖추기 어려운 것이 사실이다. 한편 모국어가 학습 목표어의 발달에 장애 요인이 된다는 행동주의 언어학자들의 지적이 있음에도 불구하고 성인은 외국어를 학습할 때 유아시절부터 습득한 제1언어 즉 모국어를 통해 외국어를 배울 수 있는 보편적인 언어 및 비언어적인 경험을 축적하고 있기 때문에 부정적인 측면보다는 오히려 제1언어의 긍정적인 측면을 외국어 학습에 활용하는 것이 필요하다.

1. 2. 학습자언어의 분류

1. 2. 1. 공시적 학습자언어와 통시적 학습자언어

시간의 흐름에 따라 학습자언어는 공시적 학습자언어(Interlengua Sincrónica)와 통시적 학습자언어(Interlengua Diacrónica)로 구별할 수 있다.

1. 2. 2. 결과물로서의 학습자언어와 과정으로서의 학습자언어

학습자는 자신의 학습 목표어를 발화할 때 일련의 인지적 조음 및 조어 과정을 거치게 되고 그 결과로서 발화물이 생산된다. 학습자언어라는 개념 즉 대표적으로

Selinker가 주창한 중간언어가 외국어교육에 크게 기여한 것은 바로 그동안 오류로 점철된 부정적인 이미지의 학습자언어, 다시 말해서 가급적 최단기간 내에 개선하고 바로잡아야 하는 수정의 대상에 지나지 않던 학습자언어를 하나의 관찰 가능하고 오류의 원인이 어디에 있는지 규명할 수 있도록 하는 학문적 연구대상으로서 의료기술의 발달을 위해서는 가검물의 축적과 분석이 중요한 것처럼 주의 깊게 다루어야 하는 중요한 연구자원으로서의 개념을 부각시킨 것이다. 이러한 시각에서 볼 때 학습자언어는 일차적으로 발화된 상태에서의 학습자언어 비중이 더 크다고 할 수 있지만, 학습자언어는 발화에 이르기까지 발생하는 인지적, 심리적, 사회언어학적 처리과정 또한 분석의 대상이 될 수 있다는 점에서 과정으로서의 학습자언어도 중요한 의미를 지닌다.

1. 2. 3. 구어체 학습자언어와 문어체 학습자언어

학습자언어는 구어체 또는 문어체의 형식을 가진다. 구어체 학습자언어는 분석을 위해 녹음 및 녹화의 과정을 통해 분석할 수 있고 문어체 학습자언어는 전사, 글쓰기 또는 작문을 통해 수집과 분석이 이루어진다. 보통 구어체 외국어의 문법, 어휘, 단문과 복문의 사용을 위해서 학습자가 실제로 활용하는 자원은 문어체 외국어 자원보다 분량이 작다.

1. 2. 4. 개별학습자언어와 군집학습자언어

군집 학습자언어는 학습자들이 사회생활 속에서 자신의 학습 목표언어를 배울 수 있도록 해주는 동일한 학습 목표어의 규칙과 용례의 집합이며 개별학습자언어는 학습자 개인의 고유한 언어체계로써 현상학적으로 관찰 가능한 발화물과 이를 이해하는 일련의 과정을 포함한다. 개별학습자언어와 군집학습자언어는 랑그와 파롤의 개념과 부분적으로 유사하다. 다만 외국어 교육학에서의 군집학습자언어는 모국어별로 가장 큰 특징을 갖게 되고 연구를 통해서 군집학습자언어의 양태를 기술하고 교육적인 제안을 실행할 수는 있지만 한국인의 스페인어 특징을 규명하기 위해서는 아직도 많은 연구가 필요한 상태이다.

1. 2. 5. 하위체계로서의 학습자언어

학습자언어는 기본적으로 객관적인 관찰과 분석이 가능하다는 개념을 기초로 한다. 관찰과 분석은 학습자언어 전체가 될 수 있지만, 부분적으로도 한국인 스페인어 학습자의 특유한 언어체계를 규명할 수 있다는 점에서 통사, 의미, 음운, 형태 등 다양한 하위체계 학습자언어가 존재한다.

1. 3. 언어전략

모국어 화자와 외국어 학습자들은 모두 의사소통을 할 때 자신의 의사를 정확히 전달하고 대화 상대방이 말하고 싶은 의미를 파악하기 위해 다양한 전략을 사용한다. 이러한 전략들은 가시적으로 사용 여부와 그 양태를 입증하기가 쉽지 않지만 실제로 중요한 기능과 역할을 하고 있다는 것은 의심할 여지가 없다. 외국어를 학습하는 성인 학습자들의 경우 언어적, 비언어적 가용자원의 부족, 심리적인 불안, 문화의 차이 등으로 인해 모국어 또는 이중언어 사용자보다 언어전략의 활용에 있어서 많은 제약을 안고 있다. 언어전략은 학습전략과 의사소통전략으로 구분된다. 학습전략이 학습자가 학습 효율을 극대화하기 위해 장기적인 다양한 계획을 세우고 학습활동을 실행해 가는 과정이라고 한다면 의사소통전략은 학습 목표어를 사용하여 실제로 의사소통 행위를 실행하면서 의사소통의 문제가 발생할 때 사용하는 전략을 가르킨다. 또한 자신의 발화 효율을 높이기 위해서 동일한 표현의 반복을 피하거나 대화상대방의 상황을 배려하여 음조를 조절하고 정서적으로 공감을 표시하는 등의 전략을 말한다. 학습자가 의식적 또는 무의식적으로 수행하는 언어전략에 대한 인식을 제고할 수 있도록 하는 것은 최근 외국어 교육학에서 매우 중요한 부분을 차지하고 있다.

1. 3. 1. 학습전략

하나의 언어를 학습하면서 학습자가 학습 효율을 최대한 높이기 위해 장기적인 계획을 수립하고 세부실천 사항을 마련하여 실행에 옮기는 전략이다. 통역 교육을 받는 학습자들도 통역을 어떻게 하면 효율적으로 배울 수 있을지에 대한 안목과 계획이 필요하다.

Wenden & Rubin(1987)은 학습전략을 다음과 같이 정의하였다.

- 학습전략은 특정한 행위 또는 기술이다
- 학습전략 행위는 일부는 관찰이 가능하고 일부는 그렇지 않다.
- 학습전략은 문제 해결을 지향한다.
- 학습에 직간접적으로 기여한다.
- 때때로 학습전략들은 의식적으로 전개될 수 있다.
- 학습전략은 변화에 노출되어 있다.

O'Mally & Chamot(1990)은 학습전략을 거시인지전략, 인지전략, 사회정서적인 전략으로 구분하였다.

1. 3. 2. 소통전략

소통전략이란 인간이 자신이 원하는 대로 의사소통을 이어가기 위한 전략을 말한다. 대화를 통해서 자신이 모르는 주제는 피하고 희망하는 대화 주제로 상대방의 관심을 옮겨가는 것, 비록 단어의 뜻은 모르지만 상대방에게 설명을 요구하거나 비유 등을 통해서 이해하려는 노력을 하고 또한 자신의 의사를 잘 이해하지 못하는 화자에게 상세히 설명하는 행위 등 다양한 소통전략이 존재하는데 이는 통역사가 만날 수 있는 다양한 의사소통 장애 상황을 해결해 나가는데 필요한 능력과 직접적으로 관련이 있다. Dulay, H.의 소통전략을 소개하면 다음과 같다.

첨가

- 의사소통을 이어가기 위해 또는 자신의 지식을 과시하기 위해 문장 요소를 추가 발화한다.

주제회피

- 자신이 원하는 주제에 대해서만 대화를 지속하고 잘 모르는 주제는 회피한다.

주제변환

- 화자의 판단과 필요에 따라 다루고 싶지 않은 주제는 중단하고 다른 주제로 전환한다.

정체

- 하나의 학습 요소가 일단 습득단계에 이르면 학습자가 다른 표현의 개발을 포기하고 동일한 표현을 반복적으로 사용한다.

과일반화

- 자신이 발견한 하나의 원리를 이용하여 획일적으로 적용이 불가능한 부분에도 적용해서 문제 해결을 시도하는 전략이다. 예를 들어 스페인어 단어 가운데 -ción으로 끝나는 명사를 알게 된 학습자가 '사랑하다'를 뜻하는 'Amar' 동사의 명사 형태를 -ción 원칙을 적용하여 'Amación'으로 사용하려는 경향을 말하는데 Amar의 명사는 Amor이며 명사 형태로서 'Amación'은 존재하지 않는다. 이 전략은 적절하게 사용될 경우 학습자들로 하여금 비록 문법적으로는 정확한 어휘 생성이 불가능하게 되더라도 청자가 유추해서 이해할 수 있도록 하는 긍정적인 측면도 있기 때문에 학습자의 발전단계로 인정하는 경향도 있다. 일반적으로 적극적인 성향의 학습자들에게서 높은 사용 빈도가 나타난다.

상위범주와 하위범주

- 의사표현을 위해 특정 단어가 필요한 학습자가 동 단어가 스페인어로 기억이 나

지 않거나 학습한 단어가 아닐 경우 다른 방법을 통해 그 단어의 효과를 발생시키는 전략으로써 개념이 비슷한 단어를 사용하는 근접, 인위적으로 단어를 조합하는 조합 그리고 문제의 단어를 단어와 관련된 다른 단어로써 유추할 수 있도록 하는 우회 등의 전략이 있다.

차용

- 영어 등 외국어를 직접 사용하는 전략

단순화전략

- 시간이 없거나 청자에게 간략하게 정보를 전달하기 위해 사용하는 전략

재구성전략

- 하나의 문장을 생성하던 학습자가 문장 구조를 다시 설정하여 처음부터 새로운 문장형태로 변경하여 발화하는 전략

재생

- 유추나 연상작용 등을 통해 잘 생각나지 않거나 잊혀진 단어 또는 문장을 활성화 시키는 전략

다양화전략

- 하나의 표현을 사용한 후 다양하게 표현의 변화를 시도하는 전략

소통전략은 학습자의 인지적인 결정에 의해 사용되지만 항상 학습자가 의도하는 대로의 긍정적인 결과를 가져오지만은 않는다. 즉 의사소통을 달성하기 위해 시도한 하나의 전략이 청자에게 오히려 오해를 불러일으킬 수 있다. 소통전략의 사용은 통역 교육에도 반드시 포함되어야 하는 중요한 교육 요소가 된다. 통역을 보다 효율적으로 하기 위해 단순화전략, 다양화전략 등을 학습해야 하며 특히 한국인들이 스페인어로 통역할 때 어떠한 간섭 현상이 나타나는지도 항상 유의해야 한다. 소통전

략의 과용은 자칫 통역을 방만하게 만드는 위험이 있지만 소통전략의 상당부분을 응용해서 신중하고 효율적으로 사용할 경우 문장 구조가 확연히 다른 두 언어 간의 통역장애를 극복하는데 큰 도움을 줄 것이다.

1. 4. 학습자언어와 부정전이

패턴식 교육 또는 드릴 교육이라고 하는 행동주의 교수법의 이론적 기반은 과거의 습관이 새로운 습관의 학습에 장애를 주며 교육이란 새로운 습관이 과거의 습관에 의해 생성된 부정적인 요소들을 극복해 가는 과정이라고 정의하는 데 있다. 즉 과거의 학습과정이 만들어 냈던 학습 요소와 새로운 학습 요소 간에 충돌이 발생하며 이를 해결하기 위해서는 순도 높은 새로운 교육 요소를 반복적으로 학습자에게 노출시켜 안정적으로 새로운 교육 요소가 고착될 수 있도록 해야 한다는 이론이다. 실제로 한국인 스페인어 학습자는 모국어 간섭으로 인하여 많은 오류를 범하게 되는 것이 사실이며 한국인이 가장 많이 범하는 간섭오류의 형태를 분류하여 기술한다면 학습자들이 사전에 알고 대처할 수 있다는 점에서 교육 효과를 높이는 데에도 긍정적인 효과를 가져 올 것을 예상할 수 있다. 부정전이는 통사, 형태, 의미, 화용 등 언어를 구성하는 모든 층위에서 발생이 가능하다. 또한 두 개 이상의 언어에서 발생하는 것은 사실이지만 동일 언어의 내적인 간섭(Interferencia Intralingual) 현상도 많이 발생한다. 간섭 현상은 언어학뿐만 아니라 심리학과 사회언어학의 주요 연구분야였고 1950년대 외국어 교육과 학습이 체계적으로 발달하게 되면서 Dulay, Burt, Krashen(1982)등은 전이(Transferencia)라는 용어를 사용하기 시작했다. Clyne(1967:19)도 간섭 현상이 반드시 좋지않은 결과만을 초래하지 않는다는 전제 하에 간섭이라는 말 대신 전이라는 용어의 사용을 선호하였다. Bialystock & Sharwood Smith(1985:101)은 모국어의 영향을 침략(Invasión)으로 묘사했다. 최근에는 간섭이라는 용어보다는 전이 현상을 부정전이와 긍정전이로 구분하여 사용하는 경향이 강하다. 일반적으로 결과물로서의 학습자언어에서 긍정전이가 발생한 지점을 포착하는 것은 쉬운 일이 아니다. 왜냐하면 학습자가 올바른 규칙을 적절히 학습하고 활용한 결과로 좋은 언어 행위를 수행하였는지 또는 과거의 긍정적인 학습습관이 단순히 전이현상을 통해 학습결과로 나타났는지를 구별하는 것은 매우 추상적인 분석이기 때문이다. 반대로 적어도 학습자언어에서 부정전이를 식별하는 것은 긍정전이 현상보다 상대적으로 용이하다. 부정전이란 결국 오류 부분에서 관찰되고 그 현상에 대한 분석이 제한된 범주 안에서 실현가능하기 때문이다. 부정전이가 언제 발생하는가 하는 문제에 대하여는 두 가지 학문적 견해가 제시되고 있는데 하나는 두 개의 언어가 서로 다른 구조를 가질 때 발생한다는 것이고 다른 하나는 두 개의 언어가 서로 유사하지만 정확히 일치하지 않으면서 혼동을 일으키는 요소들이 발생시킨다는 것이다. 사실 이 두 개의 전제는 상호모순적이라기보다는 보완적이라고 보아야 한다. 그 이유는 우선 두 개의 언어 즉 모국어와 학습 목표어가 완전히 일치한다면 부정전이의 발생빈도가 현저하게 낮을 것이며 구조가 다르기 때문에 부정전이가 발생한다는 주장은 어쩌면 너무나 당연한 사실이 될 것이다. 그러나 구조가 다르다는 이유로 항상 부정전이가 발생하는 것은 아니다. 한국어와 어순이 다른 영어를 학습할 때 한국인 학습자가 영어의 동사를 한국어를 말할 때와 동일하게 영어 문장 가장 끝에 배치할 확률은 매우 낮다. 구조가 달라도 학습자가 혼동하지 않는 부분이 있는 것이다. 반대로 구조가 다르면서 학습자가 익혀야 하는 규칙이 복잡하거나 맥락에 따라서 학습자가 스스로 판단해서 사용해야 할 때 즉 모국어 화자들은 거의 일상 생활 속에서 어려움을 느끼지 않고 자유롭게 활용할 수 있는 요소이지만 한국어 화자가 스페인어를 학습할 때 특별히 어렵다고 느끼게 되는 관사의 사용에 있어서는 부정전이의 발생 빈도가 높게 나타난다고 하겠다. 단순한 구조의 상이성 보다는 상이한 구조가 학습자에게 얼마나 명확하게 이해되었는가와 얼마나 강도 높게 훈련되었는가라는 문제가 부정전이의 발생과 직-간접적인 연관성이 있다.

1960년대까지 부정전이는 학습자가 극복해야 하는 학습 과제였으며 간섭이라는 용어로 분류되면서 학습자언어를 부정적으로 바라보는 시각을 갖게 하는 대표적인 현상이었다. 그러나 학습자언어 이론, 의사소통중심 교육방법, 학습자 중심 교수법 등이 발달하면서 노력하는 학습자의 부정전이 현상은 오히려 분석할 만한 가치가 있는 현상으로 부각되었다.

언어내적인 부정전이는 동일 언어 내에서 주로 먼저 학습된 요소가 새롭게 학습을 시도하게 되는 요소들의 학습을 방해하는 현상이다. 새로운 학습 목표 요소가 완전하게 학습되지 못하거나 학습이 되었다고 하더라도 숙련이 되어 있지 않을 때 과거의 학습 요소로 대체하려는 시도 때문에 발생한다. 특히 두 개 이상의 규칙이 유사한 속성을 지닐 때 학습자가 더욱 혼란을 느끼게 되는 사례가 흔히 관찰된다. 스페인어에서 대표적인 언어내적 간섭 또는 부정전이라고 할 수 있는 현상을 예로 들면 /r/와 /l/의 혼동과 같은 음성학적인 혼동, Contribución과 Atribución의 혼동과 같은 어휘 형태의 혼동 등을 제시할 수 있다.

Capítulo 2

교육자

Profesor

Capítulo

2 교육자

국내의 스페인어 통역 교육자들은 통번역학 박사학위 취득자, 응용언어학, 스페인 또는 중남미 문학 박사학위 취득자들과 취득예정자 그리고 실무경험이 풍부한 석사학위 취득자들이다. 통역은 주로 주요인사 방한 수행통역, 기업설명 프리젠테이션 통역, 국제회의통역, 산업기술세미나 통역이 큰 비중을 차지한다.

통역 교육자는 우수한 언어 능력 뿐만 아니라 중남미 지역사정, 대한민국과 스페인어권 국가들과의 관계 등에 관심을 가지고 자신의 교육교재와 교수법을 개발하며 최근의 주요 세계동향도 파악해야 한다. 주로 현장에서 활발하게 활동하는 통역사들의 교육자로서의 장점은 현장에서 직접 사용된 연설문과 통역 관련 경험을 전할 수 있는 것인 반면에 빈번한 통역으로 인해 휴강 등 수업 진행이 강의계획대로 원활하게 이루어지지 않을 수 있는 가능성이 있으므로 수업에 긍정적인 영향만을 줄 수 있도록 통역과 수업의 적절한 조화를 기해야 한다.

통역 교육은 실무 중심 교육이 대부분을 차지하기 때문에 교육자는 수업환경, 가용교육시간, 피교육자들의 수준과 강점 등을 잘 파악하고 주어진 여건 속에서 학습효율을 최대화하기 위해 노력해야 한다. 통역 교육은 기본적으로 순차통역과 문장구역 동시통역으로 분리하여 실시하기 때문에 교육자는 또한 자신의 교과목이 다른 교과목과 어떤 관계를 유지하는지를 인식하고 교육 내용이 중복되거나 난이도가 학기의 진행에 따라 적절히 분포되도록 주의를 기울인다.

학생들에게 수업이 잘 진행될 수 있도록 자료준비와 기자재의 세팅을 확인하고 수업에서 다룰 주제의 난이도에 따라 교육 시간을 적절히 배분한다. 즉 필요할 경우 하나의 주제 또는 통역 기술을 교육할 때 필요하다면 여러 시간의 수업 시수를 배분할 수 있다. 특히 전문순차통역, 전문동시통역과 같은 과목을 담당할 때 어려운 주제이면서 통역 교육을 위해 반드시 필요한 전문분야를 교육할 때에는 몇 주의 학습시간도 할당할 수 있다.

교수는 연설을 읽거나 즉흥 연설을 할 때 실제 연사가 하는 것처럼 최대한 현장의 분위기를 연출하기 위해 노력한다. 반대로 실제 연사들이 실수하는 것과 마찬가지로 혼동되는 정보를 전달하여 학생들의 위기 대응 능력과 순발력을 키울 수 있다. 가능한 여건 속에서 필요한 경우 교육자가 좋은 통역 시범을 보이는 것이 훌륭한 교수법 가운데 하나이며 학생들을 통역이 발생하는 실제 회의 또는 행사에 참석하도록 하고 가능하다면 실습기회를 제공할 수 있도록 하는 것이 바람직하다.

학습자들은 대부분 교수의 개별적인 지도와 상담을 받는 것을 선호한다. 실제로 학생들이 갖고 있는 능력과 학생들이 하고 싶은 통역이 요구하는 자질이 일치하지 않을 때가 있는데 교육자가 적절히 조언하여 가장 적성에 맞는 분야를 찾도록 조언한다. 교육자의 가장 중요한 역할 가운데 하나는 훌륭한 자질을 갖춘 우수 학습자들의 선발이다.

현실적으로 국내의 스페인어 통역 교육은 대부분 여성 교육자가 담당하고 있다. 최근에는 세계적으로 여성 대통령 등 여성이 연설자로 참여하는 국제회의가 증가하고 있는 것이 사실이지만 여전히 남성 연설자가 양적으로 우세한 실정이므로 연설문의 낭독이 이루어질 때는 남성과 여성의 목소리가 조화롭게 사용될 수 있도록 한다.

교육자는 수업 자료의 난이도를 고려하여 편성한다. 초기엔 낮은 단계부터 차츰 단계를 높여간다.

학습자들이 모두 고르게 참여하는 수업이 되도록 한다. 동기유발이 잘 된 학습자들은 다른 동료들보다 더 많은 시간을 자신의 발표와 통역 시간으로 소모하는 경향이 있고 반대로 수업에 대하여 관심이 적거나 통역 능력에 대하여 자신감을 갖지 않은 학습자들은 소극적으로 참여할 수 있다는 것을 인지하고 필요할 때마다 개입한다.

교육자는 항상 통역 교육에 유용한 자료의 수집과 축적에 힘쓰며 학생들의 학습자언어를 파악하고 분석하여 스페인어 통역 학습자들에게 최고의 교육을 실시할 수 있도록 지속적으로 연구해야 한다. 유용한 자료들 가운데 최적의 학습 자료들은 실제로 현장에서 통역이 이루어진 텍스트 또는 프리젠테이션 자료라고 할 수 있지만 차선책으로 현장에서 사용될 수 있는 교육자료를 제작할 수 있다.

교육자들은 수업을 통해서 학습자가 현장에서 발생할 수 있는 문제에 대하여 대처하는 법을 포함하여 일반적인 통역 원칙에 대해서도 교육한다. 특히 통역 내용은 물론 연사와 청중 그리고 행사관리자와 통역지원인력 등을 전문적으로 대하는 법을 교육한다. 특히 고위인사들의 방한 시에 통역자들이 익혀야 하는 에티켓과 보안수칙, 복장, 시간 준수 등 일반적인 사항에 대해서도 소홀히 하지 않는다.

교육자는 학습자들로 하여금 통역사가 지켜야 하는 윤리와 의무를 준수하도록 가르치며 교육자들 스스로도 서로 존중하는 모습을 보이며 본을 보여야 한다. 통역 교육은 기본적으로 많은 경험을 축적한 통역사가 자신의 경험을 전수하는 과정이므로 일상 생활 속에서 간단한 통역을 경험하는 것만으로 교육자의 자격을 갖추었다고 보기 어렵다. 또한 과거에 풍부한 통역 경력을 쌓았다고 하여 최근의 경향을 무시하거나 시효가 만료된 자료에 의존하여 수업을 진행한다면 학습자들에게 실질적이고 유용한 수업을 제공할 수 없게 될 것이다.

교육자는 통역에서 실제 사용한 자료와 수업 콘텐츠를 효율적으로 관리하여 수업 내용이 중복되거나 난이도 분포가 불규칙한 교육이 발생하지 않도록 유의한다. 특히 수업과 관련하여 학습자가 제기할 수 있는 의문점과 질문에 대하여 최대한 적극적으로 대응해야 하며 최근처럼 인터넷과 디지털 미디어를 통해 범람하는 정보의 홍수 속에서 좋은 자료들을 선별적으로 활용하는 법을 익히는 것이 좋다. 자신의 지식과 경험이 항상 정답이라는 경직된 인식을 탈피하고 더욱 정확하고 유려한 표현을 발견하게 되거나 찾고 싶을 때는 주저 없이 실행에 옮겨야 한다. 스페인어는 무려 20개국에서 사용되는 언어인 만큼 특정 지역의 스페인어를 우월하다고 인식하는 것은 좋지 않다. 최근 스페인 한림원에서도 자국의 스페인어만이 교육의 표준언어가 되지 않는 것을 인정하고 있으며 수시로 발달하고 진화하는 스페인어의 양태를 논의하기 위해 중남미 각 국의 한림원과 협의를 통해 언어학적인 판단을 내리고 있는 실정을 감안하여 학습자들의 언어가 과도한 지역 억양을 드러내지 않도록 교육할 필요가 있다.

교육자는 또한 늘 교육의 진행과 평가에 대하여 학습자들로부터 의견을 얻고 평가 결과에 대하여 겸허한 자세로 분석하고 부족한 점이 있다면 긍정적으로 교육에 반영하도록 힘써야 한다. 교육자는 자신의 역할에 따라 순차통역 교육자, 동시통역 교육자, 전문순차통역 교육자, 전문동시통역 교육자로 구분할 수 있으며 경우에 따라서는 동시에 여러 종류의 통역을 교육할 수도 있다. 분야별로 교육자가 경험을 가진 분야에서의 교육에 전념하는 것이 바람직하며 일단 교육을 실행하게 된다면 수업도 교육자에게 풍부한 간접경험의 기회를 제공한다는 사실을 인식하고 자신도 교육과 동시에 학습과 훈련의 시간으로 활용한다.

최초 교육 시점은 물론 교육이 진행되어 가면서 변화하는 학습자들의 수준을 면밀히 파악할 필요가 있다. 동일한 교육시간이 투입되고 학습자들의 노력이 동일하거나 비슷하다고 하여도 학습자의 개인 역량이 다르기 때문에 각자가 도달할 수 있는 성과는 달라질 수 있다. 따라서 초기부터 높은 수준의 스페인어 통역 능력을 갖춘 사람은 성과에 있어서도 다른 학습자들보다 발전이 있어야 하며 비록 출발은 다소 좋지 않았지만 상당한 진전을 달성하는 학습자들에게는 마땅한 인정과 평가가 주어져야 하기 때문에 교육자의 학습자들에 대한 지속적인 관심이 필요하다.

수업이 진행되면 교육자는 최선의 교육 환경이 학습자에게 제공되고 있는지를 확인해야 한다. 지난 수업에서 과제로 제시한 학습 내용이 있으면 반드시 확인해야 하며 항상 수업과 수업간의 학습 단계가 연착륙할 수 있도록 반복적인 학습이 필요한 교육 내용은 수업 주제가 변경되어도 반복이 필요한 부분을 수업 내용으로 포함시킬 수 있다. 동영상을 이용하는 동시통역 수업의 경우 볼륨이 과도하게 커진다거나 파일의 전송이 원활하지 않아 끊김 현상이 발생하지 않도록 확인한다. 경우에 따라서는 교육자의 마이크가 켜진 상태로 동영상을 재생할 경우 두 가지의 소리가 서로 충돌하여 통역사의 청취에 어려움을 줄 수 있다.

스페인어 통역 교육자가 갖추어야 할 조건들을 제시하면 다음과 같다.

1) 스페인어와 한국어 그리고 양 지역에 대한 깊은 지식을 갖추어야 하며 항상 양 지역의 현안에 대하여 관심을 기울인다.

통역 교육자가 반드시 한국학이나 스페인어학 또는 스페인 및 중남미문학 박사학위를 취득할 필요는 없다. 그러나 통역사는 오피니언 리더들이 연설하는 내용을 한국어 또는 스페인어로 통역해야 하기 때문에 올바른 문법과 명료한 발음 그리고 해당 지역에 대한 배경지식을 이해하고 항상 새로운 현안이 무엇인지 관심을 갖는다.

2) 스페인어와 한국어를 사용하는 기회를 최대한 창출하여 통역언어에 대한 감각을 상실하지 않도록 노력한다.

이를 위해 가능한 대로 국제회의 통역에 직접 참여하고 또한 우리나라와 해외에서 개최되는 국제회의 등에 참여하여 지식과 견문을 넓히고 필요한 자료를 수집하여 해당 수업에 활용한다. 특히 국내의 각종 행사를 주관하는 대사관, 국가기관, 공공기관들과의 협의, 협력체계를 구축할 수 있도록 노력한다.

3) 교육자는 최선의 교육을 위하여 부단히 연구하고 교수법 개발과 교육 환경 조성을 위해 노력해야 한다.

연구분야는 가변지식 분야와 고정지식 분야로 구분할 수 있다. 가변지식은 통역사가 현장에서 실시간으로 활용할 수 있는 통역 수행 전략이며 고정지식은 장기적으로 통역사가 준비하고 갖추어야 하는 지식과 경험을 의미한다.

가변지식

- 긍정전이의 적극적인 활용.
- 노트테이킹의 숙달.
- 맥락화과정속에서 생산성이 매우 높은 중립적인 표현의 개발.
- 단순화전략.
- 표현 다양화 전략.
- 연설과 언론 보도 등 다양한 유형의 통역에 적합한 억양 훈련.
- 텍스트 조건 통역과 비텍스트 조건 통역의 전환 훈련.

- 방송, 녹음, 파워포인트 등 미디어를 활용한 연사의 발표문 통역 훈련.

고정지식

- 국제회의, 워크숍, 세미나, 포럼, 심포지움, 학술대회 등 통역사가 활동하는 행사가 구체적으로 어떻게 조직되고 운영되는지를 파악함.
- 스페인어를 사용하는 국가들의 수도, 국화, 국목, 통화, 정치체제, 경제규모, 원주민, 부존자원 등에 관한 포괄적인 지식체계 구축.
- 한-중남미 관계에 관한 이해. 수출입 규모와 상호 관심분야 파악.
- 한-중남미 상호 협력 및 인사 교류와 주무기관 파악.
- 글로벌 정치 경제 동향 파악.
- 학습자언어에 대한 이해.
- 학습자와 교육 환경에 관한 지식.
- 학습자의 자기평가와 피드백 적용.

교육자들 가운데는 반드시 원어민 화자가 포함되어야 한다. 스페인어를 모국어로 하는 조건뿐만 아니라 통역 또는 방송번역이나 감수의 능력을 갖춘 사람으로서 한국과 스페인어권 문화를 모두 이해하고 특히 한국어를 잘 구사하는 교육자가 이상적인 교육자가 될 수 있다. 원어민 교육자는 아직 완전히 성숙되지 않은 스페인어를 구사하는 한국인 학생들에게 문법적으로 정확하며 현지인들이 가장 많이 사용하는 표현을 익힐 수 있도록 지원한다. 또한 교과과정을 통해 한 사람의 외국인 교육자의 발음에만 학습자들이 익숙해 지지 않도록 가급적 많은 외국인 화자들과의 대담 그리고 멀티미디어 자료를 통한 현지어 발음 학습의 기회를 충분히 제공할 수 있도록 노력한다.

통역 교육이 다양하고 전문적인 분야와 연계되어 있다는 점과 한국의 국제회의 통역 시스템을 이해하는데 필요한 기간만 고려해도 국내에서 일반적으로 행해지고 있는 단기 계약을 통한 외국인 교원 임용방식은 적절하지 않다. 원어민 교육자가 한국어와 스페인어에 능통하고 한국의 정서와 문화를 깊이 이해하면서 통역을 수행할 수 있는 자격을 갖추었다면 이상적인 교육자라고 하겠지만 현실적으로 이런 교수진을 확보하는 것은 매우 어려우며 한국이 다문화사회로 진입하면서 이러한 인적자원의 양성 필요성이 더욱 증가함과 동시에 적합한 인재 확보 환경과 여건도 개선될 전망이다.

원어민 교육자는 일반적으로 스페인 국적 또는 중남미 국적을 보유하지만 예외적인 경우를 제외하고 특정 국가의 억양을 지나치게 노출하여 학습자들의 청취와 이해능력이 특정 지역의 스페인어 중심으로 발달되지 않도록 유의한다. 예외적인 경우란 특별한 목적을 가지고 의도적으로 특정 지역 연사들의 발음, 화법 등을 집중 연구하여 해당 지역 연사들의 연설을 더욱 효율적으로 이해하고 통역하기 위한 수업의 필요성이 제기되는 상황을 말한다.

원어민 교육자가 통역사일 경우에는 한국과 중남미 양 지역의 현안이 무엇인지 파악하고 통역의 수요가 높은 분야에 대한 교육을 강화한다. 스페인어를 모국어로 하는 국제회의 통역사들은 주로 스페인과 유럽 특히 스위스와 프랑스 영국 미국 등의 전문 통역사 양성과정을 통해 배출되므로 한국의 실정과는 긴밀하게 관련되지 않는 주제를 수업에서 많이 다룰 가능성이 있다. 물론 유엔과 유럽연합 등 세계적인 다자기구에서 논의되고 있는 주제들은 공통적으로 우리나라에게도 큰 영향을 미치는 것이 사실이다. 하지만 정해진 기간 내에 통역사를 배출해야 하는 국내의 실정으로 볼 때 지나치게 광범위한 주제에 관하여 학습자들에게 과제를 부여하고 평가를 실시하게 된다면 스페인 및 중남미와 한국 간의 중요한 현안 관련 통역을 수행하기 위해 필요한 기술과 지식을 교육하는데 시간이 부족하게 될 것이다.

원어민 교육자는 학습자들이 스페인어의 바른 사용과 알고 싶은 표현에 관한 질문을 요청하면 성실히 답하며 한국인 스페인어 화자들이 빈도 높게 범하는 오류에 대하여 지적하고 이를 바로잡을 수 있는 방법과 오류의 경중을 잘 인지할 수 있도록 돕는다.

통역 교육은 교육자와 학습자가 서로 협력하는 관계 속에서 더욱 효율성을 높일 수 있다. 특히 교육자는 평가에 있어서 공정한 자세를 유지해야 하지만 학습자들의 학업 성취도를 높이기 위해 학습자 개인에 대하여 깊은 관심을 가져야 한다. 교육자는 통역 교육에 필요한 언어적 비언어적 능력이라는 관점에서 학습자들의 선발에 최대한 주의를 기울여 학습자들 간에 지나치게 수준이 차이나는 상황이 발생하지 않도록 한다. 학습자들 간의 과도한 수준 차이는 우수 학습자의 학습 의욕을 저하시키거나 부진한 학습자들이 학습을 포기하도록 부정적인 영향을 미친다.

Capítulo 3

통역의 유형

Tipos de interpretación

Capítulo

3 통역의 유형

3. 1. 통역의 수행 방법에 따른 분류

3. 1. 1. 휘스퍼링(Whispering: Susurreo) 통역

휘스퍼링 통역은 소수의 청자를 위해 연설과 동시에 통역을 제공한다는 점에서 동시통역과 부분적으로 유사하다. 동시통역은 별도의 부스나 공간으로부터 이어폰과 마이크 등의 시설을 이용하여 통역하지만 휘스퍼링 통역은 스피커를 통해 들려오거나 또는 직접 들려오는 연사의 말을 통역사가 혼자 듣고 작은 소리로 가까운 곳에 위치한 청자 또는 수명의 청자들에게 가급적 마이크와 이어폰을 사용하지 않고

목표어로 통역하는 것을 의미한다. 휘스퍼링 통역을 제공하는 이유는 다음과 같다.

- 대부분의 회의 참석자가 회의 공식 언어로 청취와 발언을 할 수 있으나 소수의 참석자들이 통역제공을 받아야 할 때 대규모 통역시설의 설치를 피하면서 경제적이고 간편한 휘스퍼링 통역을 제공한다.
- 동시통역은 2인 이상의 통역사가 필요하지만 휘스퍼링 통역사는 1인만 필요하므로 통역인원을 줄여야 하는 상황에서 사용된다.
- 동시통역의 시설 사용이 불가능하거나 특정인만을 위한 통역을 제공해야하는 필요성이 있을 때 사용된다.
- 회의 순서를 파악하거나 회의의 내용이 무엇인지 대략적으로 이해하는 수준의 통역이면 충분한 상황일 때 사용한다. 통역 시간이 짧고 회의 내용이 어렵지 않을 때에는 큰 비용을 감수하며 동시통역을 제공해야 할 필요성이 적어진다.

3. 1. 2. 문장구역

문장구역은 이미 작성된 연설문 또는 일반 텍스트를 청자에게 구두로 번역해 주는 과정이다. 번역과 통역의 중간 형태를 취하고 있다고 볼 수 있지만 최종적으로 목표어가 음성에 의해 전달된다는 점에서 통역에 더 가깝다. 문장구역의 사용은 주로 국제회의, 학술세미나 또는 법정에서 시간 제한이 있을 때 많은 분량의 정보가 수록된 문서를 짧은 시간에 전달해야 하는 상황에서 사용된다. 연설문이 회의 직전에 작성되고 배포되어 연사가 쓰여진 텍스트 그대로 신속하게 낭독할 때 통역사는 사실상 문장구역을 통해 통역하게 된다. 물론 연설문이 회의 전에 통역사에게 전달되는 경우 시간이 충분하다면 통역사는 연설문을 완전한 번역물로 전환시킨 다음 원문을 참고하지 않고 번역문만 낭독하는 상황도 있다. 문장구역은 이렇게 시간적인 여유가 있을 때 사용되는 통역 방식이 아니라 통역사가 여러 유형의 다양한 업무를 처리하면서 번역을 위하여 많은 시간을 투입하기 어려운 조건에서 문장구역을 활용하게 된다. 예를 들어 주로 회의 주체 간에 작성된 합의문, 성명, 선언문, 법정에서 법률문서와 증거 자료 통역에 사용된다.

3. 1. 3. 순차통역

순차통역은 연설자가 일정 분량의 연설을 하고 통역사가 이를 듣고 기억에 의하여 또는 노트테이킹 즉 기록을 한 후 재생하는 방식의 통역을 말한다. 순차통역은 주로 발표자가 많고 일정이 촉박할 때에는 잘 사용하지 않으며 주로 연사가 소수이거나 한 명일 때 그리고 회의 시간이 충분할 때 사용한다. 또한 기술교육 등 교육적인 목적의 세미나 또는 강연에서 발표자가 청중에게 전달하고자 하는 정보가 정확히 전해지는가에 회의 주최 측의 관심이 모아질 때 주로 사용되는 통역 방식이다. 동시통역은 연설자의 발화와 동시에 통역이 시작되므로 분량 측면에서는 더 많은 연사가 발언을 할 수 있도록 해주는 장점이 있는 반면에 지나치게 빠르게 통역이 진행될 경우 청중의 이해도가 저하될 가능성이 있기 때문에 청중에게 밀도 있는 내용을 전달하거나 청중을 교육할 목적으로 하는 회의, 난이도가 매우 높은 전문적인 내용의 연수 등은 순차통역 방식을 채택하는 사례가 많다. 또한 순차통역은 연설자를 예우하는 하나의 방법으로 사용되기도 하는데 그 이유는 순차통역은 통역사의 능력을 최대한 발휘하여 연설자의 감정과 철학, 가치관 등을 가장 정확하고 풍부하게 전달할 수 있는 통역유형이기 때문이다.

3. 1. 4. 동시통역

동시통역은 연사가 발언할 때마다 즉시 목표어로 전환하여 통역하는 방식을 말한다. 많은 발표자와 연사가 회의에 참여하여 정해진 일정 내에서 모든 순서를 마쳐야 하는 시간적 제한이 있을 때 선호하는 통역 방식이다. 빠르게 진행하는 통역 방식이다 보니 순차통역보다는 감정과 섬세한 뉘앙스를 전달하는데 한계가 있다. 대부분의 연설은 사전에 준비된 텍스트에 기초하여 실행되지만 많은 연사가 참여하는 상황으로 인해 회의 준비위원회가 연설문 또는 발표문을 통역사에게 제공하지 못하는 상황도 자주 발생한다. 동시통역은 한 개의 출발어를 한 개의 목표어로 전환하는 통역과 다국어로 통역하는 방식이 있다. 유엔이나 유럽연합처럼 많은 언어로 통역을 제공할 수 있는 곳에서는 연사의 언어를 직접 목표어로 전환할 수 있으나 한국에서 개최되는 회의의 동시통역은 상황이 다를 수 있다. 많은 국제회의가 열리는 북미와 유럽과는 달리 한국에는 청중 가운데 한국어 화자들이 대부분이고 따라서 한국어를 목표어로 전환하는 통역이 가장 많이 발생한다. 따라서 한국어를 전문적인 수준으로 통역할 수 있는 인력은 한국인 통역사가 맡게 되고 외국인 통역사들은 한영 통역을 듣고 영어로부터 스페인어, 불어, 중국어, 일본어 등으로 통역하게 되는데 이렇게 직접 통역을 하지 않고 간접통역을 하는 통역 방식을 릴레이 통역이라고 한다. 릴레이 통역은 직접 통역보다 통역의 정확성이 상대적으로 낮고 청중의 입장에서도 이해도가 직접 통역보다 다소 떨어진다. 그 이유는 통역언어의 수가 많아지면서 연설자의 발화시점과 청중의 청취 시점 간격이 벌어지면서 연설자가 사용하는 프리젠테이션 자료 또는 동영상 모습과 통역의 내용이 시간적 격차로 인하여 일치하지 않는 상황이 발생하기 때문이다. 그 외에도 통역언어의 수가 많아지 간섭 현상의 가능성도 그 만큼 높아지게 되고 통역사의 순간 대응 능력도 낮아지기 때문에 원문을 직접 통역하는 것보다 통역 정확성이 낮아진다.

동시통역을 위한 설비는 보통 회의장 내에 설치하며 통역 부스(Cabina)와 통역음량 조정시설로 구성된다. 순차통역과 달리 동시통역은 통역사가 장비의 사용법을 숙지해야 하는데 왜냐하면 단순한 기계 오작동으로 인해 장시간 통역이 중단될 수도 있기 때문이다. 국제회의장의 시설은 장소에 따라 수준의 차이가 많이 나는데 특히 국내보다는 스페인어권 국가에서 동시통역을 해야 하는 경우에는 시설을 반드시 사전에 확인할 필요가 있다. 그 이유는 설비 자체가 한국에서 사용되는 제품들과 품질의 차이가 있을 수도 있지만 통역시설의 중요성에 대하여 회의를 실무적으로 준비하는 기관이 인식하지 못하는 경우도 발생할 수 있기 때문이다.

3. 1. 5. 양방향통역

Angela Collados Aís와 María Manuela Fernández Sánchez(2001)는 양방향통역

의 특성을 직접대면, 양방향성, 개인 간의 면대면 상호작용이라고 지적했다. 또한 양방향통역의 예로써 커뮤니티통역, 연락통역, 대화통역, 삼자간 통역, 비즈니스협상 통역을 들었다. 양방향통역은 국제회의에서의 순차통역 또는 동시통역과 달리 통역 내용이 사적인 부분이 많다. 따라서 일반적인 수준 이상의 비밀 유지가 필요하다. 의료통역에서 얻은 개인의 신체적 특성과 변화에 관한 정보, 법정에서의 피고인 조사 등이 비밀유지가 필요한 대표적인 사례이다. 통역 방식에 있어서 일인칭 직접화법을 취하는 일반 통역과 다른 점이 있다면 상황에 따라서 간접화법으로 통역해야 하는 때가 있다는 것이다. 국제회의 참가 경험이 많은 연사들은 통역이 어떠한 방법으로 제공되는지에 대하여 잘 인식하고 있는 반면에 양방향통역을 제공받는 연사들은 대부분 일반인이어서 통역의 일인칭 화법에 적응하지 못하고 통역 내용을 마치 의사나 판사가 말한 것이 아니라 통역사가 말하는 것으로 오해할 소지가 있기 때문이다. 또한 민감한 사안을 다룰 때 즉 연사들 간에 분쟁이 있을 때에 통역사를 자기편으로 만들려는 시도가 있을 수 있으므로 통역사는 자신이 어떠한 자세로 임해야 하는지 깊이 생각해야 한다. 개인적인 계약의 발주자 편에서 상대 연사의 정보를 파악하고 이를 자신의 계약자에게 인도할 수 있는 상황도 있지만 통역사는 최대한 절대 중립을 지켜서 양 측으로부터 공정한 통역이 제공되고 있다는 신뢰를 받아야 한다. 양방향통역의 통역 교육은 일반 순차통역 교육 방식에 의해 가능하지만 특별히 교육이 강조되어야 하는 부분은 통역사가 두 화자 사이에서 매우 복잡한 상황 속에 놓이게 되는 사례를 파악하고 어려움 속에서 삼자 모두 만족스러운 결과를 얻을 수 있는 방안이 무엇인지를 사례연구를 통해 밝히는 것이 중요하다. Angela Collados Aís와 María Manuela Fernández Sánchez(2001)은 수준별 훈련 방법을 다음과 같이 소개했다.

초급

- 양방향 통역사의 중재 하에 언어의 대화유지 기능, 정중한 관계 유지, 경어 등 의사소통 기능이 골고루 사용될 수 있는 의사소통 상황을 짧게 재현한다. 예를 들어 외국어 학원의 통역 교사가 통번역대학을 방문하여 인프라와 통역 방법에 대해 조사하는 상황을 가정하고 학생들에게 진행될 대화 내용과 의사소통 행위, 환

영, 방문에 대한 관심 표명, 자기소개, 구체적 질문, 질문에 대한 답변 등에 대해 예측을 하게 한다. 두 명의 학생이 조를 이루어 교사들과 함께 상황을 재현한다.

중급

- 학생들을 세 그룹으로 나누어 스페인어권 화자, 원어민, 양방향통역사의 역할을 맡겨 수행하게 한다. 역할극은 다음과 같다.
- 수출을 전문으로 하는 식품 유통 업체의 소유주인 X씨가 스페인 그라나다로 진출하기 위해 이 지역의 상공회의소 대표와 인터뷰를 하게 된 상황.
- 직업적인 이유로 그라나다에 거주하게 된 X씨가 가족들과 함께 라스 알뿌하라스(Las Alpujarras)에서 잠시 휴가를 보내기 위해 부동산 업자와 인터뷰를 하게 된 상황.
- 직업적인 이유로 그라나다에 거주하게 된 X씨가 거주할 집과 자식들을 보낼 학교에 대해 알아보기 위해 구청으로 가는 상황.

상급

- 실제 상황의 복잡한 현실에 근접하게 진행한다. 사전에 주제를 알려주어 학생들이 충분한 시간적 여유를 가지고 정보를 습득할 수 있게 한다. 일반적으로 연사의 역할은 교육자가 맡아 진행하고 때로는 다른 분야의 전문가를 초빙하기도 한다. 이 단계에서 달성하고자 하는 목표는 학생이 대화를 유지하고 조정하면서 진행할 수 있는 능력을 함양하게 하는 것이다. 교육자는 연사들 간의 극명한 입장 차이를 분명하게 전제함으로서 통역사가 어휘 선정에 주의를 기울이게 하는 등 통역하기에 매우 복잡한 상황을 연출한다. 학생들에게는 지속적인 협상이 가능하도록 대화의 방향을 지도하거나 뛰어난 외교적 수단을 발휘하여 연사와의 어느 정도 거리를 두고 상황에 대처할 것을 요구한다. 이 단계에서 실험할 수 있는 통역 환경은 소유주 단체회의 전문가 회의, 임대인과 이민자 간의 협상을 들 수 있다.

3. 1. 6. 수행통역(동행통역)

수행통역은 통역이 필요할 때 통역사가 통역 수요자를 동행하면서 문장구역, 휘스퍼링, 순차통역 등을 제공하는 형태의 통역을 말한다. 동시통역은 주로 국제회의장에서 제공되는 반면에 수행통역은 예방, 산업시찰, 관광 등 일정한 프로그램에 초청된 통역 수요자에게 통역사가 일정기간 필요한 모든 통역을 제공하는 것을 말한다. 국제회의나 공식적인 성격의 중요한 회의에서 제공되는 동시통역이나 순차통역과는 달리 수요자의 이동을 함께 하면서 수요자가 사용하는 표현과 관심 주제, 방문동기 등을 직접 확인할 수 있기 때문에 수행통역 자체뿐만 아니라 회의 통역에도 도움을 주는 통역 방식이다. 수행통역은 통역 뿐 아니라 연사를 직접 안내하여 방문일정이 원만하게 종료될 수 있도록 조정하고 개입하는 역할까지 맡기 때문에 주최측과 연사와의 연락을 맡아 간단한 의사소통과 행사장과 숙소를 안내하는 수준의 통역을 연락통역이라고 부르기도 한다.

수행통역사는 공식적인 성격의 회의에서 순차통역을 담당하지만 경우에 따라 소수의 연사들이 형식보다는 내용을 중시하며 보다 자유로운 분위기에서 나누는 대담을 통역해야 하는 경우도 있는데 이 상황을 가정하여 Mason(1999)은 대화통역(Dialogue Interpreting)이라는 용어를 사용한다.

우리나라를 찾는 연사들은 방문기관의 프로그램에 따라 다양한 행사와 기관을 방문한다. 따라서 통역사는 사전에 외국인들이 가장 많이 방문하고 어떤 관심사를 갖고 있으며 이를 스페인어로 표현할 수 있는 방법에 대하여 숙지해야 한다. 물론 해당 기관의 명칭과 기능 등을 영어, 스페인어, 한국어로 파악하고 있어야 할 것이다. Héctor Galván 전 주한 도미니카 공화국 대사가 재임기간 자국의 사절들과 함께 직접 방문하거나 양국 관계 발전을 위해 언급했던 기관은 다음과 같다(한원덕:2011).

대한상공회의소

(영 : Korea Chamber of Commerce & Industry, KCCI)

(서 : la Cámara de Comercio e Industria de Corea, CICC)

가트

(영 : General Agreement on Tariffs and Trade, GATT)

(서 : El GATT)

경제개발협력기구

(영 : Organization for Economic Co-operation and Development, OECD)

(서 : La Organización para la Cooperación y el Desarrollo Económico, OCDE)

Secretaría de Estado de Turismo de la República Dominicana

(한 : 도미니카공화국 관광부)

(영 : Dominican Republic Tourism Ministry)

El Consejo Nacional de Competitividad (CNC)

(한 : 도미니카공화국 국가 경쟁력 이사회)

(영 : Dominican Republic Competitiveness National Council)

Consejo para el Desarrollo Estratégico de Santiago, CDES

(한 : 산티아고 전략개발이사회)

(영 : Strategic Development Council of Santiago)

산티아고전략개발이사회, CDES는 법령 제520조에 의한 법적 효력이 있는 비영리 기관으로 산티아고 시의회 산하 기관과 조직의 대표자들에 의해 1996년 11월 11일 출범하였으며 집행권 57-98조의 발령으로1998년 법인 인가를 받았다.

CDES는 산티아고시청(市廳), 생산분야 종사자(기업인, 상인, 산업협회 등), 중앙정부 기관, 비정부기구, 스포츠문화기관, 종교단체, 전문단체, 지역 사회모임, 소셜커뮤니티단체 등 45개 이상의 조직과 산티아고 시(市) 각 분야에 종사하는 시민들로 이뤄져 있다.

산티아고전략계획은 CDES가 자랑하는 야심 찬 프로젝트로 결의안 제2549호에 의해 지정되었다.

안전행정부 지방행정연수원

(영 : Local Government Officials Development Institute, LOGODI

(서 : Instituto de Desarrollo para Funcionarios de Gobiernos Locales)

Oficina Presidencial de Tecnologías de la Información y Comunicación de la República Dominicana

(한 : OPTIC)

(영 : Presidential Office of Information and Communication Technologies of the Donimican Republic)

OPTIC은 정보통신기술의 사용과 보급을 통한 국가의 전자 정부를 실현하기 위해 필요한 모든 활동을 계획, 조정, 실행을 관장한다.

Instituto Dominicano de las Telecomunicaciones, INDOTEL

(한 : INDOTEL)

(영 : Dominican Telecommunications Institute)

INDOTEL은 전기 통신 시장을 규제, 감독하는 전기통신에 관한 일반법에 의해 설립된 국가기관이다. INDOTEL은 사회에 보탬이 되고자 자유와 신뢰 그리고 효과적인 경쟁안에서 전기통신 서비스 제공을 조정, 촉진하고 있다.

Asociación Iberoamericana de Centros de Investigación y Empresas de Telecomunicaciones, AHCIET

(한 : 중남미 정보통신 연구소 및 기업 협회)

(영 : Ibero-American Association of Research Centers and Telecommunication Enterprises)

중남미 정보통신 연구소 및 기업 협회, AHCIET는 비영리 민간기업으로 1982년에 설립되었으며 현재 중남미와 스페인 20개국의 전기통신기업 중 50업체가 회원으로 활동하고 있다.

AHCIET는 스페인어권 전기통신 분야에 분기점이 되는 것을 임무로 삼고 회원 업체들에 정보, 전문조직, 사회적용, 협상기회에 대한 지능적 관리를 발전시킬 수 있는 활동, 상품 그리고 서비스를 제공하기 위해 노력하고 있다.

또한 AHCIET는 조정, 기술, 무역 그리고 정보화 세계의 발전을 향한 매개체라는 범위 안에서 더욱 완전한 정보를 생산하려는 목적 아래 국제기관, 제조업체, 서비스제공업체와 협력협정을 추진하고 있다.

한국전산원 (現 한국정보화진흥원)

(영 : 舊National Computerization Agency, NCA

現 National Information Society Agency, NIA)

(서 : 舊 Agencia Nacional de Computarización

現 Agencia Nacional de Seguridad de Información)

한국소프트웨어진흥원, KIPA (現 정보통신산업진흥원)

(영 : 舊 Korea IT Industry Promotion Agency, KIPA

現National IT Industry Promotion Agency, NIPA)

(서 : 舊 Agencia de Promoción de la Industria TI de Corea

現 Agencia Nacional de Promoción de la Industria TI)

한국정보문화진흥원(KADO) (現 한국정보화진흥원으로 통합)

(영 : Korea Agency for Digital Opportunity and Promotion)

(서 : Agencia para la Oportunidad y Promoción Digital)

농촌진흥청

(영 : Rural Development Administration, RDA)

(서 : Administración de Desarrollo Rural)

Secretaría de Estado de Agricultura de la República Dominicana

(한 : 도미니카공화국 농업부)

(영 : Dominican Republic Ministry of Agriculture)

Junta Agroempresarial Dominicana, Inc. JAD

(한 : 도미니카공화국 농업-기업 평의회)

(영 : Dominican Agribusiness Board)

Instituto Interamericano de Cooperación para la Agricultura, IICA

(한 : 미주농업협력연구원)

(영 : Inter-American Institute for Cooperation on Agriculture)

미주농업협력연구원, IICA는 미주체제의 특수조직으로 농업발전과 농촌주민의 복지를 위한 회원국의 노력을 장려, 촉진, 지지하고 있다.

PDVSA, Petróleos de Venezuela S.A.

(한 : 베네수엘라 국영 석유공사)

(영 : PDVSA, Petroleums of Venezuela)

한국국제협력단

(영 : Korea International Cooperation Agency, KOICA)

(서 : La Agencia de Cooperación Internacional de Corea)

한국수출입은행

(영 : The Export-Import Bank of Korea, EXIMBANK)

(서 : el Banco de Exportaciones e Importaciones de Corea)

국립유전자원지원센터

(영 : RDA-Genebank Information Center, Republic of Korea)

(서 : Banco Nacional de Genes)

Centro de Inversión y Exportación de la República Dominicana

(한 : CEI-RD, 도미니카공화국 투자-수출센터)

(영 : Dominican Republic Export and Investment Center)

한국식품연구원

(영 : Korea Food Research Institute, KFRI)

(서 : El Instituto de Investigación de Alimentos de Corea)

El Parque Cibernético de Santo Domingo, PCSD

(한 : 도미니카 공화국 싸이버파크)

(영 : Cyberpark of Santo Domingo, PCSD)

한국바이오벤처협회 (現 한국바이오협회)

(영 : 舊 Korea Bio Venture Association, KOBIOVEN

現 Korea Biotechnology Industry Organization)

(서 : 舊 Asociación Coreana de Empresas de la Biotecnología

現 Organización de la Industria Biotecnológica de Corea)

한국과학기술원, KAIST

(영 : Korea Advanced Institute of Science and Technology, KAIST)

(서 : Instituto Avanzado de Ciencia y Tecnología de Corea, KAIST)

한국과학기술연구원, KIST

(영 : Korea Institute of Science and Technology, KIST)

(서 : Instituto de Ciencia y Tecnología de Corea, KIST)

한국교육개발원, KEDI

(영 : Korean Educational Development Institute)

(서 : el Instituto de Desarrollo de la Educación de Corea)

Asociación Dominicana de Zonas Francas, ADOZONA

(한 : 도미니카 공화국 자유무역지대협회)

(영 : Dominican Association of Free Zones, Inc.)

Instituto Nacional de Formación Técnico Profesional, INFOTEP

(한 : 도미니카공화국 국가전문기술연구원)

(영 : National Institute for Professional Technical Training, INFOTEP)

KIET 산업연구원

(영 : Korea Institute for Industrial Economics and Trade, KIET)

(서 : Instituto Coreano de Economía Industrial y Comercio)

Universidad Autónoma de Santo Domingo

(한 : 산토도밍고자치대학)

(영 : Autonomous University of Santo Domingo)

동남아시아 국가연합

(영 : Association of South-East Asian Nations, ASEAN)

(서 : La Asociación de Naciones del Sudeste Asiático, ANSA)

European Free Trade Association, EFTA

(한 : 유럽자유무역협회)

(서 : Asociación Europea de Libre Cambio, AELC)

세계경제포럼

(영 : World Economic Forum, WEF)

(서 : Foro Económico Mundial)

서울디지털포럼

(영 : Seoul Digital Forum, SDF)

(서 : Foro Digital de Seúl)

상공자원부(現 지식경제부)

(영 : 舊 Ministry of Commerce, Industry and Energy

現 Ministry of Knowledge and Economy)

(서 : 舊 Ministerio de Comercio, Industria y Enegía

現 Ministerio de Conocimiento y Economía)

한국로봇산업협회

(영 : Korea Association of Robot Industry)

(서 : Asociación Coreana de la Industria Robótica)

서울메트로

(영 : Seoul Metro)

(서 : el Metro de Seúl)

한국가스공사

(영 : Korea Gas Corporation, KOGAS)

(서 : Corporación Coreana de Gas)

한국석유공사

(영 : Korea National Oil Corporation, KNOC)

(서 : La Petrolera Estatal de Corea o Corporación Nacional de Petróleo de Corea)

한국전력공사

(영 : Korea Electric Power Corporation, KEPCO)

(서 : Corporación de la Energía Eléctrica de Corea)

산업자원부

(영 : Ministry of Commerce, Industry and Energy)

(서 : Ministerio de Comercio, Industria y Energía)

지식경제부

(영 : Ministry of Knowledge and Economy, MKE)

(서 : Ministerio de Conocimiento y Economía)

Corporación Dominicana de Empresas Eléctricas Estatales, CDEEE

(한 : 도미니카 공화국 전력청)

(영 : The Dominican Corporation of State Electrical Companies)

아시아올림픽평의회

(영 : Olympic Council of Asia, OCA)

(서 : El Consejo Olímpico de Asia)

한국무역협회

(영 : Korea International Trade Association, KITA)

(서 : la Asociación para el Comercio Internacional de Corea)

Fundación Global para Democracia y Desarrollo, FUNGLODE

(한 : 도미니카공화국 세계 민주주의 및 발전 재단)

(영 : Global Foundation for Democracy and Development)

한국수입업협회

(영 : Korea Importers Association, KOIMA)

(서 : Asociación de Importadores de Corea)

감사원

(영 : Board of Audit and Inspection)

(서 : Tribunal de Cuentas, Cámara de Cuentas)

한국전자통신연구원

(영 : Electronics and Telecommunications Research Institute, ETRI)

(서 : Instituto de Electrónica y Telecomunicación de Corea)

삼성전자(주)

(영 : Samsung Electronics)

대덕연구개발특구

(영 : Daedeok Innopolis)

전국경제인연합회

(영 : Federation of Korean Industries, FKI)

(서 : Federación de Industrias Coreanas)

3. 1. 7. 조찬, 오찬, 만찬통역

조찬, 오찬, 만찬통역은 공식회의에서 보다는 자유로운 분위기 속에서 공식회의 때 다루지 못했거나 시간 부족으로 논의가 미진했던 부분을 좀 더 심도있게 다룰 수 있는 또 하나의 회의 공간이라고 할 수 있지만 다른 한편으로는 초청국과 초청기관이 사절단에게 최대한 정중하게 예우하고 대접할 수 있는 친선우호 증진을 위한 시간의 성격도 지닌다. 식사 시간을 통해 주로 특정사항에 대해 논의를 할 수 있지만 중대한 결정이나 무거운 내용으로 분위기를 어렵게 만들지 않는 것이 관례이다. 식사 통역에서는 소수의 초청자와 사절단만이 통역을 필요할 때 통역사가 테이블에 다른 참석자들과 함께 착석하여 식사와 통역을 함께 진행할 수 있으나 대부분의 경우 참석자가 많고 통역을 필요로 하는 사람들이 많기 때문에 연사들의 뒤에 앉아 통역에만 전념하는 사례가 일반적이다. 조찬, 오찬, 만찬 가운데 만찬이 가장 지속 시간과 환담의 내용 측면에서 조찬이나 오찬보다 중요하게 다루어진다. 조찬과 오찬 만찬에는 규모의 차이가 있을 수 있으나 통역의 형식과 내용상에는 큰 차이가 없으므로 편의상 만찬통역에 대하여 기술하기로 한다.

대부분의 만찬에는 사회 통역, 만찬사와 답사의 통역, 테이블 귀빈 통역이 제공된다. 또한 만찬은 종종 공연과 연주회로 이어질 수 있다. 경우에 따라서는 소수의 통역사가 세 역할을 모두 맡을 수 있으나 회의 규모가 크면 세 업무를 독립적으로 나누어 실시하게 된다. 만찬행사가 시작되기 전에는 주로 칵테일 파티가 열리게 되는데 이때에는 참석자들 간에 주로 담소와 인사를 나누기 때문에 통역의 필요성은 그리 높지 않다.

국가 차원의 공식행사 시작은 애국가 제창이나 연주로 할 수 있고 민간차원의 만찬에서는 초청자와 방문객 귀빈들이 도착하는 대로 곧바로 만찬에 들어갈 수 있다. 사회 통역은 최대한 경어를 사용하여 만찬행사를 진행하며 품격있는 태도와 음성 그리고 유려한 표현으로 통역해야 하고 반대로 불쾌감을 일으킬 수 있는 명령어의 사용을 최대한 줄인다. 사회 원고는 통역사가 결정하는 것이 아니므로 사회자로부터 행사 전에 준비된 원고를 받아 가급적 번역하고 차분한 마음으로 낭독함으로써 연설의 전달력을 높이도록 노력한다.

사회통역의 예를 들면 다음과 같다.

- 오늘 만찬과 관련해서 안내 말씀 드리겠습니다. 잠시 후 귀빈들께서 만찬장에 도착하셔서 참석자 여러분들을 접견하시겠습니다.

  Quisiera darles informaciones sobre el acto de hoy. Los señores invitados de honor van a llegar pronto y concederles a ustedes audiencia.

- 의전 직원들의 안내에 따라 만찬장으로 이동하시면서 귀빈들과 인사를 하시겠습니다.

  Nuestro personal de protocolo les va a guiar a la sala de la cena para que puedan saludar a los señores invitados de honor.

- 만찬의 원활한 진행을 위해 가지고 계신 휴대전화 전원은 꺼 주시기 바랍니다.

  Si son tan amables, por favor mantengan apagado su teléfono móvil para una cena agradable.

- 귀빈들께서 도착하셨습니다. 만찬장으로 이동하여 주시기 바랍니다.

  Acaban de llegar los señores invitados de honor. Les rogamos que se trasladen al lugar de la cena.

- 귀빈들께서 입장하고 계십니다. 박수로 환영하여 주시기 바랍니다.

Los señores invitados de honor están entrando. Les vamos a recibir con grandes aplausos.

- 모두 자리에 앉아 주시기 바랍니다.

  Pueden tomar su asiento.

- 다음은, 한주영 사장님께서 만찬사를 하시겠습니다.

  En este momento, invitamos al podio al distinguido señor presidente Juyoung Han a dirigirnos el discurso de la cena.

- 이어서, Paloma Han 사장님께서 답사를 하시겠습니다.

  A continuación, la distinguida señora presidenta Paloma Han va a tener a bien ofrecernos sus palabras de contestación.

- 이제 만찬을 시작하겠습니다. 즐거운 만찬이 되시기 바랍니다.

  Damos por iniciada la cena. Deseamos que tengan un tiempo agradable.

- 즐거운 시간 되셨습니까? 좋은 시간 되셨기 바랍니다. 이상으로 오늘 만찬을 마치겠습니다. 참석해 주셔서 대단히 감사합니다.

  Nos da la curiosidad saber si les ha gustado la cena. Esperamos que se lo hayan pasado muy bien. De esta manera, vamos a cerrar la Cena de hoy. Les agradecemos participar en el acto de hoy.

- 귀빈들께서 퇴장하고 계십니다. 따뜻한 박수로 환송해 주시기 바랍니다. 감사합니다.

  Se marchan los distinguidos señores invitados de honor. Vamos a despedirles con un gran aplauso. Muchas gracias.

만찬 행사에서는 항상 초청국 연사가 먼저 연설 하고 방문하는 사절단 대표는 답사를 한다. 만찬사에서는 양측의 우호를 나타내는 표현이 많이 등장한다.

다음은 2010년 10월 한국을 방문한 Ricardo Martinelli 파나마 대통령의 국빈만찬사이다.

Señoras y Señores
내외귀빈 여러분

Agradezco al Excelentísimo Señor Lee Myung-bak, Presidente de la República de Corea, la invitación que me hizo para visitar este hermoso país.
대한민국 이명박 대통령님께 이렇게 아름다운 나라를 방문할 수 있도록 초청해 주신데 대하여 감사의 말씀을 드리고 싶습니다.

Luego de 48 años de relaciones diplomáticas, Corea y Panamá han logrado afianzar estrechos vínculos políticos, económicos, comerciales y de cooperación en beneficio de ambos pueblos.
외교관계를 수립한 지 48년 지난 현재 한국과 파나마는 양국 국민들을 위해 상호 긴밀한 정치, 경제, 교역을 비롯한 다양한 분야에서 협력의 관계를 굳건히 했습니다.

Bajo mi administración nos hemos trazado el firme objetivo de llevar nuestras relaciones al más alto nivel.
우리 정부는 양국의 관계를 가장 높은 수준으로 올리기 위한 확고한 목표를 세웠습니다.

La visita oficial a Panamá del Presidente Lee, del 28 al 30 de junio de 2010, para sostener un encuentro bilateral en el marco de la III Cumbre Presidencial del Sistema de la Integración Centroamericana y Corea, prueba nuestro propósito de mantener las relaciones con Corea en un alto nivel.

지난 2010년 6월 28일부터 30일까지 이명박 대통령님께서 대한민국과 중미통합체제간 제 3차 정상회의에 참석하시고 파나마와 양자회담을 개최하기 위해 우리나라를 공식 방문해 주셨습니다. 이것은 바로 대한민국과 높은 수준의 관계를 유지하겠다는 우리 정부의 목표를 보여주는 증거입니다.

Con la visita del Presidente Lee a Panamá, en junio pasado, iniciamos una nueva página de la historia de nuestras relaciones diplomáticas con Corea.
이명박 대통령님의 지난 6월 파나마 방문은 대한민국과 우리나라의 외교사에 새로운 장을 열었습니다.

Aquella fue la primera vez que un Presidente coreano visitaba la República de Panamá y esta es la primera visita oficial de un Presidente panameño a Corea.
대한민국의 대통령님으로서는 최초의 파나마 공화국 방문이었으며 저는 파나마 대통령으로서는 처음으로 한국을 공식 방문하게 되었습니다.

La ocasión es propicia para reafirmar el compromiso de mi gobierno de continuar fortaleciendo el intercambio comercial, las inversiones y la cooperación bilateral entre ambos países.
이번 방문은 양국의 교역, 투자 및 양자 협력을 지속적으로 강화시키기 위한 우리 정부의 의지를 다시 한 번 확인해 준다는 점에서 시의적절 하다고 생각합니다.

En ese sentido, cobra particular importancia el Acuerdo para Evitar la Doble Tributación y Prevenir la Evasión Fiscal entre ambos Gobiernos, suscrito por nuestros Cancilleres en la mañana de hoy.
이러한 의미에서 오늘 오전 두 나라 외교 장관이 서명한 정부 간 이중과세 및 탈세 방지협정은 특별한 중요성을 갖습니다.

Este instrumento permitirá fomentar la transparencia tributaria y fortalecer

nuestra recaudación fiscal.
이 협정은 조세투명성을 촉진시키고 세수를 더욱 튼튼히 해 줄 것입니다.

Además nos brindará el marco jurídico apropiado para promover el desarrollo de inversiones, en conformidad con los estándares establecidos por la OCDE en materia fiscal.
또한 재정부문과 관련하여 OECD가 설정한 기준에 맞추어 투자개발을 진작시키는데 필요한 적절한 법적 틀을 우리에게 제공해 줄 것입니다.

Panamá cuenta con un conjunto de servicios de transporte y logística, orientados hacia el comercio mundial, que tiene por centro al Canal de Panamá.
파나마는 전 세계 무역을 위하여 종합적인 수송 및 물류 서비스 체제를 갖추고 있으며 그 중심에 파나마운하가 자리하고 있습니다.

Alrededor del Canal interoceánico se concentran puertos de trasbordo de contenedores, zonas francas de comercio, ferrocarril y el más grande hub de transporte aéreo de pasajeros de América Latina.
두 대양을 연결하는 파나마 운하 주변에 컨테이너 처리 항, 자유무역지대, 철도, 그리고 중남미 최대의 여객 항공운송 허브가 있습니다.

También contamos con el centro financiero más grande de Latinoamérica y una gama de servicios interconectados con el mercado mundial.
또한 파나마는 중남미 최대의 금융센터와 세계시장과 상호 연계되는 폭넓은 서비스망을 보유하고 있습니다.

El Canal de Panamá, la zona franca de comercio (ZLC), los puertos de trasbordo de contenedores y el centro financiero han abaratado nuestros costos de importación de mercancías desde cualquier parte del mundo.

파나마운하, 자유무역지대, 컨테이너 처리항 그리고 금융센터는 세계 각지에서 도착하는 상품 수입 비용을 낮추었습니다.

Lo anterior, combinado con nuestro Hub Aéreo, que es capaz de transportar pasajeros desde y hacia cualquier lugar de Latinoamérica, ha generado un crecimiento extraordinario de turistas, empresarios e inversionistas.
이는 중남미 전역을 연결하는 여객 항공운송 허브와 더불어 관광객, 기업인 그리고 투자자들의 수를 획기적으로 증가시켰습니다.

El Proyecto de Expansión del Canal ampliará la capacidad de la vía interoceánica para transitar buques con capacidad de hasta 12,000 TEU's.
운하확장사업은 최대 12,000 TEU 급 선박들의 대양 간 통항능력을 증가시킬 것입니다.

Esto implicará un incremento importante del comercio a través de esta ruta, así como la mayor expansión de puertos alrededor del mundo.
이것은 이 항로를 통해 전 세계의 무역이 증가하고 항구가 더욱 많아진다는 것을 시사하는 것입니다.

La ampliación del Canal estará terminada en el 2014 y se habrán gastado en ella 5,250 millones de dólares.
운하확장 사업은 2014년 종료될 것이며 52억 5천만 달러가 투입될 것입니다.

Otros 2 mil millones de dólares serán invertidos en la expansión portuaria antes de finalizar la ampliación del Canal.
추가로 2십억 달러가 운하확장 사업이 종료되기 전에 항만시설 확장을 위해 소요될 것입니다.

La inversión en Panamá se ha convertido en los últimos años en uno de los principales impulsores del crecimiento del PIB.
최근 파나마에 대한 투자는 우리나라의 국내총생산을 증가시키는 주요 추진동력 가운데 하나가 되었습니다.

Desde 2004 la inversión extranjera directa superó los 1.000 millones de dólares, un récord para el país.
2004년부터 파나마에 대한 외국인 직접투자는 십억 달러를 상회함으로써 기록을 경신하였습니다.

A partir de allí, Panamá ha venido liderando la región centroamericana, en cuanto a cantidad de inversión, y ocupa el segundo puesto en inversión extranjera per cápita en América Latina.
그때부터 파나마는 투자 규모에 있어서 중미의 선도 국가가 되었고 중남미에서도 일인당 외국인 투자 금액을 기준으로 2위를 차지하게 되었습니다.

Mi gobierno está convencido de que el crecimiento económico debe traducirse en oportunidades para mejorar la calidad de vida de nuestros ciudadanos y, particularmente, de los sectores más vulnerables.
우리 정부는 경제 성장은 우리 국민 특히 취약계층 시민들의 삶의 질을 개선하는 기회로 이어져야 한다는 것을 잘 알고 있습니다.

Amigo Presidente
저의 친구 되시는 대통령님

Con esa visión, mi gobierno se encuentra desarrollando un conjunto de reformas, proyectos, planes y programas que nos permitirán alcanzar estos objetivos, utilizando como modelo las buenas y mejores prácticas de países amigos como Corea.

이러한 비전을 갖고 우리정부는 대한민국과 같은 우방 국가들의 훌륭하고 우수한 경험들을 발전 모델로 활용하면서 앞서 말씀드린 목표를 달성할 수 있도록 종합적인 개혁, 사업, 계획 및 프로그램들을 추진하고 있습니다.

El plan de inversiones en infraestructura pública de mi gobierno, para los próximos cuatro años, supera los 10 mil millones de dólares e incluye:
향후 4년 동안 우리 정부의 공공 인프라 투자 금액은 100억 불을 상회하며 구체적인 사업을 말씀드리면 다음과 같습니다.

a) La ampliación del Canal
운하확장사업

b) La construcción del Metro de Panamá junto con el establecimiento de un sistema complementario de buses
파나마 지하철 건설 사업과 버스 연계 시스템 구축

c) El saneamiento de la Bahía de Panamá
파나마 만 하수도 사업

d) La explotación de yacimientos mineros de cobre
동광 개발 사업

e) La ampliación del Aeropuerto Internacional de Tocumen junto con la construcción de una Ciudad Comercial en sus alrededores; Tocumen
국제공항 확장과 인근 국제무역도시 건설

f) La expansión y edificación de hospitales, puentes y carreteras
병원, 교량, 도로 확장 및 건설 사업

g) El desarrollo del Área Económica Especial Panamá – Pacífico
파나마-태평양 경제특구 개발 사업

h) El establecimiento de un Centro de Coordinación en materia de Seguridad Regional de Países del Sistema de la Integración Centroamericana (SICA)
중미통합체제 회원국가들의 지역안보 조정센터 설립 사업

i) La creación de un Centro Interagencial de las Naciones Unidas y de un Centro Regional de Coordinación de Asistencia Humanitaria para América Latina y el Caribe
유엔 산하기관 센터 및 중남미와 카리브지역을 위한 인도적 지원 조정 지역센터 창설 사업

Esta amplia gama de proyectos representan nuevas oportunidades para la participación de las empresas de Corea, que ya operan en Panamá, y para las que aún no han tenido la oportunidad de hacerlo.
이렇게 폭넓은 사업들은 이미 파나마에 진출한 한국 기업들은 물론 다른 한국 기업들에게도 참여의 기회를 제공하고 있습니다.

Señor Presidente y Amigo:
저의 친구 되시는 존경하는 대통령님

Esta noche deseo reiterar la disposición de mi Gobierno de impulsar reformas necesarias para modernizar nuestra legislación minera, de manera que las empresas coreanas puedan participar en el desarrollo de esta actividad en Panamá.
오늘 저녁 저는 한국 기업들이 파나마 광업 개발에 참여할 수 있도록 우리의 광업법을 선진화하기 위해 필요한 법 개정을 추진하겠다는 우리 정부의 의지를 다시 한 번 말씀 드리고 싶습니다.

Asimismo, reafirmo el compromiso de dinamizar el intercambio comercial de bienes y servicios, además de promover las inversiones entre ambos países.
또한 양국 간 투자 확대를 촉진할뿐만 아니라 재화와 용역의 교역을 활성화하고자 하는 약속의 말씀을 재확인 드립니다.

Le expreso nuestro interés en iniciar gestiones para explorar la conveniencia de negociar y suscribir un Tratado de Libre Comercio (TLC) entre la República de Corea y Panamá en el futuro.
저는 대한민국과 파나마가 자유무역협정에 관한 협상의 적합성 조사에 착수하고 미래에 양국 간 자유무역협정을 체결하는 데에 우리 정부가 관심을 갖고 있다는 것을 대통령님께 밝혀드리고 싶습니다.

De igual manera, a mi gobierno le resulta de gran importancia fortalecer más la cooperación bilateral dirigida al intercambio de buenas y mejores prácticas en áreas prioritarias para nuestro desarrollo.
또한 우리 정부는 파나마의 발전을 위해 가장 시급한 부문에서부터 훌륭하고 우수한 경험들이 교류될 수 있도록 하는 양자협력을 더욱 강화시키는 것이 중요하다고 생각 합니다.

En ese sentido, esperamos avanzar con la implementación del Programa para Compartir Conocimientos (Knowledge Sharing Program) y generar otros programas de capacitación bilaterales para mejorar nuestras capacidades institucionales.
이러한 의미에서 지식공유프로그램의 이행이 더욱 진전되기를 기대하고 파나마의 인적개발 능력을 개선하기 위한 여타 양자 연수 프로그램도 개설할 수 있기를 희망합니다.

En el ámbito multilateral, aprovecho para señalar que Panamá apoyará la iniciativa impulsada por el Gobierno de Corea de incentivar la cooperación bilateral

en materia de crecimiento verde bajo en carbono.
다자분야에서의 협력에 관하여 저는 이 자리를 빌어 파나마가 저 탄소 녹색성장 분야에서 양자협력을 촉진하려는 한국 정부의 주도적인 노력을 지지한다는 말씀을 드립니다.

En ese sentido, apoyamos la iniciativa del Gobierno de Corea de invitar a los países del G20 en Seúl para que asuman nuevos retos y compromisos para hacerle frente al cambio climático durante la Cumbre de Seúl en noviembre de 2010.
이러한 의미에서 기후변화에 대처하기 위해 2010년 11월 G20 정상회의 기간 동안 G20 국가들을 서울에 초청하여 참가국들이 기후변화에 따르는 도전과제를 함께 다루고 각국의 약속을 다짐할 수 있도록 하려는 한국 정부의 구상을 지지합니다.

Señor Presidente
존경하는 대통령님

No puedo dejar pasar esta oportunidad para agradecerle por el apoyo a la solicitud panameña de ingreso como nuevo miembro al Foro de Cooperación Económica Asia-Pacífico (APEC), una vez finalice la moratoria para la admisión de nuevos miembros.
이 자리를 통해 저는 APEC의 신규 회원국 가입 승인 모라토리엄이 해제되는 시점에 우리 파나마의 가입 신청을 지지해 주신 대통령님께 감사의 인사말씀을 드립니다.

Finalmente, deseo expresarle mi gratitud por el afectuoso recibimiento, la cálida amistad y la hospitalidad brindada a mi Delegación Oficial.
끝으로 이렇게 우리 공식사절단을 다정하고 뜨거운 우정의 환대로 맞아주신 대통령님께 감사의 말씀을 드립니다.

Formulo votos por el bienestar, seguridad y prosperidad del pueblo y del Gobierno de Corea.

대한민국 국민 그리고 한국 정부의 안녕과 안위 그리고 번영을 기원 드립니다.

MUCHAS GRACIAS

대단히 감사합니다.

이 연설의 내용을 축약하면 다음과 같다.

가. 초청에 대한 감사

나. 양국 관계 발전 현황과 방문의 의의

다. 방문의 주요 성과 언급-이중과세방지협정 서명

라. 파나마의 전략적 중요성과 미래발전 청사진 설명

마. 한국에 대한 요청 - 100억 불을 상회하는 파나마 정부의 인프라 구축 사업에 한국 참여 요청
- 광업법 개정과 한파나마 FTA 추진
- 지식공유프로그램(Knowledge Sharing Program)을 위한 양자연수프로그램 실시

바. 한국에 대한 지지 - G20의 성공적인 개최

사. 감사 - 파나마의 APEC 가입 지지에 대한 감사
- 환대에 대한 감사

조찬, 오찬, 만찬사에서 통역 시에는 연사가 상대측의 이름을 불러가며 감사표시를 할 때가 있는데 이 때 발음이 명료하지 않아 통역이 생략되는 경우가 있으므로 연사는 물론 관련 인사 특히 만찬을 제공하는 측이나 사절단의 방문을 위해 물적 인적 비용을 담당한 기업이나 기업인 등 중요 인물의 한국어, 스페인어 성명을 숙지해야 한다. 왜냐하면 연사의 이름은 간단히 언급하고 지나가기 때문에 통역할 수 있는 시간은 매우 짧은 반면 통역이 적시에 나오지 않을 경우 의전 상의 문제가 될 수 있기 때문이다.

만찬사에서는 연사의 섬세한 감정과 강조하기 원하는 부분의 통역이 중요하다. 파나마 대통령의 만찬사에서는 이명박 대통령에 대한 친근감의 표시로 보통의 경우처럼 "존경하는 이명박 대통령님" 이라는 표현 대신 "저의 친구 되시는 대통령님"을 뜻하는 표현 "Amigo Presidente"를 사용했다. 만찬통역은 정서적인 교류를 중시하기도 하고 음식을 나누며 정감있는 대화를 나누기 때문에 대부분의 경우 리시버 등 기계적 도움을 받는 동시통역이 아닌 순차통역을 제공한다.

만찬은 어디에서 개최되는지에 따라 음식의 종류가 달라지는데 귀빈의 취향을 사전에 조사하여 기피하는 음식을 제외하며 또한 스페인어권 방문객들에게 모습이나 냄새로 인해 불편함을 줄 수 있는 음식 예를 들어 청국장, 젓갈류 등은 요청이 없는 한 메뉴에서 빠지게 된다. 김치는 이미 한류에 힘입어 많은 외국인들이 즐기는 음식이 되었으나 한국을 처음 찾는 일부 사절들은 마늘 냄새 때문에 한국의 대표적인 음식이라는 사실은 알고 있지만 체질, 기호, 알레르기 등의 이유로 기피하는 경우도 있다. 물론 김치, 비빔밥, 인삼 등은 한국을 찾는 많은 사람들이 한국인과 식사를 함께 할 때 질문을 많이 하는 대표적인 음식으로서 적절한 통역을 제공할 수 있도록 이 음식들에 대한 설명 방법을 숙지해야 한다. 이를 통해 주최 측과 귀빈 측이 문화적으로 심도있게 교류하는 시간을 만들어 나가는데 기여해야 할 것이다.

우리나라의 특정 음식이 스페인어권 화자들에게 이미 잘 알려진 경우 다른 메뉴를 제공함으로써 새로운 문화적 체험을 제공하는 만찬행사도 물론 있다. 그런데 익숙하지 않은 음식들에 대해서는 호기심이 더욱 커지게 되고 통역사의 설명에 따라 귀빈의 식욕도 변화하는 경향이 있다. 문제는 김치, 비빔밥, 인삼 등 잘 알려진 음식 이외에 이름이 매우 긴 우리나라 음식들은 외국인들에게 발음조차 힘들 때가 있기 때문에 음식의 이름보다는 재료를 소개할 때가 있는데 이럴 때 자칫 스페인어권 귀빈들이 꺼리는 식물 재료를 여과 없이 소개하면 음식 자체에 대한 경계심이 높아질 수 있기 때문에 어떻게 통역하는 것이 좋은지 생각해 볼 필요가 있다.

차림표

수삼유자와 메밀전병

*

밤타락죽

*

전복잣즙구이와 삼색전

*

한우 생등심구이와 구운야채

*

단호박영양밥과 소고기뭇국

*

오미자샤벳과 계절과일

*

설록차

*

기본찬

김치, 백물김치, 삼색나물, 다시마튀각, 멸치볶음

*

백포도주, 적포도주

이렇게 귀빈을 위해 준비한 음식의 이름이 한국인에게 조차 발음이 힘들 정도로 생소하다면 귀빈에게는 매우 생소하고 친근감을 느끼기 어렵기 때문에 통역사는 음식의 내용과 음식에 얽힌 이야기를 소개하며 분위기를 부드럽게 하면 식욕을 돋우는데 도움이 된다. 특히 도토리묵과 같이 음식의 재료를 설명하다 보면 귀빈의 나라에서는 전혀 식용으로 사용하지 않는 식재료를 말할 때가 있는데 이때에도 건강에 좋고 독특한 맛을 가지고 있다는 점을 부연해서 설명할 필요가 있다.

만찬메뉴에 대한 설명과 번역

수삼유자와 메밀전병 Ginseng Crudo y Crepe de Alforfón	예로부터 입맛을 돋우고 몸의 기를 보하는 귀한 음식으로 알려진 수삼 그리고 메밀과 전통 갓김치로 만든 전통향토음식인 메밀전병을 곁들인 요리 Se prepara con el Ginseng Crudo, muy conocido desde hace mucho tiempo como un aperitivo muy bueno para estimular el apetito y fortalecer la energía corporal. El crepe de alforfón se prepara con alforfón ligeramente freído, y hojas y tallos de mostaza encurtidos.

밤타락죽 Gachas de Leche con Castañas	고소함이 일품인 밤과 우유를 섞어 만든 대표적인 전통 죽 요리로서 예전에는 귀한 식재료였던 우유를 밑바탕으로 하여 임금님께만 진상했던 것으로 알려진 요리 Gachas de leche al estilo coreano con exquisitas castañas con sabor hondo y puro. Antiguamente la leche, el ingrediente básico de este plato, era difícil de conseguir. Por eso, este platillo tradicional se servía exclusivamente a los reyes.
전복잣즙구이와 삼색전 Abulones Asados en Salsa de Piñones y Tortillas de Tres Colores	고소한 잣을 갈아 만든 소스에 바다의 보배이자 불로장생 식품으로 알려진 전복을 얹어 만든 요리에 여름철 양식인 새우, 버섯, 부추, 낙지를 갈아 만든 삼색전을 곁들인 음식 Muchos coreanos suelen considerar el abulón como un tesoro del mar y alimento rejuvenecedor y de vida eterna. Se sirven asados en salsa de sabrosos piñones molidos, y se acompañan con tortillas de tres colores preparadas a partir de gambas, setas, puerros y pulpo molidos. Este plato es amado del pueblo coreano porque se cree que da energía en el verano.
한우 생등심구이와 구운야채 Lomo Coreano y Verduras Asadas	여러 종류의 제철 야채를 육질이 부드러운 한우 생등심구이와 함께 곁들여내어 야채와 육류의 조화로운 맛을 느낄 수 있는 요리 El lomo coreano asado tierno y delicioso, acompañado de varias clases de verduras de la estación, agrada y deleita el paladar, creando un sabor armónico entre carne y verdura.
단호박영양밥과 소고기무국 Calabaza Dulce Rellena de Cereales y Sopa de Carne de Res y Nabo	소화에 좋고, 눈 건강에 좋은 단호박을 푹 삶아 각종 몸에 좋은 잡곡으로 만든 영양밥으로 속을 채운 요리에 담백한 소고기무국을 곁들인 한국 전통식 요리 Plato tradicional. La calabaza dulce ayuda a mejorar la digestión y mantiene sana la vista del hombre. Luego de hervirla por mucho tiempo, se rellena con una variedad de cereales buenos para la salud, y se sirve junto con una sopa tradicional de carne de res y nabo.
오미자샤벳과 계절과일 Sorbete de Cinco Sabores y Frutas de la estación	예로부터 5가지 맛(五味)-신맛, 단맛, 짠맛, 쓴맛, 매운맛-을 모두 느낄 수 있다고 하여 건강에 좋다고 알려진 오미자를 얼려 만든 샤벳에 멜론참외, 포도, 수박의 제철과일을 곁들여 여름철의 시원함을 느낄 수 있도록 준비한 후식 Se prepara con frutos helados de la especie Maximowiczia chinensis, que dan cinco sabores, el ácido, el amargo, el salado, el picante y el dulce, y con las frutas veraniegas como el melón, las uvas y la sandía que refrescan el paladar.
기본찬 : 김치, 백물김치, 삼색나물, 다시마튀각, 멸치볶음	Platos acompañantes: Kimchi, Bekmul Kimchi, Brotes de tres colores, Quelpo Frito, Anchoas Fritas
적포도주, 백포도주	Vino Tinto, Vino Blanco

보통 만찬 음식에 대한 합의는 두 대표단에서 가장 중요한 인사인 두 대표들의 기호와 건강 상태에 따라 정해지기 마련이다. 그렇기 때문에 대다수의 나머지 사절단원 등은 음식에 대하여 사전에 알지 못하고 현장에서 접하게 되므로 김치나 된장국 등 한국적인 음식이 잘 맞지 않기 때문에 치즈 등을 통역에게 요청하는 경우가 있다. 이때에는 만찬장에 배치된 관련자에게 적당한 신호를 보내거나 가까이 지나는 직원에게 필요한 음식이 있는지 확인을 부탁할 수 있으나 통역이 직접 일어나서 음식을 찾으러 갈 경우 경호 문제 등 행사에 지장을 초래할 수 있는 상황을 유발할 수 있으므로 가급적 자신의 자리에서 도움을 요청하는 것이 바람직하다.

3. 2. 국제회의 유형에 따른 통역

하나의 회의가 국제회의라고 불려 지는데 충족되어야 하는 조건은 기본적으로 두 개 이상의 국가로부터 참석자가 참여해야 하는 것이지만 3개국 또는 5개국 이상의 국가가 참여해야 한다는 기준도 있다. 국제회의를 개최하기 위해서는 사무국이 있어야 하며 상임기구로서 각종 이사회와 위원회를 둘 수 있다(외교부:1992).

국제회의는 또한 각국 정부, 준정부기관, 비정부기관 또는 국제기구가 주최할 수 있지만 일반 시민단체들과 네티즌 등 다양한 국제적 필요에 의해 조직 운영할 수 있다. 국제회의에서는 총회를 통해 다양한 의사수렴과 결정을 한다. 그렇기 때문에 통역사는 각국의 이해와 투표의 진행과 개표, 의사결정의 선언 등 회의 전반에 관한 용어와 연사의 의지 등을 분명히 전달하는 능력을 키워야 한다.

3. 2. 1. 컨퍼런스(Conferencia)

국제기구 또는 국제회의가 하나의 현안에 대하여 토의하고 경우에 따라서는 의사결정 할 때 개최한다. 따라서 참석자들은 자신의 제안을 발의할 수 있는 권리를 가지면서 동시에 회칙에 따라 의사 결정이 이루어질 경우 결과를 따라야하는 의무가

있다. 회의에는 의결을 해야 하는 총회, 심의회의, 의장단회의 등이 있다. 특히 총회에서는 의장 또는 의장국의 선임, 차기 개최지 선정 등 가장 중요한 현안들이 다루어지기 때문에 통역사의 능력과 부담이 가장 큰 회의 형식가운데 하나이다.

3. 2. 2. 포럼(Foro)

참석자들이 자유롭게 참여하는 토론의 장이다. 사회자가 진행을 맡으며 찬성과 반대 의견을 낼 수 있지만 의결의 절차는 없다. 전화나 문자 등을 통해서 회의장 외부의 의견을 청취하기도 한다. 통역사는 긴 호흡의 논리 구조를 파악하여 결론적으로 어떠한 이유로 인해 발표자가 자신의 의견을 정당화해 가는지를 파악해야 하는데 가능하다면 참석자들에 관한 프로필을 참고하여 각자의 기존입장과 철학에 대한 숙지가 필요하다. 포럼이 실시되고 있는 현장에서도 찬성과 반대 또는 중립적인 의견을 내는 그룹이 형성되어 있다면 명확하게 위치를 구분하는 것이 통역에 도움이 된다. 포럼관련 통역은 주로 방송통역의 형식을 취하며 종종 동시통역으로 진행된다.

3. 2. 3. 분과회의(Reunión Temática)

국제회의에서는 참석자가 다양한 지역으로부터 오기 때문에 하나의 공간에서 여러 주제들을 한꺼번에 다루기가 물리적으로 어렵다. 따라서 가급적 많은 국가들이 심도있게 주제를 다룰 수 있는 기회를 부여하고 책임 영역을 분명히 함으로써 참석국가와 참석자의 역할을 극대화하며 해당 분야에 가장 영향을 많이 받는 당사국들이 관심 분야에 참여하게 함으로써 실질적인 결과를 이끌어내는데 도움을 받게 하는 형식의 회의이다. 분과회의는 주제별로 열리기 때문에 동시에 많은 통역사가 투입되어야 하고 회의 주제가 매우 심도있게 진행되기 때문에 통역 준비 또한 상당한 시일과 노력을 요구한다. 분과회의에서 발표된 내용은 사회자가 정리하여 본회의 또는 총회에 제출하여 전체 참석자가 참여한 가운데 해당 분과가 논의한 내용을 종합한다.

3. 2. 4. 심포지움(Simposio)

심포지움은 대부분 국내외 석학이 참여하여 자신의 이론을 피력하며 청중에게 미래에 대한 통찰력을 갖는데 도움을 준다. 대부분 심포지움에서 발언하는 연사들은 보도매체나 학술저서 등을 통해 이미 프로필이나 이론 등이 알려져 있기 때문에 통역사가 사전에 준비를 철저히 할 경우 통역의 난이도를 낮출 수 있다. 그러나 새로운 개념의 국제적인 조류나 신물질에 관한 발표 등 현재까지 알려지지 않은 주제에 관한 내용일 경우 통역에 상당한 어려움이 따른다.

3. 2. 5. 세미나(Seminario)

세미나는 주로 학술적인 내용을 다룬다. 발표자는 자신의 견해나 연구결과를 청중에게 전달하여 새로운 정보를 제공하고 발표한 내용에 대한 질문과 평가를 받는다. 세미나의 특징은 교육자와 피교육자의 구분이 분명하다는 점이다. 상호의견 교환보다는 주로 발표에 의해 회의가 진행되기 때문에 통역을 할 때에는 연사의 발표자료에 대한 깊은 이해가 필요하며 세미나가 진행되는 가운데 연사는 어떤 순서로 또한 어떤 방법으로 자료를 활용할 것인지에 대하여 연사와 통역사 간의 사전 협의가 중요하다. 세미나에서 다루어지는 내용은 상당히 전문적이기 때문에 관련 분야에 대한 준비와 사전지식이 없이는 통역을 순조롭게 수행할 수 없다.

3. 2. 6. 워크숍(Taller)

워크숍은 실무 차원의 경험을 교류하고 업무 효율을 높이기 위한 비슷한 수준의 실무자들 간의 회의이다. 예를 들어 전 세계 중남미 자원 개발 전문가들이 자국에서의 자원 개발을 추진하는 과정에서 해결해야 하는 문제가 어떠한 것이 있었는지 서로 공유하여 현재 또는 미래에 발생할 수 있는 장애 요인에 대해 대비할 수 있도록 하는 회의를 들 수 있다. 참석자들은 이론적인 논의를 지양하고 실무적으로 자신의 경험을 다른 참석자들에게 소개하고 또 다른 참석자들로부터 정보를 제공 받아 업무를 단순화, 효율화 하는데 사용한다. 워크숍은 우리나라가 중남미 지역에 자원 개발, 영농사업, 환경보호, 새마을 운동과 같은 다양한 사회사업 기술을 전파하기 위해 중남미의 관련 분야 인사를 한국에 초청하여 개최하기도 한다. 사정에 따라서 동시통역과 순차통역 모두 가능한 형태의 회의이다.

3. 2. 7. 학술대회(Congreso)

학술대회에서는 주로 논문이 발표되고 연구결과에 대한 검증과 토론이 주로 이루어진다. 가장 전문적인 내용을 다루는 회의 가운데 하나이며 통역 또한 전문가적인 지식이 없이는 불가능하다. 따라서 대부분의 국제학술대회는 학술적인 용어와 개념의 혼동을 피하기 위해 영어로 발표언어를 한정하거나 발표자가 가장 많은 국가의 언어를 통역언어로 제한하는 경향이 있다. 특히 동양과 서양의 학자들이 자국 특유의 학술적인 내용을 발표하게 되면 때로는 통역이 불가능할 정도의 문화소가 등장하기 때문에 전달력이 급격히 저하되기도 한다.

3. 3. 회의 목적에 따른 분류

3. 3. 1. 외교통역

전통적으로 외교통역이란 국가 간 외교와 관련된 통역을 말한다. 주로 정치, 경제, 사회, 문화, 국제 문제 등에 있어서의 협력 방안, 국경 분쟁, 인도적인 지원, 인사 교류 등 두 나라 이상의 관계를 원만하게 유지하기 위하여 외교관들이 주관하고 참여하는 회의에서의 통역을 지칭해왔다. 그러나 최근에는 세계가 갈수록 글로벌화 되어 가고 민간분야의 영역과 비중이 커지면서 민간외교의 성격을 갖는 행사와 통역이 크게 증가하고 있다. 더 나아가서 시민단체 등 비 국가 및 비정부 기관들의 공공외교 무대가 확장되어 가면서 이제 전통적인 의미에서의 외교통역 정의도 더욱 확산되어 가고 있는 추세이다. 또한 세일즈외교라는 신조어가 출현할 만큼 외교 분야는 통상과 밀접한 관계에 있으며 따라서 단순히 해외에 거주하는 우리 국민의 보호와 같은 기본적인 임무에서 벗어나 더욱 복합적이고 통합적인 성격을 갖추어 가고 있다.

두 개의 국가가 참여하는 회의는 양자회의이고 세 개 이상의 국가가 참여하면 다자회의이다. 넓게는 유엔, APEC 등에서 수행되는 동시통역도 외교통역의 범주에 포함되지만 양자회의 통역의 빈도가 상대적으로 높다. 외교통역은 대부분 외교관들이 직접 수행한다. 그러나 한국과 중남미 지역 국가들 간의 회담 또는 회의에는 민간인 통역사가 참여하기도 하는데 그 이유는 중남미 국가들은 한국어를 구사하는 전문통역사를 확보하고 있지 않기 때문이다. 대부분의 중남미 국가들과 대한민국은 외교관계를 1962년에 수립했고 90년대 중반부터 본격적인 글로벌화가 진행되고 APEC과 같은 다자기구에 우리나라와 중남미 국가들이 대거 참여하면서 양 지역의 정상들이 상호방문을 실행한 이후 한국과 중남미 국가들의 관계는 급속히 가까워졌다. 이에 따라 외교통역의 필요성과 수요가 최근 상당히 증가하였다. 우리나라에서 한국어-스페인어 통역 교육을 받은 통역사들은 중앙정부 기관은 물론 주한 중남미 국가들의 공관에서 그리고 중남미에 개설된 우리나라 대사관과 공공기관에도 파견되어 통역사로서 활약하고 있다.

우리나라를 최초로 공식 방한한 중남미 정상은 박정희 전 대통령의 초청으로 방한한 엘살바도르의 산체스 에르난데스 대통령이며 중남미를 방문한 최초의 대한민국 대통령은 1991년 멕시코를 방문한 노태우 대통령이다.

다음은 한국과 스페인어권 국가 정상들의 공식 방문 기록이다.

대한민국 대통령의 스페인어권 국가 방문

2010년　이명박 대통령 멕시코, 파나마 방문(한-SICA 참석)

2007년　노무현 대통령 스페인 방문

2005년　노무현 대통령 멕시코, 코스타리카 방문(한-SICA 참석)

2004년　노무현 대통령 아르헨티나, 칠레 방문

1996년　김영삼 대통령 과테말라, 칠레, 아르헨티나, 브라질, 페루 방문

1991년　노태우 대통령 멕시코 방문

스페인어권 국가 정상의 대한민국 방문

2012년　핵안보정상회의 삐녜라 대통령 등
칠레, 스페인, 멕시코, 아르헨티나 대통령 및 행정수반 방한

2012년　친치야 코스타리카 대통령 방한

2011년　산또스 콜롬비아 대통령 방한

2011년　소사 온두라스 대통령 방한

2010년　모랄레스 볼리비아 대통령 방한

2010년　G20 정상회의 스페인 총리, 아르헨티나, 멕시코 대통령 방한
(사빠떼로 스페인 총리, 페르난데스 아르헨티나 대통령, 깔데론 멕시코 대통령)

2010년　마르띠넬리 파나마 대통령 방한

2010년　오비앙 적도기니 대통령 방한

2009년　가르시아 페루 대통령 방한

2009년　바첼렛 칠레 대통령 방한

2008년　바스께스 우루과이 대통령 방한

2006년　페르난데스 도미니카 공화국 대통령 방한

2005년　똘레도 페루 대통령 방한

2002년　노보아 에콰도르 대통령 방한

2001년 폭스 멕시코 대통령 방한

2001년 로드리게스 코스타리카 대통령 방한

2000년 라까요 니카라과 대통령 방한

1999년 차베스 베네수엘라 대통령 방한

1997년 로베르또 온두라스 대통령 방한

1996년 세디요 멕시코 대통령 방한

1996년 삼뻬르 콜롬비아 대통령 방한

1996년 까를로스 스페인 국왕부처 방한

1996년 몬띠 파라과이 대통령 방한

1995년 메넴 아르헨티나 대통령 방한

1994년 프레이 칠레대통령 방한

1993년 후지모리 페루 대통령 방한

1992년 세라노 과테말라 대통령 방한

1985년 몽헤 코스타리카 대통령 방한

1981년 까라소 코스타리카 대통령 방한

1970년 에르난데스 엘살바도르 대통령 방한

외교통역이 수행되는 회의의 형태는 단독회의, 확대회의, 장관급 회의, 고위급 회의, 실무회의 등이 있고 내용상으로는 정치, 경제, 사회, 문화 등 제반분야에서의 협력과 현안문제를 해결하기 위한 회의 그리고 바쁜 일정 속에서 최대한 초청자와 방문자가 회동할 수 있는 기회를 많이 만들기 위해서 조찬, 오찬, 만찬 등 우호협력을 다지기 위한 성격의 공식, 비공식 만남을 예로 들 수 있다. 외교관계 강화를 위한 법률적 행위는 주로 협정 조인으로 나타나는데 대표적인 협력협정으로는 투자보장협정, 이중과세방지협정, 항공협정, 사증면제협정, 과학기술협력협정, 문화협력협정이 있으나 최근에는 한국과 중남미간의 자유무역협정과 자원 개발에 관한 공동협력협정이 연이어 체결되면서 주요 통역 교육 요소로 주목 받고 있다. 한-칠레 자유무역협정과 한-페루 자유무역협정은 2004년과 2011년에 각각 발효되었고 한-콜롬비아 자유무역협정은 2013년 2월에 공식 서명되어 되었다.

3. 3. 1. 1. 단독회의

배석자를 최소한으로 줄이고 회의에 참석하는 최고위 대표가 자유롭게 대화하는 형식의 회의이며 양자 간의 관계가 매우 긴밀하다는 상징성을 갖기도 한다. 최근에는 대표단을 이끌고 한국을 찾거나 국내에서 해외로 나가는 경우 현안이 많고 일정은 촉박하여 단독회의의 빈도는 낮아지고 있는 추세이다. 대표단을 이끌고 회의에 참석하였음에도 불구하고 단독회의를 진행하는 것은 그 자체가 양국 간 긴밀한 우호 관계의 상징성을 가지며 어떤 의미에서는 최고위층만이 나눠야 하는 내용이 있다는 뜻도 담겨있을 수 있다. 확대회의가 시작될 때에는 단독회의에서 다룬 대표자들 간의 합의사항을 확인하여 줌으로써 회의의 기본적인 방향을 제시하기도 한다. 또한 단독회의는 대표자들 간의 상호 신뢰와 감사 그리고 존경심을 표하는 시간이자 특별한 요청 사항이 있을 때에 공식 확대회의가 열리기 전에 요청 사항이 구체적으로 무엇인지 그리고 왜 지원이 필요한지를 명확히 주지시키는 기회가 되기도 한다. 단독회의에서는 주로 방문객 또는 초청자의 업적과 해당 국가의 긍정적인 글로벌 이미지, 양국 관계의 발전상에 대하여 덕담을 나누기 때문에 통역사는 연사들의 가족사항, 취미, 학력, 경력 등 관련 자료를 충분히 숙지해야 한다. 또한 두 연사는 방문의 의의를 함께 나누며 성공적이고 의미있는 체류기간이 될 것을 희망하기도 한다.

통역사의 위치는 사전에 준비되긴 하지만 연사보다 먼저 착석하지 않으며 포토세션이 있을 경우 마칠 때까지 기다린 후에 연사들이 자리에 앉고 대화가 시작되면 신속하게 자신의 자리에 위치한다. 단독회의에서는 연사별로 한 명 즉 두 명의 통역사가 통역하기도 하고 두 연사의 말을 모두 통역하도록 한 사람의 통역사를 배치하기도 한다. 두 명의 통역사가 배치될 경우 통역사는 자신의 연사가 발언할 때 목표어로 통역하면 된다. 상대방 연사의 발언은 상대 통역사가 담당하기 때문에 상대방 연사의 발언이 이어질 때에는 어떠한 내용에 대한 발언인지 기록해둔다. 때로는 긴장과 피로로 인하여 또한 자신의 통역에 더욱 집중하기 위해 상대방 연사의 말과 통역내용을 주의 깊게 듣지 않을 수 있으나 이럴 경우 맥락을 놓칠 가능성이 크므로 주의를 요한다. 통역사 음성의 성량은 상대방 연사와 통역사가 들을 수 있을 정도로 하되 지나치게 크게 말하면 회의분위기를 경직되게 만들 수 있으며 너무 작게 말하면 상대방 통역사가 통역이 적절하게 수행되고 있는지 확인할 수 없게 되므로 적당히 조절한다. 한 명의 통역사가 두 연사의 통역을 맡을 경우에는 한 쪽으로 통역의 내용이 치우치지 않도록 유의한다. 즉, 중립적인 자세로 처음부터 끝까지 일관성과 균형을 갖춘 통역이 되도록 노력한다.

일반적으로 통역사는 연사의 뒤에 앉아서 통역을 하기 때문에 정면을 바라보고 발언하는 연사의 말을 잘 들을 수 없는 상황도 발생한다. 따라서 최대한 집중하여 연사의 말을 청취한다. 경어의 사용이 가장 철저하게 지켜져야 하는 회담이 단독회의이다. 직접화법으로 대화하듯이 하고 품격있는 음성과 화법으로 통역해야 한다. 연사들은 주로 날씨, 시차, 건강, 회의장의 특색 등 가벼운 주제로 시작하며 과거 제3국에서의 회동 등 양국 간의 좋은 기억을 떠올리기도 한다. 호칭을 부를 때에는 장관급 이상의 인사들에게는 Excelentísimo(a) Sr.(a.)를 사용하여 예우하며 다른 직급의 인사들에게는 Distinguido (a) Sr.(a.)를 주로 사용한다. 한국인 연사들에게는 존경하는 장관님, 존경하는 대사님 등으로 호칭한다.

3. 3. 1. 2. 확대회의

확대회의에는 양측의 대표 또는 사절단장을 비롯하여 주요 인사들이 함께 참석하는 회의이다. 확대회의는 반드시 단독회의를 전제로 개최되지는 않는다. 참석하는 사람의 수가 많아지기 때문에 통역사는 참석자가 누구인지 인지하고 소개순서가 있을 때에 혼동하지 않도록 유의한다. 스페인어권 국가 측 통역을 맡은 통역사는 참석자들이 소개될 때 시간이 부족할 경우 성명과 직함 중에 직함만을 통역해야 할 때가 있다. 비록 많은 참석자들이 발언할 수 있다고 하지만 대부분 양측의 대표가 상대측 사절단에게 사전에 궁금한 점을 질문한 다음 의견을 정리해서 발언하기 때문에 참석자들이 직접 발언할 기회는 많지 않다. 확대회의의 의제는 사전에 조율하여 확정하기 때문에 통역사는 의제에 관한 정보를 주최 측에 요청할 수 있다. 다만 회의 의제는 보안을 요하기 때문에 사전에 통역사에게 정보전달을 삼가는 경향이 있으므로 통역사는 정보 요청과는 별도로 양측이 관심을 가질 만한 현안에 대하여 스스로 자료를 수집하여 준비하여야 한다. 모든 참석자들에 대한 파악이 어렵다면 최소한 가장 직급이 높은 연사들의 공적, 사적 관심과 경력사항을 확인해 두어야 한다.

확대회의에서는 통역사가 회의 테이블에 직접 앉아서 진행하는 것이 효율적인데 단독회의처럼 연사의 뒤에서 통역을 수행할 경우 다른 참석자들은 청취에 지장을 받기 때문이다. 통역사가 테이블에 앉을 경우 먼저 방문하는 연사 좌석의 왼쪽에 통역사가 위치하고 일반적으로 상대측 통역사를 마주보고 앉게 된다. 통역사는 필기를 해야 하므로 충분한 공간이 필요하고 다른 참석자들과 달리 발언의 분량이 연사와 동일하기 때문에 통역 전용 마이크가 설치되어야 한다. 공식회의의 경우 일정이 촉박하여 통역사가 노트테이킹(내용 정리)을 한 후에는 지체 없이 통역함으로써 회의 시간을 경제적으로 활용하도록 한다.

3. 3. 1. 3. 회의 진행

회의는 정해진 의제를 따라서 진행된다. 관례상 사전에 조율되지 않은 의제는 다루지 않는 것이 원칙이지만 특별한 경우 의제를 추가하기도 하는데 예정에 없었으나 긴요한 의제 추가가 불가피 하다면 의제 추가를 요청하는 측과 요청받는 측에서 확정적인 결론을 내리는 것보다는 일단 검토하고 그 결과를 통보해 주겠다는 절차를 거쳐 최종 확정한다.

3. 3. 1. 3. 1. 지역사정 설명

회의는 주로 초청국의 국내 및 지역사정을 방문 사절단에게 소개하는 것으로 시작한다. 물론 언론을 통해 그리고 한국내의 공관이나 소식통을 통해 사절단측도 방문국의 사정을 알고 있지만 초청국은 자국의 국정운영과 긍정적인 정치 경제적 업적에 대하여 설명한다. 중남미 지역 국가들과 대한민국은 지리적으로 상당히 떨어져 있기 때문에 더욱 상호 이해의 폭을 넓히기 위한 노력이 필요하다. 지역사정은 크게 남북한관계, 정치 및 경제 발전으로 나누어 설명한다.

한국의 대북한 정책은 평화적 남북통일을 이룩하기 위해 북한 비핵화, 군사적 긴장완화, 실용주의적 접근을 통한 화해, 협력이라는 기본 원칙에 입각하여 수립되고 있다. 불법적이고 반민족적인 모든 종류의 도발에는 원칙 있는 대북정책으로 대응하되 접근 방식은 현실을 고려하여 유연하게 대처해 나가는 것이다. 최근까지 우리나라는 북한의 핵무기 보유와 이에 따른 개성공단 사업 중단, 금강산 관광 사업 중단, 천안함, 연평도 폭격 사건 등 일련의 한반도 긴장 상승 상황에 대한 우려를 국제사회에 표명하고 북한의 책임 있는 태도변화를 촉구하고 있다. 2013년 8월 대한민국과 북한이 개성공단 사업 재개에 합의함으로써 긴장완화의 돌파구가 마련되었으나 중단되었던 금강산 관광 사업과 남북 이산가족 상봉 사업의 재개로 이어질 수 있을지에 대해 국내외적인 관심이 모아지고 있다.

정치적으로 한국은 상당히 발전된 민주주의 국가로서 국민화합과 인권을 중시하며 부자와 서민, 대기업과 중소기업이 공생하는 사회시스템을 구축하기 위해 노력하고 있다.

경제적으로는 2008년 리먼브러더스 사태 이후 우리 경제의 성장 속도가 둔화되었으나 외환보유고 확대 그리고 물가의 안정 등 경제 펀더멘털이 강해진 측면을 참고하여 통역해야 한다.

스페인어권 연사의 자국 상황 설명도 한국 측과 유사하게 진행한다. 대부분의 중남미 국가들은 경제규모가 우리나라보다 작지만 다른 주변 국가들과의 비교를 통해 상대적으로 높은 성장률, 낮은 물가 상승률, 투자 안전성 등을 부각시키며 한국의 관심을 유발한다.

3. 3. 1. 3. 2. 협력증진방안 논의

상황에 따라 지역사정 설명이나 회담의 개최 의의를 확인할 여유도 없이 직접 본회의로 들어갈 수 있다. 회의의 내용이 까다롭고 합의를 도출하기 어려운 회의인 경우 이러한 현상은 더욱 두드러진다. 예를 들면 양국 간 경제공동위원회의가 이에 해당한다.

협력 증진은 분야별로 나누어 협의할 수도 있지만 의제 하나만을 집중적으로 다룰 수 있다.

3. 3. 1. 3. 2. 1. 정치적 협력

• 민주주의 강화와 인권협력

사회 각계각층의 컨센서스 형성을 통해 중남미는 안정 속에 민주화와 인권신장을 이루어 가고 있다. 대한민국과 중남미 대부분의 국가는 과거 권위적 독재체제를 경험하고 민주주의와 인권을 지키기 위한 노력을 기울여 왔다. 이러한 정치적 결실을 확산하기 위해 양 지역이 각각의 경험을 공유하고 국민의 기본권 보장이 후퇴하지 않도록 협력해 나가는 것이 필요하다.

또한 대한민국과 중남미 국가들은 강대국 중심의 정치 경제적 구도가 세계질서 속에서 더욱 강화되고 있는 만큼 신흥국과 개발도상국들이 많은 중남미 지역 국가들과 아시아의 선도국 대한민국은 유엔안전보장이사회 비상임이사국 진출과 같은 분야에서 국제적 협력을 강화할 필요가 있다.

3. 3. 1. 3. 2. 2. 경제적 협력

• 자유무역협정체결의 확대

한국은 2004년 4월 칠레와 자유무역협정을 체결한 이후 페루, 콜롬비아와도 협정에 서명했다. 한-칠레 FTA는 한국에게는 사상 최초의 자유무역협정이었으며 페루와 콜롬비아가 우리나라와 체결한 FTA는 아시아 국가와의 최초 자유무역협정이었다. 현재(2013. 8) 한국의 FTA 추진 과정은 다음과 같다.

발　　효 : 칠레, 싱가포르, EFTA, ASEAN, 인도 CEPA, 유럽연합, 페루
협상타결 : 미국, 콜롬비아
협 상 중 : 캐나다, 멕시코, GCC, 호주, 뉴질랜드, 터키

스페인어권 국가들 가운데 FTA를 체결했거나 협상 중인 나라는 스페인, 칠레, 페루, 멕시코, 콜롬비아이지만 한-남미공동시장(Mercosur) FTA와 한-중미 FTA의 가능성도 열려 있다.

2004년 4월 발효된 한-칠레 자유무역협정(FTA)과 2011년 8월 발효된 한-페루 자유무역협정은 양국 간 교역규모를 현저하게 증가시켰으며 2011년 4월 한국을 방문한 칠레의 José Antonio Galilea 농업장관은 KBS World와의 인터뷰(2011. 4. 29)에서 자유무역협정은 시간의 흐름에 따라 유연하게 수정할 수 있는 가능성을 갖고 있으며 그 이유로서 상호 경쟁력 있는 상품구조의 변화 그리고 소비자의 소비패턴의 변화를 예로 들었다.

• 이중과세방지협정 등 관세 및 비관세장벽 철폐를 위한 협력

양 지역 간 경제 협력 강화를 위한 법적-제도적 장치로 양국에 진출하는 기업의 조세부담을 경감시키는 효과를 유발한다.

• 정보통신 분야에서의 협력

한국은 IT 산업을 핵심기간산업으로 육성하기 위해 국가적 역량을 집중적으로 투입하고 있다. 최근 중남미 국가들도 정보통신 분야에서 한국과의 협력에 큰 관심을 갖고 있는데 특히 초고속 통신망 구축, 전자 정부 구현과 공공부문 정보화 정책 및 기술 협력, 이동통신사업 협력 등이 최우선 과제로 손꼽힌다.

• 한국 기업의 진출 지원 요청

중남미 국가들은 이미 우리나라의 기간산업 건설 능력과 국제적 경쟁력을 높이 평가하고 있다. 전력, 도로, 상수도, 항만시설 건설에 현대건설, SK건설, 현대중공업, 삼성물산, 삼성엔지니어링, 포스코건설 등은 해외 건설 수주 경험이 많고 현지 인지도도 매우 높다. 특히 멕시코와 중미 국가들은 자국의 영토를 종단, 또는 횡단하는 수송로 확보를 위해 대규모 사업을 진행하고 있는데 예를 들면 멕시코가 발표한 푸에블라-파나마 플랜은 멕시코 남부와 중미 파나마까지를 잇는 개발 사업으로 멕시코만의 베라쿠르스 항으로 부터 파나마 운하까지 '메소아메리카' 고속도로와 고속전철을 건설하여 멕시코 남부와 중미지역을 저개발의 상태로부터 벗어나게 하려는 대규모 계획이다.

이러한 대규모 개발계획에 참여하기 위해서는 현지 기업 또는 현지에 이미 진출해 있는 다른 다국적 기업의 견제를 극복해야 하는 과제도 있기 때문에 한국은 상대국의 협조를 이끌어 내기 위해 다각적인 노력을 기울이고 있다.

특히 한국의 지하철 건설과 운영은 국제적으로 인정을 받고 있어서 중남미 각국은 한국으로부터 기술과 차량을 도입하는데 관심을 갖고 있다.

• 미주개발은행(IDB)과 중미통합은행(CABEI) 가입 및 추진

1959년 워싱턴에서 설립된 미주개발은행(Inter-American Development Bank)은 중남

미 경제, 사회개발 촉진과 중남미 지역 경제통합을 지원하는 사업을 실시하는 중남미 지역 최대의 개발금융기구이다. 26개의 역내 회원국들과 22개 역외 국가들로 구성되었으며(2011.08) 우리나라는 2005년 3월에 정식 가입하였다. 한국은 중남미 빈곤퇴치와 기술혁신을 위해 2억 불의 특별기여금을 출연하였다.

중미통합은행(Central American Bank for Economic Integration)은 1960년 중미 지역의 균형개발과 경제통합에 기여하는 공공 및 민간 프로그램을 지원하기 위해 설립되었다. 중미국가들은 최근 10년 동안 우리나라의 CABEI 가입을 적극 지지해 오고 있으며 우리나라도 가입의사를 표명하고 있다. 그동안 우리나라의 대 중미관계는 수출 전진 기지와 우회시장으로서의 역할을 중심으로 진전되어 왔으나 향후 CABEI 가입 등을 통해 우리나라의 통상이익추구와 중미지역과의 개발협력이 균형을 이루는 방향으로 발전되어야 할 것으로 전망된다. 가입이 실현되면 우리나라의 대외이미지가 개선되고 현지의 정보를 보다 용이하게 수집할 수 있는 토대가 마련되어 우리 기업들이 이 지역 개발 사업에 보다 능동적으로 참여할 수 있는 가능성이 높아지며 현지 금융시장에 더욱 용이하게 접근할 수 있을 것이다.

• 대 중남미 지원 사업

우리나라는 세계 10위권의 경제규모를 갖고 있기 때문에 중장기적으로 대외원조를 증가시키는 추세를 보이고 있다. 우리나라는 중남미 국가들과 통상 관계를 통해 적지 않은 무역흑자를 기록하고 있는 반면에 이 지역 국가들은 한국과 같은 경제 선도국 들로부터 지원을 필요로 하는 분야가 많다. 우리나라의 대 중남미 무상원조는 주로 연수생 교육, 전문가 및 봉사단 파견, 차량지원, 공공기관 건립사업, 기술교육기관 현대화 사업, 사회 안전 및 구조 시스템 구축 사업 등의 형태로 실시되고 있다. 장기저리 차관을 통해서도 금융 지원을 하는데 대한민국의 대표적인 대외 차관 기금은 경제개발협력기금(EDCF:Economic Development Cooperation Fund)이다. 보통 20년에서 30동안 제공되는 이 차관도 중남미 지역에서 아직 선진화되지 않은 분야 예를 들어 의료보건현대화, 송배전망구축, 병원건립, 치안 강화, 상수도확충, 치안장비 구매, 공항, 항만 등 인프라 확충 사업, 지역 정보화센터 건립 사업 등에 소요된다. 우리나라는 현재 미주개발은행에 가입하였고 중미통합은행 가입을 적극 검토하고 있으므로 앞으로는 우리 기업의 현지진출을 지원하는 현지 지역은행과의 협조융자(Co-financiación)도 가능할 전망이다.

3. 3. 1. 3. 2. 3. 문화 및 스포츠 협력

국가 및 정부 간 협력은 국민들의 공감과 지원에 의해 뒷받침 될 때 더욱 튼튼해진다. 양 지역은 지리적으로 매우 떨어져 있으나 역사적 배경이나 국민의 정서가 서로 유사한 점이 많아 문화 교류증진이 다른 지역에 비해 용이한 편이다. 문화협력의 대표적 사업으로서 전통 음악 연주회, 미술 전시회, 청소년 교류사업, 한국어 및 한국학 지원을 고려할 수 있다.

한국은 최근 전 세계에서 한류를 통한 자국의 이미지 고양과 교류 확대를 달성하고 있다. 중남미 지역에도 한국 문화에 대한 인지도가 상당히 높아지고 있어서 어느 때 보다도 양 지역 간 문화 교류의 여건이 잘 조성되고 있다. 한국과 중남미의 많은 나라들은 이미 문화 교류 협정을 체결하고 문화예술 공연단, 스포츠 대표단, 차세대 지도자들을 상호 초청하는 사업을 실시하고 있고 우리나라에서는 국제교류재단과 한국국제협력단(KOICA)을 중심으로 교류 협력 사업을 진행하고 있다.

3. 3. 1. 3. 2. 4. 원자력 및 우주 항공 협력

우리나라는 23기(2013.8)의 원전을 운전 중이고 다수의 원전 추가 건설 계획을 갖고 있는 원자력 분야의 강국이다. 중남미 국가들은 자국의 전력난 해결 방안으로 소형 원자로에 의한 청정 전력 생산에 관심을 갖고 있으나 역내 화산 지역과 정글 지역 인프라 건설 문제 등 지형 및 지질학적인 요인 분석이 선결되어야 하는 과제가 남아있다.

3. 3. 1. 3. 2. 5. 국제무대에서의 협력

• APEC에서의 협력

1989년 11월 창설된 아시아태평양경제 협력체는 현재 21개 회원국(2013.8)으로 구성되어 있다. 중남미 회원국으로서는 멕시코, 칠레, 페루가 있으며 무역과 투자의 자유화, 수입관세철폐, 회원국내의 기업 간 거래비용 감소, 무역정보 공유를 목표로 조직되었다. 매년 의장국이 바뀌게 되고 주로 아시아와 미주대륙을 번갈아 정상회의가 개최되면서 중남미 지역 회원국 지도자들은 적어도 2년에 한 번은 아시아를 방문한다. 따라서 아시아의 대표적인 신흥경제국과 고위급 회의를 개최하는 수가 잦아지고 있다. 매년 세계 및 지역 경제 상황이 변화함에 따라 의제를 선정하게 되는데 2011년 미국에서 개최된 APEC은 세계 경제침체와 실업문제에 대처하기 위해 무역신장, 고용창출, 에너지 효율화와 녹색성장을 기반으로 하는 고품질 성장을 주제로 정했다. 2012년에는 러시아의 블라디보스톡에서 지속적인 무역 투자의 자유화, 지역경제통합, 식량안보강화, 혁신적 성장을 위한 협력 등에 대한 의지를 표명했다. 2013년 인도네시아 APEC에서 우리나라는 선진국과 개도국의 중재자 역할을 자임했으며 개발도상국에 대한 지원을 꾸준히 지속할 것을 국제사회에 약속했다. 또한 보호무역조치의 동결 및 철회를 강조했다.

• G20에서의 협력

G20은 1999년 12월 창설되었다. 기존의 G7 회원국들과 13개의 신흥국가들로 구성된 G20은 1999년 12월 독일에서 처음으로 회의를 개최하였고 2008년 세계 금융위기 발생을 계기로 정상들 간의 회의로 변경되었다. 경제위기 극복, 선진국과 신흥시장 간의 협력체제 구축 등이 주요 의제이며 대한민국은 2010년 11월 서울에서 의장국으로서 성공적으로 정상회의를 개최하였으며 최초로 G20 회원국들의 주요 기업 그리고 세계의 대표적인 경제 및 금융기구 수장들과 각국 정상들이 세계 경제 현안을 논의하기 위해 함께 참여하는『비즈니스 서밋』을 열었다. G20회원국들 가운데 스페인어권 국가들은 멕시코, 아르헨티나이며 스페인도 초청을 받아 참여하였다. 향후 세계의 금융, 통화 문제들이 G20회의에서 주로 논의될 것이며 이 국제회의에서 멕시코, 아르헨티나, 스페인과의 협력도 더욱 강화될 것으로 예상된다.

• 한-SICA 정상회의에서의 협력

SICA(중미통합체제)는 과테말라와 벨리즈, 엘살바도르, 온두라스, 니카라과, 코스타리카, 파나마, 도미니카공화국(준 회원국) 등으로 구성되어 1993년 발족한 일종의 경제 협력체이다.

SICA는 역내와 역외에 옵서버 국가를 두고 있는데 역내 옵서버로는 멕시코와 아르헨티나, 칠레, 브라질이 있고 역외에서는 스페인과 대만, 독일, 이탈리아, 일본이 옵서버 자격을 갖고 있다. 한국도 역외 옵서버 가입을 추진했다.

한국과 SICA간 정상회의는 김영삼 대통령 재임시절인 1996년 과테말라에서 1차 회의, 노무현 대통령 재임시절인 2005년 코스타리카에서 2차 회의 이명박 대통령이 참석한 3차 회의가 2010년 6월 파나마에서 열린 바 있다.

한-SICA에서의 협력은 기본적으로 경제 분야에 집중되어 있으나 회원국 수가 많아 유엔에서의 지지 등을 이끌어 내는데 필요한 정치적 협력에도 중요하다.

• 동아시아-라틴아메리카 협력포럼에서의 협력

동아시아-라틴아메리카 협력포럼(FEALAC:Forum for East Asia-Latin America Cooperation)은 싱가포르에서 1999년 9월 제 1차 고위관리회의를 개최함으로써 시작되었다. 양 지역의 상호 이해와 정치 대화, 우호협력 증진 및 새로운 파트너십 구축, 경제, 과학, 기술, 문화 등 제반 분야에서의 협력 활성화 그리고 국제 사안에 대한 공동입장 확대를 통해 양 지역의 공동 이익을 추구한다는 목적으로 운영되고 있고 동아시아 16개국 중남미 18개국 총 34개 회원국이 참여하고 있다. 외교 장관 회담과 국장급이 참여하는 고위관리회의 그리고 실무자들이 참여하는 실무그룹회의를 두고 있다. 2011년 8월 아티헨티나 부에노스 아이레스에서 제 5회 동아시아-라틴아메리카 협력포럼이 개최되었다. 회원국들은 세계 인구의 40%, 세계 경제의 33%, 무역의 30%를 차지하며 양 지역 간의 교역은 지난 10년 동안 4배 증가했다. 우리나라의 FEALAC 협력사업으로는 유엔중남미경제위원회(ECLAC)와 대외경제정책연구원(KIEP)간 공동연구사업, 국제세미나개최, 차세대지도자/언론인 교류사업, 중남미 파트너십 구축 등이 있다.

• 한-중남미 고위급 포럼에서의 협력

2008년부터 한국의 외교부, 지식경제부, 환경부, 국토교통부가 공동으로 개최하는 연례 회의로서 한-중남미 교류, 협력, 우호를 강화하기 위한 국내 최대의 행사이다. 장관급 인사들과 학계, 기업인들이 무역투자, 자원, 인프라, 녹색성장, 개발협력 등의 세션으로 나누어 논문발표와 심도있는 토론을 벌인다. 주로 한국 기업들이 중남미 지역에 진출하기 위한 투자 환경 개선을 요청하는 한편 중남미 국가들은 한국과 한국 기업들에게 변경된 외국인 투자 정책과 환경을 소개하고 필요하다면 건의사항을 개진하는 방식으로 진행한다. 이 회의는 비즈니스 회의의 성격이 강하다.

3. 3. 1. 4. 현안문제 논의

사절단은 회담이 진행되는 동안 합의 내용의 수정 또는 확인이 필요할 경우 사절단장 또는 대표를 통해 양측이 의사소통에 문제가 없었는지 확인하기도 한다. 또한 사절단은 현장에 도착하기 직전에 해당 부처나 기관으로부터 요청받은 의제를 검토한 후 추가로 다루고자 하는 문제에 대하여 발의하기도 한다. 그러나 대부분의 현안문제에 대하여는 질의와 답변에 대해 서로 준비된 상태에서 회의에 임하는 것이 관례이다. 2011년 4월 한국을 방문한 칠레 농업부 장관이 언론에 밝힌 바에 따르면 장관급 회담을 통해 적색육과 블루베리의 한국 수입을 요청하였고 필요하다면 구제역과 같은 전염병의 확산을 예방하기 위해 칠레에 전문검역팀을 파견해 달라는 의사를 밝혔다. 대부분의 중남미 국가들은 대 한국 수출을 위한 품목으로서 과일, 곡물, 육류를 제시하고 있는데 이러한 식품들에 대하여 우리나라는 국민의 건강과 자연보호를 위해 철저한 검역과 위험분석(ARP:Análisis de Riesgo de Peste)을 통한 통관 절차를 두고 있어 일부 국가들은 엄격한 검역 절차를 자국의 수출을 막는 비관세장벽으로 이해하는 경향도 있다. 그러나 우리나라는 특별히 중남미 지역에 대한 별도의 검역 규정보다는 국제 관행과 규범에 따라 검역을 실시하고 있으므로 중남미 국가들과의 포괄적인 협상을 진행할 때에는 진지하고 설득력 있는 자세로 임해오고 있다.

한국교민들에 대한 관심과 보호에 관한 요청 사항도 외교통역에서는 자주 등장하는 주제이다. 현재 국내에 체류하고 있는 스페인 및 중남미 국적 소유자의 수가 중국, 일본, 미국 국적의 체류자 수보다 현격히 낮아서 국내에서의 현지인 권익보호 등과 같은 주제는 상대적으로 논의의 가능성이 높지 않다. 그러나 중남미 지역 특히 과테말라, 엘살바도르, 칠레, 아르헨티나 등에서는 많은 한국교민들이 거주하고 있기 때문에 비자발급, 영주권 발급 간소화 등 현지 교민들의 요청을 다룰 수 있으며 특히 현지에 진출한 우리 기업의 각종 사업추진과 관련된 민원에 대하여 지원을 요청하는 것이 중요 의제가 된다.

3. 3. 1. 5. 감사와 초청

외교적인 성격의 회의에서 감사 표시는 사절단장이 처음 만났을 때 그리고 회담이 종료될 때 하는 것이 관례이다. 감사의 이유는 우선 초청에 대한 감사, 그리고 방문에 대한 감사, 환영과 환대에 대한 감사, 지난 회의 때 요청한 사항에 대한 처리와 수고에 대한 감사 등 다양하게 나타난다. 또한 성공적인 회의 조직을 위해 수고한 준비위원들에게 보내는 감사도 자주 등장한다. 초청을 받아 방문한 사람은 관례상 방문국의 상대방에게 답방을 요청하게 되는데 비록 초청의 순간은 매우 짧지만 회의가 끝나면 언론을 통해서나 다른 회의에 참석할 때 직접 방문국의 초청에 대한 수락이 있었다는 사실이 공표될 수 있기 때문에 통역 시 초청사실의 유무와 진행상황에 대하여 깊은 관심을 갖는 것이 필요하다.

3. 3. 2. 비즈니스통역

비즈니스통역이란 주로 경제 협력의 증진, 상호투자의 증대, 상호이익의 극대화를 목적으로 주로 기업인들을 대상으로 열리는 각종 포럼, 세미나, 컨퍼런스 등에서 제공되는 통역을 말한다. 물론 비즈니스통역도 다양한 형식의 통역, 즉, 휘스퍼링, 동시통역, 순차통역, 수행통역 등의 형식으로 제공된다. 비즈니스통역에서는 통역사가 가장 중점을 두고 훈련에 임해야 하는 부분이 전문지식과 어휘이고 주로 영어 자료가 사용되기 때문에 영어를 읽고, 듣고, 해독하는 능력이 매우 필요하다. 또한 한국어-영어 통역이 한국어-스페인어 통역과 함께 제공되는 경우도 많아서 영어 발표자료를 통역하는 영-한 통역사와 협력하여 영어 사용 연사와 스페인어 사용 연사를 상황에 따라 신속하게 교차하면서 통역해야 하기 때문에 릴레이 통역 기술도 훈련되어 있어야 한다. 2012년에 개최된 16차 한-중남미 비즈니스 포럼의 주요 주제는 다음과 같다.

제16차 한중남미 경제 협력 비즈니스포럼

- 일 시: 2012년 9월 24일

한-중남미 경제 협력 확대 방안

최근 중남미 주요 선거 결과 분석 및 정치, 경제 전망

유럽발 금융 위기가 중남미 경제에 미치는 영향과 전망

태평양 동맹의 부상과 향후 전망

한-페루 FTA 1년 평가

한-콜롬비아 FTA 체결과 전망

칠레의 신재생에너지 개발동향 및 한-칠레 협력 방안

멕시코의 전략적 가치

MERCOSUR 최근 동향과 한-MERCOSUR 협력 확대 방안

IDB 소개 및 한국과의 협력 추진 방안

미주투자공사(IIC) 소개 및 중소기업 중남미 진출 방안

중남미 지역 국가와 기업에의 융자와 TFFP

한국 기업의 중남미 진출에 따른 중소기업에의 지원방안

중남미 해외 건설 및 플랜트 수주 지원 방안

PF를 활용한 대규모 프로젝트 금융 지원 방안

단기 수출 금융 지원

중남미 진출과 금융

콜롬비아 인프라 투자 기회

기업 진출 사례

에너지, 자원

중남미 투자 환경 변화와 우리 기업의 대응 방안

미주지역의 비전통 자원 개발과 우리 기업의 투자 전략

중남미 셰일가스 개발 여건과 전망

IT

한국의 국가 정보화 및 스마트 전자 정부 전략

한-중남미 ICT협력

한-중남미 협력 우수 사례-전자 조달

대부분의 중남미 국가들이 한국의 투자나 기술 이전을 희망하고 있으며 우리 기업들과 투자기관들도 중남미 진출을 확대하기 위한 법률적 법률외적 여건 조성과 규제 완화를 각국 정부와 관련기관에 요청하고 있다. 반면에 중남미 기업들의 한국 진출이나 중남미의 대 한국 투자 증대는 토론의 분량과 강도에 있어서 상대적으로 작은 부분을 차지한다고 할 수 있다. 대부분의 중남미 연설자 또는 발표자들은 한국의 기적적인 경제 성장에 대하여 찬사를 보내는 것으로 발표를 시작하며 중남미 국가들도 우리나라가 산업화 과정에서 성공을 거둔 다양한 사업들을 이어가고 싶다는 희망을 직간접적으로 표명하기도 한다. 또한 한국의 대 중남미 투자를 이끌어 가기 위해서 각 나라마다 경쟁력이 있는 부분을 강조해서 프리젠테이션 하기도 하는데 예를 들어 다른 나라보다 투자 보장 제도가 잘 갖추어져있다거나 양질의 노동력을 합리적인 임금으로 사용 가능하다는 점 그리고 인근 국가 또는 미국을 포함한 북미 시장에 우회 수출할 때 전진기지로써 활용 가치가 크다는 점을 부각시키기도 한다. 아르헨티나와의 경제 협력에 관한 주제를 다루는 회의에서는 남미공동시장(MERCOSUR)과의 협력에 아르헨티나가 지렛대 역할을 할 수 있다는 점 그리고 더 나아가 남미공동시장이 유럽이나 북미 등 다른 자유무역협정 국가들과의 협력에 긍정적으로 작용할 것이라고 연사들이 강조할 수 있다. 대부분의 중남미 국가들은 우리나라에 대하여 대체로 좋은 평가를 내리고 있지만 일부 국가들은 한국이 중남미에서 상품을 팔기만 할뿐 현지 국민들에게 이익이나 일자리 창출 특히 기술 이전에 있어서 만족스럽지 못하다는 평을 은연 중 비치기도 한다. 이러한 맥락에서 연사의 발언이 이어지면 항상 양국 관계의 긍정적인 측면만 통역하는데 익숙한 스페인어-한국어 통역사가 순간적으로 맥락을 놓치는 경우가 발생하기도 한다. 최근 까지도 중남미 일부 국가들은 한국의 열대 과실이나 목재, 육류의 수입규제에 대하여 불만을 나타내기도 하였는데 그 이유는 한국에 수출하려는 품목들이 지나치게 엄격한 검역 절차의 적용을 받는다는 인식을 갖고 있기 때문이다. 이 문제를 해결하기 위해서 우리나라는 직접 검역 전문 인력을 현지에 파견하여 현장의 우려와 희망사항을 듣고 적극적으로 관련 규제를 해소하기 위해 노력해 왔고 실제로 꾸준히 중남미의 대 한국 수출도 증가하는 추세를 보이고 있다.

비즈니스통역에서 통역사가 가장 훈련을 많이 해야 하는 부분은 다음과 같다.

- 영어로 작성된 연설문이나 프리젠테이션 텍스트를 신속하고 정확하게 이해할 수 있는 능력 배양
- 한국어-영어 통역사와 함께 일하는 경우 영어 발표자가 발표할 때 통역 시차가 최대한 감소할 수 있도록 긴밀한 통역사간 협조 능력 배양
- 비즈니스통역의 특성상 다량의 숫자 정보 처리가 필수불가결하며 정확한 정보전달을 위한 숫자 통역 능력 배양
- 프리젠테이션 자료를 활용하는 연사들이 스크린의 특정 부분을 포인터 또는 마우스로 지시하며 발표할 경우 청중 이목을 신속하게 집중시킬 수 있도록 하는데 필요한 기능어 표현의 숙지와 숙달
- 비즈니스통역에서 가장 빈번하게 사용되는 관련 기관의 숙지
- 경영, 경제, 무역, 금융, 산업, 기술 등 비즈니스통역과 관련된 전문지식을 부단히 학습
- 해당 지역의 경제적 이익이 어디에 있는지 파악
- 중남미와 우리나라가 관련된 주요 국제기구 특히 자유무역협정이나 공동시장 등 경제관련 다자기구 또는 양자기구의 현황과 현안 연구

3. 3. 3. 커뮤니티통역

커뮤니티통역은 지역 사회 구성원 간 의사소통과 사회 통합 그리고 지역 사회의

특수한 산업수요 유발 및 공공행정 선진화에 기여하는 통역을 말한다. 즉 지역 사회에 기여한다는 의미에서는 사회 봉사의 성격을 지니면서도 통역의 성격이 난이도가 매우 낮은 일상 생활의 대화 통역부터 법정에서의 재판 통역을 포함한 복잡한 내용의 통역 또한 커뮤니티통역의 범주에 포함되기 때문에 커뮤니티통역은 전문통역사를 필요로 하지 않는다고 단정할 수 없다.

최근 우리나라의 보건복지부와 여성부가 다문화 사업의 일환으로 우리나라에 결혼 등을 이유로 정착한 이주민들이 한국어를 배워 자국어와 한국어로 새로운 이주민들의 정착과 적응을 위해 통역을 제공하도록 하는 교육프로그램을 실시하고 있다. 이 프로그램을 이수하면 각 지역 다문화가정지원센터에서 커뮤니티통역사의 역할을 담당한다. 커뮤니티통역사 온여정(2013)은 다음과 같이 다문화가정지원센터에서 필요한 커뮤니티통역의 세부업무를 제시했다.

1. 국가 간 문화차이 등 입국 초기 상담.
2. 임신, 출산, 양육 등 생활정보 안내 및 상담.
3. 결혼이민자 정착지원 및 국적, 체류 관련 정보제공 및 사업안내.
4. 위기 상황 시 긴급 지원.
5. 다문화가정지원 전화 및 이메일 통역업무 처리.
6. 행정 사업기관 업무 및 병원진료 통역.
7. 경찰서, 학교 등 공공기관 이용 통역.
8. 유치원, 어린이집, 학교 관련 알림장 및 통신문 통역.

스페인에는 외국인들이 모여 사는 해안가 주택에서 거주에 필요한 민원문제를 해결하기 위해 자신들과 지역 사회 공공기관과의 의사소통을 위해 커뮤니티통역사를 고용하거나 직접 통역사로 일하는 사례가 있다. 이 통역은 이민청, 경찰서, 응급병원, 보건소 등지에서 언어적 약자를 보호하기 위한 통역을 지칭하기도 하며 사회통역이라고도 부른다. 법정통역과 의료통역도 커뮤니티통역의 일부이다. 전 세계 각지에서는 이외에도 관광객을 위한 무료 관광 및 교통 통역, 경찰서 및 공공시설 안내 통역, 복지시설과 이재민-난민 보호시설 통역, 교육시설 통역이 커뮤니티통역으로 분류되어 국가가 지원하고 있다.

3. 3. 3. 1. 법정통역

법정통역(Interpretación en la corte)이란 한 나라의 법정에서 외국인이 현지어를 이해하지 못할 때 재판을 원활하게 진행하고 그의 정당한 재판과 관련된 권리와 이익을 보호하기 위해 제공되는 통역을 말한다. 우리나라에서는 서울지방법원(2006)에서 『형사법정통역인 교육자료』를 발간하고 형사재판에 필요한 최소한의 표현들을 한국어와 스페인어로 수록하였다. 이 책은 서문에서 "법정에서 통역을 제대로 하려면 일상 생활에 관한 어학 능력도 높아야 하지만 그와 더불어 형사 재판의 기본절차를 이해하고 법정에서 자주 사용하는 언어 그리고 법률용어까지 숙지하여야 한다"고 명시하고 있다. 또한 재판은 한쪽에 기울지 않는 공정성을 유지하여야 하므로 "통역인은 중립적인 입장을 견지하여야 하고 공정성을 의심받는 행동을 해서는 안 되는 등 특별한 마음가짐이 필요하다"고 밝히고 있다. 이 책에는 형사절차의 기본원칙, 형사절차의 진행과정, 형사판결 주문에 관한 해설을 설명하고 있다. 또한 법정통역인은 다음과 같은 사항을 지켜야 한다고 정하고 있다.

- 성실하고 충실한 통역

통역인은 모든 발언을 정확하고 충실히 통역하여야 한다. 예를 들면, 증인이 진술 직후에 바로 전의 증언 내용을 정정하는 경우에 정정 후의 내용뿐만 아니라 정정 전의 내용에 관해서도 그대로 통역해야 한다. 통역해야만 하는 범위를 스스로 판단해서는 안 된다. 즉 통역인의 입장에서 증인의 발언이 중요하지 않다고 판단되더라도 통역을 생략해서는 안 된다.

• 공정성의 유지

통역인은 법원에 의하여 선정되어 법원의 보조자 역할을 담당하는 것이므로 법원과 같이 공평하고 중립적인 자세를 견지해야 한다. 아울러 형사재판은 편중되지 않는 공정한 절차에서 이루어져야 하므로 통역인도 통역을 함에 있어서 공정함을 의심받을 만한 행동을 해서는 안 된다. 통역인은 피고인에게 명함을 건네거나 전화번호를 알려주는 등 피고인이나 그 관계자가 접촉해 올 기회를 부여하지 않도록 주의하여야 하며 함께 식사를 하거나 선물을 받는 등의 행위는 절대로 하지 말아야 한다.

• 선정과정에서의 주의점

수사단계에 입회했던 통역인의 앞에서 피고인이 조사받을 당시의 진술상황에 대한 심리적인 영향을 받아 법정에서 자유롭게 말할 수 없는 염려도 있으므로 법정통역에서는 가능한 한 수사단계의 통역인과는 별도의 통역인을 선정하는 것이 바람직하다.

• 재판장의 소송지휘에 따를 것

어느 것을 통역하고 어느 것을 통역하지 않는가는 재판장의 소송지휘에 따른다.

• 직무상 비밀의 누설금지

통역인은 심리 중에 여러 가지 사실을 알게 되고, 사전에 재판 관계서류 등을 받아두는 경우도 있는바, 이러한 과정에서 알게 된 직무상의 비밀을 누설하여서는 안 된다.

• 통역 이외의 상담금지

피고인이 재판 절차 이외의 장소에서 통역인에게 상담을 요청하는 일이 있는데, 그 때 통역인의 개인적인 경험 등에 의해 재판의 가능성이나 향후의 절차 등을 이야기하면 이것에 의하여 피고인이 영향을 받을 우려가 있으므로 상담에 응해서는 안 된다. 통역인은 피고인의 조언자가 아닌 이상 이 점을 주의하여야 한다.

최근 들어 우리나라에는 외국인 불법체류자가 증가하고 있고 외국인들이 법정에서 통역을 통해 재판을 받는 사례도 급증하고 있다. 그러나 국내에 거주하고 있는 스페인어권 국민들이 다른 지역 특히 중국 등 동아시아권 국민들에 비해 그 수가 매우 적기 때문에 구체적으로 얼마나 그리고 어느 법정에서 재판을 받았는지에 대한 통계가 명확하게 알려져 있지 않다. 서울지방법원의 형사법정통역인 교육자료(2006)에 나타난 통역사례를 분석한 결과는 다음과 같다.

• 문법 오류

한국어와 스페인어는 모두 주어를 생략해도 의미 전달에 큰 문제가 발생하지 않을 정도로 맥락에 의한 의사소통이 활발하게 이루어지는 언어들이다. 그럼에도 불구하고 한국어에서 스페인어로 법정통역이 이루어질 경우 일반 대화에서 보다 더욱 명확하게 주어를 구별할 필요가 있다.

> 대개 검사가 그 진술 조서의 원래 진술자를 증인으로 신청하고 법정에서 증인의 진술을 듣게 됩니다.
>
> Generalmente el fiscal solicita al declarante original como testigo y se escucha la declaración en la sala de justicia.

검사가 요청하고 진술을 듣게 되는 문장을 검사가 요청하고 진술은 불특정 다수인이 듣게 된다는 내용으로 통역될 수 있는 문장으로서 동일한 주어가 사용되어야 하는데 다른 주어로 변경되었다.

거짓 증언을 하게 되면 위증죄로 처벌받게 됩니다.

Si usted da un falso testimonio, se castigará

이 문장은 통역사가 한국어의 영향을 받아 "처벌받게 됩니다."를 수동태로 전환해야 하는데 재귀형으로 통역할 수 있는 상황을 나타내고 있다. 즉 처벌을 받는 것은 자신의 의지에 의한 것이 아니라 법에 의거하는 것으로서 será castigado라고 표현되어야 처벌의 대상으로서의 주어의 상황을 잘 표현할 수 있다.

• 의미 오류

통역을 진행하는 동안 통역사는 잘못된 어휘를 선택하거나 첨가하거나 생략하는 실수를 범할 수 있다.

검찰 측에서 ... 을 제시하였다.

La parte de fiscalía ha presentado ...

검찰 측 이라는 한국어 표현에는 이상이 없지만 스페인어로 측(parte)을 그대로 직역할 경우 의미 전달에 장애가 발생한다. 이러한 현상은 어휘첨가 현상이다.

피고인은 제 1회 공판기일에 공소사실을 모두 인정하는 진술을 하였지요?

¿Declaró usted que reconocía todos los hechos criminales en la primera fecha de juicio?

⇒ ¿Declaró usted que reconocía en la primera fecha de juicio que usted mismo había cometido todos los hechos criminales?

피고인이 제 1회 공판기일에 공소사실에 대하여 인지하고 있었다는 것을 진술했다는 내용으로 통역되었으나 사실은 인지하고 있는 것에 핵심적인 내용이 있는 것이 아니라 피고인 자신이 모든 범죄행위를 저질렀다는 사실을 인정한 것이 중요한 내용을 생략하는 어휘 생략 현상을 보인다.

이렇게 불필요한 어휘를 첨가하거나 핵심적인 사항을 누락시키는 어휘생략 현상 이외에도 유사한 어휘를 잘못 선택하여 사용하는 어휘변환도 나타날 수 있다.

당신은 사실대로 진술했습니까?

¿Declaró usted en verdad....?

⇒ ¿Declaró usted la verdad?

en verdad은 진심으로 라는 표현이며 사실을 사실대로 말하는 것은 decir la verdad이라고 해야 한다.

• 화행 오류

법정에서 검사는 피고인에게 경어를 사용하여 신문해야 하고 명령이나 강압적인 태도는 피고인의 인권을 침해하는 요인이 될 수 있다. 따라서 법정에서의 통역도 최대한 공손어법을 지키면서 실행되어야 한다. 또한 판결이나 선고를 할 때에는 판사 개인이 내리는 결정이 아니라 법정 판결이 나는 것이기 때문에 적정한 스페인어 표현을 사용해야 한다.

Sintetizando todas las pruebas aparecidas en este caso, el acusado es culpable

⇒ Sintetizando todas las pruebas aparecidas en este caso, declaramos culpable al acusado.

피고인은 "유죄입니다."라는 직접적인 표현보다는 피고에게 "유죄를 선고합니다"가 더욱 적정한 표현이다.

Erik Hertog은 자신의 저서 법률통번역 입문(곽중철:2010)을 통해 유럽연합에서의 법률통번역사 교육 및 선발 과정을 소개하고 있다. 이 책에 따르면 스페인은 사법절차 상 사용되는 언어를 이해하지 못하는 형사피고인을 위해 각 소송절차 단계에서 무료 통역을 제공하는 조항을 두고 있다. 또한 스페인의 관계 법령에 따라 법무부 장관은 통역과 함께 재판 절차의 모든 단계에서 필요한 문서의 번역을 제공하도록 규정되어 있다. 그리고 법률통번역사를 채용하기 위한 시험은 동북부 지방에 있는 까딸루냐 주정부(Generalitat de Catalunya)의 언어정책국(Dirección General de Política Linguística)이 담당기관으로 지정되어 관리 감독하고 있으며 법률통번역사의 명부 확인은 스페인 외무부, 까딸루냐 주정부의 등록 명부 그리고 법률학회 주소록을 통해 가능하다.

Erik Hertog(2001)의 조사에 따르면 유럽연합은 법률통번역사를 학사과정 또는 석사과정으로 나누어 교육하고 있으며 학생들의 선발방법은 A언어 및 B언어 기억력 시험, 석사과정 수업이 진행되는 국가 법률체계에 대한 지식시험, B-B 섀도잉시험, 문장구역 시험을 두고 있다.

- A언어 및 B언어 기억력 시험

특정한 텍스트를 1회 낭독하고 A언어 또는 B언어로 반복하게 하여 수험생들이 얼마나 정확하고 신속하면서 원문의 내용을 정확하게 전달하는 지를 측정한다.

- 법률체계에 대한 지식 시험

객관식 또는 주관식 문제를 통해 통역에 필요한 법률적 기초 지식을 충분히 습득하였는지를 확인하는 시험이다.

- 섀도잉 시험

특정한 텍스트를 신속하게 반복하게 하는 시험으로서 A언어를 다시 A언어로 B언어를 B언어로 빠르게 재생하게 함으로써 수험자가 청각과 청취에 문제가 없는지 그리고 문장 속에 담겨진 법률 지식을 잘 이해하여 청취에 어려움을 느끼지 않는지를 확인하는 시험이다.

- 문장구역 시험

글로 쓰여진 텍스트를 구두로 번역하게 하는 시험이다. 법률통역사는 늘 어려운 법률을 읽고 해독하고 관련 당사자에게 설명해야 하는 일이 많으므로 문장구역 시험을 통해 수험자가 문어로 된 고급 외국어 텍스트 이해능력, 법률지식, 구어체 전환능력, 발화 능력을 갖추고 있는 지를 확인할 수 있다.

3. 3. 3. 2. 의료통역

의료통역이란 우리나라에 체류한 스페인어권 화자들이 병원이나 의사의 도움을 받아 응급 상황 또는 각종 질병으로부터 건강을 지키는 과정에서 발생할 수 있는 의사소통의 문제를 해결해 주기 위해 필요한 통역이다. 우리나라에서는 아직까지 스페인어와 한국어 간의 체계적인 의료통역 교육이 시작되지 않았으나 2009년부터 보건복지부는 한국어-영어, 한국어-러시아어, 한국어-아랍어, 한국어-일본어로 의료통역 교육 과정을 실시하고 있다. 한국어-영어의 경우 교육 과정은 다음과 같다.

과 정 명 : 2009년 의료통역사양성과정

교과목명 : 한-영 의료통역 실기 연습

교과목 목표

1. 의료통역 이론 강의에서 습득한 상황/배경에 대한 일반/전문 지식을 통역 실기에 적용한다.

2. 의료통역 현장에서 필요한 대화체, 순차, whispering 통역 기법을 의료통역에 적절하게 적용하는 연습을 통해 통역 기법을 습득/연마한다.
3. 의료 일반 과목에서 습득한 전문 의료 용어를 통역 실기에 직접 활용하고 습득한다.
4. 의료 현장 실습을 통해 습득한 지식을 실습, 토론을 통해 심화한다.
5. 의료 현장에서 준수해야 할 윤리 의식을 실습, 토론을 통해 심화, 습득한다.

교육 내용

교육 내용	시간	세부 교육 내용	교육방법	강의준비물
통역 기법 정리	9/19 (3시간)	sight-translation note-taking-key words and logic Preparation 주제) 외국인환자 진료과정 (내과/외과)	lecture	별도 유인물 배부
대화체 통역	10/10 (4시간)	sight-translation dialogue interpreting 주제) 외국인환자 진료과정 (내과/외과)	lecture/ workshop	상황 시나리오 서식지
순차통역 (1)	10/17 (4시간)	sight-translation consecutive interpreting 주제) 건강검진 및 각종 검사	lecture/ workshop	상황 시나리오 서식지
순차통역 (2)	11/14 (4시간)	sight-translation consecutive interpreting 주제) 진료 통역 (치과 외)	lecture/ workshop	상황 시나리오 서식지
whispering 통역 통역 실기 시험	11/21 (4시간) 12/5	sight-translation whispering interpreting 주제) 진료 통역 (정신과 외)	lecture/ workship	상황 시나리오

의료통역은 근본적으로 통역사의 지위와 책무 그리고 법적인 책임이 어디까지 인지를 정의하는 문제를 포함하여 상당히 전문적이고 도덕적인 인식이 필요한 분야이다. 의료통역은 일반인이 사용하지 않은 의학용어와 개념의 이해와 숙달을 요구하기 때문에 통역사가 언어뿐만 아니라 의학적 지식을 갖추어야 한다는 점에서 장기간의 교육 과정을 통해서만이 비로소 완전한 의미에서의 의료통역사 배출이 가능하다. 의사가 바라보는 통역사는 환자를 치료하기 위한 의사소통의 조력자이지만 환자는 통역사에게 질병과 응급 상황 처치에 필요한 존재로서 단순한 의사소통 매개자 이상의 위상을 기대할 때가 있다. 또한 통역사는 병원이 처방하는 대로 환자가 따를 수 있도록 실질적인 의료행위의 효과 발생을 돕는 역할을 함과 동시에 심리적으로도 환자를 안심시키고 치료 의욕을 높이는데 있어서 결정적인 역할도 할 수 있

다. 환자에게 어떠한 고용관계에서 자신의 임무를 수행하는지에 따라 통역의 깊이와 전문성이 달라지기도 한다. Claudia V. Angelelli는 설문조사를 통해 캘리포니아 호프병원에서 일하는 스페인어-영어 통역사에게 요구되는 자질을 조사한 결과를 소개했다(곽중철:2009).

1) 환자는 몸이 아프기 때문에 의사의 지시와 질문에 성실하게 임하는 자세를 취하지 않을 때가 있다. 이때에 통역사에게 가장 중요한 자질은 정확성이다. 환자들은 의사의 질문을 정확하게 이해하지 못하고 의사가 기대하는 답을 하지 못할 때가 많기 때문에 통역사가 의사소통을 도와주어야 한다.
2) 환자의 사회적인 차이를 이해하고 환자 입장에서 느껴지는 정서적인 기대를 최대한 충족시켜 주기 위해 노력한다. 또한 환자와 의사간의 신뢰를 중시한다.
3) 의사들은 보통 많은 환자들을 대하기 때문에 건조한 용어 사용을 하는 사람들도 있다. 이때에 용어와 말투를 순화시켜서 환자가 오해로 인하여 무례함을 느끼지 않도록 한다.
4) 환자에게는 말하고 소통하는 것이 중요하며 의사에게는 불필요한 통역으로 시간을 낭비하지 않고 필요한 정보만을 제공하는 것이 중요하다는 인식을 갖는다.
5) 환자에게 좋지 않은 소식을 전할 때는 환자의 문화를 고려하여 전달한다. 중남미 환자들은 비보를 들을 때에는 암시를 포함하여 가능한 간접적인 방법으로 듣고 싶어 하는 경향이 있다. 통역사는 이렇게 문화와 언어의 교량 역할을 부여받는다.
6) 환자와 관련된 정보를 최대한 세밀하게 의사에게 전달하고 또한 환자의 몸 상태를 자세히 설명할 수 있는 의학적 언어적 전문성을 갖추기 위해 항상 노력한다.
7) 환자로 하여금 의사의 지시를 잘 따르는 것이 매우 중요하다는 인식을 가질 수 있도록 노력한다.
8) 통역사는 환자와 의료진에게 문화적 차이가 존재하고 어떻게 조율할 수 있는지를 설명하고 교육하려고 노력한다.

의료통역 교육은 최초 진료에서 의사와 환자가 처음으로 만나 환자가 자신의 증상을 의사에게 설명하는 단계로부터 질병의 진행단계와 치료기간에 따라 각종 검사를 받는 과정 그리고 질병의 진행에 대한 의사의 설명 그리고 의료행위가 종료되고 난 이후 환자와 환자의 가족이 질병의 치료 또는 악화에 대한 반응을 보이는 상황에서의 통역으로 나누어 편성한다.

MEMO

Capítulo 4

순차통역 교육

Enseñanza de la interpretación consecutiva

Capítulo

4 순차통역 교육

4. 1. 순차통역 학습자

학습자는 교육에 있어서 가장 핵심적인 역할을 담당한다. 학습자는 수업의 준비와 일반 학습을 개인 학습과 그룹스터디로 구분하여 실시한다. 그룹 스터디의 경우 한국어가 능동언어인 학습자는 스페인어가 능동언어인 학습자와 파트너를 정하는 것이 서로에게 보완적인 도움을 제공할 수 있기 때문에 바람직하다. 학습자가 수업에 참여하면서 유의해야 하는 사항은 다음과 같다.

첫째 대학(원)에서 설정한 수업 시간은 원칙적으로 학교의 교육행정상 다른 교과목과 형평을 맞추고 교육자와 학습자의 수업 일정 등을 고려하여 결정된 학제의 일부이다. 즉 교육기관에서 제공하는 수업은 통역이론과 실기를 충분히 학습할 수 있는 시간으로 볼 수 없으므로 수업은 항상 학습자가 장기적으로 학습 목표를 세워가고 달성해가는 공간으로 역할을 수행해야 한다. 수업에서 익히는 표현을 스스로 다른 맥락 속에서 활용해 보려는 노력도 필요하고 다른 학습자의 통역 발화도 관심 있게 살펴서 자신에 대한 교육자의 조언뿐만 아니라 모든 학습자의 수업 참여 양태도 적극적으로 참고한다. 또한 평소 자신의 부족한 부분을 수업을 통해 노출 시키고 교정할 수 있도록 하여 수업 효과를 높인다.

둘째 학습과 수업을 진행하면서 자신이 특히 어느 분야에 더욱 관심이 가는지 체크하고 통역 분야가 자신의 적성에 맞는지 냉정하게 평가하며 판단이 명확하지 않을 경우 교육자나 통역사에게 조언을 구한다.

셋째 일반적으로 통역 수업은 많은 시험과 과제가 부과되는 만큼 학습량의 부하로 인하여 미처 자신의 것으로 체득하지 못하고 지나치는 내용은 시간이 지날수록 활용 가치가 떨어지게 되므로 개인 학습을 통해 용어 정리와 메모, 데이터베이스 구축을 충실히 한다. 교육기관이 실시하는 특강 프로그램이나 전문가 초청 특강에 참석하거나 외부에서 관련 분야 강연이 있을 때 자신의 관심 분야와 밀접한 전공의 전문가들과 인적 네트워크를 구축하여 자료 탐색, 검색, 활용을 할 때 도움을 받도록 한다.

넷째 교육자가 제시하는 학습 자료의 활용 방법 이외에도 늘 새로운 교수법과 교육자료 발굴에 대해 관심을 갖는다.

다섯째 자신의 능동언어의 유창성을 높이고 수동언어의 폭을 넓히며 교양을 풍부히 하여 국내외 현안에 대하여 자신만의 견해를 가지고 자유롭게 자신의 언어로 표현할 수 있도록 노력하고 긴장상황에서 주의를 집중하는 훈련을 게을리 하지 말아야 한다.

4. 2. 순차통역 교육자

통역교과목을 담당하는 교수는 실제 현장에서의 통역 경험이 풍부하면서 통역이론과 실기를 교육할 수 있는 지식을 갖춘 전문가가 이상적이라고 할 수 있다. 외국어 능력이 탁월하다고 통역 능력도 비례해서 우수한 것은 아니며 훌륭한 통역사라고 하여도 별도의 교육 훈련을 받지 않으면 학습자를 어떻게 지도할 지에 대하여 시행착오를 겪을 가능성이 높다. 교수는 우선 학습자에게 수준 높은 통역 능력과 언어 외적인 자질을 요구하기 이전에 스스로 학습자의 모범이 되어야 할 것이다. 또한 수업을 효율적으로 진행하기 위해 다음 원칙에 유의해야 한다.

첫째 학습자의 성격과 억양, 강점과 단점 등을 세밀히 파악한다. 이를 위해 필요하다면 학기 초에 학습자들과 면담을 통해 향후 진로, 전공 선택 등에 대하여 의견을 나누고 조언한다. 한국어에 대한 약점이나 B언어의 유창성 등 학생들이 보완 또는 강화해야 하는 각각의 학습 대상을 수업 시간에 적절한 실기와 평가를 통해 측정하고 교육한다.

둘째 수업에 필요한 기자재 점검과 동영상 다운로드, TV 또는 라디오 녹화와 녹음 등은 사전에 순번을 정하여 학습자가 수업 시간 전에 준비 및 확인할 수 있도록 하여 수업 시간의 손실과 지연을 방지한다.

셋째 새로운 정보나 용어가 흔히 출현하는 통역 텍스트의 성격을 감안하여 교육자는 내용 파악뿐만 아니라 텍스트가 사용된 회의와 행사의 성격을 설명하여 간접 경험이라는 한계를 지닌 수업환경의 단점을 최소화시킨다. 수업을 준비할 때 각종 교육교재의 활용법과 동영상의 정지 및 재생 시점 등에 대하여 숙지한다.

넷째 시수의 배정은 주제의 난이도와 텍스트의 분량에 따라 달리한다. 전문적인 내용을 교육하면서 다른 교과 단위와 비슷한 시수를 배정할 경우 심도있는 학습이 어렵게 되므로 시간을 적절히 안배하며 필요한 경우 외부의 전문가를 초빙하여 특강 형식의 수업을 개최하면 동기유발과 학습 효과가 상승할 수 있다. 그러나 연사 초빙 시에 수업의 성격을 설명하여 지나치게 지식위주의 강연이 되지 않도록 하여 초보자가 통역 능력이나 이해 수준 측면에서 감당할 수 있는 수준이 되도록 유의한다. 외부전문가들은 신정보의 전달에 비중을 두는 경향이 있으나 학습자들은 주제를 이해한 후 해당 언어로 어떻게 표현할 수 있는지에 대한 관심이 더욱 크다. 따라서 교육자와 강연자는 이러한 학습자의 학문적 호기심을 해소해 줄 수 있는 방향으로 강연 또는 수업 내용을 편성한다.

다섯째 수업을 위해 텍스트를 낭독할 경우 속도 조절에 유의한다. 통역 능력 가운데 가장 중요한 부분 중의 하나가 명료한 발음과 낭독이라고 할 때 학습자가 직접 텍스트를 이상적인 연사와 같이 훌륭히 낭독 및 연설할 수 있도록 지도한다. 교수는 순번에 따라 학습자가 서로 배역을 정하도록 하고 교수도 직접 낭독 시범을 보인다.

여섯째 수업이 2학기 이상 개설될 경우 교육자는 지난 학기에 교육된 내용을 확인하고 학습자가 그 내용에 기초하여 반복 연습할 수 있도록 교육 과정을 편성한다.

일곱째 매시간 적정 분량의 과제를 부과한다. 텍스트의 사전 숙지는 물론 필요하다면 텍스트에 나타나는 기관이나 고유명사 텍스트의 목적과 연사 등에 대하여 조사해 오도록 하여 학습자가 텍스트가 언급하지 않은 참고사항을 발표하도록 하거나 시험을 통해 평가한다. 특히 노트테이킹, 자동화 표현 학습, 기초이론 등은 시험을 통해 평가하면 교육시간을 단축시키면서 학습 효과를 거둘 수 있고 절약된 시간은 실기에 사용할 수 있다. 어려운 주제를 선정할 경우 충분한 시간을 두고 예고하여 학습자가 준비를 할 수 있도록 한다.

여덟째 통역 수업이 여러 과목, 즉 순차통역 A-B, 순차통역 B-A, 문장구역 A-B 등으로 구분되어 있을 때에는 담당교수와 상의하여 교육이 효율적으로 진행될 수 있도록 한다.

아홉째 교육자는 수업을 진행하면서 항상 학기말의 평가와 일관성이 유지되도록 유의한다. 수업 내용과 평가가 유리되면 학습자들의 동기유발에 지장을 초래하고 학습 효율의 저하를 발생시킬 수 있다.

4. 3. 교육 내용

학기별로 구분되어있는 우리나라 대학(원)의 교과과정은 약 15-16주의 수업 일정을 기본 단위로 하고 있다. 초기에는 양방향통역과 순차통역의 이론수업과 자동화 표현 등을 교육하는 고정지식을 교육함과 동시에 교육자는 학생들이 통역의 다양한 상황에 대처할 수 있는 능력을 스스로 함양할 수 있도록 적절한 교수법을 사용할 수 있다. 해외 대학의 학부 수업의 경우 1학기에 순차통역 I, 2학기에 순차통역 II 등 여러 학기에 걸쳐서 체계적인 교육을 실시할 수도 있지만 일반 어문계열 스페인어 학과에서 한 학기 교과목으로서만 통역 교육을 해야 한다면 학기 초기에 통역에 대한 기초이론을 설명하고 직접화법 1인칭 표현에 익숙해지도록 지도하는데 수업시간을 많이 할애한다. 또한 양방향통역을 우선 가르치고 순차통역과 문장구역을 후반부에 교육한다. 학습자가 한 학기 교육으로 전문통역을 수행할 수 있다고 판단하기 어려우므로 공식적인 성격이 상대적으로 적은 양방향 통역을 교육 과정 초기에 편성하는 것이 좋다. 양방향 통역 교육도 의료나 법정 통역처럼 지나치게 전문적인 내용보다는 문장구역이나 노트테이킹 등에 가용 시간을 집중하는 것도 초급단계에서의 중요한 교육 요소가 된다.

4. 3. 1. 문장구역의 교육

문장구역이란 글로 표현된 문장을 통역사가 읽고 말로써 청자에게 번역해 주는 행위이다. 어려운 내용의 글을 청자가 이해할 수 있도록 풀어서 설명하는 언어 행위도 포함한다. 연사가 사전에 충분한 시간을 두고 연설문 또는 통역 자료를 통역사에게 제공하지 못하고 연설 직전에 인계할 수밖에 없는 비상상황의 경우 문장구역의 활용도는 높아진다. 문장구역은 다량의 문어체 정보 또는 연설문을 최소한의 준비시간을 활용하여 신속하게 청자에게 전달할 때 사용한다. 문장구역을 실시할 때 주의해야 하는 점은 다음과 같다.

첫째 청자가 기대하는 유형으로 발화물을 조정한다. 문장구역의 인칭과 화법은 청자가 누구인가에 따라서 달라진다. 일반 연설문의 경우에는 연설과 동일한 형태의 문장구역이 필요하다. 경어의 사용이 필요 없는 경우, 예를 들어 긴급한 군 작전에 필요한 문서의 해독 등은 반드시 경어를 사용할 필요가 없어진다.

둘째 청자가 잘 듣고 이해할 수 있는 구어로 옮기는 특성과 시간의 제약을 유의하여 가급적 간결한 구어체 형식을 취한다. 단, 법률문서처럼 필요에 따라 글자 그대로 정확히 문장구역 해야 하는 상황도 존재한다.

셋째 문장구역은 완전한 의미에서의 번역행위가 아니다. 보통 연설문 또는 강연자료 작성자들은 관련 당사자들의 의도가 충분히 전달될 수 있도록 문체와 문형 그리고 풍부한 표현을 사용하여 완성도 있는 원고를 작성하게 된다. 그러나 번역문처럼 텍스트의 형식과 의미를 완벽하게 전달하려고 하는 것도 중요하겠지만 시간의 제약을 고려하여 문장구역 결과물이 오히려 부차적인 정보에 시간을 할애하고 시간 부족으로 핵심 내용이 누락되거나 손상되지 않았는지 주의해야한다.

넷째 한국어와 스페인어는 어순이 다르다. 즉 한국어는 동사가 문장 끝에 위치하는 반면 스페인어는 주어 옆에 동사가 위치함으로써 한국어에서 스페인어 방향으로의 문장구역인지 반대로 스페인어에서 한국어 방향의 문장구역인지를 확인하고 문장구역의 방법을 변경해야 한다.

4. 3. 1. 1. 한국어 → 스페인어 문장구역

한국어 → 스페인어 문장구역에서는 원문에서 동사가 가장 늦게 나오기 때문에 한눈에 문장 전체의 흐름을 파악하는 것이 중요하다. 문장구역을 실행하기 전에 문서 전체의 형식과 결론 부분이 어떻게 끝나는지를 먼저 파악할 수 있다면 통역사의 긴장과 텍스트 전개방향의 모호성을 상당히 감소시킬 수 있다. 물론 텍스트의 제목, 텍스트 발표의 배경 등을 알고 있다면 문장구역에서의 특유한 한국어 어순 때문에 발생하는 문제들을 상당부분 해소할 수 있다. 그럼에도 불구하고 통역사는 가급적 많은 문장 요소들을 한 눈에 파악하는 훈련이 필요하다. 한 번에 많은 문장 요소들을 파악하고 이해할 수 있는 능력을 갖춘다면 문장 내에서의 정보 처리 속도와 발화 속도가 모두 증가할 것이다. 동시통역의 경우에는 연설의 청취와 통역사의 발화가 동시에 진행되기 때문에 가장 손실되기 쉬운 정보는 각 문장의 첫 부분인데 이 부분은 주로 부사와 주부가 차지하고 있다. 문장 첫 부분 손실 현상은 동시통역을 하게 되면 미처 통역사가 듣고 있는 문장의 통역이 끝나기도 전에 연사가 기다리지 않고 다음 문장을 발화하여 통역사가 통역하는 부분과 연사의 다음 문장 시작 부분이 충돌하면서 청취와 통역이 어려워지는 원인에 기인한다. 그래서 동시통역이 수행될 때 항상 다음 문장의 초반부가 어떻게 시작하는지 집중해야 한다. 문장구역에서는 문장구역이 실행되고 있는 문장을 끝내고 침착하게 다음 문장으로 이동하면 된다. 한국어와 스페인어 문장은 모두 주어를 맥락 속에서 파악하게 되는 문장의 수가 많다. 즉 주어를 명기하지 않아도 화자들은 항상 주어가 무엇인지를 공유하고 대화를 이어간다. 비록 글로 작성된 문안들은 주어의 생략이 구어체 대화문에서 보다는 적다고 하지만 주어가 생략되는 현상이 많으므로 통역사는 더욱 문장의 주체 즉 주어가 무엇인지를 놓치지 말아야 한다. 왜냐하면 스페인어로 전환이 일어날 때에는 동사를 통해 주어가 누구인지 지칭할 수는 있지만 적어도 인칭과 수를 알아야 스페인어로 주어가 1인칭인지 또는 2인칭인지를 표현할 수 있기 때문에 한국어 문장에서의 주어를 항상 인지하고 파악하고 유지하려는 특별한 노력이 필요하다.

통역과 마찬가지로 스페인어로의 문장구역 발화분량은 한국어 원문의 발화 분량보다 많다. 즉 같은 의미의 분량을 전달하기 위해서 스페인어로는 더욱 빨리 말해야 한다는 것이다. 따라서 평소 스페인어로 빨리 발화하는 훈련을 해야 한다.

순차통역에서는 연사의 연설을 다 듣고 정보를 배열하는 과정에서 통역의 순서와 표현을 통역사가 상황에 알맞게 정리해서 발화할 수 있으나 문장구역에서는 문장 단위로 통역이 종료되므로 다음 문장 첫 부분에 주의력을 분산시켜야 하는 부담은 동시통역만큼 크지 않다.

문장구역을 실행하는 순서는 다음과 같다.

- 제목과 결론 파악
- 각 장의 제목 파악
- 문장의 도입부, 주부, 술부의 구분
- 각 부분의 연결

다음은 동일한 원문 텍스트를 문장구역과 번역을 통해 전환한 예문이다.

안녕하십니까? 낙하 시험장을 방문하신 여러분을 환영합니다. 본 낙하 시험 장비는 2005년 12월 설치되었으며, 낙하 시험은 2톤 차량 기준으로 최대속도 시속 50km까지 시험이 가능합니다. 2층으로 이동하셔서 상세하게 안내를 받으시겠습니다.

문장구역 전환 한국어-스페인어

Buenos días. Bienvenidos a nuestras instalaciones de prueba de caída①. Estos② equipos de prueba se instalaron en diciembre del 2005, y las pruebas③, teniendo como base vehículos de dos toneladas④, se pueden realizar a una velocidad máxima de cincuenta kilómetros por hora. Les invitamos a la segunda planta y les vamos a informar en detalle.

번역 전환

> Buenos días y bienvenidos a nuestras instalaciones de prueba de caída automovilística. Los equipos de prueba se instalaron en diciembre del 2005, y son capaces de realizar pruebas⑤ de caída de automóviles de dos toneladas a una velocidad máxima de cincuenta kilómetros por hora. Les invitamos a trasladarse a la segunda planta, para que ustedes puedan informarse más detalladamente.

문장구역은 구어체로 전환하는 과정을 통해서 원문의 지시 기능을 보다 구체적으로 표현할 수 있으며 시간과 공간을 공유하는 발표자, 통역사, 청자 간 의사소통 시간을 불필요하게 차지하는 요소들을 생략할 수 있는 가능성을 지닌다. ①은 원문에서 낙하 시험장으로 소개되어 있으나 문장구역에서는 현장에 세 주체 모두 어떤 시설인지 이미 알고 있다는 점을 근거로 하여 낙하 시험장을 시설로 전환하였다. 원문에는 본 낙하 시험장으로 표시 되어있는 부분을 ②처럼 스페인어로는 '이 낙하 시험장'으로 바꾸어 보다 구체적인 지시기능을 부여함으로써 청자로 하여금 현장감을 높이고 보다 쉽게 이해 할 수 있도록 돕고 있다. ③은 한국어 원문의 주어를 문장구역에서도 주어로 설정한 반면 번역문에서는 ⑤에서처럼 술부로 전환된 것을 발견할 수 있다. ④ 또한 ③과 마찬가지로 원문의 순서를 그대로 지키면서 최대한 표현을 간략하게 단순화시켰다. 이렇게 원문의 순서를 유지하면서 문장구역을 실행하는 이유는 통역사의 기억 부담을 줄이는데 도움이 되기 때문이다. 문장의 구성요소는 원문의 순서를 그대로 지키는 것이 한정된 집중력을 가지고 문장구역을 수행하는데 도움이 된다. 문장구역은 글로 작성된 문안을 구어체 발화물로 신속하게 재생산하는 과정이므로 통역사가 자신만의 시간과 여유를 갖고 유려하게 통역할 수 있도록 하는 전략, 즉, 다양한 표현의 사용에 있어서 순차통역보다는 불리하다. 청자도 만약 통역사가 글을 현장에서 사전준비 없이 읽고 곧바로 문장구역을 하고 있다고 판단되면 의미와 내용 전달에 가장 큰 비중을 두게 되며 화려하거나 의전적인 표현을 지나치게 기대하지는 않는다.

한국어 → 스페인어 문장구역에서는 통역사가 주절의 동사를 확인하는 것이 매우 중요하다. 문장의 초반부와 중반부를 문장구역하면서 최종적으로 메시지가 어떻게 귀결될 것인지를 인지하고 문장구역을 하는 것은 반대의 경우 보다 효율성이 매우 높다.

4. 3. 1. 2. 스페인어 → 한국어 문장구역

스페인어 → 한국어 문장구역에서는 주동사가 주부 다음에 바로 나타나기 때문에 문장구역에 필요한 예측성은 매우 높아서 적어도 통역사가 원문과 다른 방향으로 문장구역을 이끌어 갈 가능성은 한국어 → 스페인어 문장구역보다 낮아진다. 통역에서처럼 스페인어에서 한국어로 문장구역을 실시할 때에는 청자의 상황을 고려하여 경어를 사용할 것인지 또는 평어를 사용할 것인지 결정하고 스페인어에 해당되는 한국어도 맥락에 맞추어 한자 등을 포함하는 고급 어휘로 문장구역 할 것인지 아닌지를 선택해야 한다.

Señor presidente de la Asambela General de Naciones Unidas; señoras y señores presidentes; señoras y señores jefes de delegación: debo confesarles que cuando llegué a esta ciudad para participar en esta Honorable Asamblea tenía pensado iniciar mi intervención con una fuerte apelación a la necesidad de reconstruir el multilateralismo y la cooperación como los dos instrumentos básicos para poder superar lo que hoy constituye, sin lugar a dudas, el tema central en la discusión global, que es la superación de la crisis social y económica.

문장구역 전환 스페인어 → 한국어

존경하는 의장님, 각국 정상 사절 여러분, 제가 오늘 꼭 말씀드리고 싶은 것은 뉴욕에 도착했을 때 생각한 것은① 제 연설을 한 가지 강하게 호소를 드리는 것으로 시작해야 하겠다는 것이었습니다②. 다시 말씀드리자면 다자주의와 협력을 재건해야 하는 필요성입니다. 이 두 개의 중요한 도구를 통해 오늘날 의심할 여지없이 중요한 글로벌 주제 즉 사회 경제적인 위기의 극복을 달성해내야 한다는 것입니다.

번역 전환 스페인어 → 한국어

> 존경하는 유엔총회 의장님 각국 정상여러분, 외교사절 대표 여러분. 제가 이렇게 최고의 권위를 자랑하는 유엔총회에 참석하기 위해 이 도시에 도착했을 때 저는 오늘날 의심할 여지없이 세계의 화두가 되고 있는 사회 및 경제위기를 극복하기 위해서 가장 기본적인 도구로서 다자주의와 협력을 재건해야 한다는 필요성에 관하여 여러분께 강력하게 호소하는 것으로 제 연설을 시작해야 하겠다고 생각한 것을 여러분께 말씀드리고 싶습니다.

스페인어 → 한국어 문장구역을 통해서 나타난 특징은 문장의 수가 번역문에 비하여 증가하기 쉽다는 것이다. 원문의 문장 수와 번역문의 문장 수는 같은 반면에 문장구역의 문장 수는 늘어난 것을 발견할 수 있다. 이것은 통역사가 전달하고자 하는 의미가 충분히 결성되었다고 판단되면 통역사가 이를 지체 없이 한국어로 옮김으로써 집중력을 다른 정보처리에 투입할 수 있도록 하는 기억 부담 완화전략을 사용하기 때문이다. 번역문은 독자가 충분한 시간을 갖고 읽으면서 혹시 완전하게 이해가 되지 않는 부분은 다시 읽을 수 있으나 문장구역의 상황에서는 청자가 문장구역을 다시 들을 수 있는 기회가 없으므로 짧은 문장으로 전달이 가능한 문장들은 신속하게 전달하는 것이 청자가 이해하는데 도움이 된다. 통역사도 단문을 형성하면서 문장구역을 수행하면 기억 부담을 상당히 줄일 수 있을 뿐만 아니라 이를 통해 비축하는 집중력을 다음 정보 처리를 위해 활용할 수 있다.

스페인어 → 한국어의 문장구역에서 중요한 것은 주절 동사의 한국어 형태이다. ①에서 '<u>생각한 것은</u>' 이 바로 주절 동사의 문장구역 부분인데 종속절이 ...제 연설을 통해 한 가지 강하게 호소를 드려야 하겠다... 이므로 ②, <u>즉 ... 라는 것이었습니다</u>. 와 같이 주절의 동사를 자연스러운 한국어로 정리하는 것이다. 통역사가 부주의하면 '생각한 것은'... '생각하였습니다' 처럼 앞에서 이미 발화한 사실을 잊어버리고 중복 표현할 가능성이 있다. 스페인어 → 한국어 문장구역에서는 비록 문장의 수가 늘어나긴 하지만 시간의 제약은 상대적으로 적다. 그 이유는 한국어가 스페인어보다 빠른 시간 내에 동일한 분량의 정보를 전달할 수 있는 언어체계를 갖추고 있기 때문이다.

문장구역은 동시통역을 학습하기 위한 좋은 교수법으로 활용된다. 동시통역은 연사가 연설을 하는 동안 목표어로 동시에 통역을 해야 하기 때문에 고도의 집중력과 순발력을 요구한다. 따라서 학습초기에는 우선 글로 작성된 연설문을 보면서 어떻게 정보를 전달해야 효율적인 동시통역이 될 수 있는지를 학습하는 것이 단계적 훈련 방법으로 좋다. 문장구역과 동시통역의 공통적인 부분 가운데 원문의 발화 순서를 목표어로도 가급적 그대로 지키는 전략이 있다. 다시 말해서 통역사는 어떠한 문장형태를 대하여도 크게 구조를 변경하지 않고 문장을 생성할 수 있는 능력을 갖추어야 한다. 이 능력을 배양하는 데에는 하나의 표현을 목표어로 다양하게 표현해 보는 훈련이 필요하며 생산성이 높은 문장 구조의 형성, 어휘 스펙트럼의 확장 등 창의적이고 순발력 있는 대응 능력이 필수적이다.

4. 3. 2. 자동화 표현의 교육

통역에 필요한 자동화 표현을 교육하고 평가한다. 즉 일반적으로 매우 빈번히 나타나는 상황에 대한 표현을 익히게 하여 실제로 통역 상황에서는 더욱 난이도가 높은 정보 처리에 집중력을 더 많이 사용하게 함으로써 통역효율을 높이도록 한다.

Collados Aís(2001: 한원덕역)가 제시하는 자동화 표현은 다음과 같다.

인사와 소개(Saludos y presentaciones)

- ¿ Cómo está usted señor/señora? Encantado/a de conocerle/de conocerla.
  → Muchas gracias, señor/señora. Igualmente/Lo mismo digo.
- ¿ Cómo está usted señor? Es para mí un placer/un honor darle la bienvenida.
  → Muchas gracias, señor. El placer es mío/Muchas gracias por su invitación.
- Buenos días, señor. Reciba nuestra más cordial bienvenida.
  → Muchísimas gracias, señor. Es usted muy amable.
- Buenos días/tardes/noches, señor. Permítame que me presente/En primer lugar

quisiera presentarme. Me llamo ... y soy ...

- Permítanme que les presente a nuestro invitado ...
- Hoy nos acompaña/está con nosotros el señor...

  Quisiera saludar en nombre de/Quisiera dar la bienvenida a ...

대화의 시작(Iniciar la conversación)

- Si le parece/Si está usted de acuerdo, podemos empezar hablando de/con el análisis de ...
- Me gustaría empezar haciéndole una pregunta acerca de/sobre ...
- La primera pregunta que me gustaría hacerle se refiere a/tiene que ver con ...
- Podríamos iniciar la conversación hablando de/con el tema de ...
- Para comenzar/empezar, me gustaría preguntarle/hacerle una pregunta ...

대화의 진행(Controlar el intercambio comunicativo)

말 끊고 개입하기(Interrumpir)

- Perdóneme señor, pero me veo obligado a interrumpirle/a intervenir.
- Perdone que le interrumpa, señor, pero me gustaría añadir/hacer un breve comentario sobre ...
- Discúlpeme señor, no era mi intención interrumpirle pero ...

대화 재개하기 (Reanudar)

- En relación con lo que usted ha dicho anteriormente, me gustaría añadir ...
- Si le parece bien, señor, podríamos volver al punto de partida de nuestra conversación/al tema que planteamos anteriormente ...
- Creo que nos estamos alejando demasiado de lo que es el tema de nuestra conversación, por lo que le propongo, señor, que nos centremos en los aspectos

más interesentes/oportunos/pertinentes ...

주제변환(Cambiar de tema)

- Volviendo al asunto anterior, me gustaría conocer/pedirle su opinión sobre ...
- Cambiando de tema/pasando a otro tema señor, me gustaría saber su opinión sobre/acerca de ...
- Dejando de lado estos aspectos, sería interesante reflexionar sobre ...
- Sin alejarnos demasiado del tema de la conversación, sería interesante que tratásemos el asunto de ...

대화 이어가기(Hacer progresar la conversación)

- No nos queda mucho tiempo, señor, y no me gustaría terminar esta conversación sin tocar el tema de ...
- Preferiría no entretenerme mucho/no demorar la conversación/en estas cuestiones y pasar a otros asuntos/al tema de ...
- Señor, nos quedan aún por tratar algunos asuntos/algunos puntos ...
- Aún nos quedan muchas cuestiones pendientes/muchos puntos por tratar, así que sugiero que/le propongo que ...

대화 내용

첨언하기 (Añadir)

- En relación con lo que usted ha dicho/qusiera comentar/ me gustaría añadir que ...
- A propósito de/al hilo de lo que usted ha dicho, vale la pena recordar/es oportuno recordar ...

심화해서 말하기 (Profundizar)

- Me gustaría, si es posible, tener más información sobre .../que me aclarase una duda acerca de ...

- Señor, ¿podría aclararme una duda?/¿sería tan amable de aclararme una duda?
- Si le parece, podríamos profundizar/iniciar/ahondar en ...

질문하기 (Hacer preguntas)

- Me gustaría conocer su opinión sobre/acerca de ...
- Me gustaría saber qué opinión tiene sobre/acerca de ...
- Me gustaría hacerle una pregunta sobre ...

의심(Expresar la duda)

- Señor, ¿ qué opina de/cuál es su opinión sobre ...?
- No sé si le he entendido bien, señor, ¿le importa repetirme la pregunta, por favor?
- Me temo/tengo la impresión de que no se ha comprendido el sentido de mi intervención.
- No estoy seguro de haber comprendido el sentido de su pregunta.
- Si le he entendido bien, me parece que usted es partidario/estaría a favor de ...
- Me ha quedado una duda sobre ...

대인관계

감사 (Agradecimientos)

- Muchas gracias por haber aceptado esta entrevista/por su amabilidad/por todo.

→ Muchas gracias, ha sido un placer/lo he hecho con muchísimo gusto.

- Muchas gracias, por haberse tomado la molestia de desplazarse hasta aquí.

  → No ha sido ninguna molestia. Todo lo contrario, ha sido un placer.

- Muchas gracias por haber respondido a todas nuestras preguntas.
- Quiero agradecerle/Le agradezco su presencia entre nosotros/su amabilidad/su

disponibilidad.

사과(Disculpas)

- Disculpe la interrupción.
- Perdone que le interrumpa.
- No era mi intención ...
- Siento llegar tarde pero ...
- Perdone por el retraso pero ...
- Me gustaría excusarme por ...

동의 표현 (Expresar el acuerdo)

- Coincido con usted.
- Estoy totalmente de acuerdo con usted.
- Soy de la misma opinión que usted.
- No tengo nada más que añadir.
- Pienso lo mismo que usted.
- Comparto su opinión.

이견 표현 (Expresar la diferencia)

- No estoy totalmente de acuerdo con usted, señor.
- Señor, permítame que le diga que ...
- Señor, permítame disentir pero ...
- Lamento no estar de acuerdo con usted/no compartir su opinión.

질문 회피 (Eludir una pregunta)

- Es difícil responder a su pregunta.
- Preferiría responder en otro momento.
- Me temo que no soy la persona más adecuada para responderle.

대화의 종료 (Terminar la conversación)

- Si le parece, concluimos aquí/podemos dar por concluida nuestra conversación en este punto.
- Para concluir/para terminar/a modo de conclusión quisiera agradecerle el que .../ no me queda más que agradecerle ...
- Señor, lamentablemente, tenemos que terminar nuestra conversación en este punto/no nos queda tiempo para más/el tiempo se nos acaba/no nos queda más remedio que terminar aquí.
- No quiero entretenerle más/No me gustaría abusar de su paciencia/de su amabilidad. Muchas gracias por haberme recibido/por su amabilidad.
- Hemos llegado al final de esta conversación/de esta charla.

작별인사 (Despedidas)

- Me gustaría despedirme agradeciéndole que se haya tomado la molestia de ...
- No me gustaría despedirme sin agradecerle ...
- Quedo a la espera de sus noticias/Quedamos en eso.
- Muchas gracias por su presencia. Espero que muy pronto vuelva a estar con nosotros/vuelva a acompañarnos.

4. 3. 3. 교양 교육

교육 내용에는 스페인어 지식뿐만 아니라 학습자가 통역을 수행할 때 필요한 교양 교육을 포함한다. 학습자로 하여금 스페인어권 국가들의 역사, 문학, 문화 등의 기초 지식을 퀴즈 등의 다양한 방법으로 학습할 수 있도록 한다. 물론 통역사가 갖추어야 하는 지식은 통역이 실시되는 회의와 가장 관련된 분야의 지식과 교양을 갖추어야 하겠지만 각 나라가 국제사회를 향해 긍지를 가지고 있는 분야에 대해서는 평소에 지식을 쌓아 두는 것이 바람직하다. 예를 들면 스페인과 중남미 각국이 배출한 노벨 문학상 수상자, 천혜의 관광자원 등을 예로 들 수 있다.

다음은 각국에 관한 기본 지식을 숙지하기 위해 수업에서 실제로 사용된 메모의 사례이다.

- 각국의 국명과 국기

Argentina	Bolivia	Colombia	Costa Rica

Cuba	Chile	Ecuador	El Slavador

España	Guatemala	Guinea Ecuatorial	Honduras

México	Nicaragua	Panamá	Paraguay

Perú	República Dominicana	Uruguay	Venezuela

각국의 이름은 모두 특정한 유래를 가지고 탄생했다.

과테말라 - 원주민어로 나이든 나무
니카라과 - 니카라오 추장 이름과 아구아(물)의 합성어
도미니카공화국 - 스페인 가톨릭 도미니코스파
멕시코 - 아즈텍 민족의 수호신 멕시틀리에서 유래
베네수엘라 - 자그마한 베네치아
볼리비아 - 시몬 볼리바르
스페인(에스빠냐) - 서쪽의 땅(이베리아 반도)
아르헨티나 - 은의 형용사
에콰도르 - 적도
엘살바도르 - 구세주
온두라스 - 깊은 바다
우루과이 - 우루과이 강
적도기니 - 적도의 물이 많은 땅
칠레 - 케추아어로 추위. 아이마라어로 땅의 끝.
코스타리카 - 풍요로운 해안
콜롬비아 - 크리스토발 콜론
쿠바 - 지방(Provincia)
파나마 - 어부
파라과이 - 파라과이 강
페루 - Piru라는 하천의 이름

• 숙지해야 하는 스페인어권 국가들의 기본자료

국가 수, 면적, 인구, 언어, 국내총생산, 실질경제 성장률, 인플레율, 실업률, 교역, 한중남미 교역 현황, 외국인 직접투자, 중앙정부 부채. 각국의 주요 에너지 자원 부존 현황, 정치관련 일정과 집권여당과 야당의 정치 성향, 각국의 10대 수출입 품목 등. 이를 도표로 정리하면 다음과 같은 유형의 자료 관리가 가능하다.

1. ARGENTINA

<table>
<tr><td rowspan="4">일반정보</td><td colspan="2">국가 명 (한국어)</td><td>아르헨티나</td><td>공식명칭</td><td>La República Argentina</td></tr>
<tr><td colspan="2">수도 및 주요도시</td><td>• Buenos Aires
• Córdoba</td><td>면적</td><td>2,780,400 km^2</td></tr>
<tr><td colspan="2">인구</td><td>42,610,981 (2013)</td><td>화폐</td><td>Peso ($, ARS)</td></tr>
<tr><td colspan="2">국화</td><td>Ceibo</td><td>국목</td><td>Ceibo</td></tr>
<tr><td rowspan="7">정치</td><td colspan="2">대통령
(취임연도)</td><td>Cristina Fernández de Kirchner
(2007/12/10 - 현재
2011 대선 재선 성공)</td><td>대통령
임기</td><td>5년(재선가능)</td></tr>
<tr><td colspan="2">정부조직
(부처)</td><td colspan="3">• Jefatura de Gabinete de Ministros
• Ministerio del Interior y Transporte
• Ministerio de Relaciones Exteriores, Comercio Internacional y Culto
• Ministerio de Defensa
• Ministerio de Economía y Finanzas Públicas
• Ministerio de Planificación Federal, Inversión Pública y Servicios
• Ministerio de Justicia y Derechos Humanos
• Ministerio de Educación
• Ministerio de Ciencia, Tecnología e Innovación Productiva
• Ministerio de Trabajo, Empleo y Seguridad Social
• Ministerio de Salud
• Ministerio de Desarrollo Social
• Ministerio de Industria
• Ministerio de Turismo
• Ministerio de Agricultura, Ganadería y Pesca
• Ministerio de Seguridad</td></tr>
<tr><td rowspan="2">정당</td><td>여당</td><td colspan="3">el Partido Justicialista (PJ) 정의당, 페론당</td></tr>
<tr><td>주요야당</td><td colspan="3">Unión Cívica Radical (UCR) 급진당</td></tr>
<tr><td rowspan="2">주요
정책</td><td>정치</td><td colspan="3">• 가족보호, 식량권보장, 지역 사회발전 및 사회경제를 기치로 빈곤퇴치, 일자리 창출, 사회적 불평등 해소, 교육여건 개선, 인권보호, 사회발전을 위한 노력 경주
- Plan Familia: 최빈곤층에 해당하는 가정을 위한 프로그램으로 해당 가구의 사회 통합과 발전을 도모
- El Hambre Más Urgente: 아르헨티나 전역에서 굶주리는 개인이 없도록 식량 접근성을 확보함</td></tr>
<tr><td>경제</td><td colspan="3">• 자본주의 재건, 산업 진흥, 친기업 정책을 통한 경제활동 증가, 무역흑자, 세수확대, 공공투자 증진, 인프라 확충을 목표로 함. 이는 결과적으로 산업 경쟁력 제고 및 비용절감으로 이어져 모든 아르헨티나 국민의 교육 및 보건수준, 삶의 질 향상에 기여할 것으로 기대
• 인플레이션, 외채상환을 극복하기 위해 보호주의적 통상 정책 및 지하자금 양성화 법 제정 등을 위해 노력하고 있음</td></tr>
<tr><td rowspan="4">경제</td><td colspan="2">명목 GDP 규모
(USD)</td><td>4750억 USD (2012)</td><td>1인당 GDP
(PPP)</td><td>18,400 USD
(2012)(세계 56위)</td></tr>
<tr><td rowspan="2">무역
규모</td><td>수출</td><td colspan="3">812.0억 USD(2012)</td></tr>
<tr><td>수입</td><td colspan="3">685.1억 USD(2012)</td></tr>
<tr><td>수출입
품목</td><td>수출
품목</td><td colspan="3">1. 대두박
2. 옥수수
3. 대두유
4. 잠두, 누에콩
5. 화물자동차</td></tr>
</table>

<table>
<tr><td rowspan="2">경제</td><td>수출입 품목</td><td>수입 품목</td><td colspan="6">1. 승용차(1.500cc~3.000cc)
2. 석유와 역청유
3. 석유가스(HSCODE: 271111)
4. 전화기
5. 석유가스(HSCODE: 271121</td></tr>
<tr><td colspan="2">경제 성장률</td><td>2012</td><td>3.8%</td><td>2011</td><td>8.9%</td><td>2010</td><td>9.2%</td></tr>
<tr><td rowspan="5">국제관계</td><td colspan="2">대내외적으로 가장 잘 알려진 정보</td><td colspan="6">탱고, 축구, 관광자원</td></tr>
<tr><td rowspan="2">인접국과 관계</td><td>정치적</td><td colspan="6">• Malvinas전쟁(1982) 이후 역내 국가와 협력 강화 정책으로 선회
• 메르코수르(Mercosur, 1995-) 설립을 선도하는 등 역내 협력 주도국
• 역내 좌파 성향 정권과 각별한 관계를 유지: 베네수엘라 및 볼리비아와 우호관계 및 정치·경제적 원조
• 미국·EU과의 관계는 다소 소원
• Cristina Kirchner 대통령은 과거 전임 정부보다 외교 문제에 비중을 두고, 소원했던 미국과의 관계뿐만 아니라 스페인, 독일, 칠레, 멕시코 등과의 관계 개선을 위해 노력하고 있다. 2009년 들어서, 인도, 스페인 미국, 아프리카 4개국, 칠레 러시아를 방문하였으며, 주재국 대통령의 외교 활동 범위를 점차적으로 확대하고 있으며, 그동안의 외교적 고립을 벗어나려는 노력을 보이고 있다.
• 2010년에는 중국이 브라질 다음으로 아르헨티나와 교역이 많은 나라가 되어 중국과의 관계도 중요시 되고 있고 있으며, 대통령은 2010년 중순에 중국을 방문하여 각종 협약을 체결했다.</td></tr>
<tr><td>경제적</td><td colspan="6">• MERCOSUR : 현재 공동 대외관세 적용, 역내관세철폐, 브라질-아르헨티나 간 주도권 분쟁, 우루과이·파라과이 측 소외감 등으로 결속에 문제점 제기
- 아르헨티나는 남미국가연합(UNASUR)체제보다는 MERCOSUR 통합에 정책 우선순위를 두고 MERCOSUR 역내 통합협상을 재추진 노력
• 칠레 : 1994 양국 간 평화우호조약 및 1991 국경선 조약으로 비글해협을 포함한 영토문제를 마무리 짓고, 1996년 칠레-MERCOSUR FTA 서명으로 양국 관계가 개선됨. 이 외에 1996~2003년 간 양국 국경 지역을 아우르는 인프라 시설 구축에 관한 여러 협정으로 양국 관계가 급속히 진전되었음.
• 브라질 : 선의의 경쟁 관계로 MERCOSUR 통합보다 2004년 12월 출범한 남미국가 공동체를 더욱 중시하는 브라질의 태도 등으로 한때 양국 관계가 긴장국면으로 접어들기도 하였으나 페르난데스 아르헨티나 대통령 이 후 양국은 경제 협력관계 유지를 위해 노력하고 있음. '08 금융위기 이후 아르헨티나 정부의 보호주의적 통상 정책으로 무역 마찰이 야기되었으나 전통적인 우호 관계를 유지하기 위해 노력중이다.
• 스페인과 EU : 2012년 4월 16일 아르헨티나 정부는 아르헨티나 내 최대 석유가스 기업인 스페인계 렙솔의 YPF사를 공공재 활용과 생산증가를 위한 투자 부족으로 에너지 수입 증가를 야기했다는 명분으로 동 기업의 국유화를 법으로 제정하였다. 스페인 정부는 아르헨티나의 대 스페인 최대 수출품인 바이오디젤 수입 제한 조치를 시행했고, 추후 사전 경고 없이도 보복 조치를 취해 나갈 것이라고 경고하였다. 유럽연합 역시 이번 국유화 조치에 대해 보복조치가 있을 것임을 공표하였다.
• 중국: 2008년 하반기 글로벌 금융위기 여파가 아르헨티나 경제침체 영향에 영향을 미치자 아르헨티나 정부는 국내산업에 피해를 가져다 주는 브라질산 및 중국산 제품에 대해 수입 제한을 위한 최저 수입 가격 제도를 확대한다는 내용의 조치를 2008년 10월 발표하였다. 아르헨티나 정부는 지금까지의 대 중국에 대한 아르헨티나의 제품의 수입규제 강화를 중국 정부의 무역보복이라고 간주, 이에 대한 해결점을 찾으려고 하였고, 결국 중국의 6개월간의 수입 금지조치 해제에 대한 반대급부로 아르헨티나 정부는 반덤핑조치를 남발하지 않고 중국과 사전에 협의키로 하였다.</td></tr>
<tr><td colspan="2">중요현안</td><td colspan="6">3선 개헌안, 물가상승, 외채상환, 보호주의적 통상 정책</td></tr>
<tr><td colspan="2">중요 골칫거리</td><td colspan="6">영국과 포클랜드 섬 영유권 분쟁, IMF의 '불신임'조치, 국제 신용등급 하락</td></tr>
</table>

구분	항목	세부	내용
대한관계	교역 규모	대한수출	14.2억 USD(2012)
		대한수입	9.7억 USD(2012)
	대한 수출입	대한 수출 품목 (韓수입)	1. 식물성물질 2. 동광 3. 어류 4. 금은 및 백금 5. 기호식품
		대한 수입품목 (韓수출)	1. 자동차 2. 무선통신기기 3. 평판디스플레이 및 센서 4. 합성수지 5. 영상기기
	대통령 방한기록		방문 1996.9. 김영삼 대통령 2004. 11. 노무현 대통령 방한 1995.9. 메넴 대통령 2010 페르난데스 대통령
	주요 협약		1994. 5.17 투자보장협정 서명(96.9.24 발효) 1996. 9. 9 원자력협정 서명(97.9.19 발효) 항공업무협력협정 서명 2003.12.27 일반여권 비자 면제 시행 2004. 외교관/관용 여권 비자면제협정체결(2004.7.31 발효) 2004.11.15 경제무역협력협정 서명 및 개정문화협정 서명 2006.9. 한-아 형사사법공조조약 가서명 2007.11. 한-아 교육문화협력협정 발효

2. BOLIVIA

구분	항목	내용	항목	내용
일반정보	국가 명 (한국어)	볼리비아	공식명칭	Estado Plurinacional de Bolivia
	수도 및 주요도시	• La Paz (행정수도) / Sucre (헌법 수도) • Santa Cruz • Cochabamba	면적	1,098,581 km²
	인구	1,039만 명 (2012)	화폐	Boliviano (Bs)
	국화	Kantuta	국목	Patujú
정치	대통령 (취임연도)	Evo Morales 2006.1.22 취임 2009.12월 재선 성공	대통령 임기	5년 (중임만 가능)
	정부조직 (부처)	• Ministerio de la Presidencia • Ministerio de Relaciones Exteriores y Culto • Ministerio de Justicia • Ministerio de Minería y Metalurgia • Ministerio de Economía y Finanzas Públicas • Ministerio de Hidrocarburos y Energía • Ministerio de Planificación del Desarrollo • Ministerio de Desarrollo Productivo y Economía Plural • Ministerio de Trabajo, Empleo y Previsión Social		

<table>
<tr><td rowspan="5">정치</td><td colspan="2">정부조직
(부처)</td><td colspan="6">• Ministerio de Medio Ambiente y Agua
• Ministerio de Gobierno
• Ministerio de Culturas
• Ministerio de Comunicación
• Ministerio de Defensa
• Ministerio de Obras Públicas, Servicios y Vivienda
• Ministerio de Educación
• Ministerio de Salud y Deportes
• Ministerio de Desarrollo Rural y Tierras
• Ministerio de Autonomías
• Ministerio de Transparencia Institucional y Lucha Contra la Corrupción</td></tr>
<tr><td rowspan="2">정당</td><td>여당</td><td colspan="6">MAS(Movimiento al Socialismo), 사회주의운동당</td></tr>
<tr><td>주요야당</td><td colspan="6">• PPB(Plan Progreso Para Bolivia), 볼리비아진보계획당
• UN(Unidad Nacional), 민족단결전선당
• AS(Alianza Social), 사회연대</td></tr>
<tr><td rowspan="2">주요
정책</td><td>정치</td><td colspan="6">• 신헌법 완전이행, 원주민 권력 강화, 자주적 국가결정
• 국가 발전을 위한 통합의 필요성 강조</td></tr>
<tr><td>경제</td><td colspan="6">• 천연가스를 비롯한 에너지와 원자재 등 1차 상품의 생산 및 수출에 의존하는 경제 구조를 혁신, 빈곤 퇴치
• 석유에너지 사업 국유화
• 밀수, 마약단속, 공공투자 확대를 강조
• '10년 정부가 휘발유 및 디젤류 가격을 기습 인상함으로써 급격한 물가상승을 가져왔으며 정부가 유가를 원상 복귀한 이후에도 물가오름세 심리는 지속되어 2011년 물가에 영향을 미치고 있는 상황</td></tr>
<tr><td rowspan="6">경제</td><td colspan="2">명목 GDP 규모
(USD)</td><td colspan="3">274.3억 USD(2012)</td><td>1인당 GDP
(PPP)</td><td colspan="2">5,200 USD(2012)
(세계 129위)</td></tr>
<tr><td rowspan="2">무역
규모</td><td>수출</td><td colspan="6">91.7억 USD(2012)</td></tr>
<tr><td>수입</td><td colspan="6">77.2억 USD(2012)</td></tr>
<tr><td rowspan="2">수출입
품목</td><td>수출
품목</td><td colspan="6">1. 천연가스
2. 콩
3. 콩제품
4. 원유
5. 아연</td></tr>
<tr><td>수입
품목</td><td colspan="6">1. 석유제품
2. 플라스틱
3. 종이
4. 비행기 및 비행기 부속품
5. 인스턴트 식품</td></tr>
<tr><td colspan="2">경제 성장률</td><td>2012</td><td>5.2%</td><td>2011</td><td>5.2%</td><td>2010</td><td>4.1%</td></tr>
<tr><td rowspan="2">국제관계</td><td colspan="2">대내외적으로 가장 잘 알려진 정보</td><td colspan="6">다민족국가, 광업, 잉카 문명, 코카인 생산, 리튬</td></tr>
<tr><td>인접국과
관계</td><td>정치적</td><td colspan="6">• 칠레 - 볼리비아의 해양 진출 문제를 놓고 계속 대립
• 남미대륙의 HUB 국가, 남미통합을 가속화하기 위해 중요(중심부에 위치)
• 미국 - 과거 모랄레스 대통령은 소요사태 발생 시 야당 및 보수 세력을 미국의 앞잡이로 비난하는 등 당파적인 정치 행태를 보여 왔으나, 최근에는 미국과 관계를 개선함은 물론 여야 간, 지역 간 통합을 위해 노력하는 중</td></tr>
</table>

<table>
<tr><td rowspan="3">국제관계</td><td>인접국과 관계</td><td>경제적</td><td>• 칠레 - 칠레에서 최대 규모의 광산이 발견되어, 동 광산을 개발하기 위해서는 볼리비아 측의 물이 필요한 바, 교섭 중
• 안데스 무역 증진 및 마약퇴치법(ATPDEA)에 의한 관세 특혜에 힘입어 수출이 대폭 증가되었으나, '08.10월 미국의 ATPDEA 관세 특혜 대상국에서 제외되고, EU와의 협상교섭에 실패함으로써, 대외 경제적인 제약 요인으로 작용- 대체 시장으로 거론되고 있는 브라질, 아르헨티나, 멕시코 시장도 경제 위기에 따른 자원 수요 감소 및 이들 나라의 화폐 평가절하로 인하여 큰 효과를 발휘하지 못할 것으로 예상</td></tr>
<tr><td colspan="2">중요현안</td><td>인프라 구축을 위한 해외직접투자 필요</td></tr>
<tr><td colspan="2">중요 골칫거리</td><td>토지 불균형으로 인한 빈부격차, 마약</td></tr>
<tr><td rowspan="7">대한관계</td><td rowspan="2">교역 규모</td><td>대한수출</td><td>274,584천 달러</td></tr>
<tr><td>대한수입</td><td>37,960천 달러</td></tr>
<tr><td rowspan="2">대한 수출입</td><td>대한 수출 품목 (韓수입)</td><td>1. 아연광
2. 기타금속광물
3. 금은 및 백금
4. 기호식품
5. 가죽</td></tr>
<tr><td>대한 수입품목 (韓수출)</td><td>1. 자동차
2. 건설광산기계
3. 편직물
4. 전자응용기기
5. 인조섬유</td></tr>
<tr><td colspan="2">대통령 방한기록</td><td>2010년 8월 25일 한국과의 리튬 협력
2010년 8월, 모랄레스 대통령, 볼리비아 국가원수 최초로 방한</td></tr>
<tr><td colspan="2">주요 협약</td><td>1971. 9. 7 문화협정체결
1986.11.25 한·볼 경제기술 협력협정 체결
1991~2010 개발협력; 무상원조 공여; 총 602만 불 지원
1996. 4. 1 투자보장협정체결
2000. 3.21 한국수출입은행-볼리비아 재정부간 차관 협정 체결
2001. 3.15 한·볼 EDCF 차관 공여 기본협정 및 시행약정 체결
2010. 7. 외교관·관용여권 사증면제 협정 합의, 서명 추진 중
2010. 8. KOICA 봉사단파견협정 합의, 서명 추진 중
2010. 8. 외교관 관용여권 사증면제 협정 및 2010-2014년 간 EDCF 차관공여 기본약정 서명 (각각 2011년 상반기 발효)</td></tr>
</table>

3. COLOMBIA

<table>
<tr><td rowspan="4">일반정보</td><td colspan="2">국가 명 (한국어)</td><td>콜롬비아</td><td>공식명칭</td><td>República de Colombia</td></tr>
<tr><td colspan="2">수도 및 주요도시</td><td>• Bogotá
• Medellín</td><td>면적</td><td>1,109,104 ㎢</td></tr>
<tr><td colspan="2">인구</td><td>45,475,783 (2013)</td><td>화폐</td><td>peso (peso colombino)</td></tr>
<tr><td colspan="2">국화</td><td>Cattleya</td><td>국목</td><td>Palma de cera</td></tr>
<tr><td rowspan="6">정치</td><td colspan="2">대통령
(취임연도)</td><td>Juan Manuel Santos Calderon (2010.8.7)</td><td>대통령
임기</td><td>4년(중임제)</td></tr>
<tr><td colspan="2">정부조직
(부처)</td><td colspan="3">• Ministerio de Agricultura y Desarrollo Rural
• Ministerio de Ambiente y Desarrllo Sostenible
• Ministerio de Comercio, Industria y Turismo
• Ministerio de Cultura
• Ministerio de Defensa Nacional
• Ministerio de Educación Nacional
• Ministerio de Hacienda y Crédito Público
• Ministerio del Interior
• Ministerio de Justicia y del Derecho
• Ministerio de Minas y Energía
• Ministerio de Relaciones Exteriores
• Ministerio de Salud y de la Protección Social
• Ministerio de Tecnologías de la Información y las Comunicaciones
• Ministerio de Trabajo
• Ministerio de Transporte
• Ministerio de Vivienda, Ciudad y Territorio</td></tr>
<tr><td rowspan="2">정당</td><td>여당</td><td colspan="3">Partido de la U(Partido Social de Unidad Nacional) 국가연합사회당</td></tr>
<tr><td>주요야당</td><td colspan="3">PCC보수당, PIN국가통합당, PCR급진변화당, PDA대안민주당, PV녹색당</td></tr>
<tr><td rowspan="2">주요
정책</td><td>정치</td><td colspan="3">• 친미반공(親美反共) 노선을 바탕으로 모든 나라와의 관계 수립을 제창하고, 특히 안데스 제국이나 그 밖의 중앙아메리카 여러 나라와의 관계 강화에 진력하고 있다.
• 2013년 현재 콜롬비아 정부는 FARC 반군과 쿠바 아바나에서 평화협상을 진행 중에 있으며 양측 모두 협상에 적극적인 태도를 보이고 있다. 반군과의 평화협상 향방에 따라 산토스 정권에 대한 지지도가 크게 영향을 받을 것으로 예상되며 평화협상과 연계된 산토스 정권의 국가 성장 잠재력 강화 계획도 평화협상의 결과에 직접적으로 영향을 받을 것으로 판단된다.
• 산토스 정부는 조세개혁 단행, 내전 희생자 지원법, 몰수토지 반환 등 중장기적 사회안정을 위한 정책을 단행하였으며 이에 대한 평가도 긍정적인 것으로 판단된다. 그러나 보건, 의료, 주택보급 등 복지정책의 경우, 정부의 청사진과는 상이한 추진 속도로 인해 국민들의 불만을 사고 있으며 높은 빈곤층 비중과 사회 불평등 지속은 정부의 주요 해결과제 중 하나이다.</td></tr>
<tr><td>경제</td><td colspan="3">• 농업·광업을 주로 하는 후진국형 경제 체제, 대베네수엘라 수출이 감소하였음에도 중국, 미국, 네덜란드 등으로의 수출이 큰 폭으로 증가, 정부의 활발한 공공사업 및 인프라 투자 확대로 주요 산업생산의 효율성 증대, 신규고용 창출
• 과거 콜롬비아 경제 성장의 원동력이 수출 및 내수소비 증가라고 한다면 2013년 이후의 경제 성장은 건설플랜트 산업이라고 할 수 있다. 콜롬비아 정부가 추진하고 있는 도로, 항만, 공항 건설 프로젝트와 공공시설 현대화 프로젝트는 건설플랜트 분야 투자 확대의 원동력이자 외국인 투자증가의 자극제라고 할 수 있다.</td></tr>
<tr><td>경제</td><td colspan="2">명목 GDP 규모
(USD)</td><td>3,660억 USD(2012)</td><td>1인당 GDP
(PPP)</td><td>11,000 USD(2012)
(세계 87위)</td></tr>
</table>

<table>
<tr><td rowspan="5">경제</td><td rowspan="2">무역 규모</td><td>수출</td><td colspan="6">606억 USD(2012)</td></tr>
<tr><td>수입</td><td colspan="6">586억 USD(2012)</td></tr>
<tr><td rowspan="2">수출입 품목</td><td>수출 품목</td><td colspan="6">1. 석유
2. 석탄
3. 보석
4. 커피
5. 금</td></tr>
<tr><td>수입 품목</td><td colspan="6">1. 건설기계
2. 컴퓨터
3. 자동차
4. 연료유
5. 플라스틱</td></tr>
<tr><td colspan="2">경제 성장률</td><td>2012</td><td>4%</td><td>2011</td><td>6.6%</td><td>2010</td><td>4%</td></tr>
<tr><td rowspan="5">국제관계</td><td colspan="2">대내외적으로 가장 잘 알려진 정보</td><td colspan="6">마약, 게릴라, FARC문제, 커피, 에메랄드 주요생산지</td></tr>
<tr><td rowspan="2">인접국과 관계</td><td>정치적</td><td colspan="6">• 베네수엘라 (Gulf of Venezuela 물길), 니카라과와의 국경 분쟁(San Andres와 Providencia 섬 및 영해 문제), 베네수엘라와 외교적 갈등, 최근 마약 거래와 게릴라 작전을 둘러싸고 안데스 지역 국가들과 다소 불편한 관계를 형성하고 있다.
• 미국과의 정치, 경제, 군사원조 강화로 악화된 베네수엘라와의 관계는 점차 개선되고 있으며 교역관계 역시 베네수엘라의 교역제한 조치 이후 회복되고 있는 상황이다. 또한 지난 3월 베네수엘라 차베스 대통령 사망으로 인해 콜롬비아와 베네수엘라 관계 변화가 예상되고 있으며 대선결과 및 차기 정부 구성에 따라 양국 간 관계 변화가 구체화 될 것으로 전망된다.</td></tr>
<tr><td>경제적</td><td colspan="6">• 수출 면에서 베네수엘라와 외교적 갈등으로 인한 타격 예상, 친미성향
• 중남미 지역 국가와의 경제적 협력관계 심화를 중점 추진하고 있다. 실례로 콜롬비아는 남미 최대 관세동맹인 메르코수르(Mercosur)에 대응해 멕시코, 콜롬비아, 페루, 칠레를 회원국으로 하는 태평양동맹(Pacific Alliance)을 구축하였으며 페루, 칠레와는 이미 통합 주식시장 MILA를 운영하고 있다.
• 콜롬비아 정부는 아시아 국가와의 관계 구축에 초점을 맞추고 있으며 특히 한국, 중국, 일본 등 아시아 경제 대국과의 교류 강화를 통한 경제 성장을 추진하고 있다. 이미 한국과의 FTA는 공식 서명이 완료되었으며 국회 비준을 앞두고 있다. 현재 콜롬비아 정부는 일본, 중국과의 FTA도 추진 중임에 따라 향후 아시아 국가와의 정치, 경제적 협력 강화가 확실시 되고 있다. 특히 우리나라의 경우 콜롬비아의 한국전 참전으로 맺어진 전통적 혈맹관계를 바탕으로 경제, 산업협력 관계 강화가 가시화 되고 있는 상황이다.</td></tr>
<tr><td colspan="2">중요현안</td><td colspan="6">마약 및 게릴라, FARC 문제, 도시/교통 인프라 부족</td></tr>
<tr><td colspan="2">중요 골칫거리</td><td colspan="6">마약 및 게릴라의 무장투쟁과 테러리즘, 살인 등 폭력범죄, 납치문제 등으로 치안 불안</td></tr>
<tr><td rowspan="3">대한관계</td><td rowspan="2">교역 규모</td><td>대한수출</td><td colspan="6">414,770천 USD(2012)</td></tr>
<tr><td>대한수입</td><td colspan="6">1,467,701천 USD(2012)</td></tr>
<tr><td>대한 수출입</td><td>대한 수출 품목 (韓수입)</td><td colspan="6">1. 기호식품
2. 합금철선철 및 고철
3. 농업 및 의약품
4. 알루미늄
5. 동제품</td></tr>
</table>

<table>
<tr><td rowspan="3">대한관계</td><td>대한 수출입</td><td>대한 수입품목 (韓수출)</td><td>1.
2.
3.
4.
5.</td><td>자동차
자동차부품
합성수지
고무제품
기타석유화학제품</td></tr>
<tr><td colspan="2">대통령 방한기록</td><td colspan="2">1996년 10월 삼뻬르 대통령 방한, 2011년 9월 산또스 대통령 방한</td></tr>
<tr><td colspan="2">주요 협약</td><td colspan="2">• 문화협정('76), 사증면제협정('81), 과학기술 협력협정('82), 무역협정('86), 투자 보장협정('10 서명, 미발효), 자유무역협정('13 서명, 미발효)
• 교섭 중: 항공협정, 이중과세방지조약</td></tr>
</table>

4. COSTA RICA

<table>
<tr><td rowspan="4">일반정보</td><td colspan="2">국가 명 (한국어)</td><td>코스타리카</td><td>공식명칭</td><td>República de Costa Rica</td></tr>
<tr><td colspan="2">수도 및 주요도시</td><td>• San José
• Alajuela
• Cartago</td><td>면적</td><td>51,100 ㎢</td></tr>
<tr><td colspan="2">인구</td><td>4,695,942 (2013)</td><td>화폐</td><td>Colón Costarricense (CRC)</td></tr>
<tr><td colspan="2">국화</td><td>Cattleya</td><td>국목</td><td>Árbol de guanacasta</td></tr>
<tr><td rowspan="4">정치</td><td colspan="2">대통령 (취임연도)</td><td>Laura Chinchilla (2010)</td><td>대통령 임기</td><td>4년 단임제</td></tr>
<tr><td colspan="2">정부조직 (부처)</td><td colspan="3">• Ministerio de la Presidencia
• Ministerio de Relaciones Exteriores y Culto
• Ministerio de Gobernación, Policía y Seguridad Pública
• Ministerio de Hacienda
• Ministerio de Justicia y Gracia
• Ministerio de Educación Pública
• Ministerio de Obras Públicas y Transportes
• Ministerio de Economía, Industria y Comercio
• Ministerio de Agricultura y Ganadería
• Ministerio de Salud Pública
• Ministerio de Trabajo y Seguridad Social
• Ministerio de Vivienda y Asentamientos Humanos
• Ministerio de Turismo
• Ministerio de Ciencia y Tecnología
• Ministerio de Cultura y Juventud
• Ministerio de Comercio Exterior
• Ministerio de Planificación Nacional y Política Económica
• Ministerio de Ambiente, Energía y Telecomunicaciones
• Ministerio de Deportes
• Ministerio de Bienestar Social
• Ministerio de Descentralización y Desarrollo Local</td></tr>
<tr><td rowspan="2">정당</td><td>여당</td><td colspan="3">Partido Liberación Nacional (PLN) 국민해방당</td></tr>
<tr><td>주요야당</td><td colspan="3">Partido Acción Ciudadana (PAC) 시민해방당</td></tr>
</table>

<table>
<tr><td rowspan="2">정치</td><td rowspan="2">주요 정책</td><td>정치</td><td colspan="6">• 치안과 사회평화, 사회복지, 국토정비, 경쟁력을 4대 축으로 한 2011-2014 국가발전계획 발표
• 2013년은 실질적으로 Chinchilla 대통령 집권의 마지막 해로서 남은 주요 국정과제의 이행 및 국민신뢰 회복을 위해 노력할 것이나, 본격적인 대선 정국이 시작함에 따라 강력한 정책 집행이 어려울 것으로 예상됨</td></tr>
<tr><td>경제</td><td colspan="6">• 세수 부족으로 인한 만성적인 재정 적자 해결을 위해 세제 개혁 일환으로 부가가치세와 소득세 인상을 주 내용으로 하는 세재 개혁안 제출하였으나, 2012.4 헌법재판소의 위헌판결로 인해 무산된 후, △ 유로본드 발행 △ 재정투명성 강화 △ 효율적 세제운영 등 'Plan B' 법안이 8월 의회를 통과해 2013년 정부 재정운영의 주요 지침이 될 전망임
• 한국 관련 : 한-코스타리카-파나마 FTA 추진 중
• 코스타리카는 현재 싱가포르, 페루, 멕시코 (재개정) FTA 및 유럽연합과의 협력협정 (AACUE) 발효를 앞두고 있어, DR-CAFTA와 함께 자유무역협상을 통한 대외경제 활성화 및 국내 통신, 보험, 에너지등 주요 산업분야 개방에 따른 투자유치 확대, 안정적인 정치, 사회, 투자 환경을 바탕으로 2013-2017년 간 4.4%의 꾸준한 경제 성장을 기록할 것으로 전망되나, 실질적인 GDP 성장률은 △ 자유무역지대 활동 △ 콜론 (주재국 통화)가치 △ 소비 트랜드에 크게 영향을 받을 것으로 보임
• 향후 코스타리카 경제 성장의 주요 원동력은 서비스 분야와 첨단산업 분야가 될 것으로 전망되며, 농업의 경우 아시아와 유럽시장 등 수출시장 확대에 따라 안정적인 성장세를 유지할 것으로 보임</td></tr>
<tr><td rowspan="6">경제</td><td colspan="2">명목 GDP 규모 (USD)</td><td colspan="3">451.3억 USD (2012)</td><td>1인당 GDP (PPP)</td><td colspan="2">12,800 USD (2012)
(세계 80위)</td></tr>
<tr><td rowspan="2">무역 규모</td><td>수출</td><td colspan="6">36,171 백만 USD(2012)</td></tr>
<tr><td>수입</td><td colspan="6">16,461 백만 USD (2012)</td></tr>
<tr><td rowspan="2">수출입 품목</td><td>수출 품목</td><td colspan="6">1. 바나나
2. 파인애플
3. 커피
4. 멜론
5. 관상용 식물</td></tr>
<tr><td>수입 품목</td><td colspan="6">1. 원재료
2. 소비재
3. 자본재
4. 원유
5. 건축자재</td></tr>
<tr><td colspan="2">경제 성장률</td><td>2012</td><td>5%</td><td>2011</td><td>4.2%</td><td>2010</td><td>4.7%</td></tr>
<tr><td rowspan="3">국제 관계</td><td colspan="2">대내외적으로 가장 잘 알려진 정보</td><td colspan="6">한국의 전통적인 우방 국가, 북한과 단교 (남한 단독 수교국), 비무장 중립국(군대 없음).
중미의 스위스.
* 인사할 때 "Pura Vida" 라는 표현을 쓴다.
* 코스타리카 사람들을 "tico" 라고 부른다. (costarricense = tico)</td></tr>
<tr><td rowspan="2">인접국과 관계</td><td>정치적</td><td colspan="6">• 파나마 - 파나마 조직범죄를 퇴치하기 위해 양국 치안 협력과 교류 강화
니카라과 - 2010년 북쪽 강(San Juan)을 두고 국경 분쟁 중
• 니카라과와의 영유권 분쟁 관련 여타 중남미 국가의 외교적 지지를 구하는 과정에서, 쿠바를 포함해 이념적 성향이 상이한 국가들과의 관계 강화를 계속 모색할 것으로 보임</td></tr>
<tr><td>경제적</td><td colspan="6">• 파나마 - 코스타리카와 함께 중미 경제 발전을 주도
니카라과 - 상대적으로 경제 수준이 낮은 니카라과인들이 코스타리카로 대거 이주
• 2014년 중남미 국가공동체(CELAC)의 의장국으로서 칠레, 쿠바와 함께 CELAC 트로이카로 활동하면서 중남미 국가들과의 정치·경제·통상협력을 강화할 것으로 전망됨
- 태평양 동맹 가입을 계속적으로 추진하는 가운데, 동 가입의 선결조건인 콜롬비아와의 FTA 도 연중 체결될 것으로 전망됨</td></tr>
</table>

<table>
<tr><td rowspan="3">국제관계</td><td>인접국과 관계</td><td>경제적</td><td colspan="2">• 한편 아시아와의 관계에 있어서도, APEC 가입을 통한 환태평양 정치·경제권 진입, 인사 교류, 투자유치, 수출시장 확대, 경제 협력증가 등 경제·통상 분야를 중심으로 관계 강화를 위한 노력을 강화할 것으로 전망됨</td></tr>
<tr><td colspan="2">중요현안</td><td colspan="2">무역적자 해결, 세제 개혁, 환율의 지속적인 하락에 대비, 빈곤 해결, 부패 척결, 치안 개선</td></tr>
<tr><td colspan="2">중요 골칫거리</td><td colspan="2">니카라과와의 영토분쟁으로 인해 비무장 중립원칙 재고
중남미 20개국 중 재정 적자 1위</td></tr>
<tr><td rowspan="6">대한관계</td><td rowspan="2">교역 규모</td><td>대한수출</td><td colspan="2">293,039 천 USD(2012)</td></tr>
<tr><td>대한수입</td><td colspan="2">333,291 천 USD(2012)</td></tr>
<tr><td rowspan="2">대한 수출입</td><td>대한 수출 품목 (韓수입)</td><td>1.
2.
3.
4.
5.</td><td>컴퓨터
합금철선철 및 고철
반도체
의료용기기
기호식품</td></tr>
<tr><td>대한 수입품목 (韓수출)</td><td>1.
2.
3.
4.
5.</td><td>자동차
기구부품
레일 및 철구조물
자동차부품
철강판</td></tr>
<tr><td colspan="2">대통령 방한기록</td><td colspan="2">1981.10. 까라소 대통령 방한
1985.5. 알베르또 몽헤 대통령 방한
2001.4. 앙헬 로드리게스 대통령 방한
2012.8. 친치야 대통령 방한
cf.) 2005. 9월 노무현 대통령 코스타리카 방문</td></tr>
<tr><td colspan="2">주요 협약</td><td colspan="2">• 문화협정('66), 무역협정('74), 과학기술협정('79), 사증면제협정('81), 경제 협력의정서(MOU, '84) 농수산협력협정('85), 투자 보장협정('02), 봉사단파견협정('11)</td></tr>
</table>

5. CUBA

<table>
<tr><td rowspan="4">일반정보</td><td colspan="2">국가 명 (한국어)</td><td>쿠바</td><td>공식명칭</td><td>La República de Cuba</td></tr>
<tr><td colspan="2">수도 및 주요도시</td><td>• (Ciudad de) La Habana
• Santiago (de Cuba)
*Guantánamo</td><td>면적</td><td>110,860km^2</td></tr>
<tr><td colspan="2">인구</td><td>11,061,886 (2013. 07)</td><td>화폐</td><td>• Peso cubano(CUP)
• Peso cubano convertible(CUC)</td></tr>
<tr><td colspan="2">국화</td><td>La Mariposa (Hedychium coronariu)</td><td>국목</td><td>La Palma Real</td></tr>
<tr><td rowspan="5">정치</td><td colspan="2">대통령
(취임연도)</td><td>Raúl Modesto Castro Ruz (2008)</td><td>대통령
임기</td><td>5년(중임제한 없음)</td></tr>
<tr><td colspan="2">정부조직
(부처)</td><td colspan="3">• Instituto Cubano de Radio y Televisión
• Instituto de Aeronáutica Civil de Cuba
• Instituto Nacional de Deportes, Educación Física y Recreación
• Instituto Nacional de Recursos Hidráulicos
• Contraloría General de la República de Cuba
• Ministerio de Ciencia, Tecnología y Medio Ambiente
• Ministerio de Cultura
• Ministerio de Economía y Planificación
• Ministerio de Educación
• Ministerio de Educación Superior
• Ministerio de Finanzas y Precios
• Ministerio de la Informática y las Comunicaciones
• Ministerio de Justicia
• Ministerio de la Agricultura
• Ministerio de la Construcción
• Ministerio de la Industria Alimenticia
• Ministerio de la Industria Básica
• Ministerio de la Industria Ligera
• Ministerio de la Industria Sideromecánica
• Ministerio de Relaciones Exteriores
• Ministerio de Salud Pública
• Ministerio de Turismo
• Ministerio del Azúcar
• Ministerio del Comercio Exterior y la Inversión Extranjera
• Ministerio del Comercio Interior
• Ministerio del Trabajo y Seguridad Social
• Ministerio del Transporte</td></tr>
<tr><td rowspan="2">정당</td><td>여당</td><td colspan="3">El Partido Comunista de Cuba (PCC) 쿠바공산당</td></tr>
<tr><td>주요야당</td><td colspan="3">없음</td></tr>
<tr><td>주요
정책</td><td>정치</td><td colspan="3">• 1959년 피델 카스트로 공산혁명 이후 사회주의(Estado socialista), 인민 민주주의(Democracia popular) 정부가 수립되었고, 50여년 지속돼 온 독재 권력은 2008년 동생 라울 카스트로에게 이양되어 체제가 유지되고 있음</td></tr>
</table>

<table>
<tr><td>정치</td><td>주요 정책</td><td>경제</td><td colspan="6">• 공산주의 계획경제 체제 및 미국의 경제봉쇄로 어려움을 겪어왔고, 끝내 2010년 피델 카스트로 전 국가평의회 의장이 공산주의 경제모델의 파산을 선언하여 향후 쿠바의 경제개혁 방향에 세계의 이목이 집중되고 있음
• 쿠바는 경제위기 극복을 위해 1990년대 초부터 적극적인 외국인투자 유치정책을 실시하고 있으나, 미국의 경제제재와 공산당 일당체제를 고수하는 쿠바 지도부의 경직성 등으로 인해 외국인직접투자가 활성화되지는 못하고 있음
• 쿠바는 중남미 최고의 의약품 및 바이오산업 발달 국가로서 백신, 암치료, 안과치료 등에서 세계적인 수준의 의약품 개발수준 및 의료기술을 보유하고 있다. 세계 다국적 기업들이 쿠바와 합작투자 및 R&D 계약을 체결하여 활발한 연구가 진행되고 있으며 우리나라와의 기술 협력도 유망하다.</td></tr>
<tr><td rowspan="6">경제</td><td colspan="2">명목 GDP 규모 (USD)</td><td colspan="3">723억 USD (2012)</td><td>1인당 GDP (PPP)</td><td colspan="2">10,200 USD (2012)
(세계 94위)</td></tr>
<tr><td rowspan="2">무역 규모</td><td>수출</td><td colspan="6">3,072 백만 USD(2012)</td></tr>
<tr><td>수입</td><td colspan="6">11,998 백만 USD(2012)</td></tr>
<tr><td rowspan="2">수출입 품목</td><td>수출 품목</td><td colspan="6">1. 석유
2. 니켈
3. 의료 제품
4. 설탕
5. 담배</td></tr>
<tr><td>수입 품목</td><td colspan="6">1. 석유
2. 식품
3. 기계 및 장비
4. 화학</td></tr>
<tr><td colspan="2">경제 성장률</td><td>2012</td><td>3.1%</td><td>2011</td><td>2.8%</td><td>2010</td><td>2.4%</td></tr>
<tr><td rowspan="4">국제 관계</td><td colspan="2">대내외적으로 가장 잘 알려진 정보</td><td colspan="6">과거 체 게바라와 카스트로의 쿠바 혁명, 경제봉쇄·관타나모 기지 등 미국과의 정치·경제적 대립, 사회주의 정치체제, 사탕수수, 쿠바 음악, 관타나모 수용소, 야구</td></tr>
<tr><td rowspan="2">인접국과 관계</td><td>정치적</td><td colspan="6">• 미국 : 섬나라인 쿠바의 대표적인 적대국. 1961년 1월 3일 국교 단절. 미서전쟁의 결과로 1903년 이래 미 해군기지가 된 관타나모 만은 미국이 주권을 행사하는 쿠바 령으로, 철회는 양국의 상호동의나 미국의 계약포기로 가능
• 베네수엘라 : 섬나라인 쿠바의 대표적인 우방국. 중남미 좌파 정권과의 외교 활동으로 친밀한 관계
• EU : 2개의 국제인권협정 서명, 사형수들에 대한 감형 등을 통해 지난 5년 간 냉각상태에 있었던 유럽연합과의 교류를 재개하고, 양측간 협력을 재건
• 중국과 러시아 : 후진타오와 메드베데프의 쿠바 방문을 통해 미국에 영향을 줄 수 있는 두 강대국과 여전히 긴밀한 관계에 있음을 과시
• 중남미 : '08.11월 쿠바의 리우 그룹 가입을 성사시킴으로써 중남미 제국들로 하여금 쿠바를 고립시키려한 미국의 의도를 거부하고 쿠바의 편으로 돌아서게 만들었다는 평가</td></tr>
<tr><td>경제적</td><td colspan="6">• 미국 : 과거에는 사탕수수 수출로 대미 의존도가 높았으나 국교 단절 이후 미국의 금수조치 등 현재까지 유지돼 온 경제봉쇄정책으로 제한적인 교류만 있는 상태
• 베네수엘라 : 쿠바의 높은 의료 수준과 베네수엘라의 풍부한 석유 자원을 바탕으로 의료 서비스 수출 및 석유 수입
- 그러나 Maduro 대통령의 근소한 승리 및 이에 따른 향후 신임 대통령의 입지 약화로 인해 베네수엘라의 쿠바에 대한 석유 지원(페트로 카리베 프로그램)이 남은 임기동안 보장될 수 있느냐에 대해 의구심이 제기되고, 이에 따라 쿠바 경제의 자급 자족 필요성에 대한 우려가 일고 있는 바, 작금의 베네수엘라 정치 상황이 현재 진행되고 있는 쿠바의 개방 및 개혁 노력에 어떻게 영향을 미칠지 주목됨</td></tr>
<tr><td colspan="2">중요현안</td><td colspan="6">경제개혁 및 외환상황 개선</td></tr>
</table>

국제관계	중요 골칫거리		관타나모 해군기지 미 반환 등 미국과의 대립, 경제적 어려움, 외환부족 사태
대한관계	교역 규모	대한수출	2,172 천 USD (2012)
		대한수입	74,203 천 USD (2012)
	대한 수출입	대한 수출 품목 (韓수입)	1. 기호식품 2. 알루미늄 3. 기타 정밀 화학제품 4. 갑각류 5. 합금철선철 및 고철
		대한 수입품목 (韓수출)	1. 자동차부품 2. 원동기 및 펌프 3. 인조 단섬유 직물 4. 자동차 5. 천연섬유사
	대통령 방한기록		없음
	주요 협약		• 한-쿠바 상의 간 협력의정서 체결(97), KOTRA-쿠바 상의·투자진흥 센터 및 수출진흥센터 등 3개 기관과 무역·투자 협력 양해각서(MOU) 체결(02)

6. CHILE

일반정보	국가 명 (한국어)	칠레	공식명칭	República de Chile
	수도 및 주요도시	• Santiago • Concepción • Valparaíso	면적	756,096km^2
	인구	17,216,945(2013.7)	화폐	Peso Chileno
	국화	Copihue	국목	Araucaria
정치	대통령 (취임연도)	Sebastián Piñera Echenique(2010.3.11)	대통령 임기	4년 (연임금지, 중임가능)
	정부조직 (부처)	• Ministerio del Interior • Ministerio de Relaciones Exteriores • Ministerio de Defensa Nacional • Ministerio de Hacienda • Ministerio Secretaría General de la Presidencia • Ministerio Secretaría General de Gobierno • Ministerio de Economía • Ministerio de Desarrollo Social • Ministerio de Educación • Ministerio de Justicia • Ministerio del Trabajo y Previsión Social • Ministerio de Salud • Ministerio de Obras Públicas • Ministerio de Vivienda y Urbanismo		

<table>
<tr><td rowspan="5">정치</td><td colspan="2">정부조직
(부처)</td><td colspan="3">• Ministerio del Interior
• Ministerio de Relaciones Exteriores
• Ministerio de Defensa Nacional
• Ministerio de Hacienda
• Ministerio Secretaría General de la Presidencia
• Ministerio Secretaría General de Gobierno
• Ministerio de Economía
• Ministerio de Desarrollo Social
• Ministerio de Educación
• Ministerio de Justicia
• Ministerio del Trabajo y Previsión Social
• Ministerio de Salud
• Ministerio de Obras Públicas
• Ministerio de Vivienda y Urbanismo
• Ministerio de Agricultura
• Ministerio de Minería
• Ministerio de Transportes y Telecomunicaciones
• Ministerio de Bienes Nacionales
• Ministerio de Energía
• Ministerio del Medio Ambiente
• Servicio Nacional de la Mujer
• Consejo Nacional de la Cultura y las Artes</td></tr>
<tr><td rowspan="2">정당</td><td>여당</td><td colspan="3">Renovación Nacional (RN) 국가 혁신당</td></tr>
<tr><td>주요
야당</td><td colspan="3">• Partido Democracia Cristiana (PDC) 기독교민주당
• Partido por la Democracia (PD) 민주당
• Partido Socialista (PS) 사회당
• Partido Radical Social Demócrata (PRSD) 급진사회민주당</td></tr>
<tr><td rowspan="2">주요
정책</td><td>정치</td><td colspan="3">• '10.3월 피네라 대통령 당선으로 역사상 처음으로 피노체트 독재 정권(1973~90년)이후 20년 간 집권해온 중도좌파에서 중도우파로 정권이 교체되어 투자 확대 및 일자리 창출을 위한 정책 마련에 중점을 두고 있음
• 원주민 보호 정책을 통해 원주민 동화정책을 포기하고 이들의 진정한 통합을 위해 별도의 위원회를 구성. 원주민들의 경제 사회적 발전을 추진하고 격차를 해소할 수 있는 방안을 검토 중. 이들이 자신들의 역사, 문화, 언어, 전통을 유지할 수 있도록 지원해 나갈 예정</td></tr>
<tr><td>경제</td><td colspan="3">• 수출주도형 경제 성장국으로 지역 경제블록 가입 또는 자유무역협정 체결에 있어 적극적이며 중남미 무역자유화의 허브 역할을 담당하고 있음
• 2010.2월 발생한 지진으로 인해 많은 인명의 손실은 물론 사회 인프라가 상당히 파괴되어 있었음. 그러나 현재 지진에 따른 학교, 병원, 도로, 주택 등의 손실은 90% 이상 복구되었으며 이번 정부가 끝나기 전에 완전한 복구가 이루어질 것임
• 저수 시설 및 도로, 항만, 공항 등 인프라를 확충 경제 발전의 기반을 확보하는 데 주력
• 사회 안전망 확충, 보건, 복지 분야 정책의 강화를 통해 빈곤 타파에 주력</td></tr>
<tr><td rowspan="4">경제</td><td colspan="2">명목 GDP 규모
(USD)</td><td>2682억 USD (2012)</td><td>1인당 GDP
(PPP)</td><td>18,700 USD (2012)
(세계 54위)</td></tr>
<tr><td rowspan="2">무역
규모</td><td>수출</td><td colspan="3">78,791 백만 USD (2012)</td></tr>
<tr><td>수입</td><td colspan="3">79,359 백만 USD (2012)</td></tr>
<tr><td>수출입
품목</td><td>수출
품목</td><td colspan="3">1. 동
2. 펄프
3. 포도주
4. 몰리브덴
5. 연어</td></tr>
</table>

<table>
<tr><td rowspan="2">경제</td><td>수출입 품목</td><td>수입 품목</td><td colspan="6">1. 석유
2. 식품
3. 기계 및 장비
4. 화학</td></tr>
<tr><td colspan="2">경제 성장률</td><td>2012</td><td>5.5%</td><td>2011</td><td>5.9%</td><td>2010</td><td>5.8%</td></tr>
<tr><td rowspan="5">국제관계</td><td colspan="2">대내외적으로 가장 잘 알려진 정보</td><td colspan="6">포도와 와인의 나라, 남미에서 가장 물가가 높은 국가 중 하나, 우리나라와 첫 번째로 FTA를 맺은 국가</td></tr>
<tr><td rowspan="2">인접국과 관계</td><td>정치적</td><td colspan="6">• 국경 분쟁 관련 갈등이 존재함
페루 : 해양영토 국경선 재확정 요청
볼리비아 : 해상 접근권 요청</td></tr>
<tr><td>경제적</td><td colspan="6">• 아르헨티나 : 아르헨티나의 에너지위기에 따른 대칠레 가스 수출 축소로 발전용 천연가스의 100%를 아르헨티나로부터 수입하고 있던 칠레가 전력난을 겪었으며 이로 인해 양국 간 갈등을 빚은 바 있음
• 페루 : 국경무역 및 투자증진 등 경제 협력이 심화되고 있으나 국경문제가 잠재적 갈등요인으로 상존하고 있음
• CELAC–EU 정상회담 :
- 제1차 '라틴아메리카-카리브국가공동체(CELAC) 및 유럽연합(EU) 정상회의'가 칠레 수도 산티아고에서 2013년 1.26-27일, 이틀간 개최되었음
- 주요 내용 : ▲ 투자 및 무역활성화 정책의 중요성 재확인 ▲ 지속가능 개발을 위한 동맹(Alianza para un desarrollo sostenible) 구축 ▲ 사회 및 환경을 고려한 투자 증진(Promover las inversiones de calidad social y medioambiental) ▲ 지나친 자국산업 보호제도 철폐 ▲ 중소기업 육성 및 지속가능한 개발을 위한 혁신 추구 등- 금번 정상회의 의장국인 칠레 Sebastian Pinera 대통령은 중남미는 더 이상 '각종 문제의 원인 제공자'가 아니라, '문제 해결의 주체자'임을 선언하고, 양 지역 간 통합과 협력 강화를 통해 중남미 국가들은 경영개선, 기술개혁, 과학기술 분야의 투자를 확대하고 유럽은 경제위기를 조기에 극복해 나가자고 촉구하였음
※ CELAC-EU 정상회담은 매 2년마다 양 대륙에서 번갈아 개최될 예정이며 제2차 정상회담은 2015년 브뤼셀에서 개최 예정임</td></tr>
<tr><td colspan="2">중요현안</td><td colspan="6">2010년 2월 대지진으로 경제복구 및 인프라 재건의 필요성</td></tr>
<tr><td colspan="2">중요 골칫거리</td><td colspan="6">잦은 지진과 이로 인한 국가재건사업</td></tr>
<tr><td rowspan="5">대한관계</td><td rowspan="2">교역 규모</td><td>대한수출</td><td colspan="6">$ 4,676 백만 USD (2012)</td></tr>
<tr><td>대한수입</td><td colspan="6">$ 2,469 백만 USD (2012)</td></tr>
<tr><td rowspan="2">대한 수출입</td><td>대한 수출 품목 (韓수입)</td><td colspan="6">1. 동제품
2. 동광
3. 곡물
4. 제지원료
5. 기타금속광물</td></tr>
<tr><td>대한 수입품목 (韓수출)</td><td colspan="6">1. 자동차
2. 석유제품
3. 합성수지
4. 철강판
5. 자동차부품</td></tr>
<tr><td colspan="2">대통령 방한기록</td><td colspan="6">1994.11 프레이 칠레 대통령 방한
2012.03 삐녜라 칠레 대통령 방한(2012 핵안보 정상회의)

cf.) 2004.11 노무현 대통령 칠레 방문 2012.06 이명박 대통령 칠레 방문</td></tr>
</table>

대한관계	주요 협약	• 무역협정('78), 항공협정('79), 경제기술 협력협정('83), 문화협정('84), 과학기술 협력협정('96), 범죄인인도협정('97), 투자 보장협정('99), 이중과세방지협정('03), 원자력협력협정('06), 한-칠레FTA('04.1), 세관협력협정('06), 운전면허 상호인정협정('08)

7. ECUADOR

구분	항목	내용	항목	내용
일반정보	국가 명 (한국어)	에콰도르	공식명칭	República del Ecuador
	수도 및 주요도시	• Quito • Guayaquil • Cuenca	면적	283,561㎢ (한반도의 약 1.3배)
	인구	15,439,429(2013.07)	화폐	Dólar estadounidense
	국화	Rosa	국목	Cascarilla
정치	대통령 (취임연도)	Rafael Vicente Correa Delgado (2009년 취임 2013.02' 재선 성공)	대통령 임기	4년 (2회 연임)
	정부조직 (부처)	• Ministerio de Coordinación de Desarrollo Social • Ministerio de Coordinación de Patrimonio Natural y Cultural • Ministerio de Coordinación de los Sectores Estratégicos • Ministerio de Coordinación de la Política y Gob. Autónomos Descentralizados • Ministerio de Coordinación de la Política Económica • Ministerio de Coordinación de Seguridad • Ministerio de Coordinación de la Producción, Empleo y Competitividad • Ministerio de Coordinación de Conocimiento y Talento Humano • Ministerio de Agricultura, Ganadería, Acuacultura y Pesca • Ministerio del Ambiente • Ministerio de Cultura • Ministerio de Defensa Nacional • Ministerio del Deporte • Ministerio de Desarrollo Urbano y Vivienda • Ministerio de Finanzas • Ministerio de Inclusión Económica y Social • Ministerio de Industrias y Productividad • Ministerio del Interior • Ministerio de Justicia, Derechos Humanos y Cultos • Ministerio de Recursos Naturales No Renovables • Ministerio de Relaciones Exteriores, Comercio e Integración • Ministerio de Relaciones Laborales • Ministerio de Salud Pública • Ministerio de Telecomunicaciones y de la Sociedad de la Información • Ministerio de Transporte y Obras Públicas • Ministerio de Turismo • Ministerio de Educación • Ministerio de Electricidad y Energía Renovable • ECORAE - Instituto para el Ecodesarrollo Regional Amazónico		
	정당 - 여당	Alianza PAÍS (Patria Altiva y Soberana) AP(조국동맹: 조국주권고양운동)		
	정당 - 주요 야당	Partido Sociedad Patriótica 21 de Enero (PSP) 애국사회당 1월 21일 Partido Renovador Institucional Acción Nacional (PRIAN) 국가제도개혁당		

<table>
<tr><td rowspan="2">정치</td><td rowspan="2">주요 정책</td><td>정치</td><td colspan="6">• 신 헌법으로 인해 대통령 중임이 가능하게 된 꼬레아 대통령은, 2013년 2월 17일에 벌어진 대선에서 2위를 차지한 은행가 출신의 기예르모 라소 후보(득표율 22.68%)를 제치고 득표율 57.17%로 3선에 성공하였다.
• 꼬레아 대통령은 그가 '시민의 혁명'이라고 명명한 정치적 프로젝트를 선언하였는데, 그 목표는 사회 정의의 실현과 자본에 대한 노동의 우위를 재천 명하는 것이다. 그 일환으로 꼬레아 행정부는 주택, 의료보험, 사회복지프로그램 등에 지출을 늘리는 등 사회안전망 강화에 주력하고 있다.</td></tr>
<tr><td>경제</td><td colspan="6">• 세계 경제위기 영향 등으로 에콰도르 경제 상황이 악화됨에 따라 경상수지적자 보완 방편으로 자동차, 휴대폰 등 고가사치품을 포함한 133개 제품에 대해 수입금지 및 제한 조치 발표. 건설부문 등에서 경기부양책 실시
• 꼬레아 대통령의 현금지원프로그램, 보조금 지급, 인프라 및 사회 프로젝트에의 막대한 지출 등의 소득분배적인 정책들은 저소득자 유권자층을 중심으로 강력한 지지를 이끌어 냈다.
• 사회경제적 개혁의 느린 진척과 취약한 안보 상황, 자유주의 진영에서의 헌법적 권리 침해에 대한 반발(특히 언론의 자유 침해), 그리고 석유 및 광산업에서 발생하는 환경적인 문제들을 둘러싼 인디오 그룹과의 갈등 등으로 인한 사회적 소요와 대중 불만은 여전히 지속될 것으로 보인다.
• 만약 유가가 급락하여 보조금 및 사회 프로그램 등의 진행에 차질을 빚을 수 있어 잠재적인 정치적 불안정성의 요인으로 지적되고 있다.</td></tr>
<tr><td rowspan="6">경제</td><td colspan="2">명목 GDP 규모 (USD)</td><td colspan="3">2682억 USD (2012)</td><td>1인당 GDP (PPP)</td><td colspan="2">10,200 USD(2012)
(세계 94위)</td></tr>
<tr><td rowspan="2">무역 규모</td><td>수출</td><td colspan="6">23,904 백만 USD (2012)</td></tr>
<tr><td>수입</td><td colspan="6">25,380 백만 USD (2012)</td></tr>
<tr><td>수출입 품목</td><td>수출 품목</td><td colspan="6">1. 석유와 역청유(원유)
2. 바나나
3. 새우
4. 가공/저장처리된 생선
5. 석유와 역청유(원유 제외)</td></tr>
<tr><td>수출입 품목</td><td>수입 품목</td><td colspan="6">1. 석유 및 역청유(원유 제외)
2. 고온 콜타르의 증류물
3. 의약품
4. 승용차</td></tr>
<tr><td colspan="2">경제 성장률</td><td>2012</td><td>5%</td><td>2011</td><td>8%</td><td>2010</td><td>3.3%</td></tr>
<tr><td rowspan="2">국제 관계</td><td colspan="2">대내외적으로 가장 잘 알려진 정보</td><td colspan="6">갈라파고스제도</td></tr>
<tr><td>인접국과 관계</td><td>정치적</td><td colspan="6">• 기본원칙 : 에콰도르 대외정책의 기본 원칙은 타국의 국내 문제 불간섭, 민족자결, 주권평등, 분쟁의 평화적 해결 등의 국제법적 일반 원칙을 준수하며, 제국주의, 식민주의, 신 식민주의를 배척하는 것이다. 이러한 원칙 아래 상호 존중 및 호혜원칙에 입각한 세계 모든 국가와의 외교, 통상 관계를 수립하며, 유엔 등 국제기구 및 역내 제국 간 협력을 강화하고, 비동맹회원국으로서 비동맹운동의 목적을 견지하는 것을 정책적 목표로 삼고 있다.
• 미국 : 미국과의 기존 우호협력관계를 대외정책의 기조로 정치, 경제, 사회 제반분야의 정책이 대미의존관계의 틀 내에서 추진. 그러나 최근 코레아 대통령의 중남미 지역을 중심으로 하는 좌파정권들과의 정치적 경제적 관계 발전으로 외교정책의 중심전환, 이란과의 친교관계 등으로 다소 소원해지며 긴장관계를 유지할 전망. 또한 에콰도르는 이란과 우호관계를 유지하고 있어 미국과의 갈등을 빚고 있다.
• 대 아시아 : 에콰도르는 태평양이사회(PBEC) 회원국인 점을 적극 활용, APEC 가입, 태평양 경제권의 참여를 통해 이들과의 경제 협력을 모색하고 있다. 2004년 말레이시아 및 인도네시아 상주 공관 설치 등 아시아-태평양 국가들과 외교 관계를 강화하려 하며, 한국 등 아시아 국가들과 FTA 체결을 추진하기를 희망하고 있다. 또한 최근 석유 수출을 담보로 중국으로부터 차관 유입이 지속되는 등 중국과의 관계도 강화되는 모습이다.</td></tr>
</table>

<table>
<tr><td rowspan="4">국제관계</td><td rowspan="2">인접국과 관계</td><td>정치적</td><td>• 대 아시아 : 에콰도르는 태평양이사회(PBEC) 회원국인 점을 적극 활용, APEC 가입, 태평양 경제권의 참여를 통해 이들과의 경제 협력을 모색하고 있다. 2004년 말레이시아 및 인도네시아 상주 공관 설치 등 아시아-태평양 국가들과 외교 관계를 강화하려 하며, 한국 등 아시아 국가들과 FTA 체결을 추진하기를 희망하고 있다. 또한 최근 석유 수출을 담보로 중국으로부터 차관 유입이 지속되는 등 중국과의 관계도 강화되는 모습이다.
• 중남미 전반 : 꼬레아 대통령 취임 이후 에콰도르의 외교정책의 중심이 미국, EU와의 교류에서 중남미 좌파정권과의 협력 강화로 전환되면서 대 중남미 관계에 더욱 신경을 쓰고 있다. 베네수엘라의 우고 차베스 대통령의 사망으로 3선에 성공한 꼬레아 대통령이 차기 지역 통합의 리더로 주목되고 있어 꼬레아 대통령의 영향력이 확대될 경우 현재 에콰도르의 미국, 유럽을 배제한 정치, 경제 정책방향이 가속화 될 것으로 전망되며 좌파노선을 견지하고 있는 브라질, 아르헨티나와의 협력 역시 가속화될 전망이다.
• 콜롬비아 : 콜롬비아는 에콰도르와 전통적인 우방국이나 콜롬비아 난민 유입 문제, 콜롬비아 반정부 단체와 꼬레아 대통령과의 연대설로 불거진 외교적 갈등으로 관계가 악화되었다. 또한 2009년 초 에콰도르 정부는 무역불균형을 이유로 1346개 콜롬비아 수입 품목에 대해 특별 관세를 부과, 교역량도 크게 축소되었다. 그러나 콜롬비아와 에콰도르 양국 정상이 외교관계 회복에 적극적인 태도를 보이면서 외교 및 통상관계가 회복될 것으로 예상된다.
• 페루 : 98년 양국 국경을 획정하는 평화협정에 서명하기 전까지 수차례의 국경 분쟁 발생. 협정 이후 무역량의 급속 증가하였다. 대 페루 선린우호정책을 추진하며, 상대적으로 저개발 지역인 페루와의 접경지대의 개발을 위하여 양국 간 위원회의 설치 등을 통해 양자 간 협력을 가속화하고 있다.
• 베네수엘라 : 꼬레아 대통령은 에너지 국유화, 대미 FTA 반대, 사회복지부문 지출증대를 통한 빈민구제를 외채상환보다 우선시 하는 등 급진 좌파 및 반미 노선을 분명히 하여 베네수엘라의 우고 차베스 대통령의 지지를 받고 있다. 또한 차베스대통령 사후 선출된 마두로 대통령과도 돈독한 관계를 맺고 있다.</td></tr>
<tr><td>경제적</td><td>• 미국 : 에콰도르의 최대무역상대국이다. 하지만 미국이 중남미 마약 생산국(볼리비아, 콜롬비아, 페루, 에콰도르 등)이 마약퇴치 노력에 협력하는 대가로 이들 국가들의 대미 수출품에 대한 수입관세 면제 등 무역 특례를 인정한 법안인 ATPDEA(Andean Trade Promotion & Drug Eradication Act)가 2006년 만료되었고 안데안 국가들이 연장을 요청함에 따라 2013년까지 연장되었으나 향후 연장은 어려울 전망이며, 양국 간 통상관계 역시 다소 악화될 가능성이 높다.
• 페루, 콜롬비아 : 주요 무역상대국에 속함
• 베네수엘라 : 석유관련 협력 의정서를 체결하여 베네수엘라가 에콰도르의 원유를 수입하고 에콰도르에 좋은 조건으로 정제된 석유를 공급하고 있어 정치적, 경제적으로 양국 간의 관계는 돈독하게 유지하고 있다.
• 칠레 : 1995년 상품무역에서의 특혜를 위한 양자 간 경제보완협정을 발효하였으며, 페루와의 해양경계선 분쟁에 있어 같은 입장을 공유하는 등의 친밀한 모습을 보였다. 석유, 해양수산, 관광, 마약, 문화, 과학기술 분야 등 다방면에서의 협력 관계 심화에 노력을 기울이고 있다.</td></tr>
<tr><td colspan="2">중요현안</td><td>여권 내부분열, 사회 갈등 및 경기회복 부진</td></tr>
<tr><td colspan="2">중요 골칫거리</td><td>마약 및 무기 밀매 증가 등에 따른 치안 불안, 사회적 갈등 문제, 경제회복속도 둔화, 유가 변동에 의존적인 경제 구조</td></tr>
<tr><td rowspan="3">대한관계</td><td rowspan="2">교역 규모</td><td>대한수출</td><td>856 백만 USD (2012)</td></tr>
<tr><td>대한수입</td><td>39 백만 USD (2012)</td></tr>
<tr><td>대한 수출입</td><td>대한 수출 품목 (韓수입)</td><td>1. 새우
2. 동괴 및 스크랩
3. 어육
4. 커피
5. 수산가공품</td></tr>
</table>

<table>
<tr><td rowspan="3">대한관계</td><td>대한 수출입</td><td>대한 수입품목 (韓수출)</td><td>1. 자동차
2. 자동차 부품
3. 합성수지
4. 건설중장비
5. 화학원료</td></tr>
<tr><td colspan="2">대통령 방한기록</td><td>2002.03 노보아 대통령 방한
2010.09 꼬레아 대통령 방한</td></tr>
<tr><td colspan="2">주요 협약</td><td>• 경제 및 기술 협력에 관한 기본협정('83,3), 외교관, 관용 사증면제 협정('83,3), 어업협정('84,5), 문화협정('85,5), EDCF차관협정('03, 4), KOICA 자원봉사자 협정('05,9), 전력부-에콰도르 전력부간 협력 MOU(08), KOICA-에콰도르 교육협력 MOU(11), KOTRA-Pro Ecuador 간 협력 MOU(12), 이중과세방지협정 및 항공협정(12)</td></tr>
</table>

8. EL SALVADOR

<table>
<tr><td rowspan="4">일반정보</td><td colspan="2">국가 명 (한국어)</td><td>El Salvador</td><td>공식명칭</td><td>República de El Salvador</td></tr>
<tr><td colspan="2">수도 및 주요도시</td><td>San Salvador</td><td>면적</td><td>20,742㎢</td></tr>
<tr><td colspan="2">인구</td><td>6,108,890 (2013.07)</td><td>화폐</td><td>USD</td></tr>
<tr><td colspan="2">국화</td><td>Flor de izote</td><td>국목</td><td>Maquilisuat</td></tr>
<tr><td rowspan="6">정치</td><td colspan="2">대통령 (취임연도)</td><td>Carlos Mauricio Funes (2009)</td><td>대통령 임기</td><td>5년(연임 불가, 중임 가능)</td></tr>
<tr><td colspan="2">정부조직 (부처)</td><td colspan="3">• Ministerio de Agricultura y Ganadería
• Ministerio de Economía
• Ministerio de Educación
• Ministerio de Gobernación
• Ministerio de Hacienda
• Ministerio de Justicia y Seguridad Pública
• Ministerio de la Defensa Nacional
• Ministerio de Medio Ambiente y Recursos Naturales
• Ministerio de Obras Públicas, Transporte, Vivienda y Desarrollo Urbano
• Ministerio de Relaciones Exteriores
• Ministerio de Salud Pública y Asistencia Social
• Ministerio de Trabajo y Previsión Social
• Ministerio de Turismo</td></tr>
<tr><td rowspan="2">정당</td><td>여당</td><td colspan="3">민족해방전선(FMLN)</td></tr>
<tr><td>주요 야당</td><td colspan="3">국민공화연합 (ARENA)</td></tr>
<tr><td rowspan="2">주요 정책</td><td>정치</td><td colspan="3">부정부패 개혁, 치안 문제 해결</td></tr>
<tr><td>경제</td><td colspan="3">경기부양과 고용창출을 위한 건설부문의 서민주택 건설정책 추진, 금융부문의 대출조건 완화</td></tr>
<tr><td rowspan="3">경제</td><td colspan="2">명목 GDP 규모 (USD)</td><td>238.2억 USD(2012)</td><td>1인당 GDP (PPP)</td><td>7,600 USD(2012)
(세계 110위)</td></tr>
<tr><td rowspan="2">무역 규모</td><td>수출</td><td colspan="3">5,123 백만 USD(2012)</td></tr>
<tr><td>수입</td><td colspan="3">9,349 백만 USD(2012)</td></tr>
</table>

구분	항목	세부	내용
경제	수출입 품목	수출 품목	1. 해외부품 조립품 2. 커피 3. 설탕 4. 새우 5. 직물
경제	수출입 품목	수입 품목	1. 원재료 2. 소비재 3. 자본재 4. 연료 5. 식료품

경제 성장률	2012	1.6%	2011	-2.0%	2010	1.4%

구분	항목	세부	내용
국제관계	대내외적으로 가장 잘 알려진 정보		지정학적 위치를 활용한 중미의 허브 역할 (중미 최대의 Comalapa 국제공항등 교통 중심지)
국제관계	인접국과 관계	정치적	• **미국** : 전통적인 우호선린 관계(중미국가들 중 유일하게 이라크 파병을 실시하여 관계가 더욱 호전 되었음) • **중남미** : 과테말라와 인적 물적 이동 자유화를 실시하는 등 중미 국가들과의 경제통합 심화 • **EU** : EU-중미 FTA 추진에 참여하는 등 지역내 통합에 적극적임 • **중국** : 엘살바도르-중국간에는 현재 외교관계가 없으며, 대만과 외교관계를 유지 중
국제관계	인접국과 관계	경제적	• **미국과 중미** : 미국과 중미 간 FTA(DR-KAFTA) 보상가공무역업인 마낄라 산업의 발달과 함께 관련 외국인투자 유입이 증가하여 엘살바도르 경제에 크게 기여하고 있음 • **중국** : 2010.9.16부터 상해에 엘살바도르 무역사무소를 운영 중에 있고, 엘살바도르 내 중국 무역사무소 개설을 위한 관계 법령이 정비되는대로 동 사무소 개설이 가능할 것으로 전망 • **아시아**: 한국, 일본, 대만 3국으로부터 경제, 기술 협력 기대 - 대만은 외교적 고립 탈피 및 중국의 대중미 진출 저지를 위해 집중적 경제 원조(매년 수천만 불 규모 유·무상원조 및 주요인사 방문, 초청 외교 적극 전개) - 일본은 UN 안보리상임이사국 진출 등 국제 정치적 위상 제고를 위해 적극적인 유-무상 경제 협력을 제공. 엘살바도르의 대표적 인프라사업인 La Union항 개발사업도 일본 정부의 지원하에 추진되었으며 엘살바도르 국제공항도 80년대초 일본의 지원으로 건설
국제관계	중요현안		경기침체로 강력범죄 증가, 중미-FTA 협정
국제관계	중요 골칫거리		빈부격차, 강력범죄
대한관계	교역 규모	대한수출	37 백만 USD(2012)
대한관계	교역 규모	대한수입	114 백만 USD(2012)
대한관계	대한 수출입	대한 수출 품목 (韓수입)	1. 철강판 2. 자동차 3. 고무제품 4. 합성수지 5. 정밀 화학 원료
대한관계	대한 수출입	대한 수입품목 (韓수출)	1. 철강판 2. 자동차 3. 고무제품 4. 합성수지 5. 정밀 화학 원료
대한관계	대통령 방한기록		1970.9. 피델 산체스 엘살바도르 대통령 방한 2006.10. 사카 엘살바도르 대통령 방한

<table>
<tr><td>대한관계</td><td>주요 협약</td><td>• 대한민국 정부와 엘살바도르 정부 간 문화협정('70.6 산살바도르 서명, 70.11.1 발효)
• 대한민국 정부와 엘살바도르 정부 간 무역협정('70.10 서울 서명)
• 대한민국 정부와 엘살바도르 정부 간 사증면제협정('96.8 산살바도르 서명, '97. 2 발효)
• 대한민국 정부와 엘살바도르 정부 간 투자 보장협정('98.7.6 서명, 02.5.25 발효)
• 대한민국 정부와 엘살바도르 정부 간 대외경제 협력기금 공여 기본협정('01.11.30 서울 서명, '02.6.20 발효)
• 대한민국 정부와 엘살바도르 정부 간 대외경제 협력기금 공여 이행 약정('02.9.23, 산살바도르 서명, 동일자 발효)
• 한-엘 무상원조기본협정(2010.1.19 서울 서명, 2010.8.11 발효)</td></tr>
</table>

9. ESPAÑA

<table>
<tr><td rowspan="4">일반정보</td><td colspan="2">국가 명 (한국어)</td><td>스페인 왕국</td><td>공식명칭</td><td>Reino de España</td></tr>
<tr><td colspan="2">수도 및 주요도시</td><td>• Madrid
• Barcelona
• Valencia</td><td>면적</td><td>505,992㎢
(한반도의 약 2.3배)</td></tr>
<tr><td colspan="2">인구</td><td>47,370,542 (2013.07')</td><td>화폐</td><td>Euro(EUR)</td></tr>
<tr><td colspan="2">국화</td><td>Clavel</td><td>국목</td><td>Encina (abeto español)</td></tr>
<tr><td rowspan="7">정치</td><td colspan="2">대통령
(취임연도)</td><td>Mariano Rajoy(2011)</td><td>대통령
임기</td><td>4년제</td></tr>
<tr><td colspan="2">정부조직
(부처)</td><td colspan="3">• Ministerio de Presidencia
• Ministerio de Economía y Competitividad
• Ministerio de Hacienda
• Ministerio de Asuntos Exteriores y Cooperación
• Ministerio de Justicia
• Ministerio de Interior
• Ministerio de Fomento
• Ministerio de Empleo
• Ministerio de Energía y Turismo
• Ministerio de Agricultura, Alimentación y Medio Ambiente
• Ministerio de Defensa
• Ministerio de Sanidad, Servicios Sociales e Igualdad
• Ministerio de Educación, Cultura y Deportes</td></tr>
<tr><td rowspan="2">정당</td><td>여당</td><td colspan="3">Partido Popular (PP) 국민당</td></tr>
<tr><td>주요
야당</td><td colspan="3">Partido Socialista Obrero español(PSOE) 사회노동당, Izquierda Unida (IU) 좌익연합, Convergència i Unió (CiU) 까딸루냐 연합당, Partido Nacionalista Vasco (PNV) 바스크당</td></tr>
<tr><td rowspan="2">주요
정책</td><td>정치</td><td colspan="3">• ETA테러리즘과의 전쟁
• 까딸루냐 주 분리 독립 추진에 대한 대응
• 왕실과 주요 정치 인사들이 연루된 부패 스캔들로 인한 왕실 및 정치인들에 대한 신뢰 회복 문제</td></tr>
<tr><td>경제</td><td colspan="3">• 유로 존에 대한 전면적 구제금융 신청 여부: Rajoy 총리는 구제금융 신청 없이 2012년을 넘기게 된 것에 만족하고 나름대로의 업적으로 내세우고 있으나, 미국의 재정 절벽, 유럽의 경제 침체 심화, 올해 상반기내 스페인 경제지표의 미개선 등 주재국을 구제금융 신청으로 몰고 갈 불안 요인도 많아 구제금융 신청 여부 문제는 올해에도 계속적인 주요 현안이 될 것임</td></tr>
</table>

<table>
<tr><td rowspan="1">정치</td><td>주요 정책</td><td>경제</td><td colspan="6">• 지방 자치 정부 재정 적자 목표 달성 문제: 내부 기능 재조정 등을 통한 지방 정부 공공부문에서 13만 명 인력 감축, 지방 정부 공기업 477개를 감축할 예정인 바, 실업문제가 더욱 악화될 우려가 있음
• 국민당(PP) 정부는 집권 이후 노동개혁, 수 차례에 걸친 긴축조치, 배드뱅크 설립 등 경제 정상화를 위한 자구책을 추진해오고 있다. 경제위기로 세금인상, 복지 후퇴를 포함한 강력한 긴축정책이 시행되고 고용이 불안한 가운데 금융부문 구제를 위해 대규모 정부자금이 투입되는 데 대한 국민 및 비 금융계의 불만의 목소리도 높다.</td></tr>
<tr><td rowspan="6">경제</td><td colspan="2">명목 GDP 규모 (USD)</td><td colspan="3">1.352 조 USD(2012)</td><td>1인당 GDP (PPP)</td><td colspan="2">31,100 USD (2012) (세계 34위)</td></tr>
<tr><td rowspan="2">무역 규모</td><td>수출</td><td colspan="6">2878억 USD(2012)</td></tr>
<tr><td>수입</td><td colspan="6">3319억 USD(2012)</td></tr>
<tr><td rowspan="2">수출입 품목</td><td>수출 품목</td><td colspan="6">1. 기계
2. 자동차
3. 식품
4. 의약품
5. 기타 소비재</td></tr>
<tr><td>수입 품목</td><td colspan="6">1. 기계 및 장비
2. 연료
3. 화학제품
4. 반제품
5. 식품</td></tr>
<tr><td colspan="2">경제 성장률</td><td>2012</td><td>-1.4%</td><td>2011</td><td>0.4%</td><td>2010</td><td>-0.3%</td></tr>
<tr><td rowspan="5">국제관계</td><td colspan="2">대내외적으로 가장 잘 알려진 정보</td><td colspan="6">플라멩코, 투우, 가우디, 피카소, 하몬, 경제위기, 축구</td></tr>
<tr><td rowspan="2">인접국과 관계</td><td>정치적</td><td colspan="6">• 모로코 : 마약 거래와 테러리즘 및 불법이민 방지
• 프랑스 : 테러문제 해결을 위해 협력
• 영국 : 2013년, 지브롤터를 영국에 할양한 Utrecht 조약 체결 300주년을 맞게 되는 바, 지브롤터 문제 해결 과제가 새롭게 대두될 것으로 예상</td></tr>
<tr><td>경제적</td><td colspan="6">• 모로코 : 스페인의 3번째 수출국/ 어업관련 갈등
• 포르투갈 : 스페인 주요 수출국
• 중남미 : 스페인은 역사적으로나 문화적으로 중남미 지역과 깊은 유대관계를 맺고 있으며, 90년대 초 해외 투자가 본격적으로 시작된 후 중남미 지역의 최대 투자국으로서 정치 및 경제 협력에 깊은 영향력을 행사하고 있다. 그러나 경제위기 이후 스페인과 중남미의 관계는 보다 상호 대등한 방향으로 전환되어 가고 있는 상황이다.
• EU : 스페인은 그간 EU 차원의 개발 지원금에 힘입어 본격적인 경제 성장을 이룩하여, EU 내 정책사항 마련에 지원을 아끼지 않는 친 EU 성격이 강하다. 그럼에도 불구하고 최근의 재정 위기 등 경기침체로 EU 내에서 스페인의 입지가 약화되었으며, 이를 회복하는 데는 상당한 시일이 소요될 것으로 전망된다.
• Rajoy 총리는 올해 투자유치를 위해 중국을 방문할 가능성이 있으며, 오바마 대통령과의 정상회담을 위한 미국 방문, G20 정상회의(러시아 상페테스부르그 개최)에 참석할 예정임. 2013.01. EU-중남미 정상회의(칠레 개최)에 참석한 바 있음</td></tr>
<tr><td colspan="2">중요현안</td><td colspan="6">높은 (청년)실업률</td></tr>
<tr><td colspan="2">중요 골칫거리</td><td colspan="6">불법이민문제, ETA, 까딸루냐 분리독립, 부패 스캔들, 지브롤터 영유권 분쟁</td></tr>
<tr><td>대한관계</td><td>교역 규모</td><td>대한수출</td><td colspan="6">12억 9,300만 USD (2012)</td></tr>
</table>

대한관계	교역 규모	대한수입	16억 6,900만 USD (2012)
	대한 수출입	대한 수출 품목 (韓수입)	1. 윤활유 2. 의약품 3. 금속광물 4. 농축산물(돼지고기, 올리브유 등) 5. 자동차 부품
		대한 수입품목 (韓수출)	1. 승용차 2. 무선전화기 3. 합성수지 4. 자동차부품 5. 타이어
	대통령 방한기록		2010.11.10. 사파테로 스페인 총리 G20 정상회의 참가 2012.03. 라호이 스페인 총리 핵 안보 정상회의 참가 cf.) 2007.07. 노무현 대통령 스페인 방문
	주요 협약		• 사증면제협정(1972) • 과학 및 기술 협력협정(1975) • 공업소유권 협정(1975) • 문화협력협정(1977) • 항공협정(1989) • 이중과세방지협정 및 투자 보장협정(1994) • 운전면허 상호 인정 협정(2000) • 한-EU FTA 발효 (2011.7) • 한-스페인 사회보장협정 발표 (2013.2)

10. GUATEMALA

일반정보	국가 명 (한국어)	과테말라	공식명칭	República de Guatemala
	수도 및 주요도시	• Ciudad de Guatemala • Quetzaltenango • Puerto Barrios	면적	108,889 ㎢ (한반도의 약 1/2)
	인구	14,373, 472(2013.07.)	화폐	Quetzal(GTQ)
	국화	Monja Blanca	국목	Ceiba
정치	대통령 (취임연도)	Otto Fernando Pérez Molina(2012)	대통령 임기	4년 단임제
	정부조직 (부처)	• Ministerio de Agricultura • Ministerio de Comunicaciones • Ministerio de Cultura y Deportes • Ministerio de Defensa Nacional • Ministerio de Economía • Ministerio de Educación • Ministerio de Energía y Minas • Ministerio de Finanzas Públicas • Ministerio de Gobernación • Ministerio de Medio Ambiente y Recursos Naturales • Ministerio de Trabajo y Previsión Social • Ministerio de Relaciones Exteriores		

<table>
<tr><td rowspan="5">정치</td><td colspan="2">정부조직
(부처)</td><td colspan="6">• Ministerio de Salud Pública
• Nuevo Ministerio de Desarrollo Social</td></tr>
<tr><td rowspan="2">정당</td><td>여당</td><td colspan="6">Partido Patriota (PP) 애국당</td></tr>
<tr><td>주요
야당</td><td colspan="6">Unidad Nacional de la Esperanza (UNE) 국민희망연합당
Gran Alianza Nacional (GANA) 국가연합당
Frente Republicano Guatelmalteco (FRG) 과테말라공화전선</td></tr>
<tr><td rowspan="2">주요
정책</td><td>정치</td><td colspan="6">• 사형제 도입 등 강력한 치안 강화 정책 및 교육 훈련 등 사회 인프라 투자 등을 추진
• 현 Otto Perez 대통령은 치안확보를 국정 제 1과제로 삼아 마약범죄와 조직범죄 척결, 민생 침해 범죄 근절 등을 위해 노력하고 있다.</td></tr>
<tr><td>경제</td><td colspan="6">• 세제 개혁과 고용증대를 위한 정책
• 주요 교역국과의 FTA체결 확대, 중미경제통합 지속추진
• 투자기업 인센티브확대, 관광산업개발, 전력인프라 구축확대, 법인소득세인하 등</td></tr>
<tr><td rowspan="6">경제</td><td colspan="2">명목 GDP 규모
(USD)</td><td colspan="3">498.8억 USD(2012)</td><td>1인당 GDP
(PPP)</td><td colspan="2">5,300 USD(2012)
(세계 128위)</td></tr>
<tr><td rowspan="2">무역
규모</td><td>수출</td><td colspan="6">109.27억 USD(2012)</td></tr>
<tr><td>수입</td><td colspan="6">166.07억 USD(2012)</td></tr>
<tr><td rowspan="2">수출입
품목</td><td>수출
품목</td><td colspan="6">1. 의류
2. 화학제품
3. 커피
4. 식품류
5. 사탕수수</td></tr>
<tr><td>수입
품목</td><td colspan="6">1. 원자재(석유 포함)
2. 소비재
3. 자본재 등 전반</td></tr>
<tr><td colspan="2">경제 성장률</td><td>2012</td><td>3.0%</td><td>2011</td><td>4.1%</td><td>2010</td><td>2.9%</td></tr>
<tr><td rowspan="5">국제관계</td><td colspan="2">대내외적으로 가장
잘 알려진 정보</td><td colspan="6">과테말라 커피, 마야문명</td></tr>
<tr><td rowspan="2">인접국과
관계</td><td>정치적</td><td colspan="6">• 벨리즈 : 양국 간 영토분쟁이 지속되어왔으나 06년 3월 양국은 과테말라시티의 회담에서 영토분쟁문제 관련 기술위원회를 설치하고 향후 지속적으로 협상을 진행하기로 함
• 미국 : 미국과의 공조를 통해 마약 거래 빛 돈세탁 문제 해결을 추진
• 중미국가 : 중미국가들과 대체로 원만한 관계유지</td></tr>
<tr><td>경제적</td><td colspan="6">• 미국 : DR-CAFTA가 발효됨에 따라 미국과 우호선린관계 강화
• 중남미 국가 : 칠레, 파나마와 FTA체결하여 미국 중심의 경협 축을 다변화하려는 노력 경주
• 자국이 국제 교역에 있어 지리적 이점을 가지고 있다는 판단 하에 EU, 멕시코, 페루 등 주요 국(지역)과의 무역협정 비준과 함께 중미지역 물류 유통 중심지로서의 위상 확보 노력(과테말라 양안 연결 육로운하 건설 구상 등) 적극 추진 중</td></tr>
<tr><td colspan="2">중요현안</td><td colspan="6">저소득층 빈곤해결, 빈부격차, 실업 및 불완전고용, 낮은 의료보건 및 복지수준, 상하수도 등 기초 생활기반 미비, 치안 빛 시민안전 불안, 헌법 개정, 부패방지법(정치인, 공무원 대상) 통과</td></tr>
<tr><td colspan="2">중요 골칫거리</td><td colspan="6">높은 강력범죄 발생률과 치안 당국의 부정 부패로 인한 치안 불안 지속, 저소득층의 고질적 빈곤, 빈부격차</td></tr>
<tr><td rowspan="2">대한관계</td><td rowspan="2">교역
규모</td><td>대한수출</td><td colspan="6">140.6 백만 USD (2012)</td></tr>
<tr><td>대한수입</td><td colspan="6">363.6 백만 USD (2012)</td></tr>
</table>

대한관계	대한 수출입	대한 수출 품목 (韓수입)	1. 2. 3. 4. 5.	원당 커피 알미늄스크랩 고철 바나나
		대한 수입품목 (韓수출)	1. 2. 3. 4. 5.	경유 섬유류(직물, 섬유사, 의류) 자동차 철강제품 건설중장비
	대통령 방한기록		1992.08 세라노 과테말라 대통령 방한	
	주요 협약		• 무역통상협정('78,4), 문화협정('78,9), 봉사단 파견 교환각서('02,5), 투자 보장협정('02,8), EDCF차관협정('02,8), 외교관 및 관용여권 소지자에 대한 사증면제 협정('03,12), 범죄인 인도 협정('06,2), 사증면제에 관한 협정('07,10)	

11. GUINEA ECUATORIAL

일반정보	국가 명 (한국어)	적도기니	공식명칭	La República de Guinea Ecuatorial
	수도 및 주요도시	• Malabo • Bata • Ebebyín	면적	28,051km2
	인구	704,001 (2013.07')	화폐	Franco
	국목	Árbol de algodón de seda		
정치	대통령 (취임연도)	Teodoro Obiang (1979. 2009년 재당선)	대통령 임기	7년 연임제
	정부조직 (부처)	• Ministerio de Estado de la Presidencia de la República Encargado de Misiones • Ministerio de Estado de la Presidencia de la República Encargado del Gabinete Civil • Ministerio de Estado de la Presidencia del Gobierno Encargado de Relaciones con el Parlamento y Asuntos Jurídicos • Ministerio de Estado de la Presidencia del Gobierno Encargado de la Integración Regional • Ministerio de Estado de Justicia, Culto e Instituciones Penitenciarias • Ministerio de Estado de Defensa Nacional • Ministerio de la Presidencia del Gobierno • Ministerio de Asuntos Exteriores y Cooperación • Ministerio de Economía, Comercio y Promoción Empresarial • Ministerio de Hacienda y Presupuestos • Ministerio de Planificación, Desarrollo Económico e Inversiones • Ministerio de Transportes, Tecnología, Correos y Telecomunicaciones • Ministerio de Seguridad Nacional • Ministerio de Educación y Ciencias • Ministerio de Sanidad y Bienestar Social • Ministerio de Obras Públicas e Infraestructuras • Ministerio de Minas, Industria y Energía • Ministerio de Trabajo y Seguridad Social • Ministerio de Agricultura y Bosques		

<table>
<tr><td rowspan="5">정치</td><td colspan="2">정부조직
(부처)</td><td colspan="6">• Ministerio de Información, Prensa y Radio
• Ministerio de Asuntos Sociales y Promoción de la Mujer
• Ministerio de Pesca y Medio Ambiente
• Ministerio de la Función Pública y Reforma Administrativa
• Ministerio de Juventud y Deporte</td></tr>
<tr><td rowspan="2">정당</td><td>여당</td><td colspan="6">Partido Democrático de Guinea Ecuatorial(PDGE)</td></tr>
<tr><td>주요
야당</td><td colspan="6">Convergencia para la Democracia Social (CPDS)</td></tr>
<tr><td rowspan="2">주요
정책</td><td>정치</td><td colspan="6">오일머니를 기반으로 한 국가의 현대화</td></tr>
<tr><td>경제</td><td colspan="6">석유가 전체 GDP에서 차지하는 비중이 85%에 달할 정도로 석유의 의존도가 높아 산업의 다양화를 위해 농업, 수산업 등 육성을 추진하고 있다.</td></tr>
<tr><td rowspan="6">경제</td><td colspan="2">명목 GDP 규모
(USD)</td><td colspan="3">172.1억 USD(2012)</td><td>1인당 GDP
(PPP)</td><td colspan="2">26,400 USD(2012)
(세계 43위)</td></tr>
<tr><td rowspan="2">무역
규모</td><td>수출</td><td colspan="6">140.9억 USD(2012)</td></tr>
<tr><td>수입</td><td colspan="6">23.1억 USD(2012)</td></tr>
<tr><td rowspan="2">수출입
품목</td><td>수출
품목</td><td colspan="6">1. 석유와 석유제품
2. 화학제품
3. 숯
4. 목재
5. 카카오</td></tr>
<tr><td>수입
품목</td><td colspan="6">1. 원자로
2. 선박용 네비게이션
3. 음료
4. 철주조 제품
5. 차량 및 트랙터</td></tr>
<tr><td colspan="2">경제 성장률</td><td>2012</td><td>2.0%</td><td>2011</td><td>4.5%</td><td>2010</td><td>-2.6%</td></tr>
<tr><td rowspan="5">국제관계</td><td colspan="2">대내외적으로 가장 잘 알려진 정보</td><td colspan="6">석유 산유국, 아프리카 국가,</td></tr>
<tr><td rowspan="2">인접국과
관계</td><td>정치적</td><td colspan="6">• 카메룬 : 배타적 경제수역을 놓고 양국이 대립하고 있으며 현재 국제사법재판소에 제소한 상태이기는 하지만 원만한 관계를 유지하고 있다.
• 가봉 : 양국 간 해역을 원인으로 한 분쟁이 존재한다.
• 나이지리아 : 아프리카 국가 중 가장 친밀한 관계를 유지하고 있으며 많은 나이지리아인들이 적도기니에서 일하고 있다.</td></tr>
<tr><td>경제적</td><td colspan="6">카메룬, 가봉, 기타 중앙아프리카 국가들과 함께 중부아프리카경제통화공동체(el Comité Económico del África central y la Unión Monetaria, CEMAC)에 소속되어 있으며 공동화폐인 세파프랑을 사용한다.</td></tr>
<tr><td colspan="2">중요현안</td><td colspan="6">Horizonte2020이라는 계획 하에 빈곤감소와 현대화를 위해 노력하고 있다.</td></tr>
<tr><td colspan="2">중요 골칫거리</td><td colspan="6">Obiang 대통령이 오래전부터 독재를 해왔으나 석유가 발견된 이후 본인과 아들이 부패 스캔들에 연루되며 비난을 받고 있으며 2004년, 2009년 쿠데타 시도가 있었다.</td></tr>
<tr><td rowspan="2">대한관계</td><td rowspan="2">교역
규모</td><td>대한수출</td><td colspan="6">338 백만 USD(2012)</td></tr>
<tr><td>대한수입</td><td colspan="6">41 백만 USD(2012)</td></tr>
</table>

대한관계	대한 수출입	대한 수출 품목 (韓수입)	1. 2.	천연가스 목재류
		대한 수입품목 (韓수출)	1. 2. 3. 4. 5.	전선 자동차 플라스틱 제품 기타 기계류 자동차 부품
	대통령 방한기록		2010.08.11~14. 테오도르 오비앙 은게마 음바소고 적도기니 대통령 방한	
	주요 협약		2006.7. 대외경제 협력기금(EDCF) 차관 협정 2010.6. 경제, 문화, 과학 및 기술 협정 서명	

12. HONDURAS

일반정보	국가 명 (한국어)		온두라스	공식명칭	República de Honduras
	수도 및 주요도시		• Tegucigalpa • Comayagüela	면적	112,492km² (한반도의 약 1/2)
	인구		8,448,465 (2013.07')	화폐	Lempira (HNL)
	국화		Orquídea (Brassavola digbiana)	국목	Pino
정치	대통령 (취임연도)		Porfirio Lobo Sosa (2010.1.27)	대통령 임기	임기 4년
	정부조직 (부처)		• Secretaría de Agricultura y Ganadería • Secretaría de Cultura, Artes y Deportes • Secretaría de Defensa • Secretaría de Educación • Secretaría de Desarrollo Social • Secretaría del Despacho Presidencial • Secretaría de Finanzas • Secretaría de Gobernación y Justicia • Secretaría de Industria y Comercio • Secretaría de Justicia y Derechos Humanos • Secretaría de la Juventud • Secretaría de Obras Públicas, Transporte y Vivienda • Secretaría de Recursos Naturales y Ambiente • Secretaría de Salud • Secretaría de Relaciones Exteriores • Secretaría de Seguridad • Secretaría de Trabajo y Seguridad Social • Secretaría de Turismo		
	정당	여당	PNH Partido Nacional de Honduras		
		주요 야당	Partido Liberal de Honduras(PLH) Partido Demócrata Cristiano de Honduras(PDCH) Partido Innovación y Unidad(PINU) Unificación Democrática (PUD)		

<table>
<tr><td rowspan="2">정치</td><td rowspan="2">주요 정책</td><td>정치</td><td colspan="6">단기적으로 정부 주요 관심사항은 빈곤퇴치, IMF와 합의된 성장프로그램 준수를 통하여 과다 외채빈국 구조프로그램(HIPC)의 부채탕감 수혜를 받는 것임.</td></tr>
<tr><td>경제</td><td colspan="6">• 지속가능한 개발정책을 유지함과 동시에 거시경제지표의 안정화를 통해 빈곤을 퇴치하려는 정책 목표
• 공공기관 축소 및 구조조정을 통한 정부지출 절감
• 면세혜택 합리화 및 공공재정 강화법안 시행을 통해 추가 세수를 기대하고 있으나, 기업들이 축소 분을 일반 소비자에게 비용 전가할 가능성이 있어 향후 물가 앙등의 요인이 될 것으로 분석됨</td></tr>
<tr><td rowspan="6">경제</td><td colspan="2">명목 GDP 규모 (USD)</td><td colspan="3">183.9억 USD(2012)</td><td>1인당 GDP (PPP)</td><td colspan="2">4,700 USD (2012)(세계 135위)</td></tr>
<tr><td rowspan="2">무역 규모</td><td>수출</td><td colspan="6">69.46억 USD (2012)</td></tr>
<tr><td>수입</td><td colspan="6">106.06억 USD (2012)</td></tr>
<tr><td rowspan="2">수출입 품목</td><td>수출 품목</td><td colspan="6">1. 의류
2. 커피
3. 새우
4. 바나나
5. 금</td></tr>
<tr><td>수입 품목</td><td colspan="6">1. 기계 및 운송장비
2. 공업원료
3. 화학제품
4. 연료
5. 식료품</td></tr>
<tr><td colspan="2">경제 성장률</td><td>2012</td><td>3.3%</td><td>2011</td><td>3.7%</td><td>2010</td><td>3.7%</td></tr>
<tr><td rowspan="5">국제관계</td><td colspan="2">대내외적으로 가장 잘 알려진 정보</td><td colspan="6">다문화 국가, 국제가격 변동과 기후 조건에 크게 영향을 받는 취약한 수출 구조를 가지고 있음</td></tr>
<tr><td rowspan="2">인접국과 관계</td><td>정치적</td><td colspan="6">• 니카라과, 엘살바도르, 과테말라와의 국경 분쟁
• 2013년 4월 12일 온두라스 외교부는 2009. 6월 비상정변 이후 단절된 에콰도르와의 외교관계를 정상화하기로 에콰도르 외교부와 합의하였으며 조만간 양국 외교 장관 간 공한 교환을 통해 확정할 예정이라고 밝힘. 에콰도르는 2009.6월 온두라스 비상정변 발생 이래 현 Lobo 정부를 인정하지 않아왔으며 2010.6.1(수) 워싱턴에서 개최된 미주기구(OAS) 임시총회에서 온두라스의 복귀 여부에 관한 회원국 투표시 중남미 국가중 유일하게 온두라스의 OAS 복귀를 반대 하였으나, Lobo 정부의 지속적인 대외관계 개선 노력의 결과로 금번 양국 간 외교관계가 복구된 것으로 평가됨</td></tr>
<tr><td>경제적</td><td colspan="6">• 최근 수년 간 미국의 무역특혜조치에 힘입어 보세가공수출업 (Maquiladora)를 장려하면서 경제발전을 도모하고 있음
• IMF 차관 협상
• 페트로 카리베 재가입 움직임
• 중미-EU FTA 추진을 통한 경제 회생 기대
• 중미-멕시코 FTA 2013년 발효
• 캐나다, 트리니다드토바고와의 FTA 협상 중
• 한-중미 FTA의 경우 양측은 지난 해 FTA 타당성 공동연구를 이미 완료하였으나, 우리측 제반 여건상 조속한 시일 내에 실무협상 개시는 어려울 것으로 전망(단, 모멘텀 유지 차원에서 2012. 8월 중 코스타리카에서 1차 추진가능성회의를 개최하였으며, 2차 회의는 2013년 중 서울 개최 검토 중)</td></tr>
<tr><td colspan="2">중요현안</td><td colspan="6">Zelaya 정부로 인해 무너진 국제사회 관계 회복</td></tr>
<tr><td colspan="2">중요 골칫거리</td><td colspan="6">온두라스 경상수지 적자는 만성적인 상품수지 적자와 과중한 외채이자 부담 등으로 다소 과다한 수준임</td></tr>
</table>

대한관계	교역 규모	대한수출	84.0 백만 USD (2012)	
		대한수입	156.4백만 USD (2012)	
	대한 수출입	대한 수출 품목 (韓수입)	1. 2. 3. 4. 5.	기호식품 아연광 알루미늄 의류 합금철선철 및 고철
		대한 수입품목 (韓수출)	1. 2. 3. 4. 5.	전선 자동차 고무제품 철강판 편직물
	대통령 방한기록		1997.3 Carlos Roberto Reina 대통령 2011.2.20 Porfirio Lobo Sosa 대통령 - 경제개발 경험	
	주요 협약		• **문화협정** : Acuerdo Cultural (1974.4 발효) • **대외협력기금 차관에 관한 협정** : Convenio del Préstamo de Fondo de Cooperación Exterior para el Desarrollo (2000.7 서명, 발효) • **투자 보장협정** : Acuerdos de Garantía de Inversiones (2001.7 발효)	

13. MÉXICO

일반정보	국가 명 (한국어)	멕시코	공식명칭	Estados Unidos Mexicanos
	수도 및 주요도시	• Ciudad de Mexico (Distrito Federal) • Guadalajara • Monterrey	면적	1,972,550 ㎢
	인구	116,220,947 (2013.07')	화폐	Peso mexicano (MXN)
	국화	Dalia	국목	Ahuehuete
정치	대통령 (취임연도)	Enrique PENA NIETO (2012)	대통령 임기	6년 단임제
	정부조직 (부처)	• Secretaría de Gobernación • Secretaría de Relaciones Exteriores • Secretaría de Defensa Nacional • Secretaría de Marina • Secretaría de Hacienda y Crédito Público • Secretaría de Desarrollo Social • Secretaría de Medio Ambiente y Recursos Naturales • Secretaría de Energía • Secretaría de Economía • Secretaría de Agricultura, Ganadería, Desarrollo Rural, Pesca y Alimentación • Secretaría de Comunicaciones y Transportes • Secretaría de Función Pública • Secretaría de Educación Pública • Secretaría de Salud • Secretaría de Trabajo y Previsión Social • Secretaría de Desarrollo Agrario, Territorial y Urbano		

<table>
<tr><td rowspan="6">정치</td><td colspan="2">정부조직
(부처)</td><td colspan="6">• Secretaría de Turismo
• Consejería Jurídica del Ejecutivo Federal
• Procuraduría General de la República
• Comisión Nacional de Seguridad</td></tr>
<tr><td rowspan="2">정당</td><td>여당</td><td colspan="6">Partido Revolucionario Institucional (PRI) 제도혁명당</td></tr>
<tr><td>주요
야당</td><td colspan="6">Partido Acción Nacional (PAN) 국민행동당
Partido de la Revolución Democrática (PRD) 민주혁명당</td></tr>
<tr><td rowspan="2">주요
정책</td><td>정치</td><td colspan="6">• 치안 불안 해결과 평화회복 : 새로운 국가 전력을 구축, 전문 경찰 양성을 통해 각종 범죄발생률을 줄이기 위해 노력
• 일자리 창출 : 경제 성장과 함께 백만 개 이상의 일자리 창출을 약속
• 양질의 교육 확대 : 미취학 아동부터 고등학교까지 모든 과정에 양질의 교육을 제공함과 동시에 고등교육을 받는 인구를 45%까지 높일 예정
• 효율적인 정부 운영 : 반부패 국가위원회 창설 및 하원의원 수를 100명 줄이고 성과를 내는 민주주의 정착
• 사회통합발전 : 반기아국가운동(Cruzada Nacional contra la Hambre) 실시, 여성 가장을 위한 생활 보험 프로그램(Programa de Seguro de Vida para Jefas de Familia) 시행 규칙 발표, 70세 이상을 위한 연금 지불(70 y más) 기존 프로그램을 65세 이상으로 확대, 주거환경 개선을 위한 국가 정책(Politica Nacional de Vivienda) 등을 실시함</td></tr>
<tr><td>경제</td><td colspan="6">• Pena Nieto 멕시코 대통령은 2.13(수) Nayarit주에서 행한 연설에서 국가 관광 정책(Politica Nacional Turistica)을 발표하고 멕시코를 관광대국으로 만들겠다는 의지를 표명함. 멕시코의 관광대국 건설을 위해
1) 제도적 틀 재구성(대통령 산하 관광 위원회 설치 등)
2) 동 분야 혁신과 경쟁력 제고
3) 관광분야 투자 확대를 통한 관광 촉진
4) 멕시코 문화 유산을 장기적으로 보존하는 지속가능한 관광 산업 개발 등 4개 기준을 세움.
• 멕시코의 발전 및 번영을 목표로 하여 일자리 창출을 통한 지속적인 경제 성장을 위해 우선 금년도 재정 적자율 '0'를 위한 경제 패키지(Paquete Económico)를 실시하고 경쟁력 확보, 중소기업 발전 및 관광 진흥을 위해 여러 가지 조치를 계획 중임. 아울러 중단기 목표로 '기후변화대처를 위한 부서간 위원회(Comisión Internacional de Cambio Climático)'를 운영 중임</td></tr>
<tr style="display:none"></tr>
<tr><td rowspan="6">경제</td><td colspan="2">명목 GDP 규모
(USD)</td><td colspan="3">1.177조 USD (2012)</td><td>1인당 GDP
(PPP)</td><td colspan="2">15,600 USD(2012)
(세계 70위)</td></tr>
<tr><td rowspan="2">무역
규모</td><td>수출</td><td colspan="6">3,709억 USD (2012년)</td></tr>
<tr><td>수입</td><td colspan="6">3,707억 USD (2012년)</td></tr>
<tr><td rowspan="2">수출입
품목</td><td>수출
품목</td><td colspan="6">1. 공산품
2. 석유와 석유제품
3. 은
4. 과일
5. 채소</td></tr>
<tr><td>수입
품목</td><td colspan="6">1. 금속 가공 기계
2. 철강공장제품
3. 농업 기계
4. 전기장비
5. 조립용 자동차 부품</td></tr>
<tr><td colspan="2">경제 성장률</td><td>2012</td><td>3.9%</td><td>2011</td><td>3.9%</td><td>2010</td><td>5.3%</td></tr>
<tr><td>국제관계</td><td colspan="2">대내외적으로 가장
잘 알려진 정보</td><td colspan="6">마약문제, 미국 불법이민자, 마야 및 아즈텍 문명, 테킬라</td></tr>
</table>

<table>
<tr><td rowspan="5">국제관계</td><td rowspan="3">인접국과 관계</td><td>정치적</td><td>• 미국 : 국경 지역 마약문제와 불법이민자 문제로 충돌이 잦음. 아리조나주의 이민법으로 인해 양국 간 정치적 감정 악화
- 위키리크스 사건으로 멕-미 양국 간의 파문이 있었지만, 주미 멕시코 대사 교체로 일단락 됨
- 조직범죄에 대항하기 위한 멕-미 관계는 "Fast and Furious" 작전으로도 영향을 받고 있다.
• 과테말라 : 과테말라 주민의 멕시코 남부지역으로의 불법이민문제와 조직범죄로 인하여 양국 간 정치적 감정 악화</td></tr>
<tr><td>경제적</td><td>• 미국 : 멕시코의 가장 중요한 파트너이며, 특히 통상, 투자 및 관광에 있어서 매우 중요한 국가임. '13년 5월 미국 오바마 대통령의 멕시코 방문 시 양국 정상은 양국 교역 증진과 경제 성장, 혁신 진흥을 위한 양국 고위급 경제 포럼을 개최하는 데 합의하였다. 또한 미국과 멕시코의 관계를 동반자 관계로 규정하였다.
• 과테말라 : 에너지(특히 전기)분야에 대한 협력 강화를 모색하며 경제 협력을 꾀하고 있음
• 중남미 : 라틴아메리카 및 카리브 지역 국가들과 동일한 정체성에 기반하여 지역내 번영 및 연대감 강화를 적극 추진함
• EU : EU를 통한 회원국과의 관계 강화와 더불어 EU 회원국 이외 국가와의 교류 가능성도 적극 모색 예정
• 아태 : 아태지역국가와의 우호 및 협력 강화에 중점을 두고 정교정책을 추진 예정임. 멕시코가 TPP 협상에 공식적으로 참여하고 있는 것은 아태지역에 부여하고 있는 멕시코의 관심을 보여주는 중요한 증거
• 중동 및 아프리카 : 중동지역과는 투자 및 기술 분야에서의 협력을 강화할 것이며, 지속적으로 경제가 성장하고 있어 향후 협력 가능성이 큰 아프리카 국가들과의 관계도 강화할 것임</td></tr>
<tr></tr>
<tr><td colspan="2">중요현안</td><td>국경 지역 및 국내외 마약문제, 치안문제, 미국의 이민법 개정</td></tr>
<tr><td colspan="2">중요 골칫거리</td><td>마약과의 전쟁 및 국내 치안 확보</td></tr>
<tr><td rowspan="5">대한관계</td><td rowspan="2">교역 규모</td><td>대한수출</td><td>25.92억 USD(2012)</td></tr>
<tr><td>대한수입</td><td>90.42억 USD(2012)</td></tr>
<tr><td rowspan="2">대한 수출입</td><td>대한 수출 품목 (韓수입)</td><td>1. 기타금속광물
2. 아연광
3. 자동차부품
4. 자동차
5. 무선통신기기
6. 금은 및 백금
7. 계측제어분석기
8. 전자응용기기
9. 원동기 및 펌프
10. 유선통신기기</td></tr>
<tr><td>대한 수입품목 (韓수출)</td><td>1. 평판디스플레이 및 센서
2. 자동차부품
3. 철강판
4. 영상기기
5. 자동차
6. 무선통신기기
7. 합성수지
8. 원동기 및 펌프
9. 선박해양구조물 및 부품
10. 금형</td></tr>
<tr><td colspan="2">대통령 방한기록</td><td>1996.11. 세디요 멕시코 대통령 방한
2001.03. 비센테 폭스 대통령 방한
2010.11. 펠리페 칼데론 대통령 G20 정상회의 참석차 방한</td></tr>
</table>

대한관계	주요 협약	• 문화및무역협정 ('66), 일반사증면제협정 ('79), 경제과학기술협정 ('89), 이중과세방지협정 ('94), 투자 보장협정 ('00), 세관협력협정 ('05), 형사사법공조협정 ('05), 한-멕 형사사법공조조약('07), 원자력협력협정('12)

14. NICARAGUA

구분	항목	세부 항목	내용	항목	내용
일반정보	국가 명 (한국어)		니카라과	공식명칭	La República de Nicaragua
	수도 및 주요도시		• Managua • Granada • León	면적	130,370km²
	인구		5,788,531(2013.07')	화폐	Córdoba nicaragüense (C$,NIO)
	국화		Plumeria	국목	Madroño
정치	대통령 (취임연도)		Daniel Ortega Saavedra (2007,2012 재선 성공)	대통령 임기	5년(연속 재선 금지)
	정부조직 (부처)		• Ministerio Agropecuario y Forestal • Ministerio de Defensa • Ministerio de Educación, Cultura y Deportes • Ministerio del Ambiente y Recursos Naturales • Ministerio de la Familia • Ministerio de Hacienda y Crédito Público • Ministerio de Relaciones Exteriores • Ministerio de Gobernación • Ministerio de Salud • Ministerio de Fomento, Industria y Comercio • Ministerio del Trabajo • Ministerio de Turismo • Ministerio de Transporte e Infraestructura		
	정당	여당	Frente Sandinista de Liberación Nacional (FSLN) 산디니스타민족해방전선		
		주요 야당	Partido Conservador de Nicaragua (PC) 보수당 Partido Liberal Constitucionalista (PLC) 입헌자유연합당 Alianza Liberal Nicaragüense (ALN) 자유연합		
	주요 정책	정치	베네수엘라와 함께 중남미 좌파 노선 현재 대통령은 1985~1990년도에 집권 후 재임		
		경제	사회주의적 색채. 농업 중심의 경제 구조		
경제	명목 GDP 규모 (USD)		105.1억 USD(2012)	1인당 GDP (PPP)	4,500 USD(2012) (세계 137위)
	무역 규모	수출	41.6억 USD(2012)		
		수입	65.19억 USD(2012)		
	수출입 품목	수출 품목	1. 커피 2. 쇠고기 3. 새우 4. 바닷가재 5. 담배		

<table>
<tr><td rowspan="2">경제</td><td>수출입 품목</td><td>수입 품목</td><td colspan="6">1. 소비재
2. 기계 및 장비 류
3. 원재료
4. 석유제품</td></tr>
<tr><td colspan="2">경제 성장률</td><td>2012</td><td>5.2%</td><td>2011</td><td>5.4%</td><td>2010</td><td>3.6%</td></tr>
<tr><td rowspan="5">국제관계</td><td colspan="2">대내외적으로 가장 잘 알려진 정보</td><td colspan="6">고품질의 커피생산지, 내전(과거)</td></tr>
<tr><td rowspan="2">인접국과 관계</td><td>정치적</td><td colspan="6">• 온두라스 : 카리브 해의 4개 섬(석유·가스 등 풍부한 자원, 어획고 보유)을 두고 첨예한 영토 분쟁. 2007년 국제사법재판소가 온두라스 주권 인정
• 코스타리카 : 양국 국경 지역인 산 후안강에 대해서 선박 운항권, 개발권 등을 놓고 200여 년 간 분쟁. 2009년 7월 국제사법재판소가 코스타리카의 선박 운항권 인정. 현재도 분쟁 지속 및 최근 니카라과 대통령이 '코스타리카가 숨기고 있는 진실'이라는 제목의 백서 발간</td></tr>
<tr><td>경제적</td><td colspan="6">• 온두라스 : 과테말라, 엘살바도르, 코스타리카와 함께 중미공동시장 구성
• 코스타리카 : 전력이 부족한 니카라과에 전력 유상공급</td></tr>
<tr><td colspan="2">중요현안</td><td colspan="6">인프라 확충, 에너지 부문 개선, 문맹 퇴치</td></tr>
<tr><td colspan="2">중요 골칫거리</td><td colspan="6">빈곤, 치안, 소득불균형, 전력난</td></tr>
<tr><td rowspan="6">대한관계</td><td rowspan="2">교역 규모</td><td>대한수출</td><td colspan="6">US$ 10,622,000</td></tr>
<tr><td>대한수입</td><td colspan="6">US$ 158,640,000</td></tr>
<tr><td rowspan="2">대한 수출입</td><td>대한 수출 품목 (韓수입)</td><td colspan="6">1. 커피
2. 섬유
3. 어류
4. 고철</td></tr>
<tr><td>대한 수입품목 (韓수출)</td><td colspan="6">1. 편물(메리야스)
2. 자동차
3. 기계류
4. 전자제품</td></tr>
<tr><td colspan="2">대통령 방한기록</td><td colspan="6">2000.5 Alemán 대통령 방한</td></tr>
<tr><td colspan="2">주요 협약</td><td colspan="6">• 문화협정('68), 비자면제협정('95), 투자 보장협정('00), 대외경협지금(EDCF) 기본협정('00).</td></tr>
</table>

15. PANAMÁ

<table>
<tr><td rowspan="4">일반정보</td><td colspan="2">국가 명 (한국어)</td><td>파나마공화국</td><td>공식명칭</td><td>República de Panamá</td></tr>
<tr><td colspan="2">수도 및 주요도시</td><td>• Panama City(130만)
• Colón(25만)
• David(15만)</td><td>면적</td><td>78,200㎢(남한의 3/4)</td></tr>
<tr><td colspan="2">인구</td><td>3,559,408(2013.07')</td><td>화폐</td><td>미 달러화를 발보아(Balboa)란 이름으로 통용</td></tr>
<tr><td colspan="2">국화</td><td>Carludovica palmate</td><td>국목</td><td>Sterculia apetala</td></tr>
<tr><td rowspan="7">정치</td><td colspan="2">대통령
(취임연도)</td><td>Ricardo Martinelli Berrocal(2009.7. 취임)</td><td>대통령 임기</td><td>5년 단임제</td></tr>
<tr><td colspan="2">정부조직
(부처)</td><td colspan="3">• Ministerio de Relaciones Exteriores
• Ministerio de la Presidencia
• Ministerio de Gobierno y Justicia
• Ministerio de Desarrollo Agropecuario
• Ministerio de Economía y Finanzas
• Ministerio de Comercio e Industrias
• Ministerio de Salud
• Ministerio de Vivienda
• Ministerio de Obras Públicas
• Ministerio de Trabajo
• Ministerio de Desarrollo Social
• Ministerio de Educación
• Ministerio de Asuntos del Canal
• Autoridad de Turismo de Panamá (Con rango de Ministerio)
• Autoridad de la Pequeña y Mediana Empresa (con rango de Ministerio)</td></tr>
<tr><td rowspan="2">정당</td><td>여당</td><td colspan="3">Cambio Democrático(CD) 민주변화당
Panameñista당
Unión Patriótica 애국자연합</td></tr>
<tr><td>주요 야당</td><td colspan="3">Partido Revolucionario Democático(PRD) 민주혁명당
Partido Popular(PP) 민중당</td></tr>
<tr><td rowspan="2">주요 정책</td><td>정치</td><td colspan="3">치안확보, 대중교통체제 개선, 교육 환경 개선</td></tr>
<tr><td>경제</td><td colspan="3">• 2009년 7월 1일 취임한 현 마르티넬리(Ricardo Martinelli) 대통령은 연금개혁, 최저임금 인상 등 각종 공약사항을 꾸준히 이행하였고 범세계적인 경기침체에도 높은 경제 성장을 유지하고 있어 그간 대중의 높은 지지를 얻음
• 파나마정부는 2013년 정부예산으로 전년대비 대폭 증액한 162.9억 불을 편성하고 (2012년 144.5억 불) 국회의 재가를 득하였는데, 여기에는 경기부양을 위한 각종 국책사업 계획이 반영되어 있다.
• 특히 파나마정부는 지리적 이점 및 파나마운하를 십분 활용, 미주지역 물류 및 비즈니스 허브로 육성한다는 보다 구체적인 국토개발계획을 수립, 관련 SOC투자 프로젝트를 강화해나갈 것으로 보인다.</td></tr>
<tr><td rowspan="3">경제</td><td colspan="2">명목 GDP 규모
(USD)</td><td>362.5억 USD(2012)</td><td>1인당 GDP
(PPP)</td><td>15,900 USD(2012)
(세계 67위)</td></tr>
<tr><td rowspan="2">무역 규모</td><td>수출</td><td colspan="3">189.1억 USD(2012)</td></tr>
<tr><td>수입</td><td colspan="3">246.9억 USD(2012)</td></tr>
</table>

<table>
<tr><td rowspan="3">경제</td><td rowspan="2">수출입 품목</td><td>수출 품목</td><td colspan="6">1. 새우
2. 바나나
3. 설탕
4. 커피
5. 멜론</td></tr>
<tr><td>수입 품목</td><td colspan="6">1. 원유
2. 자동차
3. 가전
4. 직물
5. 철강제품</td></tr>
<tr><td colspan="2">경제 성장률</td><td>2012</td><td>10.7%</td><td>2011</td><td>10.8%</td><td>2010</td><td>7.5%</td></tr>
<tr><td rowspan="5">국제관계</td><td colspan="2">대내외적으로 가장 잘 알려진 정보</td><td colspan="6">파나마운하</td></tr>
<tr><td rowspan="2">인접국과 관계</td><td>정치적</td><td colspan="6">• 콜롬비아 : 콜롬비아 게릴라 FARC 주둔지 소탕함
• 코스타리카 : 코스타리카-니카라과간의 국경 분쟁문제와 관련하여 코스타리카 옹호</td></tr>
<tr><td>경제적</td><td colspan="6">• 미국 : 2012년 10월, 파-미 FTA 발효(마르티넬리 행정부는 외교정책에 있어 미국, 아시아 등 거대시장을 지닌 국가들과의 관계강화를 우선시하는 '실용주의에 입각한 외교정책'을 전면에 내세우고 있다.)
• 페루 : 파-페 FTA추진 중
• 콜롬비아 : 전력사업 추진 중
• 중국 : 핵심 교역 파트너로서 급속히 부상하고 있는 중국의 중요성을 감안, 대만과의 오랜 외교관계를 청산하고 중국과의 새로운 국교수립 가능성도 종종 논의된다</td></tr>
<tr><td colspan="2">중요현안</td><td colspan="6">파-미 FTA</td></tr>
<tr><td colspan="2">중요 골칫거리</td><td colspan="6">높아지는 범죄율, 연금생활자의 연금인상 시위</td></tr>
<tr><td rowspan="7">대한관계</td><td rowspan="2">교역 규모</td><td>대한수출</td><td colspan="6">5.94억 USD(2012)</td></tr>
<tr><td>대한수입</td><td colspan="6">39.77억 USD(2012)</td></tr>
<tr><td rowspan="2">대한 수출입</td><td>대한 수출 품목 (韓수입)</td><td colspan="6">1. 선박해양구조물 및 부품
2. LPG
3. 합금철선철 및 고철
4. 석유제품
5. 알루미늄</td></tr>
<tr><td>대한 수입품목 (韓수출)</td><td colspan="6">1. 선박해양구조물 및 부품
2. 자동차
3. 레일 및 철구조물
4. 석유제품
5. 자동차부품</td></tr>
<tr><td colspan="2">대통령 방한기록</td><td colspan="6">2010년 10월 마르띠넬리 파나마 대통령</td></tr>
<tr><td colspan="2">주요 협약</td><td colspan="6">• 외교관계 수립(62.9 체결)
• 문화협정(1974. 6 서명, 1975.1 발효)
• 항공협정(1979.12 서명, 1982.10 발효)
• 투자 보장협정(2001.7 서명, 2002.2 발효)
- José Alemán 외무장관 방한 계기
- 파나마운하 영구중립의정서 가입 : 1980.11.4
• 사증면제협정(2001.7 체결)
• 봉사단 파견 협정(2006.12 발효)
• 과학기술 협력협정(2010.6.28 서명)
• 이중과세방지협정(2012.4.1 발효)</td></tr>
</table>

16. PARAGUAY

<table>
<tr><td rowspan="4">일반정보</td><td colspan="2">국가 명 (한국어)</td><td>파라과이</td><td>공식명칭</td><td>República del Paraguay</td></tr>
<tr><td colspan="2">수도 및 주요도시</td><td>• Asunción
• Ciudad del Este
• Encarnación</td><td>면적</td><td>406.752(한반도의 2배)</td></tr>
<tr><td colspan="2">인구</td><td>6,623,252(2013.07')</td><td>화폐</td><td>Guaraní</td></tr>
<tr><td colspan="2">국화</td><td>Mburucuyá</td><td>국목</td><td>Tajy(lapacho)</td></tr>
<tr><td rowspan="6">정치</td><td colspan="2">대통령
(취임연도)</td><td>Horacio CARTES Jara(2013)</td><td>대통령
임기</td><td>5년 단임제</td></tr>
<tr><td colspan="2">정부조직
(부처)</td><td colspan="3">• Ministerio del Interior (MI)
• Ministerio de Relaciones Exteriores (MRE)
• Ministerio de Hacienda (MH)
• Ministerio de Educación y Cultura (MEC)
• Ministerio de Agricultura y Ganadería (MAG)
• Ministerio de Obras Públicas y Comunicaciones (MOPC)
• Ministerio de Defensa Nacional (MDN)
• Ministerio de Salud Pública y Bienestar Social (MSPyBS)
• Ministerio de Justicia y Trabajo (MJT)
• Ministerio de Industria y Comercio (MIC)
• Ministerio de la Mujer (MM)</td></tr>
<tr><td rowspan="2">정당</td><td>여당</td><td colspan="3">Asociación Nacional Republicana (ANR) 국민공화연합</td></tr>
<tr><td>주요
야당</td><td colspan="3">Partido Liberal Radicial Auténtico (PLRA) 급진정통자유당
Unión Nacional de Ciudadanos Eticos (UNACE) 윤리시민연합당
Patria Querida (PPQ) 애국당</td></tr>
<tr><td rowspan="2">주요
정책</td><td>정치</td><td colspan="3">• Lugo 전 정부의 친 사회주의 성향을 지양하고, 파라과이의 고질적인 병폐인 빈곤 심화, 치안 불안 증가, 부정부패 및 사회안전망 취약 등을 강화하는데 우선 순위를 둘 것으로 예상된다.</td></tr>
<tr><td>경제</td><td colspan="3">• 대선 및 총선의 해인 2013년은 국내 정치 환경의 변화와 국제 경제 불확실성 등 내외부 요인이 변수로 작용할 것으로 보이지만, 파라과이가 견지해온 거시 경제 안정 기조는 새 정부에서도 지속 유지될 전망이다.
• 파라과이의 취약한 인프라구축 강화를 위해 국채 발행 수입 등을 통한 공공투자가 더욱 증가할 것으로 보인다.
• 조세 확대 및 조세 구조 왜곡 개선을 위한 조치로서 개인소득세가 본격 적용되고, 농산물 수출 부가가치세 도입이 검토될 것으로 전망된다.
• 사회안전망 확충을 강화하기 위해 2013년도 예산 중 빈곤층 불평등 해소, 보건, 교육 및 기본 사회서비스 분야에 지출이 강화될 것으로 보인다.</td></tr>
<tr><td rowspan="4">경제</td><td colspan="2">명목 GDP 규모
(USD)</td><td>260억 USD (2012)</td><td>1인당 GDP
(PPP)</td><td>6,200 USD (2012)
(세계 119위)</td></tr>
<tr><td rowspan="2">무역
규모</td><td>수출</td><td colspan="3">97.43억 USD(2012)</td></tr>
<tr><td>수입</td><td colspan="3">112.4억 USD(2012)</td></tr>
<tr><td>수출입
품목</td><td>수출
품목</td><td colspan="3">1. 콩
2. 사료
3. 목화
4. 육류
5. 식용기름</td></tr>
</table>

구분	항목	세부	내용
경제	수출입 품목	수입 품목	1. 도로차량 2. 소비재 3. 담배 4. 석유제품 5. 전기기계
	경제 성장률		2012 -1.2% / 2011 4.3% / 2010 13.1%
국제관계	대내외적으로 가장 잘 알려진 정보		이과수 폭포, 과라니족
	인접국과 관계	정치적	브라질, 아르헨티나와 우호적 상호협력관계 유지
		경제적	• **중남미 :** - 브라질: 세계 최대 발전 용량을 자랑하는 이타이푸 수력 발전소를 브라질과 공유하고 있음 - 미주기구(OAS), 리오그룹 등 역내 기구와의 협력 증진을 중시하고 있으며, 1991년 3월 남미공동시장(MERCOSUR)의 출범에 따라 아르헨티나, 브라질, 우루과이 등 역내 회원국과 제반 협력을 강화하는 한편, 볼리비아, 칠레 등 인접국과 선린관계를 추구하고 있다. • **중국** : 남미국가 중 대만과의 유일한 수교국인 파라과이는 2010년 4월 상해 엑스포 참가를 계기로 중국 북경에 통상사무소 설치를 발표하는 등 중국과의 관계개선에도 비중을 두고 있으나, 중국정부의 대만과의 단교 요청은 받아들일 수 없다면서 대만과의 국교는 계속 유지하면서, 향후 중국과의 국교수립을 추진하겠다는 입장을 견지하고 있다.
	중요현안		브라질과 파라과이 접경지역의 마약 밀무역 문제, 국내 치안 불안정, MERCOSUR와 UNASUR와의 관계 개선
	중요 골칫거리		극좌파 무장 게릴라 단체 '파라과이 국민군(EPP)'의 반정부 활동, 뎅기열 확산에 따른 대처
대한관계	교역 규모	대한수출	1.05억 USD (2012)
		대한수입	1.60억 USD (2012)
	대한 수출입	대한 수출 품목 (韓수입)	1. 식물성물질 2. 기호식품 3. 동제품 4. 알루미늄 5. 축산가공품
		대한 수입품목 (韓수출)	1. 자동차 2. 고무제품 3. 자동차부품 4. 합성수지 5. 농약 및 의약품
	대통령 방한기록		1990.06 로드리게스 파라과이 대통령 방한 1996.07 몬띠 파라과이 대통령 방한 2008.06 루고 파라과이 대통령 당선인 신분으로 방한 2012.05 루고 파라과이 대통령 방한
	주요 협약		• 문화협정('73), 과학 · 기술 협력협정('75), 무역협정('81), 사증면제협정('82),투자 보장협정('92), 범죄인 인도협정('96), 청년봉사단파견협정('96), 지방통신망현대화사업을 위한 EDCF차관지원협정('96), EDCF차관시행약정('00) 한-파라과이 산림협력 MOU('09).

17. PERÚ

<table>
<tr><td rowspan="4">일반정보</td><td colspan="2">국가 명 (한국어)</td><td>페루</td><td>공식명칭</td><td>República del Perú</td></tr>
<tr><td colspan="2">수도 및 주요도시</td><td>• Lima
• Arequipa
• Trujillo</td><td>면적</td><td>1.285.215,6 km^2</td></tr>
<tr><td colspan="2">인구</td><td>20,849,303 (2013.07')</td><td>화폐</td><td>Nuevo sol (S/.) (PEN)</td></tr>
<tr><td colspan="2">국화</td><td>Cantuta (qantu, Cantua buxifolia)</td><td>국목</td><td>Quina</td></tr>
<tr><td rowspan="6">정치</td><td colspan="2">대통령
(취임연도)</td><td>Ollanta Moises HUMALA Tasso (2011)</td><td>대통령
임기</td><td>5년(재임 가능, 연임 불가)</td></tr>
<tr><td colspan="2">정부조직
(부처)</td><td colspan="3">• Presidencia del Consejo de Ministros
• Ministerio de Relaciones Exteriores
• Ministerio de Defensa
• Ministerio de Economía y Finanzas
• Ministerio del Interior
• Ministerio de Justicia
• Ministerio de Educación
• Ministerio de Salud
• Ministerio de Agricultura
• Ministerio de Trabajo y Promoción del Empleo
• Ministerio de la Producción
• Ministerio de Comercio Exterior y Turismo
• Ministerio de Energía y Minas
• Ministerio de Transportes y Comunicaciones
• Ministerio de Vivienda, Construcción y Saneamiento
• Ministerio de la Mujer y Poblaciones Vulnerables
• Ministerio del Ambiente
• Ministerio de Cultura
• Ministerio de Desarrollo e Inclusión Social</td></tr>
<tr><td rowspan="2">정당</td><td>여당</td><td colspan="3">Gana Perú</td></tr>
<tr><td>주요
야당</td><td colspan="3">Fuerza 2011
Perú Posible</td></tr>
<tr><td rowspan="2">주요
정책</td><td>정치</td><td colspan="3">• 오얀타 우말라(Ollanta Humala) 대통령은 중도 노선의 정책을 견지하고 있으며 임기 중에도 역시 사회개발 및 저소득층 위주의 실용주의 중도정책을 지속 강화해 나갈 것으로 예상된다.
• 브라에(VRAE, 페루 중부 Ene 및 Apurimac 밀림지역) 및 우아야가(Huallaga) 지역의 빛나는 길(Sendero Luminoso) 잔당이 지역 마약조직과 손 잡고 군경, 민간에 대한 무장 공격을 감행하는 것과 같은 치안 악화를 대처하는 것이 필요함</td></tr>
<tr><td>경제</td><td colspan="3">• 우말라 대통령은 가르시아 前정부의 정책을 대부분 계승했으며 국내외 성장 저하에 따라 상당히 신중한 경제정책을 펼 것으로 예상되며, 당초 시장의 우려와는 달리 외국인투자유치를 통한 안정적인 경제 성장 정책을 지속해 나가고 있다.
• 다만 사회 취약층 지원 프로그램 재원마련을 위해 GDP의 8할을 차지하는 에너지 자원분야에서 광업분야 초과 이윤세 신설
• 통화 및 외환 정책은 당분 간 별 다른 변화를 겪지 않을 것으로 예측되며 페루중앙은행은 외환시장에 수시로 개입함으로써 지나친 환율변동을 막고 있음</td></tr>
<tr><td rowspan="3">경제</td><td colspan="2">명목 GDP 규모
(USD)</td><td>199억 USD(2012)</td><td>1인당 GDP
(PPP)</td><td>10,900 USD(2012)
(세계 80위)</td></tr>
<tr><td rowspan="2">무역
규모</td><td>수출</td><td colspan="3">456.4억 USD(2012)</td></tr>
<tr><td>수입</td><td colspan="3">411.1억 USD(2012)</td></tr>
</table>

<table>
<tr><td rowspan="3">경제</td><td rowspan="2">수출입 품목</td><td>수출 품목</td><td colspan="6">1. 금
2. 동광과 그 정광
3. 석유와 역청유
4. 연광과 그 정광
5. 정체한 동과 동합금</td></tr>
<tr><td>수입 품목</td><td colspan="6">1. 석유 및 역청유(원유)
2. 석유 및 역청유(원유 제외)
3. 승용차와 기타 차량
4. 화물자동차
5. 전화기</td></tr>
<tr><td colspan="2">경제 성장률</td><td>2012</td><td>6.3%</td><td>2011</td><td>6.9%</td><td>2010</td><td>8.8%</td></tr>
<tr><td rowspan="5">국제관계</td><td colspan="2">대내외적으로 가장 잘 알려진 정보</td><td colspan="6">잉카문명, 마추피추(Machu Picchu), 한-페루 FTA</td></tr>
<tr><td rowspan="2">인접국과 관계</td><td>정치적</td><td colspan="6">• 1998 에콰도르와 평화협정 : 영토분쟁에 관련한 적대관계 종식
• 1998 칠레와 경제보완협정 : 태평양전쟁 이후 관계 회복
• 2006 볼리비아 : 에보 모랄레스 대통령 취임 이후 관계 소원
• 브라질, 아르헨티나와 우호 관계 유지
• 전략상으로 칠레·에콰도르를 가상적국으로, 볼리비아·콜롬비아·브라질·아르헨티나는 우호국으로 상정하고 있다.</td></tr>
<tr><td>경제적</td><td colspan="6">• 아시아 : 아시아태평양경제 협력체(APEC), 태평양경제협의회(PBEC)의 회원국인 동시에 중국, 한국, 일본과 자유무역협정(FTA)를 체결하여 점차 교역을 확대해 나가고 있다. 특히 광물자원 분야에 중국인의 투자가 두드러지게 급증하고 있다.
• 미국 : 중도좌파 성향의 우말라 대통령 당선 시 미국과의 친선 관계 및 시장에 대한 우려가 불거졌으나 2011년 9월 유엔총회를 계기로 미국을 방문하여 논란을 잠식시키고 2012년 국방 관련 상호 협력 협약을 체결하는 등 교육, 기술, 과학, 환경 등 다양한 분야에서 미국과의 협력을 도모하고 있다.
• 중남미 :
- 우말라 대통령은 남미연합(UNASUR) 또는 안데스공동체(CAN) 등 지역협력체에 의거한 정치, 통상 협력 관계 증진을 선호하고 있다.
- 미주인민 볼리바르연합(Alianza Bolivariana para los Pueblos de Nuestra America-ALBA, 베네수엘라 우고 차베스가 주창해 만든 라틴아메리카 좌익국가 베네수엘라, 에콰도르, 니카라과, 쿠바의 연합체로 회원국간 통상을 증진하고 민중혁명을 추구함)과의 관계를 더욱 긴밀히 함으로써 특히 에너지 수급 안정화를 기하고 있다.
- 브라질과의 관계는 중남미 국가 중 가장 중요하게 대두되며 양자 간의 무역, 투자가 지속적으로 증가하고 있으며 특히 페루와 브라질은 에너지, 특히 전력 개발에 있어서의 협력을 돈독히 하고 있다.
- 파나마, 코스타리카와는 자유무역협정이 발효되었으며, 온두라스, 엘살바도르와의 자유무역협정 또한 협상 중에 있음으로 보아 여러 중남미 국가와의 경제적, 정치적인 실리를 추구하며 친선 또한 강화하고 있다.</td></tr>
<tr><td colspan="2">중요현안</td><td colspan="6">코카 잎 재배 근절 논의, 치안 강화, 징병제도 부활</td></tr>
<tr><td colspan="2">중요 골칫거리</td><td colspan="6">빈곤, 인디오 문제, 부정부패, 실업</td></tr>
<tr><td rowspan="3">대한관계</td><td rowspan="2">교역 규모</td><td>대한수출</td><td colspan="6">14.73억 USD(2012)</td></tr>
<tr><td>대한수입</td><td colspan="6">16.39억 USD(2012)</td></tr>
<tr><td>대한 수출입</td><td>대한 수출 품목 (韓수입)</td><td colspan="6">1. 천연가스
2. 기타금속광물
3. 동광
4. 아연광
5. 금은 및 백금</td></tr>
</table>

대한관계	대한 수출입	대한 수입품목 (韓수출)	1. 자동차 2. 합성수지 3. 시멘트 4. 영상기기 5. 건설광산기계
	대통령 방한기록		**방문** - 2008.11 이명박 대통령 국빈방문(APEC 정상회의 참석) **방한** - 1993.6.2-4 후지모리 대통령 공식 방한 - 1998.7.1. 후지모리 대통령, 베트남 공식방문차 서울 경유 - 2009.11 알란 가르시아 대통령 국빈방문 - 2010.11.14 알란 가르시아 대통령 국빈방문
	주요 협약		• 통상협정('76) • 사증면제협정체결('82) • 경제과학기술 협력협정('84) • 문화협정('88) • 투자 보장협정('93) • 남극협력협정('96) • 어업협정('96. 9월 假서명) • 항공협정 ('02. 7월 가서명) • 범죄인인도조약 서명('03.12월) • 관광협정 서명('02. 12.10) 및 발효('03. 1. 29) • 자유무역협정 타결('10.8.30) • 자유무역협정 체결('11.3.21) • 자유무역협정 발효('11.8.1) • 항공협정 체결('11.11) • 이중과세방지협정 체결('12.5.10) • 운전면허상호인정협정 발효('13.4.3)

18. REPÚBLICA DOMINICANA

일반정보	국가 명 (한국어)	도미니카 공화국	공식명칭	La República Dominicana
	수도 및 주요도시	Santo Domingo	면적	48,730㎢
	인구	10,219,630(2013.07)	화폐	Peso dominicano (DOP)
	국화	Flor de la Caoba	국목	Caoba
정치	대통령 (취임연도)	Danilo MEDINA Sanchez(2012)	대통령 임기	4년
	정부조직 (부처)	• Ministerio de Interior y Policía • Ministerio de Educación Superior, Ciencia y Tecnología • Ministerio de Relaciones Exteriores • Ministerio de las Fuerzas Armadas • Ministerio de Cultura • Ministerio de Hacienda • Ministerio Administrativo de la Presidencia • Ministerio de Obras Públicas y Comunicaciones • Ministerio de Administración Pública • Ministerio de La Juventud • Ministerio de Economía, Planificación y Desarrollo • Ministerio de la Presidencia • Ministerio de Turismo • Ministerio de Educación • Ministerio de Deportes y Recreación		

<table>
<tr><td rowspan="6">정치</td><td colspan="2">정부조직
(부처)</td><td colspan="6">• Ministerio de Salud Pública y Asistencia Social
• Ministerio de Industria y Comercio
• Ministerio de Agricultura
• Ministerio de Medio Ambiente y Recursos Naturales
• Ministerio de Trabajo
• Ministerio de la Mujer</td></tr>
<tr><td rowspan="2">정당</td><td>여당</td><td colspan="6">Partido de la Liberación Dominicana (PLD) 도미니카해방당</td></tr>
<tr><td>주요
야당</td><td colspan="6">Partido Revolucionario Dominicano (PRD) 도미니카 혁명당
Partido Reformista Social Cristiano (PRSC) 기독교사회개혁당</td></tr>
<tr><td rowspan="2">주요
정책</td><td>정치</td><td colspan="6">• Danilo Madina의 대표적인 공약 중
- 교육 : GDP의 4% 교육에 투자, 8시간 수업시스템 도입
- 사회보장 : 140만 명 건강보험 신규 등록, 한 마을 당 최소 1개 약국 설치 의무화, 건강보험에 난치병 지급 항목 추가
- 치안 안정 : 치안 안정을 위한 노력. 청소년 범죄 척결 집중. 청소년 범죄 예방을 위한 교육 프로그램 도입
- 부패 척결 : 정직을 제일로 삼아 부패 척결에 앞장서 정부의 투명성 제고 노력
- 정권통합 : 국가발전전략계획(2010~2030)에 따른 교육·전력·재정 분야의 협정 관리 및 운영에 편의 제공 유지</td></tr>
<tr><td>경제</td><td colspan="6">• Danilo Madina의 대표적인 공약 중
- 거시경제 안정 : 지속적인 모니터링으로 IMF 차관액 유지. 관광, 농축산업, 중소업 광업 집중 육성
- 부의 배분 : 4만개의 일자리 창출, 160만 명의 극빈층 구제</td></tr>
<tr></tr>
<tr><td rowspan="3">경제</td><td colspan="2">명목 GDP 규모
(USD)</td><td colspan="2">590억 USD(2012)</td><td colspan="2">1인당 GDP
(PPP)</td><td colspan="2">9,800 USD(2012)
(세계 98위)</td></tr>
<tr><td rowspan="2">무역
규모</td><td>수출</td><td colspan="6">90.7억 USD(2012)</td></tr>
<tr><td>수입</td><td colspan="6">177.6억 USD(2012)</td></tr>
<tr><td rowspan="3">경제</td><td rowspan="2">수출입
품목</td><td>수출
품목</td><td colspan="6">1. 철함유 니켈
2. 설탕
3. 금
4. 은
5. 커피</td></tr>
<tr><td>수입
품목</td><td colspan="6">1. 식료품
2. 원유
3. 목화
4. 직물
5. 화학품</td></tr>
<tr><td colspan="2">경제 성장률</td><td>2012</td><td>3.9%</td><td>2011</td><td>4.5%</td><td>2010</td><td>7.8%</td></tr>
<tr><td rowspan="4">국제관계</td><td colspan="2">대내외적으로 가장 잘 알려진 정보</td><td colspan="6">콜럼버스가 발견한 미주대륙으로 최초의 스페인 식민지, 메렝게, 아름다운 해변, Sammy Sosa</td></tr>
<tr><td rowspan="2">인접국과
관계</td><td>정치적</td><td colspan="6">• 아이티 : 아이티 지진 사태 시 도미니카 정부와 민간이 적극적인 도움의 손길을 펼쳐 양국 관계가 한층 가까워졌다. 다만 도미니카공화국 내 아이티인 차별문제가 인권이사회 보고서 및 미 국무부 인권보고서 등에서 계속 지적되고 있는 상황이다.
• 쿠바 : 1959년 외교 단절 이후 1998년 영사관 교환 설치로 양국 관계가 정상화되어 이후 교역 관광 문화 교류가 확대되었다.</td></tr>
<tr><td>경제적</td><td colspan="6">• 아이티 : 미국 다음으로 가장 많은 교역량을 가지고 있는 국가이다.</td></tr>
<tr><td colspan="2">중요현안</td><td colspan="6">도미니카 공화국 내 아이티인 차별문제, 부패 척결, 치안 안정</td></tr>
</table>

구분	항목	세부	내용
국제관계	중요 골칫거리		불법 아이티인 체류자의 증가와 단속
대한관계	교역 규모	대한수출	1, 23억 USD(2012)
		대한수입	1.67억 USD(2012)
	대한 수출입	대한 수출 품목 (韓수입)	1. 합금철선철 및 고철 2. 전자응용기기 3. 건전지 및 축전지 4. 알루미늄 5. 어류
		대한 수입품목 (韓수출)	1. 자동차 2. 기타석유화학제품 3. 철강판 4. 정전(Static electric)기기 5. 자동차 부품
	대통령 방한기록		2006년 레오넬 페르난데스 대통령 방한
	주요 협약		• 문화협정(1968년), 사증면제협정(1982년), 과학기술 협력협정 (1982년), 체육협정(1983년), 투자 보장협정(2006년), 대외경제 협력기금 차관협정(2006년), 관세정보화사업 EDCF 협정(2006년), 학술교류 협정(2006년), 도미니카 공화국 발전사업자 하이나(HAINA)사와 석탄화력 발전소 건설 및 운영사업 관련 양해각서(MOU) 체결 (2008년), IT분야 산업협력 및 도미니카의 지상파 DMB 도입관련 MOU 체결(2011년)

19. URUGUAY

구분	항목	내용	항목	내용
일반정보	국가 명 (한국어)	우루과이	공식명칭	la República Oriental del Uruguay
	수도 및 주요도시	• Montevideo • Punta del Este	면적	176,215㎢
	인구	3,324,460 (2013.07')	화폐	Pesos Uruguayos (UYU)
	국화	Flor del Ceibo	국목	Ceibo
정치	대통령 (취임연도)	José Alberto Mujica Cordano (2010)	대통령 임기	5년
	정부조직 (부처)	• Ministerio de Defensa Nacional • Ministerio de Desarrollo Social • Ministerio de Economía y Finanzas • Ministerio de Educación y Cultura • Ministerio de Ganadería, Agricultura y Pesca • Ministerio de Industria, Energía y Minería • Ministerio de Interior • Ministerio de Relaciones Exteriores • Ministerio de Salud Pública • Ministerio de Trabajo y Seguridad Social • Ministerio de Transporte y Obras Públicas • Ministerio de Turismo y Deporte • Ministerio de Vivienda, Ordenamiento Territorial y Medio Ambiente		

<table>
<tr><td rowspan="5">정치</td><td rowspan="2">정당</td><td>여당</td><td colspan="6">Frente Amplio-Encuentro Progresista 좌익연합</td></tr>
<tr><td>주요 야당</td><td colspan="6">Partido Colorado 콜로라도당 (홍당)
Partido Nacional (o Blanco) 국민당 (백당)</td></tr>
<tr><td rowspan="2">주요 정책</td><td>정치</td><td colspan="6">• 국가행정의 효율성 및 투명성 강화를 위해 추진 중인 국가개혁 방안이 당사자인 공공노조의 저항에 부딪친 상황에서 소기의 성과를 도출해낼 방안 강구
• 대통령의 지방조정관 파견 문제, 여당의 사면법 철폐 시도 등을 위요한 여·야간 대립 및 여당 내 내분으로 Mujica 대통령의 지도력에 문제점이 지적되고 있어 여·야간의 협력 구축 필요
• 여전히 대두되고 있는 치안 문제 개선.
• 국제투명성기구(IT)가 전세계 51개국을 대상으로 실시한 부패인식수치 조사 결과 우루과이는 43%, 라틴 아메리카에서 가장 투명한 국가로 조사됨</td></tr>
<tr><td>경제</td><td colspan="6">• 교육, 치안, 주택 및 인프라 확충 등 4가지 분야를 현 정부의 중점과제로 추진. 특히 교육 관련 5개년 예산(GDP 대비 4.5%)의 효과적 집행방안 및 학생들의 학습성취도 향상</td></tr>
<tr><td colspan="8"></td></tr>
<tr><td rowspan="6">경제</td><td colspan="2">명목 GDP 규모 (USD)</td><td colspan="3">494억 USD(2012)</td><td>1인당 GDP (PPP)</td><td colspan="2">16,200 USD(2012) (세계 65위)</td></tr>
<tr><td rowspan="2">무역 규모</td><td>수출</td><td colspan="6">99.07억 USD(2012)</td></tr>
<tr><td>수입</td><td colspan="6">122.2억 USD(2012)</td></tr>
<tr><td rowspan="2">수출입 품목</td><td>수출 품목</td><td colspan="6">1. 쇠고기
2. 콩
3. 셀룰로오스
4. 쌀
5. 밀</td></tr>
<tr><td>수입 품목</td><td colspan="6">1. 정유
2. 원유
3. 여객 및 기타 운송 차량
4. 자동차 부품
5. 휴대전화</td></tr>
<tr><td colspan="2">경제 성장률</td><td>2012</td><td>3.8%</td><td>2011</td><td>5.7%</td><td>2010</td><td>8.9%</td></tr>
<tr><td rowspan="4">국제관계</td><td colspan="2">대내외적으로 가장 잘 알려진 정보</td><td colspan="6">화가 페드로 피가리, 작가 호세 엔리케 로도, 축구에 대한 열기</td></tr>
<tr><td rowspan="2">인접국과 관계</td><td>정치적</td><td colspan="6">• 브라질 : 양국은 실질협력 강화를 위해 작년 Lula 브라질 前대통령 재임 당시 합의사항인 매 3개월마다 양자 정상회담 개최를 Dilma 신임 대통령하에서도 지속이행하기로 함
• 아르헨티나 : 오랫동안 양국 간 현안이 되어 온 Botnia 분쟁 해결을 위해 우루과이강 관리위원회(CARU)를 통해 Botnia 공장에 대한 감시, 우루과이강 오염 통제 및 예방 등 환경모니터링을 실시키로 합의</td></tr>
<tr><td>경제적</td><td colspan="6">• 브라질 : 1995년 MERCOSUR 발족(브라질 아르헨티나 우루과이 파라과이)
• 우루과이의 일본·브라질식 디지털 TV 전송 방식 채택 관련 기술 협력, 금년 상반기 과학기술·교육문화 세미나 개최, 인프라 건설 협력 등을 추진
• 아르헨티나 : 1995년 MERCOSUR 발족(브라질 아르헨티나 우루과이 파라과이) 이후 형성된 협력관계를 더욱 강화
• 미국 : 2013. 9월부터 우루과이산 오렌지의 미국 수출이 가능하게 되었음. 미국 시장 진출로 인한 연간 수출액은 2천만 미달러로 예상되며 약 1만 5천 명의 생산업자들이 혜택을 누리게 될 것으로 추산
• EU : 2014년부터 우루과이가 유럽의 일반 특혜관세 제도(Sistema Generalizado de Preferencia) 대상 국가에서 제외됨에 따라 초래될 것으로 예상되는 오렌지 농가의 타격을 미국 시장 수출로 완화할 수 있을 것으로 전망</td></tr>
<tr><td colspan="2">중요현안</td><td colspan="6">Mercosur-EU FTA 추진</td></tr>
</table>

<table>
<tr><td>국제관계</td><td colspan="2">중요 골칫거리</td><td colspan="2">아르헨티나와의 관계에 있어서는 Mujica 신임 대통령이 양국 간 현안이 되고 있는 Botnia 분쟁 해결을 위해 대화 의지를 표명하고 있는 만큼, 경색되어 있는 양국 관계가 개선될 수 있기를 기대함</td></tr>
<tr><td rowspan="6">대한관계</td><td rowspan="2">교역 규모</td><td>대한수출</td><td colspan="2">0.98억 USD(2012)</td></tr>
<tr><td>대한수입</td><td colspan="2">1.83억 USD(2012)</td></tr>
<tr><td rowspan="2">대한 수출입</td><td>대한 수출 품목 (韓수입)</td><td>1.
2.
3.
4.
5.</td><td>금은 및 백금
LPG
제지원료
목재류
기타농산물</td></tr>
<tr><td>대한 수입품목 (韓수출)</td><td>1.
2.
3.
4.
5.</td><td>석유제품
자동차
철강판
합성수지
전선</td></tr>
<tr><td colspan="2">대통령 방한기록</td><td colspan="2">2008년 타바레 바스케스 대통령 방한</td></tr>
<tr><td colspan="2">주요 협약</td><td colspan="2">• 1971년 문화협정, 1972년 어업협정, 1981년 무역협정, 1985년 경제·과학·기술협정, 2011년 투자 보장협정, 2013년 사증면제협정, 2013년 이중과세방지협약</td></tr>
</table>

20. VENEZUELA

<table>
<tr><td rowspan="4">일반정보</td><td>국가 명 (한국어)</td><td>베네수엘라</td><td>공식명칭</td><td>República Bolivariana de Venezuela</td></tr>
<tr><td>수도 및 주요도시</td><td>• Caracas
• Maracaibo
• Valencia</td><td>면적</td><td>916.445 km²</td></tr>
<tr><td>인구</td><td>28,459,085(2013.07')</td><td>화폐</td><td>Bolívar (VEB)</td></tr>
<tr><td>국화</td><td>Orquídea</td><td>국목</td><td>Araguaney</td></tr>
<tr><td rowspan="2">정치</td><td>대통령 (취임연도)</td><td>Nicolás Maduro Moros(2013)</td><td>대통령 임기</td><td>6년 (연임 제한 없음)</td></tr>
<tr><td>정부조직 (부처)</td><td colspan="3">• Ministerio de Interior y Justicia
• Ministerio de Relaciones Exteriores
• Ministerio de Planificación
• Ministerio de Finanzas
• Ministerio de Defensa
• Ministerio de Comercio
• Ministerio de Industrias
• Ministerio de Turismo
• Ministerio de Agricultura
• Ministerio de Educación Universitaria
• Ministerio de Educación
• Ministerio de Salud
• Ministerio de Trabajo</td></tr>
</table>

<table>
<tr><td rowspan="7">정치</td><td colspan="2">정부조직
(부처)</td><td colspan="6">• Ministerio de Transporte Terrestre
• Ministerio de Transporte Acuático y Aéreo
• Ministerio de Vivienda y Hábitat
• Ministerio de Petróleo y Minas
• Ministerio de Ambiente
• Ministerio de Ciencia y Tecnología
• Ministerio de Comunicación e Información
• Ministerio de Comunas
• Ministerio de Alimentación
• Ministerio de Cultura
• Ministerio de Para los Pueblos Indígenas
• Ministerio de Deportes
• Ministerio de Juventud
• Ministerio de Mujer
• Ministerio de Energía Eléctrica
• Ministerio de Servicios Penitenciarios
• Ministerio de Banca Pública
• Ministerio de Transformación de la Gran Caracas</td></tr>
<tr><td rowspan="2">정당</td><td>여당</td><td colspan="6">Partido Socialista Unido de Venezuela (PSUV) 베네수엘라 사회주의 연합당</td></tr>
<tr><td>주요
야당</td><td colspan="6">Un Nuevo Tiempo(UNT)
Acción Democrática(AD)</td></tr>
<tr><td rowspan="2">주요
정책</td><td>정치</td><td colspan="6">• '반미 사회주의 정책을 통한 중남미의 통합'이라는 전임 정부 정책 승계
• 인프라 개선을 위한 정책 수립과 재원 확보가 긴요</td></tr>
<tr><td>경제</td><td colspan="6">• 전임 Chávez 정부의 유산으로서 가격 및 환율 통제, 국유화 등 계획주의적 조치로 인한 경제왜곡(economic imbalance)이 심각한 바, 단기적으로는 △식료품, 의약품, 기초 생산재 수입 및 △이를 위한 외화 확보·공급이 가장 필요</td></tr>
<tr><td colspan="2">명목 GDP 규모
(USD)</td><td colspan="3">3824억 USD(2012)</td><td>1인당 GDP
(PPP)</td><td colspan="2">13,800 USD(2012)
(세계 76위)</td></tr>
</table>

<table>
<tr><td rowspan="6">경제</td><td rowspan="2">무역
규모</td><td>수출</td><td colspan="6">973.4억 USD(2012)</td></tr>
<tr><td>수입</td><td colspan="6">593.1억 USD(2012)</td></tr>
<tr><td rowspan="2">수출입
품목</td><td>수출
품목</td><td>1.
2.
3.
4.
5.</td><td colspan="5">석유
보크사이트 및 알루미늄
광물
화학
농산물</td></tr>
<tr><td>수입
품목</td><td>1.
2.
3.
4.
5.</td><td colspan="5">농산물
가축
원자재
기계 및 장비
운송장비</td></tr>
<tr><td colspan="2">경제 성장률</td><td>2012</td><td>5.5%</td><td>2011</td><td>4.2%</td><td>2010</td><td>-1.5%</td></tr>
<tr><td rowspan="2">국제관계</td><td colspan="2">대내외적으로 가장
잘 알려진 정보</td><td colspan="6">석유 산유국, 반미 사회주의 정부, 세계미인선발대회 입상</td></tr>
<tr><td colspan="2">정치적</td><td colspan="6">• 콜롬비아 : 양국의 국경 지역에 주둔하고 있는 FARC로 잦은 마찰을 빚고 있다.
• 쿠바, 볼리비아 : 같은 사회주의 정부로 굳건한 동맹관계를 유지하고 있다.</td></tr>
</table>

<table>
<tr><td rowspan="4">국제관계</td><td rowspan="2">인접국과 관계</td><td>정치적</td><td>• 페루 : 현 Humala 페루 대통령과는 좋은 관계를 유지하고 있으나, 과거 Montesino 전 페루 정보부장 체포 및 Manuel Rosales(2006.12 대선시 베네수엘라 야당 단일후보)의 페루에 대한 정치적 망명 신청 건으로 과거 양국은 불편한 관계
• 미국 : 반미노선이 Chavez 정부의 정치적 지지기반이었음을 감안할 때 집권 초기 대미 관계개선을 피할 가능성도 있겠지만, 기본적으로 양국경제는 석유를 두고 상호보완적 관계에 있기 때문에 궁극적으로 관계개선을 도모할 수밖에 없을 것으로 전망
• 이념적 이질성에도 불구하고, 미국과의 경쟁·갈등관계에 있는 국가들(이란, 시리아, 리비아(카다피 축출전), 벨라루스 등)과 긴밀한 관계 유지</td></tr>
<tr><td>경제적</td><td>• 콜롬비아 : FARC문제로 베네수엘라가 외교단절을 선언하였으나 최근 경제관계 회복을 위한 노력을 하고 있다.
• 쿠바, 볼리비아 : 중남미 좌파국가들에 대한 영향력은 크게 △Chávez 대통령의 카리스마와 △석유 등 경제원조에 기인한 바, 카리스마가 덜한 Maduro 대통령이 어려운 국내 경제 상황에 대처하면서 중미카리브 국가들에 대한 지원을 줄일 가능성도 있어, 결국은 좌파국가들에 대한 영향력은 감소할 가능성
• 중국 : 차베스 대통령 집권후 양국 간의 관계가 급속도로 긴밀해지고 있는 가운데 양국 간 교역량은 230억 불(2012년)에 육박. 베네수엘라로서는 미국의 대체 파트너로서 중국을 활용하고, 중국으로서는 에너지·자원 확보를 위한 중남미 진출 차원에서를 베네수엘라를 활용
• 러시아 : 러시아 기업들이 베네수엘라 에너지·자원 개발, 주택건설, 방산물자 생산 등에 관여하고 있으며, 베네수엘라는 러시아와 군사·방산협력 강화. 러시아는 베네수엘라 에너지 개발에 수십억 달러 규모의 차관 제공
• ALBA : 중남미 통합사상을 외교적으로 실현해 나가고 다른 한편으로는 미국이 제안한 미주자유무역지역(FTAA: Free Trade Area of the Americas)의 대안적 모델로 2004. 12. ALBA (Bolivarian Alliance for the Americas)를 출범(9개 회원국 : 쿠바, 베네수엘라, 니카라과, 볼리비아, 온두라스, 에콰도르, 세인트 빈센트 그레나딘, 도미니카(연), 안티구아바부다)
• Petrosur/Petrocaribe : 석유수출을 통해 얻은 수익을 중남미 대중에게 환원시키고자 하는 차원에서 석유 공동생산(Petrosur)과 카리브 국가(Petrocaribe) 추진</td></tr>
<tr><td colspan="2">중요현안</td><td>중남미에서의 영향력을 강화해 지역통합을 추구. 경제문제.</td></tr>
<tr><td colspan="2">중요 골칫거리</td><td>심각한 인플레이션과 경기침체, 치안확보, 인프라 재건</td></tr>
<tr><td rowspan="6">대한관계</td><td rowspan="2">교역 규모</td><td>대한수출</td><td>1.14억 USD(2012)</td></tr>
<tr><td>대한수입</td><td>5.22억 USD(2012)</td></tr>
<tr><td rowspan="2">대한 수출입</td><td>대한 수출 품목 (韓수입)</td><td>1. 합금철 선철 및 고철
2. 알루미늄
3. 기타금속광물
4. 반도체
5. 컴퓨터</td></tr>
<tr><td>대한 수입품목 (韓수출)</td><td>1. 자동차부품
2. 원동기 및 펌프
3. 합성수지
4. 건설광산기계
5. 기타석유화학제품</td></tr>
<tr><td colspan="2">대통령 방한기록</td><td>1999년 차베스 베네수엘라 대통령 방한</td></tr>
<tr><td colspan="2">주요 협약</td><td>• 문화협정 : acuerdo cultural('93), 과학기술 협력협정 : Acuerdo de Cooperacion Científica y Tecnológica('95), 고위급 정치 협의에 대한 양해 각서 : Memorando de Entendimiento para la Celebración de Consultas Políticas de Alto Nivel('97), 이중관세 철폐조약 : Convenio de Doble Imposición('06)</td></tr>
</table>

1. CIA World Fact Book: https://www.cia.gov/library/publications/the-world-factbook/
2. 외교통상부 국가 및 지역정보:http://www.mofa.go.kr/countries/index.jsp?menu=m_40
3. 대한상공회의소 국제통상정보서비스:http://global.korcham.net/Service/Country/appl/MapMain.asp
4. 대한무역투자진흥공사 해외무역관:http://www.kotra.or.kr/kh/about/KHKIPI050M.html?&MENU_CD=F0121&TOP_MENU_CD=F0104&LEFT_MENU_CD=F0121&PARENT_MENU_CD=F0112
5. 대통령 기록관:http://www.pa.go.kr/usr/cms/cmsList.do
6. 중남미 해당 국가 대통령실 홈페이지

• 국가별 자원 부존 현황

가. 석유

국가	매장량 (십억배럴)	세계비중	중남미 순위	세계순위	일일생산량 (천 배럴)	세계비중	중남미 순위	세계순위
베네수엘라	99.4	7.90	1	5	2,566	3.40	2	10
브라질	12.6	1.00	2	16	1,899	2.40	3	14
멕시코	11.9	0.90	3	18	3,157	4.00	1	7
에콰도르	3.8	0.30	4	28	514	0.70	6	29
아르헨티나	2.6	0.20	5	33	682	0.90	4	23
콜롬비아	1.4	0.10	6	38	618	0.80	5	28
페루	1.1	0.10	7	40	120	0.10	8	47
트리니다드 토바고	0.8	0.10	8	44	149	0.20	7	43
기타	1.4	0.10	-	-	138	-	-	-
중남미합계	135.0	10.70	-	-	9,843	12.50	-	-

출처 : BP Statistical Review of World Energy (June 2009)

나. 천연가스

국가	매장량 (십억 m^3)	세계비중	중남미 순위	세계순위	생산량 (십억 m^3)	세계비중	중남미 순위	세계순위
베네수엘라	4,840	2.60	1	9	31.5	1.00	4	24
볼리비아	710	0.40	2	30	13.9	0.50	5	35
멕시코	500	0.30	3	33	54.9	1.80	1	17
트리니다드 토바고	480	0.30	4	36	39.3	1.30	3	20
아르헨티나	440	0.20	5	37	44.1	1.40	2	19
브라질	330	0.20	6	44	13.9	0.50	5	36
페루	330	0.20	6	44	-	-	-	-
콜롬비아	110	0.10	8	50	9.1	0.30	7	45
기타	70	-	-	-	7.2	0.20	-	-
중남미합계	7,810	4.30	-	-	213.9	7.00	-	-

출처 : BP Statistical Review of World Energy (June 2009)

다. 주요 광물

• 석탄 [coal carbón]

국가	매장량 (백만톤)	세계비중	중남미순위	세계순위	생산량 (만 TOE)	세계비중	중남미순위	세계 순위
베네수엘라	479	0.10	4	31	470	0.10	3	26
콜롬비아	6,814	0.80	2	12	4,780	1.40	1	10
멕시코	1, 211	0.10	3	24	550	0.20	2	22
브라질	7,059	0.90	1	11	240	0.10	4	28
기타	654	0.10	-	-	60	-	-	35
중남미합계	16,217	2.00	-	-	6,100	1.80	-	-

출처 : BP Statistical Review of World Energy (June 2009)

• 철 [iron hierro]

국 가	기준	매장량	세계비중( )		세계 순위	중남미 순위	생산량 (e)	세계 비중 ( )	세계 순위	중남미 순위
		확인매장량	잠재매장량							
브라질	철광석	16,000	33,000	11	4	1	390	17.7	2	1
	Fe 금속량	8,900	17,000	12	4					
베네수엘라	철광석	4,000	6,000	2.6	14	2	20	0.9	13	2
	Fe 금속량	2,400	3,600	3.2	14					
멕시코	철광석	700	1,500	0.4	9	3	12	0.5	14	3
	Fe 금속량	400	900	0.5	9					
세계 총계	철광석	150,000	350,000	100	-	-	2,200	100	-	-
	Fe 금속량	73,000	160,000							

• 동 [copper cobre]

국 가	매장량	세계비중( )		세계 순위	중남미 순위	생산량(e)	세계비중 ( )	세계 순위	중남미 순위
	확인매장량	잠재매장량							
칠레	160	360	29	1	1	5.6	35.6	1	1
페루	60	120	10.9	2	2	1.2	7.6	3	2
멕시코	38	40	6.9	3	3	0.2	1.2	12	3
세계 총계	550	1,000	100	-	-	15.7	100	-	-

• 아연 [zinc, cinc] (철강재 부식 방지를 위해 도금하는데 사용)

국 가	매장량	세계비중( )		세계 순위	중남미 순위	생산량(e)	세계비중 ( )	세계 순위	중남미 순위
	확인매장량	잠재매장량							
페루	18	23	10	3	1	1.5	12.8	3	1
멕시코	7	25	3.8	6	2	0.5	4	6	2
세계 총계	180	480	100	-	-	11.3	100	-	-

• 니켈 [nickel níquel] (Stainless Steel, 자석, 충전용 건전지 등 산업 및 소비 제품에 사용됨)

국 가	매장량	세계비중( )		세계 순위	중남미 순위	생산량(e)	세계비중 ( )	세계 순위	중남미 순위
	확인매장량	잠재매장량							
쿠바	5,600	23,000	8	4	1	77	4.7	8	1
브라질	4,500	8,300	6.4	8	2	75.6	4.6	9	2
콜롬비아	1,400	2,700	2	9	3	74.9	4.6	10	3
도미니카 공화국	720	1,000	1	12	4	47	2.9	11	4
베네수엘라	560	630	0.8	16	5	20	1.2	16	5
세계 총계	70,000	150,000	100	-	-	1,610	100	-	-

• 망간 [manganese manganeso] (철의 생산을 위해 필수적으로 탈황과 탈산의 용도로 망간 1-3를 의무적으로 혼합해야 하는 광물중의 하나임.)

국 가	매장량	세계비중( )		세계 순위	중남미 순위	생산량(e)	세계비중 ( )	세계 순위	중남미 순위
	확인매장량	잠재매장량							
브라질	35	57	7	7	1	1.3	9.2	5	1
멕시코	4	8	0.8	8	2	0.13	0.9	8	2
세계 총계	500	5,200	100	-	-	14.0	100	-	-

• 몰리브덴 [molybdenum molibdeno] (강철 보강재로 이용되며, 석유 및 가스 산업에서 사용됨)

국 가	매장량	세계비중( )		세계 순위	중남미 순위	생산량(e)	세계비중 ( )	세계 순위	중남미 순위
	확인매장량	잠재매장량							
칠레	1,100	2,500	12.7	3	1	45	21.2	3	1
페루	140	230	1.5	7	2	17	8	4	2
멕시코	135	230	1.1	8	3	4	1.8	7	3
세계 총계	8,600	1,900	100	-	-	212	100	-	-

• 리튬 [lithium, litio] (휴대용 전자 장비 등에 사용되는 리튬 전지에 사용됨)

국 가	매장량	세계비중( )		세계 순위	중남미 순위	생산량(e)	세계비중 ( )	세계 순위	중남미 순위
	확인매장량	잠재매장량							
아르헨티나(e)	NA	NA	-	-	-	3.2	20.3	4	2
볼리비아	-	5,400	-	-	-	-	-	-	-
브라질	190	910	4.6	3	2	0.18	1.1	8	3
칠레	3,000	3,000	73.1	1	1	12	76.4	1	1
세계 총계	4,100	11,000	100	-	-	15.7	100	-	-

출처 : USGS Mineral Commodity Summaries (2009)

4. 3. 4. 인사 교류

스페인어 통역은 주로 국내 또는 국외에서 외교, 통상, 스포츠, 문화 관련 주제를 다루는 회의와 세미나참석, 산업연수, 예방 등의 행사에서 실시된다. 물론 단순히 관광을 목적으로 한국이나 중남미 지역을 방문하는 관광객들의 의사소통을 지원하기 위한 관광통역도 있지만 본 장에서 다루고자 하는 통역 관련 기관이라 함은 단순 방문객을 위한 기관이 아니라 공식 또는 비공식적인 업무를 처리하기 위하여 실시되는 회의 수요를 발생시키는 기관을 지칭한다. 대부분의 인사 교류와 상대국 방문은 특정한 목적을 가지게 된다. 예를 들어 평창동계올림픽 유치와 같은 국제행사 유치를 위한 홍보 임무, 직간접적인 투자를 유치하거나 양 지역의 자유무역협정 추진이나 협정 추진 과정에서 발생할 수도 있는 장애를 제거하기 위한 방문, 양 지역의 협력관계를 공고히 하기 위한 국빈방문, 공식실무방문, 실무방문, 산업플랜트 건설을 위한 입지와 타당성조사, 초청프로그램에 의한 주요 기관 및 시설 방문 등이 있다. 다양한 기관과 방문객들이 양 지역을 오고 가기 때문에 어느 기관이 주요 통역 관련 기관이라고 단정적으로 정의하긴 어렵지만 최소한의 기준을 제시한다면 몇 년 동안 한국에 체류하면서 한국의 발전상을 직접 확인하고 이한하는 주한 외교 사절의 활동을 참고한다면 주로 스페인어권 화자들이 중요시 여기거나 방문을 원하는 기관들을 유추하는 데에는 큰 무리가 없다(3.1.6. 수행 통역 참조).

4. 3. 5. 스페인어 순차통역 정보저장과 재생산

정보 전달을 위한 기억 부담을 줄이기 위해 노트테이킹, 즉 통역을 목적으로 하는 단기 기억 보조수단인 메모기술을 익히도록 한다. 노트테이킹은 한마디로 연사의 발화 내용을 적어 두었다 통역할 때에 사용하는 일종의 연설내용 기록 및 재생 기술이다. 속기와 다른 점은 현장에서 사용한 후 일정시간이 흐르면 해독이 되지 않을 정도로 통역사만이 식별할 수 있는 최소한의 기호와 문장을 이용한다는 것이다. 속기는 회의 내용을 빠르게 적을 수 있도록 해주고 거의 모든 내용을 재생시킬 수 있는 장점이 있는 반면에 다시 해독하는 시간이 걸리게 된다. 한편 노트테이킹은 일정 시간이 지나면 상당량의 정보를 복구하는 것이 불가능할 정도로 기호와 정보의 상관관계가 통역사의 창의성 및 자의성과 관련이 깊다. 노트테이킹은 주로 통역사가 기억해야 할 분량이 많은 순차통역에서 유용성이 크다. 연사의 발화와 동시에 통역하는 동시통역에서는 기억 부담이 큰 숫자 또는 고유명사 등을 통역할 때를 제외하고 노트테이킹을 해야 하는 상황이 빈번하게 발생하지 않는다.

스페인어 순차통역 정보저장과 재생산에 관한 연구
-노트테이킹을 중심으로-

한원덕

스페인어 순차통역 정보저장과 재생산에 관한 연구*
-노트테이킹을 중심으로-

Un estudio sobre el almacenamiento y la reproducción de la información para la interpretación consecutiva entre el coreano y el español. *Estudios Hispánicos*, 43,

Un intérprete que se ha formado en una institución especializada usa la técnica llamada *Toma de Apuntes* para adquirir, almacenar y evocar la información que se le ofrece. Sin embargo, dicha tecnología no es el único medio a su alcance para procesar los complejos, veloces y variados mensajes que crea cada enunciado. Su capacidad de leer la intención del orador, captar la reacción de la audiencia, y además sus esfuerzos para autoverificar por sí mismo la lógica de su plasmación son indispensables para asegurar la calidad de su reproducción. La presente tesis tiene como objeto reflexionar sobre el peso que implica la toma de apuntes que usan los intérpretes respecto a la transmisión del mensaje del orador al público, mediante un experimento con la participación de dos futuros intérpretes coreanos que aprendieron el español en condiciones muy diferentes, es decir, espontánea e instructivamente. Además es de particular interés establecer si la clase de la lengua en la que se almacena la información influye en la facilidad de retención de la información. Como material de investigación se han usado siete textos, es decir, cinco discursos que fueron pronunciados realmente en conferencias internacionales y dos informes sobre la importancia del turismo como industria de la próxima generación y el problema nuclear norcoreano.

[Enseñanza de la interpretación entre el coreano y el español/ Enseñanza del español / Enseñanza de lenguas extranjeras;
스페인어 통역교육/ 스페인어 교육/ 외국어 교육]

* 이 연구는 2007년 한국외국어대학교 교내학술연구비의 지원에 의하여 이루어진 것임.
이 논문은 2006년 12월 9일 단국대학교에서 열린 한국스페인어문학회의 겨울학술대회에서 발표한 것을 수정 보완한 것임.

1. 서론

통역사가 정보를 저장하는 형태가 반드시 노트테이킹이라는 수단에 의해서만 이루어지는 것은 아니다. 아무 것도 기록하지 않고도 정보를 연상 작용이나 입력된 정보를 반복적으로 암기하는 등의 방법을 통해 재생할 수도 있고 녹음기나 여러 사람의 협조 등을 통해서도 청취한 언어정보를 재생할 수 있다. 통역사의 임무는 화자가 전하고자 하는 메시지를 정확히 이해하고 최대한 원문의 의미가 훼손되지 않는 범위 내에서 목표 언어로 전환하여 청자 또는 청중에게 전달하는 것을 전제로 할 때 화자가 필요로 하는 발언의 내용이 기억하기 힘들 정도로 어렵거나 화자의 발화양이 많아지는 경우를 대비하기 위한 수단으로서 노트테이킹이라는 기법을 사용하게 된다. 본 논문에서는 정보저장과 재생산을 위한 노트테이킹의 중요성이 정보전달의 측면에서 과연 어느 정도이며 효율을 높이기 위한 방법이 무엇인지 고찰해 보고자 한다. 본 논문의 실험연구에는 국내에서 스페인어를 학습한 예비 통역사와 스페인어권 국가에서 상당기간 체류한 경험이 있는 학습자가 정보 제공자로 참여하였다. 두 학습자가 자신의 한국어 또는 스페인어의 수준이 다름으로 인해서 정보를 저장하고 재생하는데 상대적인 어려움이나 용이성을 갖고 있는지를 규명하는 것도 본 논문의 연구 대상이다.

2. 이론적 고찰

정보 저장은 물론 보조 도구를 사용하지 않고 단순히 암기하는 것으로 충분할 때가 있다. 내용이 어렵지 않거나 정보량이 적을 때 기록하지 않고 일시 저장할 수 있는 것이다. 또한 여건상 기록이 어려워 노트테이킹을 할 수 있는 상황이 아닐 때 예를 들어 선물 교환이나 인사말 교환 등 짧은 시간 내에 화자가 빈번히 개입하는 경우에는 일일이 기록하는 것이 오히려 번거로울 수 있다. 하지만 대부분의 경우 노트테이킹은 정보저장의 효율적인 수단으로 가장 많이 사용되고 있는 기법이다. 회의 시간이 길어지고 많은 정보를 통역해야 할 때에 필수적인 보조 수단이 되고 통역사가 실수 또는 이해 부족으로 완성하지 못한 정보처리 부분도 추후에 다시 보충할 수 있도록 하는 미 전달 정보의 복원에도 큰 도움이 된다. 순차통역에서의 정보의 저장과 재생산을 위해서는 노트테이킹과 같은 보조 수단이 필요하지만 이보다 더욱 중요한 것은 물론 이 수단을 사용할 수 있는 정보처리 능력과 기억력이다. Winfield와 Byrnes(1988)는 기억을 감각기억, 단기기억, 장기기억으로 구분하였고 감각기억은 시각, 청각 등 감각기관에 의해 일시 저장되는 기억, 단기기억은 일단 기호로 분류된 상태에서 저장시간이 짧은 기억, 장기 기억은 사건의 발생에 대한 기억처럼 오랜 기간 저장되고 활성화 될 수 있는 기억으로 정의하였다. 통역사에게 가장 필요한 기억은 바로 감각기억과 단기기억이라고 할 수 있다. 현장에서의 상황을 시각과 청각을 통해 종합적으로 파악하고 청각으로 전달되는 연사의 발화를 직접 기억하거나 노트테이킹을 통해 분류하고 재생하기 위한 처리능력과 기억력을 갖추어야 한다. 물론 통역사의 통역 관련 배경지식은 장기기억으로부터 지원을 받으며 단기기억과 장기기억 만큼 중요성이 크다. Danica Selexkovitch는 통역사에게 가장 중요한 것은 단순히 정보를 기억하는 능력이 아니라 언어신호에 의

미를 부여하기 위한 자신의 기억 능력을 향상하는 것이라고 하였다.[1)]

2.1. 정보저장의 수동성과 능동성

화자의 발언이나 연설을 청자에게 전달하기 위하여 통역학습자가 갖추어야 하는 가장 중요한 자질 가운데 하나가 기억력과 분석력 그리고 이를 토대로 청취한 정보를 종합적으로 정리하여 청중에게 제공하는 능력이라고 할 수 있다. 물론 모든 정보를 그것도 시간이 경과하는 상황 속에서 항상 기억하기가 매우 힘든 것이 사실이다. 어떤 발화자들은 자신의 생각을 매우 빠르게 말하여 도저히 짧은 시간 내에 기억하지 못하게 할 수 있고 또 다른 발화자들은 서로 관련성이 없는 콘텍스트를 혼합하여 이야기하면서 마치 청중이 자신의 발화를 모두 이해할 것이라는 오해 속에 통역의 일을 어렵게 하기도 한다. 심지어 자신의 의사를 숨기거나 고의로 핵심정보를 감추는 정보왜곡전략을 구사하기도 한다. 정보의 저장은 구조주의에 바탕을 둔 교수법의 시각에서 볼 때 주로 이해단계 즉 청취단계에서 이루어지기 때문에 자칫 수동적인 일련의 과정으로 인식되기도 하지만 실제로는 그렇지 않다는 이론적 근거를 찾아 볼 수 있다. Víctor García Hoz는 화용론의 시각에서 이해의 과정을 하나의 인지 과정으로 보고 귀납적인 정보 추론의 과정인 Bottom Up과 연역적인 정보 해석의 확대 과정으로서 Top Down 과정이 복합적으로 이루어지는데 이러한 모든 과정에서 적극적으로 개입하는 주체가 청자라는 점을 강조 한다.[2)] 뿐만 아니라 메시지의 파악은 문장의 언표내적 그리고 언표외적인 의미의 파악도 수반되어야 가능하기 때문에 통역사는 앞서 언급된 일반청자의 적극적인 이해 과정 노력과 맥락 속에서의 적절성을 갖춘 정확한 의미 파악을 위한 노력을 동일하게 수행하여야 함은 물론 청취와 재생산의 의미뿐만 아니라 시차에 의해서 발생되는 정보의 유지와 재생산에 관한 노력도 기울여야 함으로 매우 종합적인 인지능력이 필요하다고 하겠다. 실질적으로 통역은 정보를 이해하고 저장하는 단계 즉 발화가 시작되는 그 시점부터 효율적이고 가용성이 뛰어난 방법으로 이해하고 저장하는 노력을 해야 함으로 정보저장의 단계는 단순히 청자의 말을 듣고 있으므로 수동적인 성격을 지닌다는 인식에서 벗어나 보다 적극적인 행위가 필요하다는 인식을 가져야 할 것이다.

2.2. 노트테이킹의 원칙

노트테이킹은 통역사가 가장 선호하는 정보저장 방법으로서 전 세계 거의 모든 통역교육기관에서 주요 교육대상으로 포함시키고 있다. 하지만 노트테이킹의 이론과 원칙은 주로 서양어간의 통역 특히 스페인어의 경우 영어 스페인어 통역에 관하여 연구가 진행되어 그 결과를 한국어 스페인어간의 기록 방법에 무조건 적용하기엔 무리가 따르는 부분도 있다. 스위스의 Rozan[3)]은 다음과 같은 노트테이킹의 원칙을 제시했다.

---

1) Danica Seleskovitch(1978) *Language, langues et mémoire*, 33-34
2) V, García Hoz(1993) *Enseñanza y aprendizaje de las lenguas modernas, 102*
3) J. F. Rozan(.1956), *La prise de notes en Interprétation Consécutive.*

1) 지나치게 자세히 기록하지 않는다.

2) 보편적인 노트테이킹 법은 존재하지 않는다.
효용성의 최종 판단은 통역사가 한다.

3) 회의 성격이 간단하든 아니든 항상 노트테이킹의 효과는 존재한다.

4) 노트테이킹에 기울이는 주의력은 다른 정보처리와의 균형을 유지한다.

5) 메모가 확실히 알아 볼 수 있어야 한다.

6) 약자를 쓸 경우에 혼동되지 않도록 조심한다. 예를 들어 difícil를 지시할 때 dif만 기록 하면 diferente와 혼동의 여지가 있다.

Rozan의 원칙에 따른 구체적인 기록 방법을 예시하면 다음과 같다.

1) 말 보다는 개념을 옮긴다.

2) 약어 원칙을 만든다. 아주 짧지 않은 말은 약어로 적는다. 약어는 길게 나열되는 국제기구의 이름이나 같은 종류의 사물을 계속 나열 할 때 짧은 시간에 기록하기 위해 사용한다.

-혼동을 피하기 위해 끝말도 적는다.

Prod	Producción-	Pr on
	Productor	Pr or
	Producto	Pr to
	Productividad	Pr ad
	Producido	Pr do
	Comisión	C on
	Comité	C te

- 성과 수를 표현한다. Presiden**tas** Pr **tas**

- 약어는 문장의 모든 부분에 편의에 따라 적용할 수 있다.
Teniendo en cuenta la situación tal y como ella se presenta en la actualidad. → Sit ón Now.[4)]
A fin de llegar al enunciado de nuestras conclusiones → To end

3) 연결어를 표현한다(Concatenación). 연결어는 발화 내용의 전체적인 흐름을 나타내 주는 매우 중요한 경계선이 됨으로 기록할 때 확실하게 구분될

4) 영어로 표기하는 것이 효과적인 경우: Sit ón Now(현재의 상황)

수 있도록 특히 식별이 용이 하도록 표기 한다.[5)]

xq = por que debido a, por motivos de,

∵(필자가 사용하는 기호)

tho = a pesar de , aunque, ㅂㄱ

but = sino, por el contrario, ㄴ/

if = si, mientras, en el supuesto de que, ㅁ/

so = por lo tanto ∴

end = para concluir, finalizando, en resumen, 끝

Ser 동사, igual, =

4) X=Negación을 표현한다. 부정 표현은 표기하기는 간단하지만 잘 못 기록할 경우 연사의 의도를 정반대로 파악하게 됨으로 누락 되거나 실수가 없도록 주의한다.

5) 강조한다. 간단한 밑줄이나 다른 표식의 수를 늘려나가는 방법으로 정도, 밀도, 강도, 중요성 등을 강조한다.

El estudio es (muy)interesante = Int(2)

6) 수직으로 개념을 정리한다. 직접적으로 관련이 되는 부분을 하나로 묶어서 표기할 수 있는 방법 중의 하나가 상하 위치에 놓이게 하여 그룹을 이루게 하는 것이다.[6)]

El informe relativo a la Europa Occidental es un documento sumamente interesante.

$$\frac{\text{INF e}}{\text{W Euro}} \quad \text{INT e 2.}$$

7) 대각선 아래 쪽으로 전개한다. 이 기법의 장점은 주 정보를 구별하여 부수적인 정보와 혼동을 없애거나 한번 표기한 부분을 화살표로 끌어 오는 방법 등을 통해서 경제적인 정보저장을 할 수 있도록 도와준다. 다음은 세 문장이 동일한 통사 구조로 형성 되었을 때 생략되는 요소를 보여준다.

SUJETO VERBO OBJETO

(주어생략) VERBO (목적어생략)

(주어 동사 생략) OBJETO

---

5) 가장 끝의 기호는 필자의 기호이다.

6) Informe보고서, W Euro 서유럽, 분수 표시-관하여, INT 흥미로운

물론 동일한 가치는 대각선이 아닌 직렬, 또는 병렬 방식을 택하여 식별을 용이하게 한다.

1. 한국, 2. 대만, 3. 중국 4. 일본
2. 대만
3. 중국
4. 일본

2.3. 노트테이킹의 시점

노트테이킹의 기록내용은 크게 둘로 구분한다. 즉 기억하기 용이한 것으로서 중심아이디어를 형성하거나 연결어의 흐름을 놓치지 않는 것과 기억하기 힘든 숫자, 고유명사(생소한 지명 기록 어려움), 명사의 나열 등을 분리해서 기록한다. 노트테이킹은 화자가 발언을 시작할 때부터 함께 진행한다. 그 이유는 화자의 발언이 예상외로 길어지거나 연설문에서 벗어나 비 맥락화 된 주제를 다룰 수 있기 때문이다. 이러한 예상치 못한 환경에 노트테이킹에 있어서도 일정시간 맥락을 파악하기 위한 준비단계가 필요하다.

2.4. 노트테이킹의 언어

통역사들의 언어는 가장 수준이 높은 언어를 A언어 그 다음 수준에 있는 언어를 B언어, C언어 순으로 구분된다. 항상 두 개 이상의 언어가 사용되는 통역현장에서 극도의 긴장 속에 통역사가 어떤 언어를 선택해서 노트테이킹을 수행해야 통역이 효율적인가에 대한 문제가 학자들 간에 제기되어 왔다. 문제의 핵심은 사실 언어의 종류가 아니라 통역의 효율성이다. 다음은 이라크와 북한문제 관련 글이다. 한국어가 A언어인 필자가 노트테이킹한 결과 한글로 표기했을 때 상당한 시간이 절약되었다.

잘 아시다시피 금년 한해 우리 경제를 둘러싼 여건은 그리 순탄하지만은 않을 것으로 예상됩니다. 이라크 사태와 북한의 핵문제 등 대외적인 불안요인과 함께 지난 연말부터 소비와 투자 심리가 급속히 위축되고 있습니다.

- 스페인어로 노트테이킹 했을 때

@@, Preve. 06, Cir. e Cx ^-^X.

___

Factor Ex(Iraq y Arm Nu de C del N) + desde 0⌈5 Consum +
Intenci de Inver. ↘↘↘.

___

총 시간 40초

- 한국어로 노트테이킹 했을 때

@@ 06 e 여건 그리 순탄X. 예상.

Iraq + KN 핵 =XX 요인 + 0r5 소비 + 투자 심ㄹ. ↘↘↘.

총 시간 20초

정보재생의 시간적 차이 현상의 원인으로서 우선 스페인어 철자 보다 한국어 철자를 쓰는 시간이 더욱 단축되었고 또 식별의 용이성이 크다는 점을 들 수 있다. 따라서 실험연구 속에서 해외 체류 기간이 많은 학습자와 그렇지 않은 학습자의 반응 양태가 관심의 대상이다. 한국어와 스페인어의 노트테이킹에 있어서 난이도가 높은 과제는 숫자와 각종 기구명의 기록이다. 스페인어는 천 단위로 숫자를 끊어 읽는 반면에 한국어로는 만 단위가 기본 단위여서 정규교육과정의 집중 훈련을 받지 않는다면 현장에서의 자유로운 노트테이킹과 재생이 불가능하다. 스페인어로 연사가 Once mil millones de dólares라는 숫자를 발화했을 때 훈련되지 않은 경우 뒤에서 세 자리 씩 끊어서 계산하다가 많은 시간을 소비할 수 있다. 기록방법에는 중요한 숫자만 표시하고 나머지는 생략표시 예를 들어 기호 '-' 하나에 천 단위를 부여하여 11- - -이라고 표시할 수 있으나 한국어로 통역할 때 백십억 이라는 한국어 숫자로 신속히 전환하는 능력은 별도로 훈련해야 한다. 따라서 숫자를 청취할 때부터 직접 한국어로 기록하는 연습이 필요하고 반대 방향으로도 동일한 훈련을 해야 한다. 처음에는 숫자를 써서 보면서 읽는 연습을 하고 일정한 수준에 이르면 청취하여 기록하고 재생하는 훈련이 효과적이다.[7)]

3. 실험연구

실험연구에서는 노트테이킹의 중요성이 정보전달의 측면에서 과연 어느 정도이며 효율을 높이기 위한 방법이 무엇인지 고찰해 보고자 한다.

3. 1. 실험참여자

실험참여자는 두 명으로 한국외국어대학교 통번역대학원 한국어-스페인어과에 2006년 입학생들이다. 이들 가운데 (A)는 주로 국내에서 (B)는 해외에서 스페인어를 학습하였고 두 사람의

7) 한원덕(2001), 「경제스페인어 통번역교수법 개발에 관한 연구」, 『한국외대 통역번역연구소 논문집 5집』, 241-259.

스페인어 수준은 상위 급이다.[8)]

(A) - 한국외대 통번역대학원 2학년 재학생(여) 해외체류경력 1년

(B) - 한국외대 통번역대학원 2학년 재학생(여) 해외체류경력 18년

3. 2. 텍스트의 성격과 종류

실험연구에 사용된 텍스트는 모두 일곱 개이며 연설문과 문어체 텍스트 형식을 갖춘 보도 자료로 구성되어 있다. 이렇게 텍스트의 종류를 달리한 것은 실제로 통역현장에서 사용될 수 있는 다양한 텍스트의 경직성이 노트테이킹을 하는 통역사에게 주는 기억부담과 관련성이 있는지를 확인하기 위함이며 출발언어의 종류를 다양하게 함으로써 통역사가 선택하는 노트테이킹의 언어를 관찰하기 위한 목적도 지닌다. 분석 자료는 텍스트 원문을 낭독해 주고 이를 녹음하여 전사하는 방식으로 취득하였다. 텍스트 원문을 가장 먼저 표시하고 정보 제공자 (A)의 정보재생은 짙은 글씨로 정보 제공자 (B)의 정보재생은 이탤릭체로 표시하였다. 각 텍스트에는 부분적인 정보전달율을 표시하였으나 절대적인 수치라고는 할 수 없다. 그 이유는 비록 핵심적인 개념을 얼마나 전달했는가를 표시한 수치이기는 하지만 화자가 전달하려고 하는 의미가 문장을 통해서 계량화 할 수 있는 단위로 표시로 될 수 없는 가능성도 존재하기 때문이다.

1. 콜롬비아 자원 설명회(2006. 5. 광업부 전문가 연설문)
2. 한-스페인 포럼 개막연설(2003. 11. 주한 스페인 대사 연설문)
3. 2006 경제부총리 취임사(2006. 7. 권오규 부총리 연설문)
4. 페루 에너지 광물 장관 연설(2005. 7. 연설문)
5. 국가전략산업으로서의 관광 리포트(2005. 7. 경제관련 리포트)
6. 북핵실험과 동북아 정세 분석기사(2006. 10. 유뉴스 분석기사)
7. 개발을 위한 재정지원(2005. 9. 아르헨티나 외교장관 연설문)

3. 3. 텍스트의 통역 방향

(A는 한국어 B는 스페인어임. 노트테이킹이 없는 통역은 직접통역으로 표시)

	1)	2)	3)
1.	B-B 노트테이킹	B-B 직접	B-A 노트테이킹
2.	B-A 노트테이킹	B-A 노트테이킹	B-A 직접
3.	A-A 노트테이킹	A-A 노트테이킹	A-A 직접
4.	B-A 노트테이킹	B-A 직접	
5.	A-B 노트테이킹	A-B 직접	A-B 직접

---

8) DELE SUPERIOR 이상의 수준 (A)의 모국어는 한국어 (B)의 모국어는 스페인어

4) A-B 노트테이킹 5) A-B 직접

6. 1) A-A 직접 2) A-B 노트테이킹

7. 1) B-B 직접

3. 4. 텍스트의 정보전달율[9)]

텍스트 1 콜롬비아 자원 설명회(구어체 연설문)

1) B-B 노트테이킹 (연설문 인사말)

Muchas gracias por la invitación y por darme la oportunidad de exponer cual es la situación de Colombia en la parte de los recursos energéticos, en particular.(5개) La presentación mía va a ser un poquito diferente a la de mis compañeros porque en media hora es muy difícil tratar de resumir todos los aspectos de un país en un tema tan complejo como el de la minería, de todos los recursos y especialmente de petróleo y gas.(6개) 총 11개

Gracias por la invitación, y por darme oportunidad exponer cual es la situación de Colombia en parte de los recursos energéticos.(5개) Mi ponencia será un poco diferente a las de mis compañeros, porque media hora es muy difícil tratar de resumir, eh, los recursos, resumir aspectos, eh, energéticos en un tema tan complicado que tiene eh, los temas de mineras de todos los recursos, especialmente de petróleo y de gas.(6개) 총 11개 **1) -a 11/11-100%**

Muchas gracias por su invitación y por darme la oportunidad de exponer nuestra, la situación de Colombia sobre los recursos energéticos(5개). Mi presentación va a ser un poco diferente a la de mis compañeros porque es muy difícil resumir en media hora todos los aspectos de un país eh... todos los aspectos de los recursos de un país como la minera. Y de todos los recursos eh... el petróleo y el gas(6개). 총 11개**1)-b 11-11 100%**

2) B-B 직접 **(**연설문- 본문**)**

El petróleo, como ya lo vamos a ver, pero lo adelanto, es poquito, digamos, para el futuro(4개). Estamos explorando agresivamente por más petróleo

9) 각 텍스트의 낭독길이는 약 20초이다. 낭독자는 한국어와 스페인어 텍스트 모두 한국인 교수였으며 명확한 발음으로 정상속도로 낭독하였다. 따라서 스페인어 텍스트의 경우에도 청취하기에 발음의 문제는 없었지만 실제 상황에서 스페인어 텍스트를 모국인 이 낭독할 경우 난이도의 상승할 것이 예상된다, 즉 정보전달율의 저하가 발생할 가능성이 있다.

porque Colombia aproximadamente la cuarta parte del presupuesto nacional depende de las exportaciones de petróleo(4개). Más o menos la cuarta parte de él viene de las exportaciones de petróleo, entonces es muy importante el petróleo dentro del país lo que son exportaciones(3개). 총 11개

El petróleo, como vamos a ver, es importante porque la cantidad es poca. La cuarta parte de la exportación colombiana viene del petróleo. 총 3개 **2)-a 3/11-27%**

El petróleo, como lo vamos a ver, es muy importante. Por eso, vamos a explorar mas agresivamente por el petróleo, porque la cantidad de petróleo, es muy poca(3개). La cuarta parte del presupuesto nacional depende del petróleo, (3개). Es por eso, el petróleo, es importante en nuestras exportaciones. Nuevamente es la cuarta parte del presupuesto nacional(2개). 총 8개 **2)-b 8/8-72%**

3) B-A 노트테이킹(연설문 본문)

Todas esas cifras están en franca decadencia(2개), digamos, están mejorándose(1개) bastante... no traje esas estadísticas(1개) pero lo que les quiero decir del mensaje de seguridad es que sí somos conscientes(3개), es un problema que estamos atacando(1개), no lo ignoramos cuando hacemos estas presentaciones a inversionistas(2개)..no nos molesta que nos pregunten sobre eso(2개). Estoy dispuesto a responder cualquier pregunta sobre el tema(2개), no la evitamos simplemente por cuestión de espacio de tiempo pues no voy a hacer la presentación aquí de cómo se han disminuido esas estadísticas. 총 14개

이와 관련된 모든 수치는 줄어들고 있다고 말씀드릴 수 있습니다**(2개).** 즉, 어, 환경이 개선되고 있다고 말씀드릴 수 있습니다**(1개).** 그러나 이러한 자료들은, 이러한 수치 자료들은 제가 가져온 것이 아닙니다. 어, 여러분들은, 어, 그, 이러한 문제에 대해, 어, 잘 알고 계신다고 생각됩니다. 어, 저는 이러한 문제들을 무시하는 것입니다. 어, 오히려 투자자 여러분들에게, 어, 이러한 상황에 대해 설명을 드리고자 하는 것입니다. 어, 여러분께서는 콜롬비아의 안보 상황에 대해서 궁금하신 점이 있다면 언제든지 주저하지 마시고 제게 질문을 하셔도 됩니다(1개). 저는 여러분들에게 대답을 드릴, 어, 용의가 있습니다. 주저하지 마시고 질문해 주시기 바랍니다. 총 4개 **3)-a 4/14 -29%**

이 모든 수치들이 점점 더 하락, 하락해져 가고 있습니다(2개). 이것은 곧, 곧 우리 상황이 점점 더 개선되고 있다는 것을 볼 수 있습니다(1개). 제가 오늘,

어... 이런 수치들을 갖고 온 것은 어... 우리가 어, 우리가 이 문제를 대처하고 있다는 것(1개)에 대한 어... 메시지를 전하고자 하는 것이었습니다. 우리는 이 문제를 무시하지 않고 있습니다(1개). 또한 우리에게 투자하는 어... 사람들에게도 어... 사람들이 이러한 질문을 하는 것에 대해서 어, 불편해 하지도, 불편해 하지도 않습니다(2개). 저는 어... 어떠한 질문에도, 이와 관련된 어떠한 질문에도 답할 수 있는, 답할 수 있습니다(2개). 저는 이 부분에 대해서, 우리는 이 부분을 회피하지 않습니다. 총 9개 **3)-b 9/14-64%**

텍스트 2. 한-스페인 포럼 개막연설(연설문)

4) B-A 노트테이킹

Viceministro Kim Jae Sup, Gracias por participar en la apertura de este primer encuentro(5개) hispano-coreano de sociedades civiles. Su interés personal e institucional no deja de ser una confirmación relevante del acerto de Casa Asia y de Korea Foundation al organizar la reuión(4개). 총 9개

존경하는 김재섭 차관님, 오늘 한국과 스페인의 첫 번째 만남에 관한 이 행사의 개막식에 참여해 주신 것에 대해 대단히 감사의 말씀을 전하고 싶습니다(5개). 차관님의 개인적인 관심과 그리고, 그, 부처적인 관심은 **Korea Foundation**이 이번 행사를 주최하는데 있어서 아주 중요한, 어, 동기가 되었다고, 어, 생각합니다(**2**개). 총 7개 **4)-a 7/9-77%**

존경하는 김재석 차관 어 차관님 어 오늘 어 한국-스페인 첫 번째 포럼에 참석하게 되신 것에 대해서 매우 감사의 말씀을 드리고 싶습니다(4개). 어 또한 어 이런 개인적이고 반 어 공동체적인 어, 포럼에 참석해 주신 것도 굉장 어 굉장히 감사의 말씀을 드리고 싶습니다. 이 포럼은 어 까사 아시아와 어 코리아 파운데이션에 어 입각하는 어 포럼 어 포럼입니다(2개). 총 6개 4)-b 6/9-66%

5) B-A 노트테이킹

Como institución anfitriona, Korea Foundation ha asumido una parte importante de responsabilidad en el éxito del encuentro(4개), Presidente Lee In Ho, le agradezco, también en nombre de todos los participantes españoles, el esfuerzo y los resultados de ese esfuerzo para que esta reunión resulte organizativamente perfecta(4개). 총 8개

주최 기관으로서 **Korea Foundation**은 이번 성공적인 만남에 대해 아주 막중한 책임감을 느끼고 있습니다(4개). 존경하는 이인호 회장님, 어, 회장님께

감사의 말씀을 드리고 싶습니다. 어, 이번 회의가, 이번 회의의 성공적인 주최를 위해 노력해 주신 점과 그리고 그 노력으로 인해 나타난 성과에 대해서 스페인 쪽에서 오신 참가자를 대표하여 감사의 말씀을 드리고자 합니다**(4개).** 총 8개 **5)-a 8/8-100%**

이 회의를 주최한 기관으로서 코리아 파운데이션은 오늘, 오늘의 만남을 성공적으로 하기 위해서 어 성공적으로 유치하기 위해서 어 중요한 역할을 해 왔습니다(3개). 이인호 이사장님에게 감사의 말씀을 드리고 싶으며, 또한 스페인, 오늘 참 스페인 어 참가자들을 대표해서 감사의 말씀을 드리고 싶습니다. 어 이인호 이사장님께서는 이러한 노력, 그리고 노력의 성과를 음 아, 이 이 이 포럼이, 이 포럼이 성공적으로, 완벽하게 이루질 수 있도록 그러한 노력, 그리고 노력, 노력에 대한 성과를 이루어내셨습니다(4개). 총 7개 **5)-b 7/8-87%**

6) B-A 직접

Quiero terminar agradeciendo también las muchas horas dedicadas al éxito de esta reunión por muchas personas: mis colaboradores y colegas en la embajada, los miembros implicados en la organización en Korea Foundation y todos aquellos que con su asesoramiento y consejos han permitido que hoy se reúnan dos delegaciones de alto nivel(5개).

마지막으로, 어, 이번 회의의 성공적인 주최를 위해 노력해 주신 스페인 대사관 관계자 여러분과 그리고, 어, 그 외에도 그, 스페인과 한국의 만남을 위해 노력해 주신 어, 여러 관계자 여러분들의 충고와, 어, 고문의 말씀에 대해서도 감사의 말씀을 전하며, 어, 제 연설을 끝내고자 합니다(4개). **6)-a 4/5 80%**

이 회의를 성공적으로 이루기, 이루 이루기 위해서 애쓰신 어 스페인 대사관에서 일을 하고 있는 동료여러분, 그리고 어 코리아 파운데이션의 코리아 파운데이션의 관계자 여러분, 그리고 이 이 회의가 성공적으로 이루어질 수 있도록 많은 조언과 지지를 해주신 여러분들에게 감사를 드리며, 이 연설을 마무리하고 싶습니다(4개). 지금까지 한국과 스페인은 어 협동적인, 협동적인 어 계획을 짜는 데에 있어서 많은 어, 성과를 얻었습니다. 또한 카사 코리아는 이러한 회의에 회의가 좀더 어, 성공적으로 진행될 수 있도록 어 많은 기여를 한 것 했습니다. 총 4개, **6)-b 4/5-80%**

텍스트 3. 2006 경제부총리 취임사 (연설문-경제정책설명)

7) A-A 노트테이킹

재경부가 역점을 두고 추진할 정책방향에 대해 말씀드리겠습니다(3개).

첫째, 거시경제를 철저히 관리해 나가야 합니다(3개). 동반 성장 전략은 건전하고 안정된 거시경제가 뒷받침되어야 가능하기 때문입니다(3개). 거시정책을 철저히 관리해 나가기 위해서는 경제상황과 재정집행에 대한 정밀하고 체계적인 진단이 중요합니다(5개). 이에 기초한 전망을 토대로 시장과 적기 소통할 수 있도록 해야 합니다(2개). 총 16개

재경부가 역점을 두고 추진해야 될 정책 방향에 대해 말씀드리겠습니다(**3**개**).** 첫째, 거시 경제를 철저하게 관리해야 합니다(**3**개**).** 동반 성장 전략을 위해서는 건전하고 안정된 거시 경제가 뒷받침되어야 할 것입니다(3개)**.** 거시 정책의 철저한 관리를 위해서는**,** 어**,** 경제 상황과 재정 집행에 관한 정밀하고 체계적인, 어, 진단이 중요합니다(**5**개**).** 어, 이를 토대로**,** 어**,** 시장과 적기에 소통할 수 있어야 합니다(**2**개**).** 총 16개 **7)-a 16/16-100%**

어... 재정경제부가 어디에 역점을 두는지에 대해서 말씀, 어, 재정경제부가 정, 어디에 역, 역점을 두고 정책 방향을 제시하는 지에 대해서 말씀드리겠습니다(3개). 첫 번째는 거시경제의 철저한 관리입니다(3개). 동반 성장 전략과 어... 건전하고 안전한, 어, 거시경제... 아! 전략이 건전하고 안정한, 안정적인 거시경제를 뒷받침 해줄 것입니다(3개). 거시경제의 철저한 관리는 재정, 음... 재정상에 도움이 될 것이고, 도움이 될 것입니다. 우리는 정밀한 체계를 통해서 어, 체계를 형성하고 시장의 적, 시장에 적기에 소통할 수 있도록 해야 할 것입니다(3개). 총 12개, **7)-b 12/16-75%**

8) A-A 노트테이킹

양질의 일자리는 기업에서 나옵니다(2개). 기업이 경제 하려는 의욕을 가질 수 있도록 창업에서 퇴출에 이르는 기업 활동 전반에 걸쳐 규제를 획기적으로 개선하여야 합니다(3개). 국내기업은 물론 외국기업에게도 보다 나은 투자환경을 제공할 수 있어야 합니다(3개). 총 8개

양질의 일자리는 기업에서 나옵니다(**2**개**).** 기업이 경제할 수 있는 의욕을 가질 수 있도록 창업에서 퇴출에 이르기까지 기업 활동의 전반에 대해 규제를 획기적으로 줄여야 할 것입니다(**3**개**).** 뿐만 아니라**,** 국내 기업과 외국 기업에게 보다 나은 투자 환경을 제공해야 할 것입니다(**3**개**).** 총 8개 **8)-a 8/8-100%**

양질의 일자리는 기업에서 나옵니다(2개). 기업이 경제적... 경제를 할 수 있도록, 어... 경제를 하는 데에 의욕을 갖게 해야 할 것입니다(2개). 이것은 창업에서 퇴출까지, 어... 규제를 개선해야 할 필요가 있습니다. 국내는 물론, 외국 투자가들도 어... 편하게 투자 할 수 있도록 투자 환, 환경을 제공해야 할 것입니다(3개). 총 7개 **8)-b 7/8-87%**

9) A-A 직접통역

세계 20-30위권인 우리의 기업환경을 선진국 수준으로 개선하기 위한 구체적인 추진방안을 빠른 시일 내에 제시해야 합니다(4개). 이를 위해 경제부처 뿐 만이 아니라 비경제부처를 포함한 정부기구 민간과도 긴밀히 협력해 나갈 필요가 있습니다(4개). 총 8개

세계 **20~30**위권인 우리 한국의 경제 수준을 선진국 수준으로 올리기 위해서는, 어, 빠른 시일 내에 경제 정책을 제시해야 합니다(**3**개). 그리고 이를 위해서는 경제 부처뿐만이 아닌 비 경제 부처를 포함한 정부기구, 민간 기구와도, 어, 협력해야할 필요가 있습니다(**4**개). 총 7개 **9)-a 7/8-89%**

현재 20~30위 정도에 달하는 기업 환경을 선진국 수준으로 끌어올려야 할 것이며(2개), 이를 위해서 어... 경제 부처, 어, 뿐만이 아닌 비경제 부처도, 부처도 함께 어... 협동을 해야 하며, 그 외에 어... 민간 부분, 부문도 함께 협조를 해야 할 것입니다(2개). 총 4개 **9)-b 4/8-50%**

텍스트 **4.** 페루 에너지 광물 장관 연설(연설문-에너지정책설명)

10) B-A 노트테이킹

Esta tercera reunión de ministros tiene particular importancia por los temas que serán tratados y por su oportunidad(4개), pero también porque confirma el interés de los Países Miembros para seguir impulsando el proceso de integración energética como una vía para alcanzar el desarrollo y la mejora en la calidad de vida de nuestros pueblos(3개). 총 7개

이번 **3**차 장관급 회의는 이 회의가 다루게 될, 어, 주제뿐만 아니라 그 기회면에서 아주 중요한 회의가, 어, 될 것입니다(**4**개). 뿐만 아니라, 국민들의 삶을 향상시키기 위한, 어, 방법으로서 에너지 통합의 길을 이룰 수, 이루기 위한 회원국들의 이익을 확인할 수 있는, 어, 기회로서 매우 중요한 의미를 지닌다고 불 수 있습니다(**3**개).총 7개**10)-a 7/7-100%**

아, 제 3차 장관급 회의는 매우 중요한 임무를 띄고 있습니다. 이것은 그 주제, 어, 오늘 다루어질 주제일 뿐만이 아니라, 그 기회...에... 그 기회를 얻을 수 있기 때문입니다(4개). 어, 또한 음... 또한 그... 중요한, 중요한 것에 대한 이유는 이... 어... 지금 회원국들이 이, 이 에너지에 부분..., 이 에너지에 대해서 얼마나 관심을 기울이고 있는지를 볼 수 있기 때문입니다. 우리는, 어, 서로 통합을 하여, 우리 국민이 좀더 발전적이고, 어... 상향된 어, 향상된 생활을 이룰 수 있도록 해야 할 것입니다(2개). 총 6개 **10)-b 6/7-85%**

11) B-A 직접통역

Estimados ministros.

La interconexión eléctrica de nuestros países sigue avanzando, ya sea a través del desarrollo de los enlaces físicos, como también por lo esfuerzos que se vienen desplegando para armonizar los aspectos normativos, operativos y comerciales, dentro del marco de la Decisión 500. 총 5개

존경하는 각하, 장관님 여러분, 어, 저는, 어, 회원국들 간에 전력 통합의 중요성에 대해 잘 알고 있습니다. 이 전력 통합은, 어, 그, 회원국들 간에, 어, 그, 회원국들 간에 여러 관계를 통해서, 어, 이루어진 것입니다**(2**개**). 11)-a 2/5-40%**

존경하는 장관님들, 어, 우리는 지금까지 어... 어, 지속적으로, 지속적으로 발전을 해 왔습니다. 특히 이러한 전력, 전력 통합을, 통합을 통해서 우리의 관계는 더욱 돈독해졌습니다. 그 뿐만이 아니라, 어... 결의안을 통해서 우리는, 음, 결의안을 통해서, 어... 우리의 생활을 더욱 어... 안정되게 했습니다(3개).
총 3개 **11)-b 3/5-60%**

텍스트 **5.** 국가전략산업으로서의 관광 리포트(문어체 텍스트)

12) A-B 노트테이킹

우리나라는 지정학적으로 대륙과 대양이 만나는 중심에 위치하고 있다(3개). 그래서 지난 세기에 세계열강들이 우리나라를 지배하려고 했고(4개), 지금도 우리나라를 둘러싸고 미, 일, 중, 러 4대국의 이해관계가 첨예하게 대립하고 있다(3개). 총 10개

Geopolíticamente nuestro país está situada en el centro que une el Océano Pacífico y el Continente de Eurasia(3개). En el siglo pasado, los potencias del mundo intentaban dominar a nuestro país(4개). Y ahora todavía muchos, eh, 4 potencias, por ejemplo, los EE.UU., Japón, China y Rusia, eh, están intentando, eh, perdón. Todavia los intereses de 4 potencias, como los EE.UU., Japón, China y Rusia, se chocan frontalmente(3개). 총 10개

12)-a 10/10-100%

Corea se sitúa en el punto en donde se...., eh.... en un punto geopolítico, en donde se encuentran el continente y los océanos(2개). Es por eso que las grandes potencias del mundo han puesto un gran esfuerzo para dominar Corea(3개). Y hoy en día también Estados Unidos, Japón, China y Rusia también, ah... se están enfrentando por sus propios intereses(2개). 총 7개

12)-b 7/10-70%

13) A-B직접통역

또한 우리 나라는 지정학적 위치만이 아니라 문화적으로도 동아시아 더 나아가 아시아의 중심에 있었다(4개). 그동안 일제의 식민정책에 의해 우리 나라의 문화 영향력이 왜곡, 축소되었지만(3개) 최근에 여러 연구들을 통해서 우리의 문화는 일본, 중국을 넘어 아시아 여러 나라와 교류하고 영향을 준 것이 밝혀지고 있다(6개). 일찍이 타고르가 우리나라를 동방의 빛이라고 발한 것도 이런 사실을 입증하는 것이다(3개). 총 16개

Tanto geopolítica como culturalmente, nuestro país estaba situado en el centro del Este Asiático y, eh, todo el Asia(4개). Durante mucho tiempo, eh, bajo el dominio japonés la influencia cultural de nuestro país fue reducido y distorsionado(2). Sin embargo, recientemente, eh, muchos informes revelan que nuestro país tuvo, um, muchos intercambios culturales con otros países, como China y Japón, y influyeron a estos países(6개). 총 12개

13)-a 12/13-92%

No solo geopolíticamente sino que Corea también culturalmente ha ejercido una gran influencia en todo el mundo(3개). 어, se ve que, 어... ah, que Corea, que... la comunicación de Corea no solamente se extendió en el, en... el... Asia, en... el... Oe, en... el... Asia del este sino que también se extendió a toda Asia. Es por eso que se di... ah, perdón. Ah... según informes, se dice que Corea ah... Corea ha te, ha tenido una gran comunicación más allá de Japón y China hacia todo el univer... hacia todo el mundo. **13)-b 3/13-23%**

14) A-B 직접통역

그런데 과거가 아니라 오늘 우리나라는 새롭게 아시아의 중심국가로 부상하고 있다(4개). 정보 인프라구축과 인터넷 사용율 세계 1위, 우수한 사회 인프라와 정보산업이 선도하는 세계 11위의 교역국, 높은 교육수준과 생산능력 및 활기찬 국민생활, 월드컵을 통해 분출된 대한민국의 저력 등은 아시아만이 아니라 세계 각국의 주목을 받고 있다(12). 총 16개

Hoy en día, Corea del Sur está surgiendo como un país centro de Asia(4개). Eh, los, las ventajas de Corea, como, la, eh, la infraestructura social, y el número, el alto número de usuarios de la red, y, que la ventaja como un décimo país comercial de, gracias a la infraestructura social y la sociedad informática, el alto nivel de educación, y el alto nivel de la producción, por último las fuerzas del pueblo surcoreano, llaman la atención de Asia y todos los países del mundo(9개). 총 13개 **14)-a 13/16-81%**

No sólo en el pasado sino que en el presente también Asia, eh, digo, perdón, Corea eh... emerge como el país central de toda Asia(4개). Es u... eh... se ubica en el primer lugar en la construcción de la infraestructura de la informática y en... en el número de, y en el número de usuarios de internet. Además se ubica en el décimo primer lugar de la eco... de la industria informática y de la, del comercio del, de la misma industria. Corea también tiene una alto nivel de educación y una gran capacidad de producción y la actividad de eh... de los, del pueblo es muy activo, es muy dinámico. Además Corea, um... ha obtenido una gran energíaa a través de la Copa Mundial(9개), y se está extendiendo no solamente hacia... hacia Asia sino hacia el resto del mundo. 총 13개 **14)-b 13/16-81%**

15) A-B 노트테이킹

우리나라는 2000년에 사상 최초로 500만 명이 넘는 해외관광객을 유치하였다(4개). 그러나 이는 총 국제여행자 7억 명의 0.7% 수준일 뿐이다(2개). 같은 해에 아시아 지역으로 여행한 사람들은 총 1억 명이었다(3개). 중국은 우리나라보다 6배 많은 3천만 명의 관광객이 다녀갔고(2개), 말레이시아, 태국, 홍콩 등도 천만 명 규모의 외래 관광객을 유치하였다(5개). 총 16개

El año 2000, nuestro país eh, tuvo por primera vez en la historia surcoreana, eh, más de, eh, 5 millones de turistas extranjeros(4개). Sin embargo, esto es slo un, unos 0, 7% del total de los turistas extranjeros, eh, de 700 millones de personas(2개). En el mismo tiempo, en el mismo período, que, más de 100 millones de personas viajaron a la región asiática(3개). Eh, China tuvo, eh, 30 millones de personas, 6 veces más que, eh, Corea del Sur(2개). Además, Malasia, Tailandia y Hongkong también tuvo, um, tuvieron, um, más de 10 millones de turistas extranjeros(5개). 총 16개 **15)-a 16/16/-100%**

En el año 2000 Corea ha...ah, ha atraído por primera vez a, a quin, a 5 millones de turistas, de turistas(4개). Pero esto solamente alcanza un nivel de 0,7% de los 700 millones, 700 millones de turistas alrededor de todo el mundo(2개). El mismo año, eh... la cantidad de turistas en Asia, fue de 100 millones, de 100 millones(3개). Y en caso de China, obtuvieron más o menos el, el... 6 veces más de turistas que Corea. Y, Co... eh... Malasia, Tailandia y Hong kong, también atrayeron eh... turistas extranjeros, ah, atrayeron muchos turistas extranjero(6개). 총 15개 **15)-b 15/16-93%**

16) A-B 직접통역

중국은 세계 제 5위의 외국관광객 유치국인 동시에(2개) 13억 명의 인구를 갖고 있는 최대 송출 잠재국이다(2개). 중국은 현재 최소한 1200 만 명 이상이 해외 관광을 하고 있으며(4개), 수년 안에 1억명 이상이 해외 관광을 하고 이중 10%인 천만 명이 우리나라로 관광 올 가능성이 있다(6개). 총 14개

Ahora, China es, la, China es el quinto país que tiene eh, los turistas extranjeras(2개). Y además, es un país potencial de envío de turistas, eh, turistas. Ahora China, um, tiene 13, um, 100, ah, 130 mil millón, millón, perdón, 130 millones de, eh, habitantes(2개). Eh, ahora, 12 millones de chinos viajan al extranjero(3개). Y se prevé que dentro de poco tiempo 100 millones de personas van a viajar a, van a viajar al exterior, y eh, exterior(3개). 총 11개 **16)-a 11/14-79%**

China(1개) es un país potencial de emisión de turistas(1개) que tiene una población de más o menos ah... cincuen... cinco mil millo... 5 mil millones de habitantes. Además se dice que hoy en día la pobla... los turistas, ah... los turistas que, los turistas, la cantidad de turistas chinos son de ah... de mil doscien... de cien, 12 mil... ah, de 12 mil... 12 mil, pero se expecta que dentro del año aumentar hasta cien... 총 2개 **16)-b 2/14-14%**

텍스트 **6.** 북핵실험과 동북아 정세(문어체 프리젠테이션)

17) A-A 직접통역

10. 9북핵실험 이후 언론이 가장 주목했던 것은 북중관계가 과거와는 다르게 급속하게 냉각되어가고 있는 것이 아닌가 하는 점이다(5개). 일부에서는 문화대혁명 이후 최악의 관계니 전통적 혈맹관계가 무너지고 있다는 전망을 내놓고 있다(5개). 아주 극단적인 전망으로는 북 내부에서 친중쿠테타의 가능성이 있다는 전망까지 나올 정도로 새롭게 정립되고 있는 듯한 북중관계에 대한 양극단을 오가는 평가들이 난무하고 있다(4개). 총 14개

10월 9일 북한의 핵실험 이후 언론들이 주목하고 있는 것은 중국과 북한의 관계가 냉각되고 있는가 아닌가에 관한 것입니다**(5).** 일부에서는 중국의 문화대혁명 이후 북중 관계가 최악의 관계에 이르렀다 혹은 전통적 혈맹 관계가, 어, 무너지고 있다는 논쟁을 벌이고 있습니다**(4개).** 극단적인 경우에는 북 내부에서 친 중국적인 쿠데타가 일어날 가능성이 있다는 등 새롭게 정립된 북중 관계에 대한 평가가 난무하고 있습니다**(4개).** 총 13개 **17)-a 13/14-92%**

10월 9일 북핵 실험 이후 언론은, 언론이 주목하는 부분은 중국과 북한의, 북한의 관계가 어... 예전과는 다르게 급속히 냉각되고 있는 것입니다(4개). 어... 문화 대혁명 이후로 최악의 관계다(1개), 또는 전통적 혈맹, 어... 혈맹과는 다르다 라는 논쟁이 어, 벼러지고 있습니다. 어... 또한 일부에서는 극단적인, 어... 전망을 하고 있습니다. 이것은 어... 어, 친중국 쿠데타, 어, 쿠데타와 같은 것입니다. 이러한 새로운 적립... 정립으로, 북중 관계가 어떻게 될지 어, 난무한 상황입니다. 총 5개 17)-b 5/14-35%

18) A-B 노트테이킹

이러한 소위 '착시현상'은 북중관계가 지금까지 매우 밀접한 혈맹관계였다고 가정하는데서 생긴다(4개). 최근에 들어와 북중관계가 혈맹에서 일반적인 국가 대 국가의 관계로 전환하는 것처럼 보이나(5개) 실제 북중관계는 문화대혁명 시기를 거쳐 이후 중미 수교를 거치고 중국이 소위 '시장사회주의' 노선을 걸으면서 이미 전통적 혈맹관계는 상징적인 의미만 남게 되었다고 보는 것이 더 정확하다고 판단됩니다(8개). 총 17개

Esta ilusión óptica que se debe, perdón, esta ilusión óptica proviene del hipótesis de que las relaciones entre Corea del Norte y Sur, ah, China, eh, es, tiene una relación muy estrecha(3개). Recientemente parece que las relaciones entre Corea del Norte y China se cambian de las relaciones muy estrechas a las estrechas generales entre los Estados(5개). Sin embargo, después de la Revolución Cultural de China y el establecimiento diplomático entre China y EE.UU. las relaciones, eh, sustanciales entre 2 países, eh, tiene un símbolo de, perdón, y después de que China cambia su línea hacia mercado social, eh, las relaciones de 2 países tiene sólo un símbolo de las relaciones de, relaciones tradicionales, eh, estrechos(4개). 총 12개

18)-a 12/17-70%

Esta ilusión óptica de la relación entre Corea, entre Corea del norte y China hasta ahora se ve que, se ve que fue por la, ah, estrecha relación ah, estrecha relación de alianza entre estos dos países(3개). Pero en la actualidad, se dice que la relación de, entre estos dos países, mm.. se está transformando desde una alianza de sangre hacia una relación entre país, entre dos países(5개). Ah, sin embargo, sin embargo esto solamente se ve as pero realmente se puede decir que después de la revolución cultural y de la relación de China y Estados Unidos, China está avanzando, est, China ha elegido un, ha electo camino de mercado social. Es por eso que esta relación, esta relación tradicional de hermandad solamente es un símbolo para estos países. Esto sera, eh... la, esto será ah... la desición más apropiada(6개). 총 14개 **18)-b 14/17-82%**

텍스트 7. 개발을 위한 재정지원(아르헨티나 외교장관-연설문)

19) B-B 직접

Es necesario construir un nuevo sistema bajo los aceptados y proclamados valores de la transparencia y la responsabilidad, pilares básicos para la construcción de un sistema internacional más democrático y equitativo(5개). Desde luego esta no es sólo la opinión del Grupo de Rio. Son muchos los expertos y dirigentes que promueven un nuevo llamado a una conferencia internacional de jefes de Estado(4개). 총 9개

Es necesario construir una democracia, una democracia bajo la transparencia y la responsabilidad, estos dos pilares son importantes para construir la democracia equitativa(3개). Esto es no sólo opinión del Grupo de Río sino tambiéb son de muchos expertos y los dirigentes de los Estados en una conferencia de países internacionales(2개). 총 7개 **19)-a 7/9-78%**

*Es necesario construir un sistema que tenga como básico la transparencia y la responsabilidad. Estos dos pilares son muy esenciales para construir el sistema(5개). El Grupo Río tratará de realizar este sistema pero también se necesitará la participación de los Jefes de Estado(2개).*총 7개 **19)-b 7/9-78%**

텍스트의 총 정보 전달율은 다음과 같다.[10)]

총정보전달율

A-A

노트테이킹(%)		직접통역(%)	
(A)	(B)	(A)	(B)
1) BB 100	100	2) BB 27	72
3) BA 29	64	6) BA 80	80
4) BA 77	66	9) AA 89	50
5) BA 100	87	11)BA 40	60
7) AA 100	75	13)AB 92	23
8) AA 100	87	14)AB 81	81
10) BA 100	85	16)AB 79	14
12) AB 100	70	17)AA 92	35
15) AB 100	93	19)BB 78	78
18) AB 70	82		
88	81	66	49

노트테이킹을 하지 않아 발생할 수 있는 정보손실율을 계산하면 다음과 같다. (A) 66/88- 75%→ 100%-75%= 25% (B) 49/81- 60%→ 100%-60%= 40%. 이 수치에 의하면 (A) 학생이 노트테이킹을 하지 않게 되면 정보전달에 있어 25% 가량의 정보손실율을 기록하게 되고 (B)학생은 노트테이킹을 할 때와 하지 않을 때의 차이가 더욱 커서 편차가 40%에 이르는 것을 알 수 있다.

통역방향별 정보전달율

A-A

Con apuntes%			Sin apuntes%		
A-A			A-A		
	(A)	(B)		(A)	(B)
7)	100	87	9)	89	50
8)	100	87	17)	92	35
평균	100	87	평균	91	43

A-A 통역은 실제로 행하는 경우가 없다. 단지 한국어로 청취하고 다시 한국어로 텍스트를 재생할 때 노트테이킹이 어느 정도 영향을 미치는지 확인하기 위한 지수를 제시한다.

10) 화자의 단어가 반드시 통역에도 동일한 수로 나타나야 하는 것은 아니다. 화자의 단순 반복, 불필요한 우회표현 등은 줄여서 통역 가능하다.

A-B

Con apuntes%			Sin apuntes%		
A-B			A-B		
	(A)	(B)		(A)	(B)
12)	100	70	13)	92	23
15)	100	93	14)	81	81
18)	70	82	16)	79	14
평균	90	82	평균	84	39

A-B 통역의 경우 노트테이킹의 유무가 특히 (B)의 정보전달율에 큰 영향을 미치는 것을 볼 수 있다. (B)학습자에게는 시사성이 강한 A언어 텍스트의 노트테이킹의 경우 특히 어려움을 겪고 있다.

B-A

Con apuntes%			Sin apuntes%		
B-A			B-A		
	(A)	(B)		(A)	(B)
3)	29	64	6)	80	80
4)	77	66	11)	40	60
5)	100	87			
10)	100	85			
평균	77	76	평균	60	70

반대로 B언어 정보 전달에 있어서는 오히려(B)가 더욱 직접통역에서 전달율이 높은 것이 나타나 언어 친숙도가 정보의 재생산에도 영향을 미치는 것을 확인할 수 있다.

B-B

Con apuntes%			Sin apuntes%		
B-B			B-B		
	(A)	(B)		(A)	(B)
1)	100	100	2)	27	72
			19)	78	78
평균	100	100	평균	53	75

B-B 통역은 실제로 존재하지 않으나 국내에서 주로 스페인어를 학습한 (A) 화자가 노트테이킹이 없는 상태에서 (B)화자보다 전달율이 저하되고 있는 것을 알 수 있는 자료이다.

텍스트 유형별 정보전달율

(Con apuntes %)

	연 설 문		문어체텍스트	
	(A)	(B)	(A)	(B)
인 사 말	1) BB 100	100		
	4) BA 77	60		
	5) BA 100	87		
본 문	3) BA 29	64	12)AB 100	70
	7) AA 100	75	15)AB 100	93
	8) BA 100	87	18)AB 70	82
	10)BA 100	85		
평 균	87	80	90	82

노트테이킹을 하는 상태에서는 연설문과 문어체 텍스트상의 큰 차이가 없다. 그만큼 정보재생을 할 때 보조 수단이 있으면 텍스트의 종류가 미치는 영향은 크지 않다는 것을 알 수 있다.

텍스트 유형별 정보전달율

(Sin apuntes %)

	연 설 문		문어체텍스트	
인 사 말	(A)	(B)	(A)	(B)
	6) BA 80	80		
본 문	2) BB 27	72	13)AB 92	63
	9) AA 89	50	14)AB 81	81
	11)BA 40	60	16)AB 79	14
	19)BB 78	78	17)AA 92	35
평 균	69	68	86	48

연설문은 구어체와 문어체의 중간 형태를 취하는 경우가 많다. 물론 연사가 처음부터 끝까지 구어체 형식으로 진행 할 수도 있지만 대부분의 경우 인사말에는 구어체로 말하다가 본문에 가면 문어체로 바뀌는 사례가 흔하다. 연설문과 문어체텍스트를 단순 비교하여 둘 가운데 어떤 텍스트가 노트테이킹 없는 상태에서 더 통역하기 용이하다고 말할 수 없는 것을 보여주는 도표이다. (A)의 경우 연설문 보다 오히려 문어체 텍스트가 더 전달율이 높게 나타났는데 그 이유는 연설문 본문의 정보 전달양이 크고 문어체텍스트와 조직의 밀도가 크게 다르지 않기 때문이다. 또한 연설문의 경우 청취 언어가 스페인어여서 국내에서 학습한 (A)가 정보저장에 비교적 큰 부담을 느끼는 것으로 나타났으며 반대로 (B)는 문어체 텍스트에서 (A) 밀도있는 한국어 문장을 저장하는데 장애를 겪었다.

3. 5. 학습자들의 노트테이킹 언어[11]

한국어 텍스트

15) A-B 노트테이킹 15)-a 16/16/-100% 15)-b 15/16-93%

우리나라는 2000년에 사상 최초로 500만 명이 넘는 해외관광객을 유치하다. 그러나 이는 총 국제여행자 7억 명의 0.7% 수준일 뿐이다. 같은 해에 아시아 지역으로 여행한 사람들은 총 1억 명이었다(3개). 중국은 우리나라보다 6배 많은 3천만 명의 관광객이 다녀갔고(2개), 말레이시아, 태국, 홍콩 등도 천만 명 규모의 외래 관광객을 유치하였다.

스페인어 텍스트

10) B-A 노트테이킹 10)-a 7/7-100% 10)-b 6/7-85%

Esta tercera reunión de ministros tiene particular importancia por los temas que serán tratados y por su oportunidad, pero también porque confirma el interés de los Países Miembros para seguir impulsando el proceso de integración energética como una vía para alcanzar el desarrollo y la mejora en la calidad de vida de nuestros pueblos.

(A)는 한국어와 스페인어가 출발어가 될 때에 모두 한국어로 노트테이킹을 하였고 (B)는 한국어로 청취 시에는 한국어로 스페인어로 텍스트를 들을 때에는 스페인어로 기록하였다. 이것은 정보를 저장하고 재생할 때 통역사가 편하게 느끼는 언어로 정보를 저장해야 재생도 용이하게 할 수 있다는 것을 보여주는 것이며 본 논문의 필자도 스페인어 연설을 듣고 항상 한국어로 노트테이킹을 하는데 그 것은 언어에 대한 적응성이 한국어가 더 높기 때문이기도 하지만 한국어 자체가 옆으로 늘여 쓰는 스페인어 보다 더욱 입체적으로 개념을 형상화하기에 적합하다는 이유도 있다.

---

11) 학습자들이 한국어와 스페인어로 청취할 때 어느 언어로 통역하는 가를 분석하였다.

(A)[12]

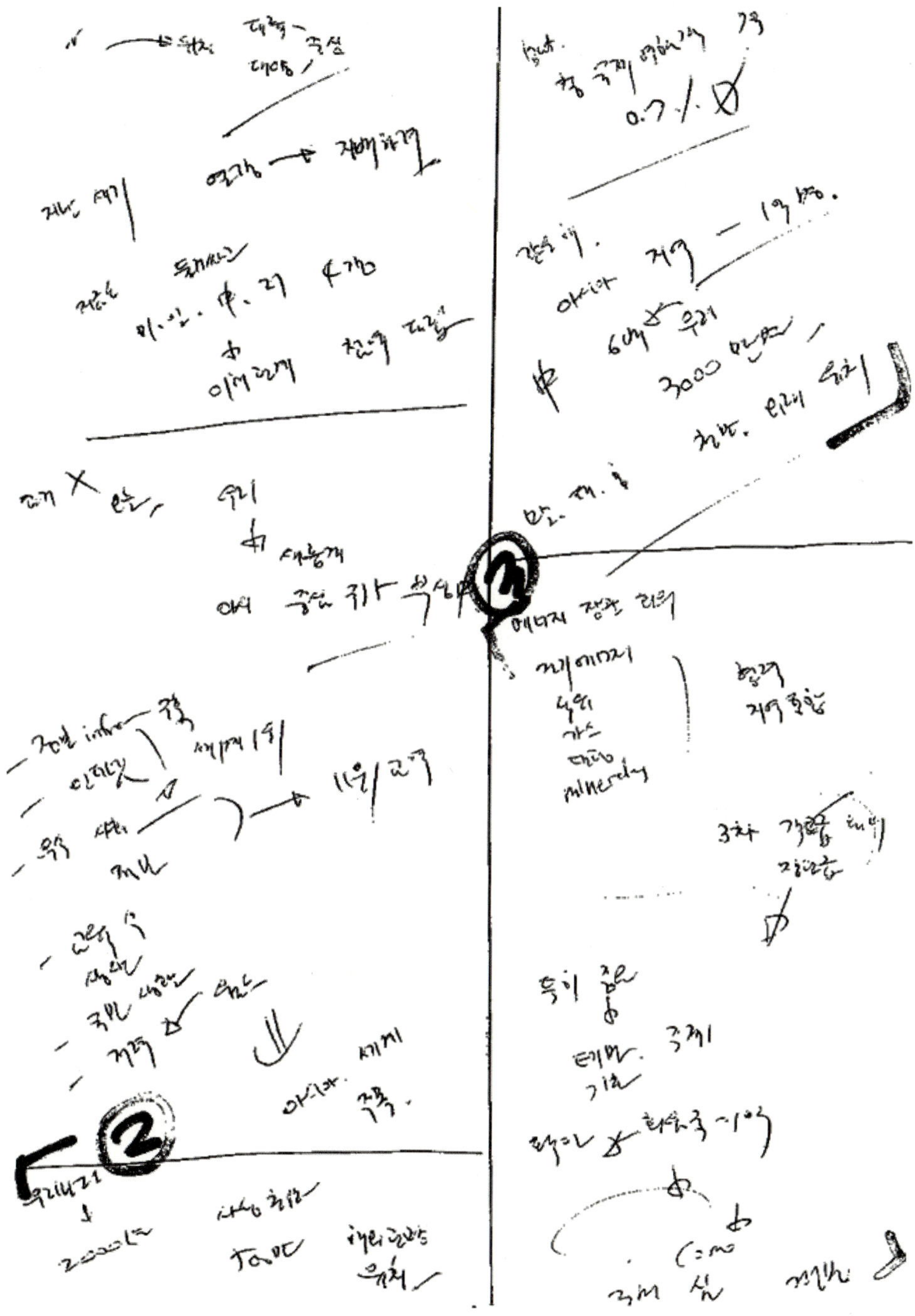

12) 숫자 2는 한국어 텍스트 부분이고 3은 스페인어텍스트의 노트테이킹

(B)[13)]

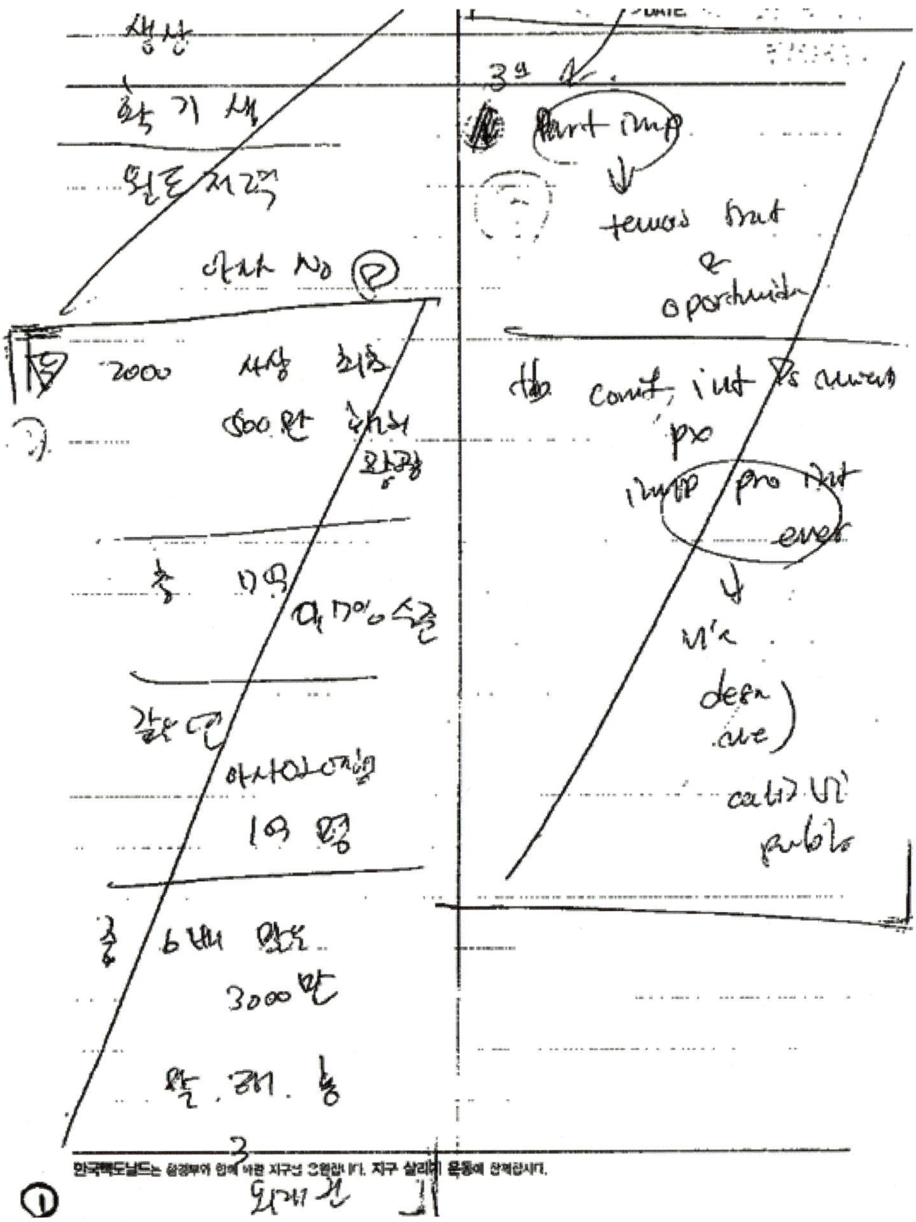

13) 숫자 2000부터 한국어텍스트이며 오른쪽이 스페인어 텍스트

4. 재생산의 장애요인과 효율화를 위한 제언

정보를 이해하고 재생하기 위해서는 먼저 연사가 발화한 내용에 대하여 이해해야 하지만 한국이 스페인어 권 국가와 멀리 위치하여 자연스러운 구어체 현지 스페인어 발음을 들을 수 있는 기회가 제한되어 있다. 그러한 이유로 인하여 비록 한국어-스페인어와 스페인어-한국어의 일반 연설체 텍스트의 경우 통역재생률이 높게 나타나는 통역사도 훈련을 받지 않은 이상 스페인어-한국어 구어체 성격이 짙은 텍스트통역에서는 어려움을 겪게 된다.

2) B-B 직접 (콜롬비아 광업전문가가 한국을 방문하여 프리젠테이션)

2)-a 3/11-27%

El petróleo, como ya lo vamos a ver, pero lo adelanto, es poquito, digamos, para el futuro(4개). Estamos explorando agresivamente por más petróleo porque Colombia aproximadamente la cuarta parte del presupuesto nacional depende de las exportaciones de petróleo(4개). Más o menos la cuarta parte de él viene de las exportaciones de petróleo, entonces es muy importante el petróleo dentro del país lo que son exportaciones(3개). 총 11개

El petróleo, como vamos a ver, es importante porque la cantidad es poca. La cuarta parte de la exportación colombiana viene del petróleo. 총 3개

이외에도 참여자들 의견[14]에 따르면 저장한 정보와 재생산에 필요한 수단 즉 적절한 표현과 문장의 구성능력의 부족으로 인하여 저장된 정보를 손실하게 되는 경우가 발생한다. 본 실험연구를 진행하면서 참여자들은 약 20초 분량의 다양한 텍스트를 저장하고 재생산하였기 때문에 하나의 텍스트에 집중할 수 있는 최선의 조건 속에서 통역을 진행하지는 못하였다. 또한 재생산을 할 때에 특정한 발화습관이 고착화 되는 현상 즉 앞서 말한 내용을 기억이 활성화 되면서 반복하게 되는 현상을 볼 수 있다.

참여자는 숫자의 출현과 신속한 통역을 해야 한다는 압박감 등 평소에 순차통역을 어렵게 하는 장애요인이라고 인식하는 문제에 직면하게 되면 실제로 재생률이 저하되는 것을 경험하게 된다. 또한 손실된 정보에 대한 미련과 염려가 나머지 통역 부분에도 부정적인 영향을 미치게 된다. 텍스트의 길이 또한 충분히 길지 않아서 앞의 부분을 놓치게 되면 뒷부분의 재생산도 어려워지게 된다. 통역학습자가 아직 자신의 발화를 완전히 통제하지 못하는 상황에서 선호하는 반복 어투를 남용하게 되는 것도 자연스러운 통역발화에 지장을 준다. 심지어는 먼저 학습해 두었던 문형이 정보저장 과정에서 떠

14) 실험연구를 실시하고 정보전달이 잘 안 되는 이유에 대한 질문을 받고 참여자들은 비록 확실한 청취가 가능하였다고 하여도 표현력 부족으로 전환이 되지 않는 경우도 발생한다고 답변하였다.

오른다는 참여자의 의견도 있었다. 주 정보와 부 정보의 구분도 정보저장 효율에 영향을 미친다. 아무리 원문의 어휘와 문장 재생률이 높아도 핵심 단어를 누락하게 되면 정보의 초점이 흐려지고 통역사 자신도 혼란에 빠지게 되며 잘못된 의미를 전달하게 되는 경우가 있으므로 중심개념과 부차적인 개념에 차등을 두고 기록할 필요가 있다. 이를 위해서는 부차적인 개념을 괄호로 묶어서 표시하는 것이 좋고 연사의 시각과 의지를 병기하면 연상 작용을 도울 수 있다. 통역학습자는 통역연습이외에 자신만의 기호와 상징을 꾸준히 개발하고 활용하는 연습을 함으로써 가용 율을 높일 수 있다. 아무리 훌륭한 기록방법이라고 하더라도 자주 사용할 기회가 없다면 필요할 때 보조 수단이 아니라 오히려 장애가 된다. 특히 기록한 후 재생이 어려운 항목을 별도로 집중 훈련하는 것도 좋은 방법이다. 숫자, 기구, 지명, 등 반복적으로 회의통역에 등장하는 요소를 평소에 완벽하게 자기 것으로 만들어야 통역시간을 단축하고 전달율을 높이는데 어려움을 겪지 않게 된다.

5. 결론

본 논문에서는 스페인어-한국어 순차통역 환경에서 노트테이킹이 정보전달과 재생산을 위해 차지하는 중요성을 고찰하고자 일곱 개의 텍스트를 사용하여 시험연구를 실시하고 텍스트의 종류, 통역의 방향, 언어적 비언어적 통역사의 특성, 정보저장과 재생산에 장애를 주는 요인과 효율적인 기록방법을 제시하였다. 연구결과 정상속도에서 어휘 수 최소 40개(4)B-A) 최대 85개(12)A-B)의 텍스트를 사용하여 통역학습자 (A)와 (B)의 노트테이킹 없는 상태에서의 정보손실율은 25%와 40%로 나타났다. 이 수치는 참여자 수의 제한과 동일한 텍스트와 동일한 조건에서 실험할 수 없는 물리적인 한계로 인하여 절대적인 수치라고는 할 수 없으나 적어도 학습 환경과 언어수준에 따라서 재생율과 정보손실율의 차이를 보이지만 역설적으로 노트테이킹을 하게 되면 개인 간 편차가 10%내로 줄게 되어 통역사의 정보저장의 안정성에 기여한다는 사실 보여준다. 또한 노트테이킹을 할 수 있는 상황에서라면 연설문과 문어체 텍스트 통역에서도 큰 차이를 발견할 수 없었다. 그 이유는 통역의 단위가 되는 원문 텍스트의 발화길이가 일정한 수준을 넘지 못하도록 하여 정보저장 부담을 늘 일정한 수준으로 유지시키는 환경에 기인한다. 그러나 통역 상황에서의 텍스트가 대부분 시사성이 강한 텍스트라는 것을 감안 할 때 전혀 차원이 다른 문학 텍스트 또는 첨단 과학 법률 등의 난이도 높은 텍스트에서는 본 논문의 결론을 적용할 수 없을 것이다. 또한 본 논문에서 사용된 다양한 짧은 텍스트가 아니라 온 종일 지속되는 회의에서의 노트테이킹은 통역사가 지치지 않게 하고 효율적인 업무수행을 할 수 있도록 해주는 매우 정보전달 기여도가 높은 도구가 될 것이라는 것은 굳이 실험을 통하지 않고도 추정할 수 있겠다.

참고문헌

한원덕(2001),「경제스페인어 통번역교수법 개발에 관한 연구」,『한국외대 통역번역연구소 논문집 5집』, 241-259.

Catalina Iliescu, G.(2001), *Introducción a la interpretación*, Universidad de Alicante.

Jones, R.(1998), *Conference Interpreting Explained*. Manchester: St. Jerome.

Rozan, J. F.(1956), *La prise de notes en Interprétation Consécutive*. Genéve: Librairie de l'Université Georg.

Seleskovitch, D.(1975), *Language, langues et mémoire*. París: Minard.

Wingfield, A. y Byrnes, D.L.(1988), *Psicología y memoria humana*. México, DF, Trillas.

Stubbs, M.,(1983), *Discourse analysis. The sociolinguistic analysis of natural language*. Oxford. Blackwell.

Victor García Hoz(1993), *Enseñanza y aprendizaje de las lenguas modernas Madrid,* Rialp.

Widdowson(1978), *Teaching Language as Communication*. Oxford.

연설문

1. 콜롬비아 자원 설명회(2006. 5. 광업부 전문가 연설문)
2. 한-스페인 포럼 개막연설(2003. 11. 주한 스페인 대사 연설문)
3. 2006 경제부총리 취임사(2006. 7. 권오규 부총리 연설문)
4. 페루 에너지 광물 장관 연설(2005. 7. 연설문)
5. 국가전략산업으로서의 관광 리포트(2005. 7. 경제관련 리포트)
6. 북핵실험과 동북아 정세 분석기사(2006. 10. 유뉴스 분석기사)
7. 개발을 위한 재정지원(2005. 9. 아르헨티나 외교장관 연설문)

4. 3. 6. 순차통역 교육자료

주요 교육 자료는 통역이론서, 양방향통역 자료, 순차통역 교육용 연설문, 프리젠테이션 자료, 사회 시나리오 등으로 구분할 수 있다. 모든 자료의 내용은 교육 시점보다 너무 지난 사건을 다룬다면 활용성이 떨어진다. 초보자 교육의 경우 학습자가 인지하고 있는 사실 관련 교재를 선택하는 것이 좋고 B-A 수업과 A-B 수업이 구분되면 B-A 자료는 스페인어권 국가들의 사정 그리고 동 국가들과 한국과의 관계를 다루는 것이 학습자들의 관심을 불러일으키는데 유용하다. A-B 교육은 국내외의 공통적인 이슈에 관한 자료를 교재로 채택할 수 있다. 텍스트의 길이는 기본적으로 수업 시간 내에 소화할 수 있는 분량으로 정하는 것이 원칙이지만 통역과 별도로 배경지식을 교육하기 위해 부가자료를 제시하고 평가를 통해 학습시킬 수 있다. 자료는 교수가 원문을 학습자들에게 제공할 수 있지만 학습자 스스로 자료를 검색하거나 획득할 수 있는 능력을 배양할 수 있도록 인터넷 사이트와 전문가의 연락처 등을 알려주고 혼자 힘으로 수업 자료를 확보하도록 하기도 한다.

4. 3. 6. 1. 통역이론서

통역을 교육하는 교수와 학습자가 함께 통역의 기본 이론과 실기에 대한 지식을 습득할 수 있는 이론서가 상당량 국내에 소개되어 있다. 이론서의 출판은 1990년대 후반부터 크게 늘어나 다국어로 번역되기도 하고 국내의 통역사와 교수들이 집필한 것도 있다. 학습자가 학기 초나 수업을 준비하면서 이론서를 학습하면 통역 전반에 대한 이해를 할 수 있고 통역 학습의 시행착오를 줄이는데 도움을 받을 수 있다.

4. 3. 6. 2. 양방향통역 자료

양방향통역이란 기본적으로 두 화자 간의 대화를 통역하는 것을 의미한다. 양방향통역은 순차통역 방식과 유사한 방식을 취하지만 순차통역이 공식적인 회의에서 일정 분량 이상의 연설 또는 발언을 통역하는 행위를 말한다면 양방향통역은 간단한 내용이면서 빈번하고 자유롭게 개입하는 연사 또는 화자들의 비교적 짧은 발화를 통역하는 것을 가르킨다. 따라서 노트테이킹이 사용되지 않는 상황도 발생할 수 있다.

동시통역과 순차통역 교육에서처럼 최고의 양방향통역 또는 대화통역 자료는 실제로 통역되었던 자료이다. 그러나 대부분의 경우 통역된 내용은 공개된 것이 아니라면 사적이고 비밀을 유지해야 하는 것이기 때문에 교육교재로 채택할 때 신중을 기해야 한다. 대부분의 국내통역사들이 양방향 통역 경험이 있지만 그 내용을 직접 수업에 공개하는 일은 거의 없다. 부득이 자료는 일반 대중에게도 접근이 허용되는 자료를 택할 수밖에 없는데 실제 외국인과 내국인 그리고 통역이 개입하는 대화통역의 현장 자료는 대부분 공개되는 순차통역 연설문보다 발견하기 어렵다. 때문에 차선책으로 짧은 문장으로 이어지는 TV 또는 라디오 대담 자료를 활용하기도 한다. 신문에도 대담 자료가 소개되기도 하지만 경우에 따라서 편집 단계에서 문장을 세련되고 간결하게 정리하여 이해하기가 쉽게 처리한 장점이 있는 반면 실제로 대담을 진행할 때 나타났던 연사의 회화체 표현과 강세 및 억양이 없어 현장감이 떨어지고 내용을 압축적으로 기술하여 초보자들이 통역하기에 어려움을 주기도 한다. 양방향통역 연습을 위해서는 구어체 스페인어 학습이 필요하며 심화교육단계에 이르면 스페인어 사용국 각국의 어휘 및 발음의 특징을 학습하여 독특하거나 생소한 발음과 억양에 대한 적응력을 키우는 것이 필요하다. 단 각 국의 회화체 스페인어를 학습하기에는 수업 시간이 부족한 것이 현실이기 때문에 각 나라별 특징은 학부 교육 과정보다는 대학원 교육 과정에서 다루는 것이 적절하다. 방송 대담 자료는 양방향 통역 교재로써 채택할 수는 있지만 통역이 없는 상황이 대부분이어서 대화의 속도가 빠르고 또한 쟁점이 있는 주제에 대하여 토론하는 경우가 많아 학부 교육 과정에서 소화하기에는 난이도가 비교적 높은 편이다. 따라서 현장에서 사용될 수 있는 간단한 가상의 대화를 만들어서 실습하는 것이 1단계 통역 교육교재로써 적합하다고 하겠다.

4. 3. 6. 4. 연설문

순차통역은 일반적으로 공식적인 행사에서 연사가 일정량의 연설을 하면 청취한 내용을 통역사가 청중에게 전달하는 방식으로 이루어진다. 공식행사에서 많이 사용되기 때문에 연설문이 사전에 작성되어 통역사에게 전달되는 것이 일반적이다. 통역사는 연설문이 준비되어있는지 미리 확인하고 숙지하여 통역의 완성도를 높여야 하겠지만 연설자는 연설의 내용이 언론매체 또는 이해관계가 있는 상대방에게 사전에 공개되는 것을 우려하여 연설문을 연설 직전에 건네는 경우도 종종 발생한다. 통역을 수행할 때 이해되지 않는 내용에 대하여 통역사가 연사에게 설명을 요청할 수 있는 상황도 있고 그렇지 않을 수도 있는데 비록 가능하더라도 의사전달에 큰 중요성을 갖지 않는 정보 또는 통역사가 기본적으로 인지하고 있어야 하는 정보까지 지나치게 자주 요청하게 되면 연사와 청중으로 부터 신뢰를 잃을 수도 있다. 연설문은 교육자가 현장에서 획득했거나 통역사와 연사로부터 제공받기도 하며 관련 온라인 홈페이지를 통해 다운 받기도 한다.

4. 3. 6. 5. 프리젠테이션 자료

파워포인트 등을 이용하여 발표자가 발표할 내용을 간략하게 정리한 자료를 말한다. 공교롭게도 스페인어권 발표자의 경우 자료를 영어로 작성하는 사례가 매우 많다. 그 이유는 아시아까지 여행하면서 한국을 포함하여 여러 나라를 방문하면서 스페인어 통역사의 확보를 보장받을 수 없는 상황을 고려하기 때문이며 또한 영어로 완벽하게 의사소통이 가능다고 가정하면 보다 직접적이고 효율적인 의사전달을 할 수 있다고 믿기 때문이다. 또 하나의 이유는 프리젠테이션 자료를 최초로 만들 때 큰 예산을 투입하여 자체 사용하기도 하고 국내외 관련기관에 배포하기도 하는데 글로벌시대에 맞게 영어로 작성하는 것이 좋다는 내부적인 판단 때문이다. 그러나 한국을 방문하는 스페인어권 화자들은 예상보다 잘 훈련되어있는 통역사들을 대하면서 자신들에게 편한 모국어 즉 스페인어로 발표하기를 선호하는데 그 이유는 영어발표가 스페인어 발표보다 정보 전달 측면에서 뿐만 아니라 표현력이나 자연스러움에서 아무래도 모국어보다는 불편하게 느껴지기 때문이다. 청중 가운데는 한국인이 많지만 대개 스페인어권 국가에 체류하거나 지식으로나마 지역사정에 대해 상당한 수준의 언어 및 언어 외적인 지식을 갖춘 참석자들이 많다. 하지만 상황에 따라서는 영어 자료를 스페인어로 발표하는 사례도 있다. 영어 자료를 스페인어로 발표하는 경우 통역사는 영어로 자료를 보면서 스페인어로 듣고 손으로 Note Taking하며 입으로는 한국어로 통역해야 하기 때문에 보통 영어 자료를 사용하는 프리젠테이션 통역은 난이도가 매우 높다. 언어의 조합도 정보 처리 하기에 복잡하고 어렵지만 내용도 보통 전문가들을 위해 밀도 있게 구성되어 있어서 스페인어와 한국어 실력뿐만 아니라 높은 이해력을 요구하는 통역과제가 된다. 교수진이 유의해야 할 점은 수업용 교재로 활용하기 위해서는 자료의 내용을 충분히 파악해야 한다는 것이다. 프리젠테이션 자료로 수업을 진행할 경우 교육자는 전문용어를 준비하고 학습자들에게도 숙지시켜 사용한다. 연설문보다 이 자료는 공개의 가능성이 적다. 따라서 수업용 교재로서는 정부, 기업, 공공기관이 국민을 대상으로 홍보용으로 제작하는 자료를 활용할 수 있다.

4. 3. 6. 6. 동영상

연설하는 모습이 실제로 나오는 동영상을 사용하여 수업을 진행할 수 있다. 연사의 언어 행위뿐만 아니라 몸짓, 시선 등 언어 외적인 측면도 수업에서 다룰 수 있기 때문에 유용하지만 대부분의 동영상에서는 통역과 연사의 호흡을 보여주는 단락 구분이 없기 때문에 적당한 곳에서 교육자가 영상을 정지시키고 통역을 수행하도록 훈련시킨다. 동영상은 통역 능력을 배양하기 위해서 필요하지만 미래 통역사로 하여금 연사와 같은 발표력과 대중 앞에서의 긴장을 극복하는 훈련용 교육교재로서도 중요한 자료가 된다. 동영상의 내용은 주로 국제적인 내용을 다루는 것이 좋다. 순수하게 국내의 사안을 다루는 연설은 순차통역을 교육하기 위해 반드시 필요한 자료를 담고 있지 않기 때문에 회의가 실제로 발생할 수 있는 내용을 중심으로 영상을 수집한다.

4. 3. 6. 7. 행사 진행을 위한 시나리오

통역이 필요한 회의는 대부분 사회자가 청중에게 회의의 시작과 종료 그리고 회의 중에 진행되는 모든 순서에 대해 소개한다. 시나리오에는 회의명, 발표연사의 직함과 맡은 역할, 주요귀빈 소개 등이 포함된다.

안녕하십니까?

금일 진행을 맡은 한국자동차 한주영 연구원입니다.

Buenos días. Mi nombre es Juyoung Han, investigador de la Empresa Automovilística Hankuk.

먼저, 귀한 시간을 내어 연구소를 방문해주신 빨로마 산체쓰 회장님을 비롯한 IB 그룹 최고 경영진 여러분들께 진심으로 감사의 말씀을 드립니다.
Antes que nada, le expresamos a la Distinguida Sra. Presidenta Paloma Sánchez, y a los CEOs del Grupo IB nuestro sincero agradecimiento por visitar nuestro centro de investigación a pesar de su jornada apretada.

"잘할 수 있는 사업에 역량을 집중한다.", "세계 최고가 되기 위해서는 먼저 국내 최고가 되어야 한다." 라는 회장님의 경영철학을 바탕으로, 스페인의 소규모 기업에서 글로벌 10대 기업으로 성장한 IB 그룹의 해외 확장 경로는 대한민국의 재계뿐만 아니라 수출을 통해 대한민국 경제 성장의 견인차 역할을 하고 있는 한국자동차그룹의 좋은 본보기 모델이 되고 있습니다.
Estamos bien convencidos de las filosofías del negocio de la Sra. Presidenta, por ejemplo, "hay que concentrar nuestras capacidades en proyectos con superioridad competitiva", y "para ser el mejor en el mundo, hay que ocupar el primer lugar en el país". Teniendo como base dichas filosofías, el Grupo IB que era una empresa pequeña de una provincia de España, ha crecido como uno de los diez grupos más importantes a nivel internacional. Todo el camino que ha recorrido el Grupo IB para proyectarse al exterior es un buen ejemplo a seguir tanto para el sector empresarial de la República de Corea como para el Grupo Automovilístico Hankuk que está trabajando como locomotor del crecimiento económico de Corea, mediante el incremento de su exportación al exterior.

짧은 일정이지만, 최선을 다해 모시도록 하겠습니다.
Siendo corta su estancia, vamos a hacer lo mejor posible para que su visita sea eficiente y agradable.

먼저, 이곳에서는 연구소의 전반적인 내용이 담겨있는 연구소 홍보 영상을 관람하시겠습니다.
Durante la primera sesión, les invitamos a apreciar en este lugar un video sobre las generalidades de nuestro Centro de Investigación.

이어서, 외부 일정으로는 차량 낙하 시험장 시찰과 당사의 친환경차량 및 신차들을 직접 시승하는 일정 등이 준비되어 있습니다.
A continuación, vamos a proseguir con la segunda sesion que prevé la visita al área de prueba de caída y el programa de probar en persona nuestros coches proecológicos y recién desarrollados.

짧은 일정이지만 뜻 깊은 시간이 될 수 있도록 최선을 다해 모시도록 하겠습니다.
Vamos a hacer todo lo posible que su corta estancia con nosotros se convierta en un recuerdo significativo.

그러면, 말씀드린대로 먼저 연구소 홍보 영상을 관람하시도록 하겠습니다. 관람시간은 6분입니다. 감사합니다.
En este momento, como les hemos mencionado, les invitamos cordialmente a apreciar un video sobre nuestro centro de investigación durante 6 minutos. Gracias.

감사합니다. 보다 자세한 정보는 테이블에 놓인 연구소 홍보 브로슈어에서 보실 수 있습니다.
Gracias, para más detalles, pueden ayudarse en el folleto preparado sobre la mesa.

저희가 준비한 내부 일정은 여기까지입니다. 외부 일정을 시작하기에 앞서 이 건물 1층 앞에서 기념촬영이 있겠습니다. 1층에서 다시 뵙겠습니다. 감사합니다.
De esta manera, ponemos fin a nuestra presentación. Antes de pasar a su visita a las instalaciones del exterior, vamos a tener una sesión de fotos conmemorativas.

Nos vemos en la primera planta en seguida. Gracias.

4. 3. 7. 수업의 진행

4. 3. 7. 1. 낭독

교수는 양방향통역 자료 또는 연설문 등을 사전에 학습자들에게 제공하여 준비할 수 있도록 한다. 수업 시간에 학습자들로 하여금 정확하면서도 유창하게 낭독과 통역을 하도록 한다. 통역실기 수업을 할 때 낭독 분량은 한 문단 단위로 끊어서 하고 기억 부담이 너무 커져서 재생이 불가능할 정도가 되어선 안 된다. 낭독 훈련은 매우 중요한 과제로서 청중으로부터 통역 초기에 신뢰감을 확보하는데 긴요하다. 맑은 음성, 적당한 속도, 끊어 읽기 등을 자연스럽게 할 수 있는 능력을 키워야 한다. 수업이 진행되어 가면서 읽지 않고 특정 주제에 대하여 스스로 의견을 개진하는 법도 연습한다. 지나치게 빠른 속도로 낭독하면 동료가 Note Taking하고 통역하는데 어려움을 증가시킨다. 수업 초기에는 교수가 직접 낭독하여 기준을 제시한다. 한국인 통역사가 청취 난이도가 높다고 느끼는 연사들은 비음을 많이 발화하는 중미국가들 즉, 니카라과, 코스타리카, 엘살바도르, 도미니카공화국, 온두라스, 파나마, 쿠바, 과테말라의 연설자들과 칠레 연사들이다. 따라서 국제기구의 연설관련 동영상과 음성 자료를 통해 해당 국가별 연설자들의 특징적인 발음을 선별하여 청취 훈련을 하는 것이 필요하다. 교육자는 학습자들에게 수업에서의 낭독은 표준적이고 규범적으로 하지만 실제 현장에서의 연사 발음은 각양각색이라는 점을 학습자들에게 강조하여 인식시킨다.

4. 3. 7. 2. 통역 실습

통역 시간은 낭독 시간의 75%를 넘지 않는 것이 좋다(Collados Aís, A & Fernández Sánchez, M(2001)). 그러나 초보자들은 보통 200% 까지 길어지게 되는데 그 이유는 이해 부족, 불완전한 Note Taking, 목표어 표현 부재, 긴장 등의 현상 때문이다. 따라서 교육 초기에 지나치게 속도를 강조하지 않도록 하고 내용 전달에 주의를 집중할 수 있도록 한다. 양방향 통역과 순차통역의 내용 전달은 의미 전달에 지장을 주지 않는 범위 안에서 원문의 문장 수와 순서를 반드시 준수하지 않아도 된다. 중요한 것은 핵심 내용을 전달하는 것이므로 기억에 자신이 없을 경우 누락되어서는 안 되는 정보를 우선적으로 전달하고 부수적인 정보를 통역하도록 할 수 있다. 두 문장 이상의 주어가 같거나 청중이 충분히 예견할 수 있는 상황(회의, 명칭, 개최장소, 일시 등), 연사의 불필요한 반복 이외에도 통역사가 판단할 때 통역이 불필요하다고 느끼는 부문은 과감히 생략할 수 있다. 그러나 연사의 의도가 그러한 담화 행위를 의도적으로 수행한 것이라면 누락하지 않고 그대로 통역한다. Bowen & Bowen(1984)는 순차통역 할 때 지켜야 하는 원칙을 제시하였다.

- 단어 대 단어, 문장 대 문장의 통역이 되지 않도록 한다. 문단을 지나치게 세분하면 정보의 일관성을 상실할 위험이 있다.
- Note Taking은 연설을 재생하는 기초 자료가 되는 것이지 글자 그대로 속기록을 해독하듯이 읽지 않는다.
- 연설에서 표현된 사실을 누락하거나 변경하지 않는다.
- 통역사의 생각을 연사가 전달하려는 정보에 추가하지 않는다.

특히 중급 이상의 베테랑 통역사들은 연사가 전달하려는 의미를 자신의 판단에 따라 지나치게 자의적으로 통역하지 않도록 유의한다. 다시 말해서 통역사가 판단할 때 연사의 기대가 너무 높다거나 실현 가능성이 거의 없다고 판단하여 통역을 생략하는 사례도 발견되는데 경우에 따라서는 통역사의 지식 부족으로 인해 연사의 설명을 잘 이해하지 못하는데서 이런 현상이 발생하거나 또는 실제로 실현 가능성이 낮은 것이지만 실현이 되는 경우가 있다면 통역사가 마음대로 연사의 예상을 왜곡한 결과를 초래한다.

4. 3. 7. 3. 교육자의 코멘트

4. 3. 7. 3. 1. 코멘트의 조건

통번역학계에서 '크리틱'이라는 명칭으로 알려진 통역 결과물에 대한 평가를 본서에서는 '코멘트'라는 용어로 대체한다. 이는 협동과 협력이 매우 중요한 학습자언어의 발달 과정을 고려할 때 '크리틱'이라는 용어가 주는 어감이 학습자들에게 부담이 되기 때문이다. 또한 교육자에게는 오류가 학습자가 난이도 높은 통역 기술을 시도하다 불가피하게 범한 학습 시도의 긍정적 부산물이라는 가정을 배제하고 단순한 비판과 수정의 대상으로만 인식할 위험이 있기 때문이다.

양방향 통역과 순차통역 수업을 진행하는 주된 방법 가운데 하나는 교육자가 이론을 설명하고 실기에서 학습자들이 교육 받은대로 통역을 이행하는지를 코멘트하는 유형이 가장 보편적이다. 코멘트는 교육자뿐만 아니라 학습자가 순번을 정해 실시할 수 있지만 학습자의 코멘트 능력이 적합한 수준에 있지 않거나 지나치게 비판적인 코멘트 성향으로 인하여 학습자들의 학습 의욕을 저하시킬 위험이 클 때에는 학습자 간 코멘트를 생략하고 교육자가 코멘트를 전담할 수 있다. 코멘트는 통역 발화의 문법 오류, 오역, 발음 등 최선의 통역에 장애를 준 요소에 대한 지적이 되지만 어디까지나 건설적인 선의의 조언이 되어야 하고 잘못된 통역에 대한 대안 없는 비난이 되지 않도록 한다. 교육자는 연설 시간, 통역 시간, 코멘트 시간 등을 고려하여 학습자의 수가 최대 15명을 넘지 않도록 한다. 최적 인원은 5~8명이지만 현실적으로 학부 교육에서 적정 인원 유지가 불가능하다면 최대 15명이 넘지 않도록 한다. 이 최대 인원이 초과되면 실질적으로 내실있는 실기 수업을 기대하기 어렵다.

4. 3. 7. 3. 2. 코멘트의 내용

코멘트를 할 때에 다음 사항을 참고한다.

- 연설자가 의도한 내용이 가감 없이 그대로 전달되었는가?
- 통역사의 발화 속도가 지나치게 빠르거나 늦지 않는가?
- 특정 지역 억양과 어투를 지나치게 많이 사용하여 청중에게 거부감을 불러일으키지는 않는가?
- 지나친 제스처 또는 음성 조절로 청중의 관심이 연사보다 통역사에게 집중되지 않는가?
- 통역사의 시선과 태도가 바르고 안정감이 있는가?

코멘트는 객관적으로 관찰되는 학습자의 통역 수행과 수업 준비에 대하여 실시하되 학습자들을 비교하며 코멘트 하는 것은 바람직하지 않다.

4. 3. 7. 4. 수업 진행 방법의 다양화

교육자는 실기에 직접 참여하는 학습자는 물론 수업에서 참관하며 자신의 순번을 기다리는 다른 학습자들의 수업 집중도가 떨어지지 않도록 관심을 가져야 한다. 수업 시간의 부족으로 특히 실기가 끝난 학습자들은 긴장을 풀고 주위를 분산시키지 않도록 한다. 교수는 사전에 배포한 연설문 또는 자료와 관련이 있는 미 배포 자료를 이용하여 준비 없는 상태의 통역 즉 즉석연설의 통역을 시도하기도 하고 통역사뿐 아니라 연설자와 프리젠테이션 발표자, 사회자, 좌장 등의 역할을 경험하게 함으로써 반복되는 상황에서의 통역 예측 능력을 강화시킨다. 그렇게 하면 연사와 발표자의 입장에서 청중에게 자신의 의사를 유창하게 전달할 수 있는 능력도 함께 배양할 수 있다. 여기서 유창성이란 각 역할을 맡은 사람이 자신의 직무를 수행하는데 어려움이 없는 상태를 말하며 짧은 시간에 사고하고 표현하는 능력, 유사어와 반대어 그리고 이들과 대등한 의미 또는 기능을 갖는 표현을 상황에 따라 효율적으로 선별하여 사용하는 능력을 포함한다.

Capítulo 5

동시통역 교육

Enseñanza de la interpretación simultánea

Capítulo

5 동시통역 교육

동시통역은 연사의 발화가 시작될 때 거의 동시에 실행되는 통역을 말한다. 순차통역과 양방향통역은 연사의 발언이 끝나면 내용을 정리하여 통역사가 통역을 수행하지만 동시통역은 회의 시간을 단축시키기 위해 별도로 통역을 듣는 시간을 정하지 않고 마이크와 통역 부스 그리고 수신기를 통해 빠른 속도의 통역을 제공 한다. 동시통역은 대부분 시간을 효율적으로 사용하기 위해 채택하는 통역 방식으로서 통역사에게 고도의 집중력과 순발력이 요구되며 가장 높은 수준의 통역 난이도를 보인다.

5. 1. 동시통역 학습자

학습자들은 동시통역에 적합한 자질을 갖추어야 한다. 순차통역과 달리 동시통역사들은 국제회의장 통역 부스로부터 스크린에 나타나는 자료화면을 연사가 설명하는 시점과 동시에 청중에게 통역해야 하기 때문에 부스에 별도로 모니터를 설치하지 않은 회의장이라면 최소한의 시력을 보유해야 한다. 또는 시야가 확보되지 않는 회의장에서는 부스를 이동시켜서라도 최대한 스크린의 자료를 직접 눈으로 확인할 수 있는 거리에서 통역하는 것이 원칙이다. 부스로부터 회의장의 스크린이 먼 곳이라면 시력이 낮은 통역사는 음성에만 의존하는 통역을 해야 하기 때문에 통역에 지장을 받을 수 있다. 또한 통역사의 마이크를 통해 청중의 귀에 직접 전달되므로 좋은 음성을 가지거나 훈련을 통해 최소한 거부감은 주지 않는 음성을 낼 수 있도록 노력해야 한다. 순차통역은 대부분 학사 및 석사 차원의 통역 교육 과정에서 교육하지만 동시통역은 설비와 지역 사회의 통역 수요, 교육 인력 등 여러 요인으로 인해 교육 과정 속에 포함되기도 하고 제외되기도 한다. 다음은 동시통역을 전문적으로 교육시키는데 적합한 학습자들이 갖추어야 할 조건들이다.

5. 1. 1. 신속한 청취와 발화 능력

스페인어는 한국인에게는 비교적 빠른 언어이다. 즉 스페인어권 연사를 한국어 연사와 비교할 때 일정한 시간에 동일한 양의 정보를 전달해야 한다면 스페인어 연사는 한국어 연사보다 더욱 많은 수의 음절을 발음한다. 그 이유는 화자가 발화할 때 명사와 형용사 그리고 동사들의 단수와 복수를 구별해서 복수인 경우 s, 또는 es를 의무적으로 첨가 하는 스페인어에 비해 한국어에는 단수와 복수의 구별의 빈도가 상대적으로 낮다는 점을 들 수 있다.

한글은 자음과 모음이 한 음절을 구성하는 표음문자이다. 또한 한자어를 사용하여 사물, 상징, 생각 등에 대한 묘사를 압축적으로 풍부하게 전달할 수 있는 언어이다. 특히 사자성어와 같은 표현들은 스페인어로 통역할 때 상당히 길어질 개연성이 크다.

유유상종 - Dime con quién andas, te diré quien eres.

또한 스페인어도 자음과 모음으로 음절을 구성하고 음절은 단어를 형성하지만 한 단어가 갖는 음절의 수가 상대적으로 많음으로 인해 결과적으로 동일한 시간에 동일한 분량의 어휘를 전달해야 한다면 발화 속도가 빨라질 수밖에 없다.

국제 - Internacional

학교 - Escuela

한국어-스페인어 통역 발화물이 스페인어-한국어 통역 발화물보다 길어지는 또 하나의 이유는 스페인어 동사의 변화 형태가 한국어와 비교하여 더욱 길기 때문이다. 다음 동사들을 비교해 보면 음절수의 차이가 확연하게 나타난다.

가다 - Ir 그들은 갔다. (2음절) - Ellos se fueron. (3음절)

오다 - Venir 그들이 왔다. (2음절) - Ellos vinieron. (4음절)

한국의 스페인어 학습자들이 스페인어를 영어보다 빠른 언어로 인식하고 있는 점에 학문적 근거가 있는지를 확인하기 위해 심상완(2004)은 스페인 국영방송의 뉴스 프로그램 10개의 아나운서 발화 속도를 측정한 결과 영어와 비교할 때 스페인어의 분당 단어 발화 수는 차이가 없다는 사실을 발견했다. 다만 영어는 한 단어에서 강세가 오는 부분에서 발화 시간이 더욱 길었으며 강세가 없는 부분은 약하게 발음하여 발화 시간이 상대적으로 짧았다. 결론적으로 영어와 스페인어는 분당 단어의 발화 수에는 큰 차이가 없지만 스페인어 화자들은 모든 음절들을 강하게 발음하기 때문에 한국인 학습자들에게는 상당히 빠른 언어로 인식되고 있다는 것이다. 이 논문에서 밝혀진 사실에 따르면 스페인어는 모든 음절을 정확하게 발음해야 하기 때문에 학습자가 한국어와 영어를 발화 할 때보다 더욱 조음 및 발화 순발력이 있어야 한다.

동시통역 학습자들은 순차통역 학습자들 이상으로 청취 능력도 뛰어나야 한다. 청취 능력은 연설자의 발음을 구별하는 능력과 연설의 의미를 이해하는 능력으로 구분할 수 있다. 연설의 의미를 이해하는 능력은 단 기간에 이루어지는 것이 아니며 학습자의 지적인 수준, 언어적 가용 수단의 확보, 맥락의 파악, 교육 시간 등의 변이 요인에 의해 영향을 받는다. 심상완(2004)은 학습자의 청취에 장애를 주는 요인으로 어휘력 부족, 배경지식 부족, 기억의 한계와 연산 시간 부족, 심리적 압박감을 지적했다. 스페인어는 20개국(아르헨티나, 볼리비아, 콜롬비아, 코스타리카, 쿠바, 칠레, 에콰도르, 엘살바도르, 스페인, 과테말라, 적도기니, 온두라스, 멕시코, 니카라과, 파나마, 파라과이, 페루, 도미니카 공화국, 우루과이, 베네수엘라)에서 공식 언어로 사용되고 있기 때문에 특정한 스페인어권 국가에서 오랜 기간 체류한 통역사라고 하더라도 모든 국가들의 발음에 익숙해질 수는 없으며 훈련을 통해 각 국의 스페인어 발음의 특성을 연구하고 청취하는 부단한 노력을 기울여야 한다. 학습자들의 청취력을 확인하는 방법 중에 효율적인 수단으로써 휘스퍼링 테스트가 있다. 휘스퍼링을 실시할 때에는 평균적인 스페인어권 원어민의 발화 속도보다 두 배 정도 빠르게 속도를 높여서 텍스트를 낭독하거나 유투브 등 동영상을 녹음하여 빠른 속도로 재생할 수도 있다. 속도를 정상 속도로 유지하거나 낮출 경우 학습자들 간의 변별력 있는 평가 결과를 얻는데 어려움이 있을 수 있다. 휘스퍼링 테스트를 실시하면 학습자들은 다음과 같은 이유로 인해 다양한 발화 결과물을 생산하게 된다.

첫째, 어휘력이 부족하여 생소한 단어를 들을 때에 청취의 의도를 포기한다.

둘째, 낭독 또는 속도가 빠르기 때문에 비록 평소에는 익숙한 단어이지만 인식하지 못한다.

셋째, 청취에는 문제가 없었지만 계속 다른 부분을 놓치지 않고 들어야 하기 때문에 발화를 제대로 하지 못한다.

5. 1. 2. 전문지식을 이해하고 탐구하는 지적인 능력

국제회의 동시통역사들과 순차통역사들은 회의의 의사소통을 책임지는 매우 중요한 일을 맡는다. 대부분의 연사들은 한 국가와 사회 더 나아가서 세계의 지도자들이기 때문에 높은 수준의 지식과 전문성을 가지고 연설에 임한다.

5. 1. 3. 고 난이도 순차통역 능력

동시통역은 기본적으로 순차통역의 능력이 완전히 갖추어진 후에 교육하는 것이 세계의 통역 교육기관 교육 과정 경향이다. 순차통역 능력을 갖춘다는 것은 적어도 통역사가 동시통역을 학습하는데 있어서 언어의 전환 예를 들어 한국어에서 스페인어 또는 스페인어에서 한국어로 전환하는 능력에는 문제가 없다는 것을 뜻하며 스페인어 문법, 발음, 문장생성능력 등에 있어서도 부족함이 없다는 사실을 의미한다.

5. 1. 4. 장시간 집중하고 통역할 수 있는 체력

동시통역은 짧게는 1시간미만 길게는 6시간 이상 지속되기 때문에 연사의 빠른 발화를 신속하게 목표어로 장시간 전환하는 일은 통역사에게 강인한 체력과 집중력을 요구한다.

5. 1. 5. 동시통역의 다양한 전략을 사용할 수 있는 인지 및 사회적 능력

학습자는 통역의 준비와 수행을 위해 필요한 다양한 학습전략과 통역전략을 배우고 이해하며 완벽하게 구사할 수 있는 인지적 능력을 갖추어야 하며 연설에 나타나는 강조점과 연사가 느끼는 정서적 변화 등을 파악할 수 있는 감각이 있어야 하고 국제회의를 조직하는 주최 측, 동료 통역사, 연사, 청중 등과 협조하여 맡은 임무를 원만하게 수행할 수 있는 사회성도 있어야 한다.

5. 2. 동시통역 교육자

현재까지 국내에서 동시통역을 교육하는 사람은 석사학위 과정에서 동시통역 교육을 받고 석사학위를 취득한 내국인들로서 국제회의에서 풍부한 동시통역의 경험을 갖춘 통역사들이다. 한국은 스위스, 프랑스, 미국처럼 국제회의가 많이 개최되는 국가들과 비교하여 상대적으로 동시통역의 경험을 쌓을 기회가 적은 것이 사실이며 따라서 동시통역 교육을 맡은 교육자들은 우리나라 스페인어 통역의 소수 전문 인력으로 구성되어 있다. 또한 스페인어권 국적을 가진 원어민 통역사는 전무하므로 대부분의 동시통역 교육은 한국 국적의 교육자가 담당하고 있다. 그렇기 때문에 원어민의 스페인어 구사 능력과 같은 수준의 언어 직관과 수행 능력을 갖추는 문제가 늘 교육자가 해결해야 하는 과제로 남아 있다. 특히 한국은 스페인어권 지역과 지리적으로 멀리 떨어져 있어 비록 인터넷과 위성방송을 통해 현지어를 간접적으로 접촉할 수 있는 기회가 있다고 하더라도 스페인어를 직접 사용하기 어려운 환경이므로 교육자는 최대한 현지를 방문하여 문화와 현안에 대하여 감각을 키우고 동시에 한국에서도 일상 생활과 수업 진행을 할 때에 가능한 스페인어를 사용함으로써 부족한 스페인어 활용 시간을 보전하는 노력을 기울이는 것이 바람직하다.

동시통역 교육자는 학습자에게 동시통역 기술의 교육뿐 아니라 전문동시통역이 요구하는 해박한 지식을 갖추어야 하겠지만 갈수록 첨단화되고 다양화 되는 모든 분야에 대하여 소양을 갖춘다는 것은 현실적으로 어려우므로 최소한 각 분야에 대한 전문가가 어느 기관에 소재하고 있는지에 대한 파악과 의견을 요청을 할 수 있는 방법과 경로를 기록해두어야 한다.

교육자는 반드시 박사학위를 취득할 필요는 없지만 가능한 최대한 스페인어의 언어 구조와 특성을 이해하고 한국어와 다른 점 등을 연구하여 교육에 활용할 수 있는 학문적 소양과 탐구하는 태도를 유지해야 한다. 또한 동시통역 수업을 진행하면서 필요하다면 직접 시범 통역을 함으로써 학습자들에게 동기유발을 할 수 있도록 하고 수업의 진행은 난이도가 낮은 단계부터 시작하여 점차 전문성이 높은 텍스트로 옮겨가도록 관리한다.

5. 3. 교육 내용

5. 3. 1. 통역 장비의 사용

동시통역 교육을 위한 실습 장소는 실제 국제회의장에서 발생하는 통역 상황을 간접적으로 체험할 수 있도록 설계되어야 한다. 바르셀로나 통역대학교처럼 학부 과정에서 수십 명의 학생들이 한 번에 동시통역 수업을 받을 수 있도록 하기 위해서는 건물 전체를 하나의 국제회의장으로 건축할 수도 있으나 대부분의 유럽과 미국의 통역 교육 시설들은 작게는 1인에서 3인의 학습자들이 훈련할 수 있는 소규모 강의실부터 10인에서 15인을 수용하는 중간 크기의 강의실 그리고 50인 이상의 대강의실 형태를 취한다. 통역 교육기관에서의 통역 실습실 확보는 매우 중요하지만 통역 교육의 특성을 고려하지 않고 교육기관의 운영 면에서 강의실의 사용효율을 단순

계산 한다면 인문대학 강의실보다 통역 실습실의 공간 활용 가치는 현저히 낮다. 즉 강의실의 수가 충분히 확보되지 않는 한 수백 명의 학생들이 동시에 모두 강의실을 배정받을 수 없게 되며 특히 강의 준비를 위해 그룹 스터디나 소규모 토론 또는 세미나를 필요로 하는 학습자들에게 강의실 부족이라는 문제가 발생하곤 한다.

강의실에 기본적으로 설치되어야 하는 설비는 스크린, DVD와 동영상을 구현할 수 있는 컴퓨터, 스피커, 프로젝터, 연사용 헤드폰과 마이크, 청중용 헤드폰과 마이크, 통역사용 헤드폰과 마이크이며 실습실 내부가 잘 보이는 공간에 통역 부스(Booth)를 배치한다. 통역사는 헤드폰을 통해 연사의 발표를 듣고 통역 부스에 설치된 마이크를 통해 청중에게 통역을 제공하는 훈련을 받게 되는데 사용하는 기기마다 특성이 달라 수업 초기에 작동 법을 익혀두도록 한다. 통역기기에 대한 이해와 올바른 사용은 국제회의장에서의 예상치 못한 실수를 예방하는데 큰 도움이 되는데 실제 국제회의에서 통역사가 실수로 마이크를 끈 상태에서 통역을 수행하여 회의가 중단되는 상황도 발생하며 반대로 마이크를 켜둔 상태에서 통역사들의 개인적인 대화 소리가 회의장에 전달되어 지적을 받는 경우도 보고되고 있다. 국제회의를 조직하는 PCO(Professional Convention Organizer)나 Agency에서는 회의장에서의 설비와 통역기기를 전담하는 직원을 파견하여 현장 상황을 관리하기도 하지만 그렇지 못한 여건의 회의들도 많기 때문에 가장 중요한 것은 통역사 스스로 충분한 주의를 기울이는 것이다.

5. 3. 2. 동시통역 학습전략

동시통역 학습전략이란 훌륭한 통역 능력을 함양하기 위해 장기적으로 통역사가 훈련하고 익히는 인지적인 과정을 말한다. O' Malley & Chamot의 외국어 학습전략을 응용하여 다음과 같은 전략을 사용할 수 있다.

- 기획

스페인어 한국어 동시통역을 위한 사전 준비와 효과적인 전략을 수립하고 이행하는 과정을 이해하고 축적해 나가는 과정을 구상한다.

• 집중

연사가 발화하는 문장을 최대한 많이 기억하고 분석하고 발화할 수 있는 집중력을 배양한다.

• 선별적 집중

동시통역 수행을 위해 필요한 핵심적인 요소들에 대하여 선별적으로 주의력을 강화한다. 선별적 집중을 받는 요소들은 상대적으로 취약한 부분 예를 들어 해외 체류 기간이 긴 학습자가 한국어를 잘 발화하기 위해서 필요한 훈련을 강화한다. 연설자의 연설의도와 목적, 연설에 미치는 자료를 중요성의 크기에 따라 재배치 및 관리한다.

• 자기통제

동시통역의 효율을 높이기 위한 자신만의 리듬을 관리한다. 생체리듬, 발음 훈련, 현지의 특이한 발음에 대한 적응성 제고, 시선 처리, 마이크장치와의 거리 및 작동 습관

• 자기모니터링

녹음 장치를 이용하여 표준적인 통역 속도와 전달율 그리고 반복어의 사용 등을 확인하고 동료 또는 교수의 비평을 듣고 통역 품질을 높이기 위해 노력하며 지적 받은 사항들이 안정적으로 관리되고 있는지를 확인한다.

• 문제의 파악

동시통역 수행을 위해서 자신이 개선이 필요한 요소를 자세히 기술한다. 정보 전달의 오류 또는 손실 등에 대하여 객관적인 분석과 해결책 마련에 힘쓴다.

• 자기평가

스스로 설정한 목표가 학습 분량과 일정에 따라 순조롭게 달성되고 있는지를 확인한다.

• 반복

동시통역 학습 요소를 반복 발화한다. 발음하기 어려운 한자, 처음 발음하게 되는 용어, 고유명사, 사람이름 등

• 자료탐색

스페인어 연설문과 연설 동영상을 제공하는 클립을 수집한다.

• 그룹관리

통역 수업과 실습에 사용된 자료들을 분야별로 정리하고 검색이 용이하도록 관리한다.

• 노트테이킹

과제 수행을 위해 언어기호, 그래픽, 숫자 등의 간략한 형태로 핵심 어휘와 개념을 노트한다. 동시통역을 위해서 빈도 높게 사용되는 고유명사, 숫자 등은 사전에 기록하여 통역 부스에 부착하여 사용한다.

• 연역

연설자가 언급한 전제, 개최된 회의의 목적, 프로그램상의 순서 등을 참고하여 연역작용을 활용한다.

• 대체

능동적인 지식 사용의 가변성과 기동성을 높인다. 학습 효과를 거두기 위해 실제 상황에 맞는 텍스트와 녹음 및 녹화 자료 등 다채로운 방법을 이용한다.

• 연계

훈련된 부분과 아직 훈련되지 않은 부분의 난이도에 유의하여 자동화된 부분의 실행을 통하여 노력과 시간을 절감하는 대신 신정보에 대하여 더욱 선별적인 집중과 처리효율을 높이도록 힘쓴다.

• 약어

제시된 정보 특히 반복적으로 제시되는 긴 문장, 기관 이름 등에 대하여 일관성 있게 축약어 또는 축약된 지시어를 사용 한다.

• 번역

연사의 표현에 직접적인 대응어가 없을 경우 문자의 뜻을 따라 번역하여 청중으로 하여금 적극적인 이해노력을 기울일 수 있도록 한다.

• 지식 및 기술 전이

과제 수행을 위해 사전에 체득된 언어 지식 뿐만 아니라 비언어 지식, 통역 기술과 이론 등 가용한 지식을 활용한다.

• 귀납

파악되지 않는 정보에 대하여 분석적으로 자료를 축적하고 분석하여 전체 정보의 맥락에서 어떤 의미를 갖는지 결론을 도출한다. 전날 개최된 회의 내용을 참조하여 다음 날 회의의 방향을 예측 또는 추론한다.

• 명확한 개념 파악을 위한 문제 제기

교수 또는 동료에게 학습 과제에 대하여 이해가 부족한 부분을 논의한다.

• 협력

통역 학습 효과를 위해 구체적으로 학습 일정과 시간 방법 과제의 책임 등 구체적으로 동료와 서로 합의한다. 협력은 학습 동료뿐 아니라 주최 측, 청중, 연사, 교수자 등 다자적 성격을 띨 수 있다.

• 자기강화

하나의 학습 과제가 성공적으로 수행되면 다음 단계의 학습 단계를 설정한다. 동일한 텍스트라도 효율과 품질을 제고하도록 힘쓰며 텍스트의 주제와 난이도를 차층 넓혀간다. 수준에 맞지 않는 학습 목표 설정은 바람직하지 않다.

5. 3. 3. 동시통역 수행 전략

5. 3. 3. 1. 자료의 수집

통역을 수행하기 위해서는 항상 주제에 관한 충분한 지식을 능동적으로 활용할 수 있는 준비를 해야 한다. 인터넷, 사전, 미디어 등 다양한 매체를 활용하여 통역에 가장 필요한 자료를 우선 준비하고 시간적 여유가 있을 때는 필요성이 큰 자료부터 작은 자료 순으로 찾고 익힌다. 회의 준비를 위해 일반적으로 가장 필요한 자료를 열거하면 다음과 같다.

- 연설문과 프리젠테이션 자료 : 국내에서 국제회의가 시작되면 대부분 통역사의 섭외는 수일에서 수주 길게는 수개월 전에 확정되지만 연설자 또는 회의 참가자의 발표문은 행사 직전에 배포되거나 심지어 행사가 시작되어도 통역사에게 전달이 되지 않는 사례가 있다. 통역사는 스스로 계약자, 통역 의뢰기관, 연설자, 발표자, 행사 진행기관 등 필요한 모든 채널과 수단을 동원하여 연설문과 발표 자료를 입수하고 숙독하는 것이 필요하다.

- 연설자 또는 발표자 그리고 초청기관장의 신상 자료 : 해외에서 대통령, 장관 등 주요 인사들이 방한하면 국내 언론과 초청기관은 방한 인사의 업적과 인생 전반에 대한 관심을 보이게 된다. 연설자는 자신의 정치 철학과 행보를 설명하게 되는 기회를 갖게 되거나 청중과 초청기관이 방한에 대한 자세한 설명을 요청하기도 한다. 중요인사에 대한 자료는 일반인이 접근할 수 있을 정도로 인지도가 높은 인사의 경우 준비하는데 큰 문제가 없지만 그렇지 않을 때에는 통역 관련기관에 도움을 요청할 필요가 있다. 정치인의 경우에는 소속 정당의 원어이름과 직급의 번역 명, 방한인사의 성명, 방한의 목적, 정치철학, 정치활동을 하면서 겪은 특별한 경험 등을 예로 들 수 있고 기업인 또는 경제인의 경우에는 소속기업과 구체적인 기업 활동, 경제 또는 산업 부문에서의 업적과 경력, 방한 목적, 국내 관

련 기업의 이름과 비즈니스 아이템 등을 준비한다.

- 방한인사의 국가 개황과 한국과의 관계 : 스페인어는 20여 개 국가에서 공식어 또는 비공식어로 사용 된다. 따라서 통역사가 이들 국가들에 대한 모든 자료를 항상 숙지해야 하지만 국제회의에 참석하기 위해 방한하는 인사들의 국가들에 대한 최신 자료들을 준비해야 한다. 특히 우리나라와의 외교수립 연도, 대한관계, 통화, 수출입 실적, 국화와 국목, 문화유산, 주요산업 등은 빠트릴 수 없는 자료이다.

- 연사가 참여하는 국제회의의 성격과 목적 : 국제회의 참가자들은 자신의 연설 또는 발표를 통해 소속 국가, 단체 혹은 자신의 생각과 의지를 청중에게 전달하려는 의도를 갖는다. 그리고 참가자들을 초청한 회의 주최 기관과 회의의 임원들은 나름대로 회의의 목적과 부차적인 목표를 잘 이해하고 회의 기간동안 초점이 분명하고 구체적인 결실을 맺을 수 있는 국제회의가 될 수 있도록 노력한다. 통역사는 해당 국제회의와 관련된 안내서와 지난 회의 결과, 회의의 주요 임원, 연사 또는 발표자가 회의에서 담당하는 역할, 발표를 맡은 세션의 패널과 주제 등을 사전에 숙지한다. 국제회의는 형식과 목적에 따라 다양하게 구분된다.

5. 3. 3. 2. 협동전략

동시통역의 경우 통역사는 2인 이상이 배치되는 것이 원칙이다. 한 사람이 최대한 집중할 수 있는 동시통역 분량은 제한되어 있다. 따라서 통역사들은 통역 부스에서 수행할 역할을 사전에 효율적으로 분담해야 한다. 한국어가 강한 통역사는 스페인어-한국어 통역을 맡고 스페인어가 한국어보다 더욱 구사력이 뛰어난 사람은 한국어-스페인어 통역을 담당하는 방식을 취할 수 있다. 그러나 몇 가지 이유로 인해 스페인어 → 한국어 통역보다 한국어 → 스페인어 통역을 선호하는 경향이 있다. 첫째, 스페인어 → 한국어 통역은 청중이 대부분 한국인이 되는 국내 통역의 특징 때문에 통역사가 자신의 한국어 통역 품질에 대해 심리적 부담을 더욱 크게 느낀다. 둘째, 스페인어 → 한국어 통역은 스페인어권 국가들의 최신 정보를 전달하는 통역이 많기 때문에 한국인 통역사가 인지하지 못하고 있는 연사의 소속 국가 현안을 소재로 연설할 경우 통역사의 이해도는 낮아진다. 반면에 한국어 → 스페인어 통역은 대부분 연사의 발표 내용에 대해 한국인 통역사가 상대적으로 높은 이해도를 보이기 때문에 통역을 더욱 용이하게 느낀다. 셋째, 20개국의 스페인어권 국가들에서 오는 연사들은 나라별 지역별로 다양한 발음을 하기 때문에 한국어 발화보다 청취부담이 크다. 넷째 스페인어 → 한국어 통역은 정확한 경어법 사용을 요구하기 때문에 특히 한국사회에서 사용되는 경어법에 오래 노출되지 않고 유소년기를 해외에서 보낸 통역사들에게 어려움을 준다.

또한 통역사들은 동시통역 업무를 연설자별로 분담하여 통역 분량을 균등하게 나누기도 한다. 일반 외국어 교육학에서는 학습자와 모국인 또는 학습자와 학습자 간 대화의 협력 원칙이란 대화에 참여하는 사람들의 양방향 협력 즉 서로가 협조하는 형식을 취하지만 통역이 진행되는 동안 연설자는 통역사에게 협력해야 한다는 인식과 필요성을 크게 느끼지 못한다는 점에서 연설자에게 협력을 요청하고 이를 연설자가 수락한다는 전제 하에 지켜질 수 있다. 다만 연설자가 난해한 내용을 설명하거나, 복잡한 수치를 제시할 때 연설 내용을 복수의 통역사들이 함께 연설을 청취하며 어려운 부분을 해결해가는 형태의 수평적 협력이 가능하다. 또한 통역을 진행하는 통역사가 피로 누적이나 정보 처리를 하면서 예상치 못한 심리적, 정신적 장애를 겪을 때 동료 통역사가 도움을 제공할 수 있는 형태의 협력이 가능하다. 협동 전략은 자료를 준비하는 사전준비 단계에서도 필요하다. 자료를 수집하고 분석하는 일을 합의된 바에 따라 적절히 분담할 수 있다.

연설문과 프리젠테이션 자료는 회의 개최 시점 훨씬 이전에 배포될 수도 있지만 대부분의 경우 연설자 또는 발표자가 마지막 순간까지 첨가와 삭제를 반복하는 사례가 많아서 최종 원고가 행사 당일 또는 연설 순간에 통역사에게 전달되거나 때로는 연설문 없이 통역을 수행해야 할 때가 있다. 연설문의 번역이 완전하게 준비되었을 때에는 연설자와 조율하여 어디에서 끊어 읽게 되는 지를 함께 검토할 필요가 있다. 한국어 연설문과 스페인어 번역본은 단락 단위가 아니라 문장 단위로 분리할 경우 양 언어의 문법 구조가 달라서 지명이나 인명 등의 고유명사를 연사가 낭독했음에도 불구하고 다음 단락에서 언급되거나 반대로 아직 연사가 지시하지 않은 사항이 통역되는 등의 문제를 발생시킬 가능성이 있어서 번역문도 문장의 내용을 감안하여 통역에 맞는 형식으로 변환할 필요가 있다. 다음은 2010년 8월 12일 적도기니 Obiang 대통령이 참석한 국내 환영 행사에서 사용된 초청 연설문을 일부 번역한 글이다.

> 상하수도 공사뿐 아니라, 항만건설, 발전사업, 정유 및 석유화학사업, 원자력, 도시 개발 인프라 사업에 이르기까지 우리가 갖고 있는 모든 기술력과 노하우를 토대로 적도기니의 미래를 만들어가는 작업에 동참할 수 있기를 기대합니다.
> Tenemos el deseo de poder asistir a la creación de un nuevo futuro de su patria sobre el fundamento de nuestras tecnologías, experiencias y conocimientos concernientes a las obras de suministro de agua potable y de control de saneamiento, la construcción de las instalaciones portuarias, los proyectos de refinación del petróleo, los petroquímicos, los de energía atómica y de la infraestructura para el desarrollo urbano.

이 문단은 실제 통역에서 연설자의 호흡 분량 또는 연설의 감흥을 높일 목적으로 문장 내에서 다음과 같이 분리되어 통역되었다.

> 상하수도 공사뿐 아니라, 항만건설, 발전사업, 정유 및 석유화학사업, 원자력, 도시 개발 인프라 사업에 이르기까지/
> Las obras de suministro de agua potable y de control de saneamiento, la construcción de las instalaciones portuarias, los proyectos de refinación del petróleo, los petroquímicos, los de energía atómica y de la infraestructura para el desarrollo urbano
>
> 우리 그룹이 갖고 있는 모든 기술력과 노하우를 토대로 적도기니의 미래를 만들어 가는 작업에 동참할 수 있기를 기대합니다.
> están al alcance de las capacidades tecnológicas y pericias de nuestro grupo. Y tenemos el deseo de asistir a la creación de un nuevo futuro de su patria sobre el

fundamento de dichas tecnologías, experiencias y conocimientos,

연사측이 작성하는 원문의 문장 단락 결정은 주로 연사가 하게 되는데 그 이유로서는 첫째 연설의 전달력과 정서적인 감흥을 높이기 위한 것이고 둘째는 연설자의 연령이나, 발음 능력, 호흡 등의 이유로 긴 문장을 한 번에 읽는 것을 부담스러워 하기 때문이다. 하지만 경우에 따라서는 연사가 실제 통역 상황에 대한 경험이 부족하여 생길 수 있는 문제는 사전에 통역사가 연사에게 협조를 요청하여 함께 해결이 가능하다. 예를 들면 연설문을 읽기 전에 또는 즉흥 연설을 하기 전에 발음하기 힘든 한국의 인명이나 지명을 언급할 예정인지를 확인하여 사전에 통역사가 기록하여 두는 것과 연설에 이은 후속행사가 있을 경우 정확하게 어떻게 통역을 매듭지을 것인지를 결정하는데 양자가 협의할 필요가 있음을 논의할 수 있다. 연설의 종반부가 건배를 제의하는 순서를 포함하고 있을 때에는 사전에 연설자에게 건배 제의 전에 모든 연설을 끝내고 건배 문장은 독립적으로 처리할 수 있도록 협조를 구한다. 참석자들이 통역을 모두 듣고 건배를 할 수 있지만 길어진 연설에 건배제의가 함께 포함된다면 통역사가 통역을 수행하는 과정에 벌써 참석자들은 잔을 부딪치는 상황이 발생할 수 있고 통역사가 건배가 다 끝난 다음에 건배를 제의하는 어색한 장면이 연출될 수 있다는 점을 알려 둔다. 즉흥연설의 경우에는 가능하다면 사전에 연사가 행사에서 언급할 내용을 연사로부터 직접 요약해서 설명을 들을 수 있다면 통역사에게는 큰 도움이 된다.

5. 3. 3. 3. 단순화전략

단순화전략이란 동시통역과 순차통역에서 사용할 수 있는 통역전략이다. 한국어와 스페인어의 특성으로 인하여 주로 스페인어 → 한국어 통역보다는 한국어 → 스페인어 통역에서 더욱 빈도 높게 사용된다. 한국어는 동일한 분량의 발화 시간을 전제할 때 발화 음절의 수가 스페인어 발화 음절 수보다 평균적으로 적다. 또한 표현 방법에 있어서 스페인어보다 함축적이고 은유적이며 한자를 사용하기 때문에 많은 개념을 적은 수의 문장과 어휘로 표현한다. 이러한 특성은 곧 스페인어로 통역하는 통역사에게 더 많은 음절을 동일한 시간에 신속하게 발음하게 하며 한국어 연사가 전달하고자 하는 정보를 스페인어 청자가 이해할 수 있도록 풀어서 통역하도록 하면서 통역 시간이 길어지게 만든다. 그러나 단순화전략은 연사의 메시지를 단순히 줄여 전달하는 것 자체에 목적을 두지 않으며 불필요한 통역 장애, 중복 및 지연 요소를 줄임으로써 핵심정보 전달 효율을 높이는데 목적이 있다.

한국어-스페인어 통역의 단순화전략 연구

한원덕

한국어-스페인어 통역의 단순화전략 연구*

한원덕

단독/한국외국어대학교

Won-dug Han(2012), La Estrategia de Simplificación para la Interpretación del Coreano al Castellano, Estudios Hispánicos, 63,

El coreano es una lengua muy eficiente para transmitir o describir gran cantidad de informaciones en pocas palabras, frases u oraciones. Ello quiere decir que los intérpretes coreanos que trabajan del coreano al castellano, deben aprender a realizar su trabajo de interpretación con eficacia y rapidez, si no desean hacer esperar mucho tiempo a los consumidores de su interpretación del coreano al español. La mayoría de los intefpretes coreanos no adquieren el español como lengua materna en condiciones naturales sino que lo aprenden como una lengua extranjera en forma instructiva, y por lo tanto, suelen tardar bastante tiempo en llevar a cabo el proceso cognitivo necesario para su trabajo y encontrar las expresiones óptimas en castellano a la hora de escuchar oraciones largas y complejas emitidas en coreano. El presente trabajo tiene como propósito analizar y presentar diversas estrategias de simplificación para ayudar a los interpretes coreanos a acortar el tiempo de interpretación al castellano sin distorsionar el mensaje del orador.

[Estrategia de Simplificación/Enseñanza de Interpretación del Coreano al Español/Enseñanza del Español:
단순화전략/한국어-스페인어 통역교육/스페인어교육**]**

* 이 논문은 2010년 12월 덕성여자대학교에서 열린 한국스페인어문학회 동계학술대회에서 발표한 논문을 수정 보완한 것임. 이 연구는 2011년 한국외국어대학교 교내학술연구비의 지원에 의하여 이루어진 것임.

1. 서론

한국어를 스페인어로 통역할 때에는 순차통역과 동시통역 등 통역방식에 상관없이 통역발화물의 양이 스페인어를 한국어로 통역할 때 보다 길어지게 된다. 통역발화물의 양이란 통역사가 발음해야 하는 음절의 수가 증가하는 것을 뜻하는 것이거나 또는 내용의 확장이나 추가 설명 등으로부터 파생되는 문장 또는 문장구성 요소들의 증가를 의미한다. 이러한 현상은 번역에 있어서도 동일하게 나타나는데 한국어를 스페인어로 번역 할 때 원문 보다는 번역결과물이 더욱 길어지게 된다. 일반적으로 20% 이상의 증가를 보이지만 원문의 종류에 따라서 분량 차이는 변하기 때문에 정확한 증가 비율을 예상하는 데에는 무리가 따른다. 특히 통역 발화 분량의 증가는 시간에 쫓기는 통역사를 조급하게 만들고 청중이 이해하기에 지나치게 빠르게 통역하도록 하여 청중의 이해를 가로막는 장애요인으로 작용한다. 따라서 정보처리 시간을 줄이면서 청중의 이해를 용이하게 할 수 있는 방법을 모색하는 것이 중요하며 이러한 맥락에서 본 논문은 어떠한 원인에 의해서 스페인어-한국어 통역보다 한국어-스페인어 통역의 통역발화물이 길어지게 되는지를 살펴보고 이 문제를 해결하기 위한 방법으로 다양한 단순화전략을 제시하는 것을 목표로 한다.

2. 이론적 배경

Widdowson. H.는 단순화전략을 설명할 때 제 2언어 학습자가 학습 초기에 목표 외국어에 대한 언어적 그리고 비언어적 요소들에 대한 지식 부족 그리고 충분한 연습 또는 훈련 부족으로 인해 자신이 이미 학습을 완료한 요소들 즉 간단한 문장 구조와 어휘 등의 활용을 통해 의사소통 장애요인을 최대한 효율적으로 제거하면서 상대방 화자와 의사소통을 달성하는 전략이라고 정의하였다. 물론 단순화전략도 최소한의 학습요소가 바탕이 될 때 가능한 것이며 완전히 처음부터 시작하는 단계 즉 목표어에 대한 학습 시간이 전혀 없었던 상태에서는 효과가 거의 없는 전략이라고 보아도 무리가 아닐 것이다. 그럼에도 불구하고 의사소통전략이 외국어 교육학계의 주목을 받는 이유 중에 하나는 학습자가 비록 학습초기에 학습 목표어의 수준이 매우 낮다고 하더라도 의사소통행위를 함에 있어서 모국어로 의사소통을 할 때처럼 당당하고 주도적인 역할을 담당할 수 있다는 점을 부각시켜 주었다는 점이다. 그리고 또 하나의 이유는 학습자 스스로 의사소통 문제를 해결하지 못할 경우 마치 모국어 습득 과정 속에서 나타나는 아동의 언어적 무지나 실수를 부모와 친지가 인내와 사랑으로 용인하고 격려하는 것과 마찬가지로 학습자도 사소한 오류에 대해 지나친 좌절감을 갖지 않고 주변의 도움을 받아 적극적으로 의사소통방법을 터득해 갈 수 있다는 점을 지적했기 때문이다. 이렇게 학습자를 보다 적극적인 의사소통의 한 주체로 인식한 의사소통전략 모델의 출현에 앞서 학습자가 제 2언어 또는 외국어의 지식적 경험적 부족을 보완하기 위해 학습자가 노출하는 언어행위 방식으로서 Faerch & Kasper는 형태적 축소와 기능적 축소를 제시하고 다음과 같이 정의했다.[1)]

1) C. Faerch & G. Kasper(1984) (eds) *Strategies in Interlanguage Communication,* Longman: London and

'All areas of the IL system are susceptible to formal reduction. However, because of the different communicative status of items from different linguistic levels there are some significant differences with respect to whether the learner can reach his communicative goal by means of a reduced system, or whether he has to adopt a funtional reduction or an achievement strategy.'

형태적 축소는 난이도가 높은 학습 요소 즉 어려운 발음, 형태소, 문장 구성 등을 단순화하는 것이며 기능적 축소는 학습자가 부족하다고 느끼거나 사용이 불가능하다고 판단하는 요소들을 전체적으로 또는 부분적으로 회피함으로써 반드시 대화에 필요한 내용이 아니라면 다른 주제로 넘어가는 회피전략과 주제전환을 지칭한다. 본 논문에서는 이 두 유형의 축소를 수동적 단순화전략이라고 정의함으로써 통역사가 적극적으로 활용할 수 있는 능동적 단순화전략으로부터 구분하고자 한다. 수동적 단순화전략은 모국어를 습득하는 아동 그리고 제 2언어 또는 외국어 학습자가 충분한 시간 동안 완전히 안정화되지 않은 표현의 무리한 사용 시도를 포기하고 이미 체득되고 실수의 위험이 적은 간단한 표현들을 사용하는 경우가 대부분이다.

본 논문에서는 이러한 수동적 단순화 전략이 통역학습자들에게도 나타나는지를 살펴보고 만일 그렇다면 어떠한 양태를 보이는지를 분석해 보고 수동적인 개념으로서의 단순화전략을 긍정적으로 전환하여 적극적이고 실질적으로 통역에 도움을 줄 수 있도록 사용할 수 있는 능동적 단순화 전략들을 제안하고자 한다.

3. 한국어-스페인어 통역과 단순화전략의 양태

3. 1. 수동적 단순화전략

제 2언어 학습자와 외국어 학습자들이 학습초기에 노출하는 수동적 단순화 전략이 통역학습자에게도 나타나는지 그리고 실제로 통역학습자들에도 나타난다면 어떤 양태 보이는지를 확인하기 위해 필자가 선택한 방법은 한국외국어대학교 통번역대학원의 국제회의통역사 양성 반 진급 시험 문제의 통역 답안 샘플 일부의 분석이었다. 한국외국어대학교 통번역대학원은 신입생이 입학 후 2학기의 교육 과정을 마치면 2학기 말에 국제회의통역사 과정에서 수학할 수 있도록 진급시험 제도를 운영하고 있으며 시험과목은 두 과목이며 한국어-스페인어 순차통역, 스페인어-한국어 순차통역 시험이며 각각 80점 이상을 획득해야 한다..

New York Strategies in Interlanguage Communication p. 41. 형태 및 기능적 축소현상은 음운, 의미 등 광범위한 층위에서 발생한다고 함.

본 실험연구에서는 수험자 5명의 시험결과 가운데 한국어-스페인어 시험 답안 일부를 분석하는 것으로 연구범위를 제한하였다. 그 이유는 단순화전략의 사용빈도가 스페인어-한국어 통역결과물 보다 한국어-스페인어 통역결과물이 보통 더욱 길며 외국어인 스페인어로 통역을 해야 하는 한국어-스페인어 통역에서 더욱 높게 나타날 가능성이 높을 것으로 예상하였기 때문이다.

전공구분 시험문제의 텍스트는 2010년 국토해양부 장관이 행한 제 15차 운스갑(UNSGAB:United Nations Secretary - General's Advisory Board on Water & Sanitation - 유엔사무총장 물과 위생 자문위원회)회의 환영만찬사의 도입 부분이었으며 분석이 실시된 텍스트는 다음과 같다.

> 존경하는 내외 귀빈 여러분
> 제 15차 운스갑(UNSGAB) 회의에 참석해주심을 진심으로 감사드리며 정부와 국민을 대표해 여러분을 환영합니다.
>
> 여러분도 잘 아시다시피 물과 위생은 모든 인류가 행복한 삶을 영위하는데 가장 기본적이며 핵심적인 요소일 것입니다. 그래서 UN에서는 깨끗하고 안전한 물을 공급하고 공중위생에 대한 권리를 보장하는 것이 기본 인권임을 선언한 바 있습니다. 그러나 아직까지 지구촌 곳곳에서 많은 사람들이 물로 인하여 고통을 겪고 있습니다. 현재 약 11억 명이 안전한 식수원에 접근하지 못하고 있으며 매년 500만 명 이상이 물과 관련된 질병으로 생명을 잃어가고 있습니다.

실험참여자 5명은 A. B. C. D. E.로 구분하였으며 통역결과를 다음과 같이 전사하였다.

> A.
> Distinguidos invitados de honor.
>
> Quisiera dar la palabra de agradecimiento a todos los participantes de la quinta edición de UNSGAB en la reunión de asesoría de saneamiento, secretario general de la ONU sobre el Agua y Saneamiento. Y también quisiera dar la palabra de bienvenida en calidad de representante del gobierno de Corea y pueblo.
>
> Como ustedes saben bien, el agua y y y el saneamiento son los factores básicos y principal para garantizar la felicidad de todos los seres humanos. Por eso, las Naciones Unidas ya declaróy los derechos básicos de los pue-

blos. Estos son el suminstro de agua seguro y limpio y el derecho, y garantizar el derecho de los, el derechos sobre los el saneamiento.

Sin embargo, en nuestro planeta hay mucha gente sufren por el agua. Ahora casi cien, casi mil millones casi mil ciento millo, mil cien millones de personas no tienen acceso al agua potable seguro y más de quinientos millones de personas perdieron su vida por el agua contaminada. Y por eso, el problema de agua estáagravándose a medida que se realiza el cambio climático, el cambio climático.

B.

Señores de, Señores, Honorables señoras y señores

En primer, en primer lugar, quisiera dar gracias a los participantes de de décimos décimo quinto grupo de asesores del secretario general de la ONU sobre el agua y el saneamiento. Asimismo quiero dar la bienvenida al gobierno y a los representantes del gobierno.

como saben ustedes bien, el agua y el saneamiento es un elemento fundamental para lograr lograr la vida feliz de todo el mundo. Por lo tanto las Naciones Unidas promulgópromulgóel el abastecimiento del agua limpia y segura y, y, y, el el derecho para, el derecho de saneamiento publico como el derecho derecho fundamental.

Sin embargo, todavía, sin embargo todavía en unos lugares del mundo todavía muchas personas tiene muchas personas sufren por el agua. Y actualmente casi mil casi mil ciento millones de personas no pueden no tienen acceso al a la sanidad de agua y cada año más de cinco millones de personas pierden su vida por la enfermedad relacionada con el agua.

C.

Excelentísimos, Excelentísimos señoras y señores.

Quisiero ee primero quisiera expresar mis palabras de agradecimiento a todos los participantes a este ee el décimo décimo quinto de UNSGAB cuerpo asesor del secretario general de ONU sobre agua y saneamiento. Y también ee. quiero expresar mis palabras de bienvenida en nombre del gobierno y de pueblo.

Y como ustedes bien sabido agua y el sanemiento es el fundamen fundamento para que toda la humanidad goce gocen la vida digna y feliz, y feliz felices. Por lo tanto, ONU ha declarado ha declarado que el agua limpia y segura y agua limpia y segura es el ee es el derecho basico de toda la humanidad.

Sin embargo, todavía en cada rincón del mundo mucha gente estápadeciendo ee el dolor padeciendo sobre sobre el sobre agua. Actualmente casi un mil cien millones un mil cien millones de personas no estan no tienen acceso al agua segura, y cada año quin, cinco millones de personas están perdiendo su vida con rela, con por problemas problemas relacionados con agua.

D.

Estimados señoras y señores

Me gustaría darles la bienvenida ee y ee las gracias ee por haber por haber estar aquícon nosotros en la reunión del cuerpo asesor del Secretario General de las Naciones Unidas sobre el agua y el saneamiento. Y además ee, en en en lugar del gobierno y de todo todo nuestro pueblo, me gustaria darles la bien la bienvenida por estar ee. por estar aquícon nosotros.

ee. El agua y la sanidad ee. han sido ee dos factores ee fundamentales e importantes para la felicidad de de de la humanidad. ee Por eso las naciones unidas declaramos que que el aseguramiento del agua es una de las es uno de los derechos principales ee para ee. de las de las personas que estas personas puedan tener agua limpia y segura.

Pero alrededor del mundo muchas personas están sufriendo y muriendo por la escasez del agua. Actualmente alrededor del ciento diez mil millones de personas están sufriendo porque no tienen alcance al agua potable. Cada año cinco cinco millones de personas están perdiendo sus vidas por la escasez y las enfermedades relacionadas al agua.

E.

Distinguidos invitados de honor

Quisiera darles las palabras de gracias por haber participado en en esta reunión del del Cuerpo Asesor del Secretario General de las Naciones Unidas sobre agua y saneamiento UNSGAB. de la de la vigésima quinta sesión. Y quisiera darles las palabras de bienvenida en nombre del gobierno y y el pueblo de mi país.

Como bien saben ustedes, ee. el agua y el saneamiento son los principales factores para que la la humanidad de una vida feliz. Por lo tanto, las Naciones Unidas han declarado que el suministro de de agua limpio y seguro y y y la defensa de los derechos de acceso al suminitro de agua son los son los derechos básicos de toda la humanidad.

Sin embargo, todavía hay muchos mucha gente que viven sufriendo por la falta de agua. En la actualidad, ee casi unos mil milones mil cien millones de personas viven sin acceso al agua limpio. Y cada año mas de cinco millones de personas estan perdiendo vidas por la falta del acceso al agua potable.

통역결과물을 분석한 결과 학습자별로 다음과 같은 수동적 단순화전략 사용이 관찰되었다.

A.

어휘누락 - 15차
진심으로 감사
식수원 -agua potable(fuente de agua potable)
물과 관련된 질병- Enfermedades relacionadas con el agua
기본인권 - los derechos(básicos)

여러분을 환영합니다. - Dar(les) la bienvenida

어휘교체(부정간섭에 의한 단순화) -

500만 - quinientos millones.

관계대명사의 생략 - Hay mucha gente (que) sufren por el agua

- por el agua contaminada

관사교체(2회) - Quiero dar la palabra de agradecimiento

(Quiero dar las palabras de agradecimiento)

동사의 수 단순화 - El agua y el saneamiento es (son) un elemento fundamental

Muchas personas tiene(tienen)

B.

어휘누락 - 진심으로

핵심적인

보장

어휘교체 - 선언한바 있습니다 - promulgó

곳곳에서 - en unos lugares(en muchos lugares)

물과 관련된 질병 -

enfermedad relacionada con el agua

(enfermedades relacionadas con el agua)

이상 - casi(más de)

안전한 식수원 - sanidad de agua(fuente de agua potable sana)

동사의 수 단순화 - el agua y el saneamiento es un elemento fundamental(son)

Muchas personas tiene(tienen)

C.

어휘누락 - 진심으로

15차 회의

el Décimo Quinto de UNSGAB(la Décima Quinta Reunión)

여러분을 환영합니다. -

expresar(les) las palabras de bienvenida

핵심적인 요소

공급하고...공중위생에 대한 권리를...

보장 하는 것

식수원 - el agua(fuente de agua potable)

어휘교체 - 물과 관련된 질병으로

- por problemas relacionados con agua
- 물로 인하여 - sobre agua(por la falta de agua)

동사의 수 단순화 - el agua y el saneamiento es(son) el fundamento...

D.

어휘누락 - 진심으로
15차 운스갑회의
여러분도 잘 아시다시피
공중위생에 대한 권리를 보장하는 것
아직까지
안전한 식수원

어휘교체
행복한 삶 - la felicidad
대표해 - en lugar de(en representación de)
선언하였습니다. - declaramos(declaró)
11억명 - ciento diez mil millones de personas(mil cien millones de personas)

E.

어휘누락 - 진심으로
제 15차
식수원

어휘교체 기본적이며 핵심적 - principales(fundamentales y centrales)

형용사 성의 단순화 - agua limpio y seguro

의사소통전략 가운데 형태적 축소는 난이도가 높은 요소들을 단순화 시켜서 발화하는 것이고 기능적 축소는 학습자가 잘 이해하지 못하거나 사용이 불가능하다고 판단하는 요소들을 원천적으로 생략하거나 회피 또는 자신이 충분히 대화를 이어갈 수 있다고 판단하는 주제로 대화를 전환시키는 것을 의미 한다. 그러나 통역학습자들은 연설자들의 메시지를 전달하려는 노력을 포기하고 다른 주제로의 전환을 시도할 수 없으며 단지 자신이 통역이 불가능하다고 판단되는 청취 내용을 누락시키거나 해당 표현을 보다 일반적으로 또는 유사한 표현을 사용하여 통역하는 단순화 전략을 구사한다. 이러한 점에서 5명의 학습자들이 노출한 수동적 단순화 전략 양태를 보면 크게 어휘와 문법의 단순화 현상을 관찰할 수 있다. 어휘 측면에서의 단순화 전략은 완전누락과 부분누락의 양태로 나타났다. 예를 들어 서수 '15차(Décima Quinta)'를 스페인어로 표현하지 못해 학습자 A, B 학습자를 제외한 세 명의 학습자들이 동 표현을 완전히 생략하였으며 A 학습자는 15차 가운데 5차 만을 통역하여 부분누락 현상을 보였다. '진심으로 감사'라는 표현은 5명의 학습자 모두 감사라는 표현만 함으로써 연설자의 감사의 행위에 대하여는 통역을 하였지만 '진심으로'를 통역하지 않음으로써 연설자의 세밀한 마음 까지 전달하는 데에는 실패하였다.

문법적 단순화 현상은 주로 복수 동사를 단수 동사로 오용한 형태와 복수 관사를 단수 관사로 그리고 여성 형용사를 사용해야 하는 곳에 남성 형용사를 사용함으로써 나타났다. 이러한 수동적 단순화 현상은 통역사의 부족한 어휘력과 문법능력을 보여주는 것이며 통역의 품질을 저하시키게 되며 개선을 요하는 부분이 된다.

3. 2. 능동적 단순화전략

수동적 단순화 전략의 사용이 학습자들로 하여금 불가피한 선택이었다면 능동적 단순화전략은 학습자들이 적극적으로 사용함으로써 한국어-스페인어 통역 시간을 단축시키면서도 정보전달에 있어서는 소통장애를 유발하지 않도록 하는 전략을 지칭하며 특히 한자를 통해 여러 개념들을 압축적으로 발화하는 한국어 사용 화자들의 발표 또는 연설의 통역이 자칫 과도하게 길어지지 않도록 간략하게 표현함으로써 통역사의 피로를 줄이고 청중에게도 연설의 이해도를 높일 수 있도록 하는 전략을 의미한다. 또한 능동적 단순화전략은 통역발화의 분량만을 줄이는 것이 아니라 복잡한 문장형태에 담겨진 원문의 내용을 간단한 문장으로 전환하여 표현함으로써 청중의 이해를 돕는 전략을 포함한다.

3. 2. 1. 수동적 단순화전략의 발생원인과 능동적 단순화전략의 필요성

한국어 화자들은 스페인어 화자들 보다 같은 시간을 전제로 할 때 더 적은 수의 단어를 발화한다. 반대로 스페인어 화자들은 동일한 시간에 더 많은 단어를 발화하며 따라서 발음하는 음절수도 늘어나게 된다. 심상완은 스페인어문학 30호에 게재한 '스페인어 청취 저해 요인 분석과 해결 방안'이라는 논문을 통해 한국의 KBS TV 뉴스와 스페인 TV 뉴스의 분당 발화속도를 비교한 결과 한국인 아나운서는 1분에 154단어를 발화하였고 스페인 5개 TV 뉴스의 아나운서들이 1분에 발화한 단어의 수는 180개였다는 사실 즉 동일한 시간을 기준으로 할 때 스페인 청자들은 더 많은 단어를 청취하는데 익숙해져 있다는 사실을 제시하였다. 또한 영어와 스페인어 간에는 아나운서들 간에 발화 단어의 수가 큰 차이를 보이지 않았으나 영어로 된 문장들은 강세음절은 분명하고 길게 발음 되지만 약세음절은 짧게 발음되며 반대로 스페인어 문장들은 비록 약세음절이 있긴 하지만 영어와 비교될 정도로 짧게 발음 되지 않음으로 인해서 모든 음절들이 강하게 발음되는 것처럼 들리게 됨으로 스페인어는 영어보다 훨씬 빠르게 발음되는 언어의 인상을 준다는 점을 지적하였다. 이러한 사실에 비추어 본다면 한국어 연설을 듣고 스페인어로 통역을 실행 할 때에도 통역사는 동일한 시간을 기준으로 할 때 스페인어-한국어 통역을 수행할 때 보다 더 많은 단어와 음절을 발화해야 하는 부담을 지게 된다. 한국어 화자가 스페인어 화자 보다 상대적으로 발화 단어의 분량이 적은 이유로는 유교적인 문화의 영향으로 너무 빠르지 않고 교양 있게 말하는 것이 한국사회에서 좋은 덕목으로 간주되는 점, 한국어에 수용된 한자어가 밀도 있는 개념을 적은 수의 음절로 표현할 수 있도록 한다는 점, 한국어의 받침이 발음에 영향을 준다는 점 등을 들 수 있다. 이렇게 언어 자체에 내재하는 요인들과 더불어 통역사의 언어가 자신의 모국어인 한국어가 아니라 외국어인 스페인어라고 가정할 때 통역을 하기 위해 생각하고 정리하며 통역내용을 발화하기 위해 걸리는 정보처리 시간은 스페인어를 듣고 한국어로 통역할 때 보다 더욱 증가한다는 점도 원인이 될 것이다. 따라서 한국어-스페인어 통역을 수행할 때 연설자가 의도하는 정보전달 요소들을 최대한 누락하지 않으면서도 신속하게 통역을 마치기 위해서 통역사는 가용한 통역 표현 가운데 최대한 간결한 표현을 선택하여 사용해야 할 것이다.

한편 단순화 전략은 반드시 통역의 양적 축소만을 의미하지는 않는다. 통역사가 연설자의 의도를 분명히 파악하고 있음에도 불구하고 통역 문장이 지나치게 복잡한 구조 즉 구어체 문장에서는 잘 사용되지 않는 형태의 복합문을 남용하게 되면 청중은 통역사의 발화를 이해하기 위해 많은 노력을 기울여야 하며 회의 또는 연설의 시간이 길어지면서 복잡한 문장 구조를 일관되게 고집하는 통역사를 이해하는데 한계를 느낄 수도 있다. 따라서 통역사가 최대한 청중 친화적인 통역을 제공해야 한다는 당위성을 고려할 때 연설자의 한국어 문장 순서와 형태를 그대로 지켜야 하는 상황이 아니라면 지나치게 복잡한 문장형태, 논리 구조 등을 지양하고 명료하고 간결하면서도 연설의 품위를 지킬 수 있는 통역방식을 유지해야 한다.

3. 2. 2. 능동적 단순화 전략[2)]

통역사가 제한된 시간 내에서 연설자의 메시지를 누락시키지 않으면서 청중이 잘 이해할 수 있는 통역발화를 하기위해서 적극적으로 사용할 수 있는 전략들은 다음과 같다.

3. 2. 2. 1. 주어의 생략

통역학습자들은 대부분 스페인어를 학습하기 이전에 영어를 제 1외국어로 배우기 시작한다. 영어의 경우에는 주어 없는 문장이 많지 않지만 스페인어 화자들은 강조 등 특별한 상황이 아니면 동사의 형태로써 주어를 파악할 수 있기 때문에 한국인 통역사가 문장을 형성할 때마다 주어를 사용할 경우 어색할 뿐만 아니라 통역 시간을 불필요하게 연장시키게 되는데 특히 간단한 일인칭 단수 주어 'Yo'의 남용은 표현을 어색하게 할 수 있다. 또한 'Yo'와 달리 보다 긴 주어들 즉 'Ustedes', 'Vosotros'등 2인칭 또는 3인칭 복수 형태인 경우 이 들 주어가 사용될 수 있는 모든 문장에서 생략되지 않고 발화된다면 통역시간에 미치는 부정적인 영향은 더욱 커지게 된다.

3. 2. 2. 2. 약자의 사용

하나의 국제회의에서는 다양한 국제기구 또는 관련기관들이 개입하게 되는데 회의에 참석한 전문

---

2) 능동적 단순화 전략은 통역효율을 높이기 위한 선택이지만 연사의 품위를 떨어뜨리는 낮은 수준의 어휘 사용이나 정보를 왜곡하는 행위를 의미하지는 않는다.

가들은 대부분의 관련 국제기구명이나 기관명에 익숙하지만 통역사가 처음으로 해당 회의의 통역을 맡게 되거나 생소한 분야에 대한 토론이 이어질 경우 관련 기관의 명칭을 신속하게 인식하고 발음하는데 지장을 받는다. 우리나라 외교통상부의 영어 명칭은 'Ministry of Foreign Affairs and Trade'이며 국내의 스페인어 권 외교사절들은 'MOFAT'으로 부르고 있다. 외교통상부는 거의 모든 외교관들이 늘 공석이나 사석을 가리지 않고 자주 언급하는 기관인데 이 기관의 약칭을 사전에 인지하지 못한 통역사가 항상 'Ministerio de Asuntos Exteriores y Comercio'라고 통역한다면 시간적 낭비는 물론이고 청중의 주의력을 산만하게 할 가능성이 높다. 우리나라와 중남미간의 협력분야는 주로 국가성장모델 개발, 전력, 원유, 녹색성장 등 다양한 분야가 있으며 이 분야들과 관련된 대표적인 기관들은 '한국전력(Korea Electric Power Corporation)', '한국개발연구원(Korea Develoment Institute)', '무역협회(Korea International Trade Association)'등을 들 수 있으며 한국을 방문하는 스페인어 권 연설자들은 이 기관들을 주로 영어 약자 즉 'KEPCO', 'KDI', 'KITA'등으로 부르는 반면 중남미 지역의 관련 기관들에 대해서는 우리나라 관련 인사들이 주로 스페인어 약자로서 부르는 경우가 많다. 예를 들면 '콜롬비아 석유공사(Empresa Colombiana de Petróleos)', '베네수엘라 석유공사(Petróleos de Venezuela)', '멕시코석유공사(Petróleos Mexicanos)'는 각각 'ECOPETROL', 'PEDVSA', 'PEMEX'등 스페인어 약자로 국내외에서 지칭되고 있다. 이 기관들을 비롯하여 회의에 등장하는 다양한 국제기구와 각종 기관들의 스페인어 약칭을 숙지하여 적극적으로 사용해야 한다.

3. 2. 2. 3. 문장의 통합

연설자들은 가끔 자신의 발화 가운데 불필요하게 반복되는 부분이 있다는 사실을 인지하지 못하고 앞서 언급했던 부분을 다시 발화하는 경우가 있다. 물론 의도를 가지고 강조적인 의미에서 동일한 문장이나 표현을 반복 발화할 때가 있지만 이런 경우를 제외하고는 대부분 반복을 통해 머릿속으로 다음에 언급할 내용을 정리할 시간을 벌거나 단순히 앞서 언급했던 사실을 잊어버렸기 때문에 나타나는 현상이다. 통역사는 자신의 가용시간이 제한되어있다는 사실을 기억하고 연사가 발화하는 불필요한 문장이나 표현들은 과감하게 단순한 문장으로 통합해야 한다. 또한 연사의 발화가 아닌 자신의 통역 발화도 가급적 간단히 처리할 수 있는 문장으로 줄일 수 있도록 해야 한다. 아래의 예를 살펴보자.

Aunque tú no viniste ayer a la escuela, nadie lo notaba.

⇒ Nadie notaba tu ausencia ayer en la escuela.

주절과 종속절로 구성된 두 개의 문장을 하나의 문장으로 줄인 예 이다. 물론 두 번째 문장에서는 양보의 의미를 전달하지 않았기 때문에 처음 문장과는 뜻이 다르게 전달되었다고 할 수 있으나 통역사가 신속히 통역을 마쳐야하고 전체적인 맥락이 양보의 의미 보다는 아무도 결석 사실을 알지 못한 사실만을 전달하려는 문장이라면 양보적 의미를 살리기 위해 반드시 두 개의 문장을 사용할 필요는 없다.

3. 2. 2. 4. 거시맥락(Macrocontexto)에 의해 공유되는 정보의 생략

연설자는 청중에게 전달하고자 하는 정보를 신정보와 구정보로 정확히 구별하려는 노력을 크게 기울이지 않는다. 오직 자신의 연설이 청중에게 잘 이해되고 정서적인 차원에서든 실무적인 차원에서든 연설의 목적이 달성되는 데에 가장 큰 관심이 있다고 할 수 있다. 마찬가지로 통역사의 관심은 연설자가 전하려는 메시지를 가감 없이 전달하는 것이지만 주어진 환경과 시간이라는 한계 안에서 실행해야 하므로 이미 청중이 잘 알고 있는 내용 즉 이미 잘 알려진 정보를 전달할 때에는 시간과 집중력을 절약하기 위해 간략히 표현할 수 있다. 다시 말해서 핵심 정보에 대해서는 최대한 집중하지만 이미 청중이 알고 있는 내용 예를 들어 초청장을 받고 회의에 참석하여 회의 시간과 명칭, 장소 등을 모두 알고 있는 청중을 향하여 "오늘 오후 세시에 -호텔 -볼룸에서 열리는 -회의"라는 표현을 너무 자세히 그리고 긴장감을 가지고 통역할 필요는 없다. 경우에 따라서는 'Esta reunión'이라고 통역해도 무방하며 특히 회의명칭의 최초 언급이 아니라면 더욱 그렇다고 할 것이다.

3. 2. 2. 5. 대명사의 사용

한국어에는 스페인어와 달리 동사 앞에 사용하는 축약형 대명사가 없다. 축약형 대명사 즉 'lo', 'la', 'los', 'las'는 앞서 언급한 내용을 반복하지 않으면서 지시하고자 하는 대상을 청중에게 알려준다. 특히 문장전체의 의미 심지어 단락 또는 그 이상의 광범위한 맥락도 'lo'의 사용으로 표현이 가능하지만 한국인 통역 학습자들은 모국어인 한국어에 상응하는 표현 방법이 그 것, 이 것 이므로 'Eso', 'Esto'를 주로 사용하게 되거나 화용어인 한국어의 영향으로 전혀 대명사를 사용하지 않고 청중에게 지시 대상을 맥락을 통해 찾도록 한다. '이 것'과 '그 것'을 스페인어로 표현하는 'Esto'와 'Eso'는 음절의 수가 많을 뿐 아니라 모든 지시 대상을 이 두 가지 형태로 표현한다면 스페인어 청중은 자연스럽지 않게 받아드릴 것이다. '나는 그러한 사실을 모른다'라는 문장을 'No lo sé'가 아니라 'No sé eso'라고 말한다면 의미는 전달할 수 있을지 모르겠지만 비문법적인 문장이 되며 문법적인 문장으로 전환하면 'De eso no sé'가 되어야 하기 때문에 단음절의 'lo'와 비교하면 매번 2음절의 발화 분량이 늘어나게 된다.

통역사는 최대한 대명사를 사용할 수 있는 맥락에서는 효율적으로 대명사를 활용해서 발화시간을 단축시켜야 하는데 한국어 대명사 사용 양태는 스페인어 대명사 사용 양태와 사뭇 다르다. 예를 들어 '그', '그녀', '그들', '그녀들'에 해당되는 스페인어 인칭대명사는 'El', 'Ella', 'Ellos''Ellas'이지만 스페인어를 배우는 한국인 학습자들은 한국어 문어체로 쓴 문학작품이나 수필에서는 자연스럽게 만날 수 있는 대명사들이지만 일상적인 대화에서는 사용하지 않기 때문에 스페인어 문장을 생성할 때 한국어의 영향으로 '그 분', '그 분들', '그 여자분', '그 여자분들'로 바꾸어 발화하거나 지시 대상의 직함이나 성을 첨가하여 문장을 생성하는 경향이 강하다. 이렇게 두 언어 간의 대명사 사용 빈도와 양태의 차이로 인해 통역사가 스페인어 대명사를 적절히 활용하지 않는다면 한국어-스페인어 통역 발화 분량이 증가하게 될 것이다.

3. 2. 2. 6. 직접화법의 사용

청중에게 호소력 있는 표현을 사용하기 위해서 연사가 직접화법을 이용할 때 가 있다. 이 때에 통역

사가 직접화법으로 표현된 문장을 간접화법으로 표현하게 된다면 연설의 감흥이 감소될 뿐 아니라 접속사와 'Decir', 'Alegrar', 'Reiterar'등 추가적인 문장 요소들을 첨가하여야 하기 때문에 통역발화 분량이 증가한다. 다음 문장은 이명박 대통령이 2010년 가정의 달 기념연설에서 사용한 직접화법 문장이다.

> "나는 네 소신이 옳다고 생각한다. 네 소신대로 행동하거라. 그리고 책임있게 행동하거라"고 말씀하셨습니다"

이 문장의 주어는 '우리 어머니'였으며 텍스트에서 이미 일회 언급이 되어서 주어가 생략되었다. 간접화법을 적용하게 되면 이 문장은 다음과 같이 통역될 수 있다.

> "Mi madre me decía que mi convicción era correcta y que me comportara según lo que yo creía. Y ella me decía que me comportara con responsabilidad"

그러나 직접화법을 사용하면 다음과 같이 발화 분량을 줄일 수 있다.

> ⇒ "Mi madre me decía, Tu convicción es correcta. Compórtate según lo que crees, y con responsabilidad"

3. 2. 2. 7. 불필요한 첨어 사용의 지양

연사도 통역사도 자신의 발화 습관에 따라 내용과 직접적으로 관련이 적은 이음말을 사용한다. 맥락과 상관이 없음에도 '그래서', '따라서', '그러므로', '즉', '다시 말해서'등을 남용하기도 하는데 이러한 습관은 심리적인 안정을 찾고 논리 구조를 생성하기 위한 시간을 확보하는데 사용되기도 한다. 스페인어 연설자들과 통역사가 빈도 높게 사용하는 표현들은 예를 들어 'Digamos', 'Pues', 'O sea', 'Por lo tanto', 'También', 'Es decir', 'O lo que es lo mismo', 'Fíjense', 'Mire', 등이 있는데 통역에 필요한 경우에는 사용해야 하지만 그렇지 않다면 가급적 사용을 자제하여 불필요한 통역 시간 낭비를 하지 않도록 해야 한다.[3)]

3. 2. 2. 8. 짧은 표현의 사용

통역사가 판단할 때 형태적으로나 의미적으로 하나의 표현을 여러 가지 문장형태로 할 수 있을 때에는 가급적 간단하고 짧은 표현을 사용 하도록 한다.

> En el mes de mayo - en mayo

---

3) 수동적 단순화전략 분석결과 실험에 참여한 학습자들은 모두 특정한 단어를 단순 반복하는 현상을 보이거나 통역에 필요 없는 '-에'등의 첨가음을 삽입하는 현상을 보였다.

Ayer por la noche - Anoche

En los años 1970 - En los 70

Muchas personas - Mucha gente

En aquellos tiempos en donde - En esa época

Yo he sido encarcelado - Me encarcelaron

La escuela que está en Chunchon - La escuela en Chunchon

Yo conozco a un profesor que no puedo olvidar - Conozco a un profesor inolvidable

3. 2. 2. 9. 관용어구의 사용

통역사는 필요한 경우 격언, 숙어, 속담 등 관용표현을 사용하여 통역발화 분량을 줄이도록 한다. 한국어의 특정 표현을 스페인어로도 정확히 묘사할 수 있는 정형화된 표현이 있다면 통역사 자의대로 표현을 만들어 내는 것 보다 스페인어 권 화자들이 쉽게 인지하고 이해할 수 있는 표현을 사용하는 것이 더욱 간결하고 통역분량을 줄이는데 도움이 된다.

"본론으로 들어가시지요(Vamos a tratar el tema principal)"

⇒ "Vamos al grano"

"빈수레가 요란하다(Una careta vacía hace más ruido)"

⇒ "Mucho ruido y pocas nueces"

"유유상종(La gente anda con amigos de la misma clase)"

⇒ "Dime con quién andas, te diré quién eres"

4. 결론

본 논문에서는 외국어교육 분야 가운데 소통전략의 한 부분을 차지하는 수동적 단순화전략의 이론을 확장하여 효율적인 한국어-스페인어 순차통역을 위한 능동적 단순화전략의 필요성과 방법을 제시하였다. 능동적 단순화 전략은 순차통역의 발화 분량을 줄여주는 효과도 있지만 더욱 신속한 통역사의 정보처리를 요구하는 동시통역의 전 단계 학습방법으로도 매우 유용한 효과를 유발할 것으로 기대된다. 물론 능동적 단순화 전략의 부정적 결과도 예상할 수 있는데 예를 들면 연사가 자신의 표현을 그대로 통역사가 유지해 줄 것을 기대하고 있음에도 불구하고 통역사가 제한된 시간 내에 자신의 임무를 완수한다는 명목으로 일방적으로 연사의 표현을 지나치게 단순화 시켜서 연설 원래의 취지를 훼손할 위험이 있다. 그럼에도 불구하고 대부분 경우 연설자의 의도를 왜곡하지 않으면서도 통역을 간결하고 정확하게 할 수 있는 상황이라면 통역사는 최대한 단순화전략을 사용하여 통역 효율을 극대화해야 할 것이다. 즉, 통역사는 부차적인 정보의 통역시간을 최소화함으로써 절약하게 되는 정보처리 시간과 집중력을 연사가 반드시 전하고자 하는 정보 그렇지만 고도의 집중력을 요하는 문장의 통역을 위해 요긴하게 사용해야 하기 때문이다.

참고문헌

심상완(2004) “스페인어 청취 저해 요인 분석과 해결방안”, 『스페인어문학』 30호, 380-398

정혜정(2002) *이야기속 스페인어 관용표현*, 한국외국어대학교 출판부, 서울.

한원덕(1998), “비텍스트 조건하에서의 한국어-스페인어 동시통역전략”, 『스페인어문학』 12호, 151-174.

Collados Aís, A. & Fernández Sánchez M. M.(2001), *Manual de Interpretación bilateral*, Editorial Comares, Granada.

Collados Aís, A. & Sabio Pinilla, J. A.(2003),) (eds) *Avances en la Investigación sobre Interpretación,* Editorial Comares, Granada.

Faerch, C & Kasper, G(1984) (eds) *Strategies in Interlanguage Communication,* Longman: London and New York

Fernández Cinto, J.(1991) *Actos de Habla de la Lengua Española*, Edelsa, Madrid.

Galván, H(2007) *El Rostro de la Esperanza*, Editora Centenario, S. A. Santo Domingo, la República Dominicana.

Larousse Planeta, S. A.(1995) *Manual Práctico de Expresión Oral.*

Servicio Coreano de Información para el Extranjero(1996), *Herencia Cultural Coreana.*, Seúl, Corea.

Widdowson H(1975): “The significance of simplification studies”, in *Second Language Acquisition,* 1975 University of London, London

2010년 5월 이명박 대통령이 행한 가정의 달 기념 연설문

2010년 국토해양부 장관이 2010년 11월 29일 행한 제 15차 운스갑(UNSGAB)회의 환영만찬사

5. 3. 3. 4. 섀도잉

섀도잉은 동시통역 교육 초기에 학습자들에게 스페인어 화자들의 빠른 발화에 대한 적응력을 높이고 통역사의 언어적 순발력을 고양시키기 위해 사용되는 훈련 방법이다. 동시통역은 연설을 듣고 목표어로 동시에 통역을 하는 것이지만 섀도잉은 텍스트를 하나의 언어로 녹음하거나 직접 낭독해서 학습자들이 같은 언어로 따라 읽기를 하도록 하는 것이다. 한국인 학습자들은 주로 자신이 모르는 어휘, 비정상적인 연설 속도, 처음 듣는 발음을 들을 때 실수를 가장 많이 범하며 특히 스페인어를 듣고 스페인어로 섀도잉 할 때 더욱 어려움을 호소한다. 섀도잉은 학습자들의 신속한 발화 능력 제고에도 도움이 되며 통역사가 연사의 어떠한 발음에 취약한지를 파악할 수 있도록 해준다. 텍스트의 내용은 주로 국제회의에서 사용될 가능성이 높은 분야의 연설문으로 하고 낭독을 할 때에는 정상 속도 보다 빠른 속도를 유지해야 하지만 지나치게 속도를 높이면 변별력이 감소한다. 섀도잉 연습의 또 하나의 목적은 연설문이 낭독될 때에 학습자는 자신이 곧바로 발화해야 하는 부분을 먼저 기억한 후 발화하고 동시에 다음 낭독부분을 주의 깊게 들으며 계속해서 발화가 정상적으로 지속될 수 있도록 주의를 기울여야 하는데 이러한 일련의 과정은 들음과 동시에 통역하는 동시통역의 예비적인 훈련이다.

5. 3. 3. 5. 동시통역 교육을 위한 문장구역 활용

동시통역 교육을 시작하기 전에 우선 문장구역을 활용하여 동시통역을 할 때에 통역사가 처리해야 하는 다양한 전략을 연습할 수 있도록 한다. 동시통역은 주로 많은 안건 또는 내용을 다루는 국제회의에서 신속한 커뮤니케이션을 가능하게 함으로써 회의 시간을 단축해 주고 보다 많은 연사들의 발표와 토론 참여를 가능하게 해준다는 점에서는 순차통역과 비교할 때 큰 장점이 있다. 소수의 연사가 개입하는 회의에서는 순차통역 방식을 택하는 경우가 많지만 동시통역이 제공되는 회의에서는 대부분 연사들에게 발언 시간을 제한하여 특정 연사가 회의시간을 독점하지 못하도록 하고 모든 참석자들이 골고루 회의에 참여할 수 있도록 한다. 그러므로 연사들은 자신의 생각과 발표 내용을 즉흥적으로 연설할 수도 있지만 사전에 원고를 작성하고 통역사에게 배포하여 연사의 언어를 이해하지 못하는 청중이 자신의 연설을 잘 이해할 수 있도록 하는 것이 관례이다. 충분한 시간을 두고 원고가 통역사에게 전달되고 연설의 양이 과도하지 않으면 통역사는 원고를 사전에 번역하여 회의 당일 번역문 그대로 낭독하면 된다. 그러나 실제로 국제회의가 열리게 되면 예상치 못한 많은 상황이 자주 발생한다. 연사가 비행기를 놓치게 되거나 회의 의제가 갑자기 변경될 수 있고 연사도 자신의 발표 내용을 예고 없이 변경해야 하는 상황에 놓일 수 있다. 이렇게 급박한 상황이 되면 동시통역을 맡은 통역사는 현장에서 원고를 받게 되는 경우도 있는데 이렇게 준비가 충분하지 않은 상태에서는 연설 원고를 문장구역에 의해 동시통역 하는 것이 그래도 원고가 전혀 없는 상태에서 모든 연설을 완전히 청취에만 의존하여 통역하는 것보다는 더욱 효율적이다. 일반적으로 문장구역은 글로 쓰인 문서를 구어체 목표어로 번역하는 행위이므로 충분한 시간적 여유를 갖고 실시하는 연설문 번역과는 차이가 있다.

동시통역을 위한 문장구역의 활용 방법은 다음과 같다.

- 동시통역은 연사의 발화를 듣고 통역하는 것이므로 학습자가 문장을 읽을 때에 마치 연사의 연설을 듣고 통역하는 것과 동일한 형식으로 정보를 처리한다. 즉 시각적으로 각 문장의 주부와 술부가 한눈에 파악이 되더라도 마치 연설자가 말할 때 통역하는 것과 동일하게 문장의 앞부분부터 문장구역을 하는 법을 훈련한다.

동시통역에서의 스페인어-한국어 문장구역 예

Yo pienso que él no viene.
① ② ③ ④ ⑤ ⑥
내 생각에 그는 안 온다.

이 문장에 대한 한국어 번역문은 "나는 그가 오지 않는다고 생각하다."이지만 이 문장을 동시통역할 때에는 통역사에게 가장 먼저 들려오는 음이 Yo이고 그 다음 pienso, que, él, no viene 순이며 따라서 번역할 때처럼 전체 문장을 학습자가 미리 볼 수 없기 때문에 동시통역에 도움이 될 수 있는 통역 순서는 앞에서부터 ① ② ③ ④ ⑤ ⑥ 순서대로 문장구역 하는 연습을 한다. 즉 '그가 오지 않는다.'는 비록 시야에 들어오더라도 일반 문장구역이나 번역하는 것과 동일한 방식으로 한국어로 전환하지 않으며 앞에서부터 들려오는 순서대로 통역하여 "내 생각에 그는 안 온다." 또는 "내 생각에 그는 오지 않는다."라고 발화한다. 이렇게 번역문과 다르게 문장구역 하는 이유는 주절 "Yo pienso"를 먼저 말함으로써 통역사는 목적어 문장 즉 que 이하를 통역하면서 주절의 주어와 동사를 머릿속에 기억하지 않아도 되는 장점을 취할 수 있다. 물론 "내 생각에 그는 안 온다."처럼 짧은 문장에서는 장점이 비교적 작다고 볼 수 있는데 그 이유는 짧은 문장들은 긴 문장들보다 통역사의 기억 부담을 많이 증가시키지 않기 때문이다. 다시 말해서 주절의 동사와 종속절의 가장 끝 부분에 위치하는 문장 요소들 간의 거리가 멀어질 수록 통역사에게 요구되는 집중력의 강도가 높아지는 반면 짧은 문장들은 주절의 주어와 종속절의 끝 부분의 문장 요소들 간의 거리 차이가 크지 않으므로 뇌의 피로도를 현저하게 증가시키지는 않는다. 그럼 동시통역을 위한 한국어-스페인어 문장구역의 예를 살펴보자.

동시통역에서의 한국어-스페인어 문장구역 예

나는 그들이 오지 않는다고 생각한다.

이 문장을 번역이나 순차통역 할 때에는 처음부터 끝까지 청취한 후 번역 또는 통역하더라도 난이도가 크게 높지 않은 짧은 문장이라고 할 수 있다. 그러나 주절의 주어 "나는"과 동사 "생각한다." 사이의 간격이 다양한 추가적인 문장 요소들에 의해 채워지면 통역사의 기억 부담은 늘어날 수밖에 없다. 즉 "그들이 오지 않는다."가 예를 들어 "여러 가지 좋은 징조에도 불구하고 그리고 여기엔 옛날과 달리 생활형편이 많이 좋아졌음에도"라는 부사구가 삽입된다고 가정하면 주절의 주어와 동사 "나는"과 "생각한다."의 간격은 더욱 벌어지게 되고 주절의 주어 바로 다음에 동사를 발화해야 하는 스페인어 통역사의 기억 부담은 더욱 늘어날 수밖에 없다. 우선 예문 "나는 그들이 오지 않는다고 생각 한다."를 통역할 때에 고려해야 하는 점을 살펴보자.

우선 "나는"과 "그들이"라는 두 개의 주어를 들었을 때에 통역사는 여러 가지 선택 가운데 하나를 택해야 한다. 예를 들어 "나는"에 해당하는 Yo를 먼저 발화하고 "그들이"라는 종속절의 주어가 어떻게 문장을 이어갈 지 기다리다가 "그들이 오지 않는다고 생각한다."를 듣고 "pienso que ellos no vienen"을 발화하거나 "나는"과 "그들이"라는 두 단어를 모두 듣고 일단 발화를 기다리다가 "오지 않는다고 생각 한다."를 확인한 후 문장 전체를 생성하는 선택을 하게 된다.

이 문장은 한국어-스페인어 동시통역이 이루어질 때 동시통역사가 언제부터 발화를 시작해야 하는지에 대한 문제를 제기하는 문장이다. 한국어는 문장 내에서 가장 많은 정보를 담고 있는 동사가 마지막에 나타나는 언어이다. 그래서 통역사는 마지막 동사가 형성될 때야 비로소 문장 전체의 의미를 파악할 수 있기 때문에 동시통역과 문장구역의 경우 마지막 동사를 들을 때 까지는 확정적인 통역을 유보하며 최대한의 예측 능력을 발휘하여 연사가 의도하는 바가 무엇인지를 파악해야 한다. 요약하면 한국어-스페인어 동시통역과 문장구역에서는 종속절의 주어가 확정될 때까지는 중립적인 정보 전달 표현을 상태를 사용해야 한다는 것이다.

5. 3. 3. 6. 국제회의 진행 표현, 전문용어 및 기능어

국제회의는 다양한 형태로 개최되지만 항상 공통적으로 사용되는 표현 방법이 있고 이를 스페인어와 한국어로 교육하는 것이 필요하다. 물론 순차통역을 사용하는 회의에서도 동일한 형태의 표현이 사용되긴 하지만 공식회의에서 사용되는 정해진 표현들은 주로 발의, 투표, 승인, 등과 같은 일정한 형식을 갖춘 회의에서 사용되며 대부분 시간 절약을 위해 동시통역으로 진행되는 회의를 위해 교육한다.

5. 3. 4. 동시통역 수업 진행

5. 3. 4. 1. 수업 인원

동시통역을 위한 이상적인 수업 인원은 5명에서 10명 내외이다. 수업 인원이 5명 이하가 되면 여러 가지 문제가 발생할 수 있다. 국제회의에서 참석자들이 어떤 역할을 하며 이들의 의사소통을 위해 어떤 내용의 통역이 필요한지를 롤 플레이를 통해 간접적으로나마 경험해야 하는데 1명 연사, 1명 질의응답 진행자, 1명 청중, 2명 통역 등으로 구성되는 실습을 가정할 때 한 사람의 학생이라도 결석을 하게 되면 수업 준비와 진행에 차질이 빚어지기 마련이다. 수업 인원이 10명을 초과하게 되면 학습자 1인당 교육자의 통역 청취 및 코멘트 시간이 줄어들게 되고 수업 전체에 대한 제어 능력도 떨어지게 되어 산만하고 효율성이 적은 수업이 될 수 있다.

5. 3. 4. 2. 연설자와 낭독자

텍스트를 낭독하여 학습자들이 실제 상황과 유사한 조건에서의 통역 경험을 할 수 있도록 하기 위해서는 연설자의 낭독과 연설 능력이 매우 중요한 요소가 된다. 스페인 마드리드의 Comillas 통번역대학은 연설자를 원어민으로 정하고 연설문 낭독에만 전념하는 인력을 고정 배치하는 수업을 필자가 참관한 경험은 있으나 국내에서 동영상 자료 이외에 실제 원어민 화자가 연설을 하는 형태의 수업을 모든 학기에 포함시킨다는 것은 현실적인 어려움이 있다. 국내 체류하는 원어민의 수가 적을뿐만 아니라 낭독 전담 원어민 교육자의 수업 시수를 어떻게 인정할 것인지 그리고 보상은 어떤 방법으로 할 것인지 해결해야 하는 문제가 따르기 때문이다. 또한 원어민이라고 해서 모두 연설 능력을 갖춘 것이 아니기 때문에 적절한 인력을 발굴하고 장기 계약하는 일이 용이하지 않은 점도 과제이다.

5. 3. 4. 3. 동시통역 수업 자료

수업 자료는 가능한 실제 현장에서 사용한 자료를 이용하는 것이 좋으나 한국에서는 유럽이나 미국에서처럼 빈번하게 국제회의가 개최되지 않고 더욱이 스페인어를 공식어로 사용하는 회의가 소수이기 때문에 스페인어권 국가들의 대통령 실 또는 정부 조직의 홈페이지에서 연설문을 보관하는 곳으로부터 자료를 검색하는 것이 편리하다. 이외에도 유엔 및 산하기관, 유럽연합 및 산하기관, 미주기구와 관련 기관 등 최근에는 전 세계적으로 IT 기술의 발달로 인해 홈페이지에 연설문은 물론 고화질 Vod 파일까지 함께 업로드 하는 국제기구의 수가 증가하고 있다.

한편 동일한 시간의 양을 가정한다면 순차통역과 비교해서 동시통역은 일반적으로 통역 분량이 더 많다. 그 이유는 순차통역은 연설자와 통역사가 교차해서 발화하는 반면에 동시통역은 연설과 통역이 동시에 실행되고 연설시작부터 종료 시점까지 긴 휴지나 중단 없이 한 번에 통역이 진행되기 때문이다. 그래서 수업 시간에 사용할 자료는 순차통역 자료보다는 더욱 충분한 분량의 텍스트가 적합하다. 연설문의 경우 8분 이상의 텍스트가 적절하며 5분 이하가 될 경우 연설문 본문이 지나치게 가벼운 내용을 다루는 도입 부분에 그칠 수 있어 심도있는 주제 발표나 토론과 같은 고급 수준의 통역 능력을 함양하는데 지장을 줄 수 있다. 반대로 도입 부분이 짧고 난이도 높은 내용의 핵심 본문이 곧바로 시작되는 텍스트는 미처 워밍업이 되기도 전에 연설이 종료되어 통역사의 최대 능력을 관찰할 시간조차 허용하지 않는다. 즉 통역사에게 문맥을 파악할 수 있는 준비 시간을 주지 않게 되므로 맥락을 파악하는 훈련도 중요한 교육 요소가 되는 통역 교육에는 적합하지 않다. 동시통역 평가에 있어서도 일부 교육자들은 처음 약 1분 간의 통역에 대해서는 평가 기준을 다소 완화하여 적용하기도 하는데 왜냐하면 어떤 텍스트를 다루더라도 통역사는 연설 도입 부분을 자신의 집중력을 끌어 올리고 연설의 취지를 파악하기위해 최소한의 시간을 필요로 하기 때문이다. 요약하면 동시통역 교육을 위한 수업 자료는 인사말과 같은 도입부가 약 1-2분 지속되면서 정보 집적도가 점차적으로 높아지고 8분에서 10분 정도의 낭독 시간을 요하는 분량의 텍스트가 적절하다.

연설문은 유엔과 유럽연합 등 국제기구 홈페이지에도 업로드 되어 있으며 연설이 아닌 프리젠테이션 자료 등도 실제로 동시통역에 많이 사용되는 형태이므로 연사가 설명하는 프리젠테이션 자료를 귀로 듣고 눈으로 보며 입으로 통역하는 훈련을 시도하는 것도 바람직하다.

수업에 사용되는 자료는 처음에는 일반적이고 이해하기 쉬운 난이도가 낮은 텍스트를 선택하고 수업 횟수가 증가할수록 전문적인 텍스트를 사용한다. 수업 자료의 내용이 국제회의의 성격에 전혀 맞지 않은 텍스트들은 자료의 가치가 낮다. 예를 들어 우리나라에서는 매우 중요한 문제라도 국제적으로 논의가 거의 되지 않는 사항들로 가득 찬 텍스트들은 가급적 수업 자료에서 제외하는 것이 좋으며 마찬가지로 스페인어권 국가들 내부의 문제로서 국제적으로 이슈가 될 가능성이 없는 자료들도 다루지 않는 것이 바람직하다.

5. 3. 4. 4. 수업의 진행

교육자는 다양한 형태의 수업을 선택할 수 있다. 교육자가 수업 자료를 낭독하며 학습자들의 통역이 정확하게 실행되고 있는지를 확인하는 형식 또는 사전에 학습자들에게 국제회의에서 각자가 맡아서 수행해야 하는 부분을 알려주고 교육자는 수업을 참관하며 연사, 토론자, 통역사 등 각자의 역할을 잘 수행하는지를 관찰하는 형태이다. 또한 텍스트에 대한 학습자들의 이해가 잘 되고 있는지를 확인하기 위해 질문과 답변을 훈련시키고 통역의 오류에 대하여 지적하는 방식을 선택할 수 있다. 교육자는 학습자의 통역을 청취하는 시간을 학습자별로 균등하게 유지해야 하며 가급적 수업이 종료되면 모든 학습자가 교육자의 평가를 받을 수 있도록 적절하게 학습자별 통역 분량과 수업 시간을 배분해야 한다.

국제회의에서 연사들이 자신의 텍스트를 단순히 읽는 것이 아니라 중간 중간 개인적인 의견을 밝히거나 연설문 자체를 수정하는 경우가 있다. 이럴 경우를 대비하여 학습자들은 자연스러운 구어체 스페인어를 사용하여 즉흥적으로 연설하는 연사를 현장에 만날 수 있다는 가정 하에 교육자도 즉흥적인 표현을 한국어와 스페인어로 수업 시간에 사용함으로써 학습자들이 수업 내내 준비한 텍스트에만 적응되도록 하지 않아야 한다. 우리나라에서는 스페인어를 일상 생활에서 사용하지 않으므로 수업이 시작되면 교육자가 가벼운 내용의 일상 생활에 얽힌 이야기 등을 스페인어로 말하고 학습자들이 한국어로 통역하도록 시키고 반대로 교육자가 한국어로 간단한 코멘트를 할 경우 학습자들은 마치 원어민의 대화처럼 매끄럽고 자연스러운 구어체 스페인어로 워밍업 할 수 있도록 한다. 상황에 따라서는 쓰여진 그대로 통역하는 것보다는 즉흥적인 연설을 통역하는 것이 더 어려울 수 있고 전문성이 있는 통역사라고 하는 의미는 연설자의 예상치 못한 발언이나 발표에도 대응할 수 있는 순발력과 적응성을 갖춘 사람이다.

학습자의 통역에 대한 코멘트는 매번 통역이 끝날 때마다 하거나 학습자별로 통역이 종료된 후에 실시할 수 있는데 수업의 목표가 어디에 있는지에 따라서 교육자의 개입 시점이 달라질 수 있다. 예를 들어 수업의 목표가 학습자가 연설자의 논리 구조를 잘 따라가고 있는지를 확인하는 수업이라면 통역을 지나치게 자주 중단시키고 교육자의 코멘트를 들려주는 것이 통역의 흐름을 막고 연설의 전반적인 내용을 전달하는 능력을 함양하는데 지장을 줄 수 있다. 그러나 수업의 목표가 정확한 언어적 표현을 다듬거나 교육자가 갖고 있는 다양한 언어적 그리고 비언어적 지식을 효과적으로 전달하려는 것이라면 통역이 진행되는 중에도 필요한 부분마다 교육자가 개입하여 코멘트 할 수 있다. 왜냐하면 한정된 수업 시간 속에서 학습자가 빠르게 통역할 경우 교육자는 학습자의 통역 내용을 기억할 수가 없고 또 자신이 가르치고 싶었던 내용도 잊어버릴 수 있는 위험이 따르기 때문이다.

수업이 진행되는 동안 교육자는 학습자별로 그간 관찰해 왔던 개선사항과 미진한 사항을 알려주고 특히 오랜 시간 교육에도 불구하고 잘 개선되지 않는 사항에 대해서는 집중적으로 학습자가 노력하도록 권고한다. 학습자의 특성을 고려하여 혹시 해외 체류 기간이 길어서 자연스러운 스페인어를 구사하는 점에서는 장점이 있지만 한국어 표현이 어색하지 않은 지, 한국어 수준은 높으나 스페인어 표현은 어색하지 않은 지, 성수 일치와 같은 특정 문법 지식에 취약성을 보이거나 말을 더듬거나 "에", "음"과 같은 필요 없는 반복음을 남용하지 않은 지 살펴보고 학습자의 유형에 맞는 모니터링을 해야 한다.

수업 중에 학습자의 통역 실습 순서는 경우에 따라서 불규칙하게 정할 수 있다. 학습자는 자신이 맡은 부분에만 정신을 집중할 경우 그 이외의 시간은 긴장을 푼 채 순차적으로 다가오는 자신의 통역 순서만을 기다리며 시간을 낭비하게 된다.

준비된 텍스트를 가지고 수업을 할 경우 교육자는 텍스트 내용에 대한 질문을 만들고 질문을 받는 학습자들은 답변하도록 유도한다. 국제회의에서는 주로 질의응답 시간을 갖는 것이 일반화 되어 있는데 수업 시간에도 질문과 답변을 통역할 수 있는 능력을 함양해야 한다. 물론 질문과 답변은 학습자 스스로 작성할 수 있고 역할을 맡은 학습자들은 사전에 주제에 대해 잘 준비하고 질문과 답변이 논리적이며 실제성이 있어서 통역을 맡은 학습자들에게 통역 능력 부족 때문이 아니라 질문자와 답변자의 비논리적 발언으로 통역 장애가 생기는 일이 없도록 한다.

교육자는 학습자의 통역에 대하여 개선할 점과 느낀 점을 말해줌으로써 학습 의욕을 진작시키고 무엇을 고쳐야 하는지에 대하여 명확한 자료를 제시함으로써 학습자에게 구체적인 학습 대상을 밝혀준다. 교육자는 학습자들에게 수업 방식에 대해 안내하면서 동시에 수업에서 요구되는 실습에 적극 참여하고 개방적인 자세로 평가에 임해 줄 것을 요청해야 한다. 적지 않은 학습자들은 자신의 기대에 미치지 못하는 통역 품질에 대해 부담감을 갖게 되어 종종 자신의 통역 녹음을 수업 구성원들이 함께 청취하는 것에 대하여 소극적인 태도를 보이기도 한다. 교육자는 이러한 상황을 사전에 알리고 학습자의 협력이 결과적으로 학습자의 실력 향상에 도움이 된다는 사실을 충분히 설득시켜야 한다.

코멘트의 대상

- 음성 : 동시통역은 순차통역보다 빠르게 진행되어 자칫 음성 조절에 실패 할 수 있으며 한국어와 스페인어의 문장 구조의 차이로 인해 생기는 통역 난이도의 상승은 학습자들을 긴장시키고 이러한 긴장감이 자연스러운 발성을 막게 된다. 그러나 통역 내용을 완전하게 전달하지 못하는 상황에서도 목소리는 훈련을 통해 통제될 수 있는 사항이라는 것을 충분히 숙지시키는 등 음성 조절에 대한 강조는 항상 코멘트의 우선적인 포함 대상이 된다. 왜냐하면 아무리 좋은 통역이라고 하더라도 불안한 통역사의 음성은 청중도 통역에 대해 긴장하도록 하기 때문이다.

- 오류수정 : 통역을 할 때에 학습자들은 다음과 같은 오류를 범할 수 있다.

부정전이 : 구어체 국어의 이중성(Kim:1985)

가본지 두 달 되었다=안 간지 두달 되었다.
* Hace dos meses que voy allí.
Hace dos meses que no voy allí.

시제의 간섭
늦었다. * Era tarde. Es tarde.

의미간섭
새가 운다. * Un pájaro llora. Un pájaro canta.

다음은 동시통역을 처음 시작하는 학습자들의 통역 내용을 전사한 것이다. 회의는 2009 한중남미 고위급 포럼이었다.

> 제가 한 몇 년 전에 한국-멕시코 21세기 비전그룹 이런 것에 한국 측 공동위원장을 해서 좀 멕시코에 대해서 좀 감이 좀 생겼고요. 그다음에 또 최근에 한-브라질 포럼에도 참석하고 그래서 조금 중남미에서 주요 국가들인 두 나라에 대해서 감이 좀 생겼었다고 생각했는데, 오늘 파라과이와 우루과이에 관한 발표를, 소개 말씀을 듣고 보니깐 굉장히 제가 그동안에 알았던 것 이상으로 중남미에 대해서 감명이 깊었습니다.
>
> yo participé como el predidente de Comité conjunto por parte de Corea para el grupo de visión para el siglo XXI con Corea y México. A través de este foro yo pude lograr un consentimiento con ese país. También hace poco participé en un foro entre Corea y Brasil. Creo que a través de estos dos foros me han logrado bastante los conocimientos sobre Brasil y México. Y hoy después de escuchar unas presentaciones impresionantes sobre Paraguay y Uruguay a mí me ha brindado una oportunidad para conocer más sobre los países latinoamericanos.

- 첨가현상 : 학습자는 빠르게 진행되는 동시통역 중에도 최대한 연설자가 발화하는 모든 사항을 전달하려고 한다. 그러나 동시통역에서는 가능한 의미 전달을 막지 않는 범위 내에서 주어 또는 여타 생략 가능한 문장 요소들은 삭제하는 것이 좋다.

  주어첨가 - 주어 Yo의 남용

  의미 오류 - "감이 생기다"를 Ha logrado un consentimiento와 He logrado los conocimientos básicos라고 통역하여 일관성을 유지하지 못함. 특히 consentimiento는 공감을 표시하는 말로써 "감이 생기다"와는 다른 뜻을 지님. 또한 연사는 "...감명이 깊었습니다"라고 말했으나 통역은 "conocer más sobre los países latinoamricanos"라고 오역함.

문법 오류 - "... a través de estos foros me han logrado los conocimientos básicos...",
"..Después de escuchar unas presentaciones, me ha brindado una oportunidad..."
일인칭으로 되어있는 원문을 삼인칭 문장으로 전환하는 문법적인 오류를 범함.

"제가 알기에, 이전에 한-중남미 관계를 들여다보니까 중남미 국가, 특히 멕시코, 브라질의 국내 산업 비즈니스 커뮤니티가 반대를 하거나 관심이 없어서 일이 안 되는 것으로 알고 있습니다. 한국이 예컨대 철강 산업에 들어가고 싶다고 하지만, 국내에서 안 된다고 막는 이러한 전형적인 전통적인 보수주의적인 성향이 작용되기 때문에 일이 진척이 안 되고 있습니다."
"La penetración en el mercado latinoamericano como el de México y Brasil es muy difícil porque las comunidades inter...nacionales son muy conservadoras y... ni tienen mucho interés. Esto dificulta la penetración de nuestras empresas, también por su característica conser... proteccionista tradicional."

누락 - "제가 알기에 이전에 한-중남미 관계를 들여다 보니까"
"예를 들어 철강산업" 통역누락.
의미수정 - "... 관심이 없어서..."가 "... Ni tienen mucho interés... 즉, "관심이 그리 많지 않아서"로 부분 수정됨.
재구성실패 - "국내에서 안 된다고 막는 이러한 전형적인 전통적인 보수주의적인 성향이 작용되기 때문에 일이 진척이 안 되고 있습니다"가 "Esto dificulta la penetración de nuestras empresas, ah también por su característica conser... proteccionista tradicional"로 통역됨으로써 두 개의 문장 'Esto dificulta la penetración de nuestras empresas'와 'Es decir, su tradicional tendencia protec-

cionista estanca el lanzamiento de las empresas coreanas'을 구분해서 생성하지 않고 한 문장으로 처리함으로써 통역이 자연스럽지 않게 됨.

이와 같은 여러 가지 원인으로 인해 불완전한 통역을 하게 되면 교육자는 통역사에게 오류를 시정하도록 도와주며 특히 수정 요구사항에 대해 학습자가 다시 실수를 범할 경우 평가에서 감점을 부여하는 등의 강도 높은 관리를 한다. 이외에도 학습자가 주로 범하는 오류의 유형은 특정한 문장이나 어휘, 불필요한 언어 습관을 적절하지 않은 문맥에도 사용하여 청취에 장애를 유발하는 행위, 말을 더듬는 행위, 한국어로 통역할 때 경어 사용이 올바르지 않는 경우, 원문의 문장 구성 요소를 직역하여 그대로 한국어로 발화하는 행위, 지나치게 빠르거나 느린 통역 속도를 들 수 있다.

5. 3. 5. 교수법

학습자가 동시통역 능력을 효과적으로 개발할 수 있도록 교육자는 교육이 시작되는 초기에 학습자들에게 그룹을 지어 연습할 수 있는 훈련 방법을 소개한다.

5. 3. 5. 1. 단어 따라 읽기

학습자들에게 두 음절 또는 세 음절로 된 단어를 삼십 개 정도 쓰도록 한다. 처음에는 단어를 한국어로 쓰게 한다. 교육자 또는 학습자 대표는 학습자들이 작성한 단어장을 제출 받아 학습자들에게 단어를 하나씩 낭독해 주며 낭독되는 단어들을 따라 읽도록 한다. 단, 따라 읽을 때에 낭독자가 단어를 두 개를 읽은 후에 세 번째 단어를 들으며 첫 번째 단어를 소리내어 재생하도록 한다. 단어장에 쓰여진 단어들은 작성자가 아닌 다른 학습자들에게 들려준다. 왜냐하면 자신이 작성한 단어들은 여전히 머리에 잔상이 남아서 학습자들이 단어가 들리는 대로 발화하는 것이 아니라 기억에 의존하여 암기할 가능성이 있기 때문이다. 이 훈련의 목적은 낭독 시점과 발화 시점의 차이를 학습자에게 경험할 수 있도록 하는데 있다. 한국어 단어를 듣고 한국어 단어를 발화하는 것이 초기 단계의 훈련이라면 학습자들이 훈련을 거듭하면 한국어 단어를 듣고 스페인어로 말하는 형태로 전환하고 단어들 간의 간격도 두 단어에서 세 단어 또는 네 단어로 넓혀간다. 그리고 익숙해지면 한 문장을 읽어주고 다른 문장이 시작할 때 전 문장을 발화하도록 훈련시킨다. 문장의 길이와 내용의 난이도 등을 단계별로 높여 간다. 이 교수법의 목표는 학습자들이 청각을 통해 전달되는 정보들을 잠시 기억하면서 입으로는 이미 들은 정보를 재생해야 하는 훈련 즉 단기 기억력과 집중력 강화 그리고 청취와 발화의 간섭 현상을 극복하는 능력을 함양하는 것이다. 이 교수법을 실행하면서 흔히 발견되는 현상은 학습자가 일정한 간격을 두고 낭독된 단어들을 발화하기 시작하지만 집중력이 저하되거나 지나치게 긴장할 경우 낭독된 단어들을 기억하지 못하게 되거나 지나치게 빠르게 단어를 발화하여 이미 낭독된 단어들을 재생하는 것이 아니라 낭독과 동시에 발화하는 즉 낭독자의 어휘를 시차를 두지 않고 거의 동시에 발화 또는 통역하게 되는 현상이다.

5. 3. 5. 2. 숫자 청취 후 통역

교육자는 특정한 수, 예를 들어 1만이라는 수를 학습자에게 부여하고 1만부터 숫자를 하나씩 올려 부르게 하거나 내려 부르게 한다. 숫자를 입으로 부르는 동안 교육자 또는 학습자들의 대표가 간단한 내용의 이야기를 숫자를 부르는 학습자에게 들려준다. 이야기를 들려준 후에 학습자는 내용을 처음엔 동일한 언어로 재생하고 조금 익숙해지면 숫자를 발화할 때 사용한 언어가 아닌 다른 언어로 재생한다. 학습자는 이야기를 들으며 교육자와 다른 학습자들이 들을 수 있을 정도의 소리로 숫자를 발화해야 하는데 이 때 이야기를 잘 듣기 위해서 발화의 소리가 작아지거나 숫자의 상승 또는 하락이 정해진 규칙에서 벗어나면 감점을 받는다. 물론 이야기가 끝나면 학습자는 숫자의 발화를 멈추고 들은 내용을 한국어로 또는 스페인어로 수준에 따라 발화한다. 주의할 점은 숫자를 읽는 속도가 일정해야 하며 지나치게 빠르게 읽거나 늦지 않도록 한다. 발화되는 숫자가 틀리면 교육자 혹은 동료 학습자들이 기록해 두었다가 평가 시에 다른 학습자들의 결과물과 비교하는데 참고자료로 사용한다. 가장 많이 발견되는 현상은 학습자들이 이야기 청취에 집중하면서 숫자를 일정하게 올리거나 내리지 못하고 숫자를 건너뛰거나 내려가는 숫자를 다시 올리기도 하거나 그 반대의 경우도 관찰된다. 숫자의 재생에 오류가 발견되거나 이야기의 내용이 다르게 되면 감점 요인이 된다. 이야기를 들려주는 사람은 자연스러운 속도를 유지해야 하며 학습자에게 처음엔 한국어로 들려주고 한국어로 재생하게 하고 다음 단계에서는 스페인어에서 스페인어 마지막 단계에서는 한국어와 스페인어를 이야기 언어와 재생언어로 혼합하여 사용한다. 단계가 더 오르게 되면 숫자를 하나씩 내려오거나 올리는 것이 아니라 홀수 또는 짝수로 한 숫자씩 건너뛰도록 하고 이야기도 처음엔 아주 간단한 내용을 정하다가 갈수록 난이도를 높여 집중력을 유지시키는 훈련을 한다.

5. 3. 5. 3. 단문 이어 말하기

단문 이어 말하기는 릴레이 통역과 유사하다. 교육자는 학습자에게 짧은 이야기를 직접 작성하게 하거나 짧은 구어체 텍스트를 준비하여 학습자에게 들려준다. 이 때에 이야기가 다른 학습자에 들리지 않도록 귓속말로 전달하거나 텍스트를 글로 작성하여 보여준다. 순차통역에 비해 노트테이킹이 용이하지 않은 동시통역을 위한 단기 기억 강화 훈련이므로 필기구를 사용하지 못하도록 한다. 이야기를 들은 최초 학습자는 바로 옆자리의 다음 학습자에게 언어를 바꾸어 귓속말로 들은 내용을 전달한다. 이렇게 언어를 달리하며 여러 명의 학습자 간에 전달된 내용을 전달받은 마지막 학습자는 교육자와 실습에 참여한 모든 학습자가 들을 수 있도록 재생한다. 이 훈련에 참여하는 인원은 5~10명 정도가 적절하다. 너무 인원이 적으면 이야기가 전달되는 과정에서 정보 손실이나 변경되는 부분이 적게 되고 너무 많게 되면 많은 수업 시간을 할애하면서도 정보왜곡이 어느 학습자부터 시작 되었는지에 대한 판단을 내리는데 시간이 너무 지체되고 또 정보가 지나치게 왜곡되어 효율적인 분석이 어려워지기 때문이다. 주로 최종 학습자가 재생하는 내용은 처음에 교육자가 들려준 이야기와는 다소 차이가 발생하는데 그 이유는 각 학습자들이 텍스트의 전체적인 맥락을 모른 채 자의적으로 추측하는 부분이 생기고 또한 기억력 부족으로 반드시 필요한 정보를 누락함으로써 전체 이야기가 달라지거나 이해되지 않는 문장으로 바뀌기 때문이다. 이 훈련을 거듭하다 보면 학습자들은 최대한 들은대로 전달하려고 노력하는 현상을 나타내는데 이러한 실습을 통해 자신의 오류나 억측은 청중으로 하여금 정보를 잘못 이해하게 하는 원인이 될 수 있다는 것을 알게 되는 학습효과 때문이다.

5. 3. 5. 4. 녹음과 녹화

기술의 발달로 인해 최근에는 녹음 성능이 매우 뛰어난 보이스 펜이나 스마트 폰을 이용하여 수업 시간에 자신의 통역을 녹음 또는 녹화하고 스스로 모니터할 수 있다. 동시통역을 할 때에 자신이 어떤 언어적 습관을 보이는지에 대하여 관심을 갖고 개선할 수 있도록 해준다. 단 동료의 통역 내용과 수업 내용을 무단으로 녹음하는 행위는 저작권 침해 소지가 있으므로 교육자 또는 동료에게 허락을 구한다.

5. 3. 5. 5. 숫자의 교육

최근 국내 국제회의 통역에서는 다양한 주제를 다루기는 하지만 특히 경제관련 회의 통역이 갈수록 증가하고 있다. 각국의 정상들도 과거에는 국가의 이념적인 이해관계가 첨예하게 대립되던 시절에는 정치적인 주제를 가지고 발언하는 기회가 많았지만 1997년 외환위기, 2008년 리먼브러더스 금융위기 그리고 2011년 유럽존의 금융위기가 거듭되면서 G20이 탄생하게 되고 국가의 최고책임자부터 금융 및 행정 실무자에 이르기까지 경제적인 사안으로 전 세계 주요 도시에서 다자회의를 개최하는 빈도가 높아지고 있다. 특히 한국과 스페인어권 국가 그 중에서도 한-중남미 관계는 자유무역협정 등 상호 보완적인 경제 구조를 이용하여 교역규모를 늘려나가기 위한 경제적 유대 강화를 중심으로 발전해 나가고 있다. 따라서 우리나라와 스페인어권 중남미 각국은 양 지역에서 활발한 투자설명회를 개최하고 있고 과학, 기술 뿐만 아니라 농업, 수산업, 목축업 분야에서도 서로의 경험을 교류하려는 연수생 교환 프로그램이 증가하고 있다. 이렇게 경제적인 협력을 주요 의제로 하는 회의에서 통역사가 정확하게 통역해야 하는 부분은 무엇보다 양 측의 발표자가 소개하는 각종 수치이다. 경제 현황, 자원의 매장량, 수출입 시장 규모 등 다량의 숫자 정보가 거의 모든 회의에서 청중에게 전달되는데 이때에 통역사는 고도의 훈련을 통해서 단위가 다른 한국어와 스페인어로 자신의 임무를 충실히 수행해야 하는 것이다. 보통 한국에서 대부분의 통역 학습자들은 20대에 교육을 받기 시작하게 된다. 한 나라의 국내총생산이 보통 수천억 달러에 이르기도 하기 때문에 이렇게 큰 단위의 숫자가 한국의 원화로 어느 정도의 금액인지를 상상하는 것은 쉽지 않은 일이다. 숫자의 교육은 순차통역에서도 가능하지만 동시통역에서 더욱 중요한 지위를 차지하는데 그 이유는 청중은 구체적이고 정확한 숫자 정보에 관심이 많고 통역사는 이 정보를 매우 빠른 시간 안에 통역해야 하기 때문이다. 보통 연설자는 숫자를 언급하면서 상식 수준의 액수를 말할 때에는 특별한 강조나 어조의 상승을 보이지 않는다. 즉 일반 연설 정보와 비슷한 수준으로 발화하며 숫자로 가득한 통계를 나열할 때도 통역사가 신속하게 인지하고 기억할 수 없을 정도의 발음과 속도를 사용하여 말하기 때문에 특별히 난이도가 높은 통역 기술을 요하는 것이다. 숫자의 통역과 관련하여 나타나는 오류의 유형은 읽기 오류, 청취 오류, 통역 오류 등으로 구분할 수 있는데 청취 오류는 곧바로 통역 오류로 이어지기 때문에 크게는 문서 상의 숫자를 잘못 읽는 유형 그리고 음성으로 들려오는 숫자를 잘못 듣고 오역하는 유형으로도 분류할 수 있다. 다만 문서에 나타나는 숫자는 잘못 읽고 오역하여 중대한 정보의 훼손을 발생시킬 가능성이 비교적 낮다.

5. 3. 5. 5. 1. 숫자 읽기 오류

읽기 오류

	X	O
101 %	ciento un por ciento	ciento uno por ciento
102 %	ciento y dos por ciento	ciento dos por ciento
3 %	tres por cientos	tres por ciento
31 personas	treinta y un personas	treinta y una personas
2,009 millones	dos mil y nueve millones	dos mil nueve millones
1,000,000 dólares	un millón dólares	un millón de dólares
200 personas	dos ciento personas	doscientas personas
200 personas	doscientos personas	doscientas personas
1000 mujeres	miles de mujeres	mil mujeres
3000 casas	tres miles casas tres miles de casas	tres mil casas
300,000 personas	trescientos mil personas	trescientas mil personas

읽기 오류는 대부분 스페인어 숫자 읽기의 규칙을 잊어버렸거나 사소한 실수로 발생한다. 정보의 훼손율도 다른 유형의 오류보다는 높지 않다. 그러나 문법적으로 정확한 발화는 청중에게 통역사를 전문가로 인식하게 하는 신뢰감을 주지만 비문법적인 숫자의 발화는 청중의 기대치를 낮추게 된다.

5. 3. 5. 5. 2. 숫자 청취 오류

청취 오류

	X	O
60,000	setenta mil	sesenta mil
2 mariposas	doce mariposas	dos mariposas
3 iglesias	trece iglesias	tres iglesias

청취 오류는 곧바로 의미의 왜곡으로 이어진다. 주로 발음이 비슷한 숫자를 통역사가 간섭 현상에 의해 잘 못 알아듣기 때문에 발생하거나 숫자의 구성이 통역사의 예상을 뛰어넘을 정도로 불규칙할 때 일어난다. 예를 들어 삼십억 사만 오천이라는 숫자에서 삼십억 다음에 오는 단위가 억이나 천만 단위가 아닌 만 단위이기 때문에 통역사가 예상하기 힘들고 따라서 정보 처리에 혼란이 발생하게 된다. 국어의 숫자는 한국인이면 크게 혼동하지 않지만 피로도가 높거나 집중력이 떨어질 때에는 일과 이, 삼과 사, 날짜에서의 십일과 십일일 등에서 간섭 현상이 발생한다.

5. 3. 5. 5. 3. 숫자 통역 오류

통역 오류

	X	O
2,009 millones	이천구백만	이십억구백만
천백불	un mil cien dólares	mil cien dólares
삼십억 오백만	tres mil millones quinientos millones	tres mil cinco millones

특히 숫자를 통역할 때에는 연설자가 특정한 숫자를 언급하면서 대략 또는 약이

라는 수식어를 사용했는지 안했는지 주의 깊게 듣고 aproximadamente, casi, más o menos, un(o)(a)(os)(as)를 사용할 지 안할 지를 결정해야 한다. 학습자들은 종종 무의식적으로 정확한 액수의 숫자도 un(o)(a)(os)(as)를 첨가하여 청중에게 혼동을 유발한다.

5. 3. 5. 5. 4. 숫자의 영어 간섭 오류

미국, 아르헨티나, 도미니카 공화국의 일부 화자들은 영어의 영향을 받아 스페인어 숫자 단위를 영어 숫자 단위와 혼용하는 경우가 있다.

4 trillones de dólares más tarde

"...Los gastos comprenden tanto los empleados en asuntos bélicos como aquellos gastos que se han empleado y emplearán en el cuidado médico y por incapacidad de los actuales y futuros veteranos de guerra. Sí, son alrededor de 4.000.000.000.000 de dólares que desde el 11 de septiembre de 2001 se dejaron de emplear en escuelas, edificios públicos, cárceles, sistemas de parques, autopistas, sistemas ferroviarios, puertos y aeropuertos..."

(Wilfredo Amr Ruiz(2011)

이 기사에서는 4조 달러를 나타내기 위해서 영어식으로 4 trillones가 사용되었다. 그런데 국내에서 교육을 받은 한국인 통역사는 조 단위는 스페인어로 billón으로 학습하였기 때문에 자칫 천조로 이해할 수 있는 가능성이 있다.

다음은 영어의 간섭으로 인해 mil millones 즉 십억을 나타내기 위해 billón을 실제로 사용한 문장이다.

"Seúl gastará 7,6 billones de dólares en la expansión de sus facilidades y centros culturales durante los próximos diez años"(Héctor Galván(2001:30)

5. 3. 5. 5. 5. 숫자의 통역 연습과 협동전략

교육자는 학습자로 하여금 국내총생산 등 대규모 금액에 대한 적응성을 높이기 위해 항상 큰 규모의 숫자를 읽고 통역하는 훈련을 반복해서 한다. 시간 부족으로 정기적으로 할 수 없다면 최소한의 일정한 원칙을 만들어서라도 학습자가 나름대로 대응 능력을 키워갈 수 있도록 한다. 스페인어와 한국어의 수를 통역할 때 비교적 난이도가 높은 수는 대개 한국어로 '만(10,000)'단위부터 시작된다. 즉 천 단위까지는 정해진 수를 규칙에 따라 전환하기만하면 되는데 그 이유는 비록 발음은 다르지만 스페인어와 한국어 모두 단 자리, 십 단위, 백 단위 천 단위가 각각 존재하며 혼동의 여지가 없기 때문이다. 문제는 만 단위부터 셈하는 방식이 달라지는데서 생긴다. 스페인어는 만 단위가 넘으면 십만 단위까지는 천 단위를 다시 사용하여 표현한다. 즉 이십만이면 이백 천이라고 표현하는 것이다. 반면에 한국어로 이십만은 이십 개의 만이라고 해야 하기 때문에 학습자가 혼동에 빠지기 쉽다. 더 나아가서 스페인어 화자들은 백만 단위에서는 한국어와 마찬가지로 Millón이라고 하는 동일한 백만 단위를 사용하지만 천억 단위까지는 다시 백만 단위 이전의 셈하는 방식을 사용한다. 단위를 사용하는데 예를 들면 3억이라는 수를 표현할 때 삼백 개의 백만 이라고 한다. 3십억은 삼천 개의 백만 3백억은 삼만(삼십 개의 천)개의 백만이라고 한다. 이러한 규칙 때문에 통역사는 하나의 숫자를 한국어에서 스페인어로 전환할 때 각별한 노력을 기울여야 한다.

스페인어에서 한국어로 옮길 때에는 다음과 같은 규칙을 정하면 혼동을 줄일 수 있다.

- 스페인어 음성으로 들려오는 숫자 정보들은 우선 머릿속에 각각의 수가 들려올 때마다 머릿속에 해당되는 아라비아 수를 연상한다. 예를 들어 다음과 같은 수를 연사가 언급한다고 하자.

Tres mil cuatrocientos barriles

먼저 머릿속에 3을 떠올리고 그 다음으로 mil(천)에 해당되는 숫자 000 앞에 찍는 점을 마음속에 찍어 두었다가 400을 떠올리고 배럴이 들리면 3, 400 barriles 라는 숫자를 삼천사백 배럴이라고 통역한다. 아라비아 숫자로 연상을 하지 않게 되면 들리는 수가 앞으로 얼마나 큰 규모가 될지 모르는 상황에서 지나치게 많은 수를 한꺼번에 정보 처리해야 되는 상황이 일어날 수 있다. 만약 4천억 이천만 달러를 스페인어 화자가 발화 할 때 처음부터 끝까지 단기기억에만 의존하여 한꺼번에 통역하는 일은 오류를 범할 가능성이 더욱 커지게 된다. 동일한 수를 아라비아 숫자 기억법을 사용하면 다음과 같은 순서를 거치게 된다.

4 → 400 → 400, → 400,020 → 400,020, millones de dólares

숫자가 기억되면 마지막 순서는 이 수를 신속하게 마음속으로 읽는 능력이 필요하다. 고도의 훈련이 없으면 큰 수를 빠르게 읽는 것이 어려우므로 천 단위, 백만 단위를 기준으로 하여 어디서부터 억 단위, 십억 단위, 백억 단위, 천억 단위가 되는지 파악하고 익숙해질 때 까지 훈련한다.

- 한국어 음성으로 들려오는 숫자의 통역도 동일한 연상법과 신속한 재생을 사용한다. 한국어 숫자들은 스페인어 숫자들 보다 비교적 예측하기가 용이한 방향으로 진행한다. 즉 4억 5천 5백만을 통역할 때 가장 큰 단위인 억 단위가 먼저 발화되기 때문에 0이 8개인 상태가 머리에 쉽게 떠오르며 이후 5천 5백만을 이어 붙이고 통역하면 된다. 문제는 한국어로 천 단위의 숫자가 가장 먼저 나오는 수의 경우에는 인내심을 가지고 다음 숫자를 기다려야 한다. 예를 들어 450,000,000,000, 45,000,000, 4500은 모두 한국어로 읽을 때 사천 오백으로 시작하는 숫자들이지만 첫 번째 수는 사천오백억, 두 번째 수는 사천오백만, 마지막 수는 사천오백이므로 4천 까지만 듣고 곧바로 통역을 시작하면 오류를 범하기 쉽다.
- 통역 현장에서는 많은 숫자 정보들이 음성 신호로 또는 문서 형태로 통역사에게 전달되는데 통역사가 이렇게 많은 정보를 오랜 시간 집중하며 실수 없이 통역하기란 매우 어려운 일이다. 그렇기 때문에 통역사의 능력이 미치는 범위 내에서 최선을 다해야겠지만 만일의 경우를 대비하여 동료 통역사와의 협력을 통해 대응능력을 더욱 강화하고 보완하는 훈련을 해야 한다. 통역 부스에서 통역을 맡은

통역사가 임무를 수행하는 동안 수와 관련된 자료를 통역할 때 옆에 있는 동료통역사는 함께 숫자들을 듣고 통역 중인 통역사가 쉽게 알아볼 수 있는 정도로 해당 숫자들을 써서 보여 준다. 숫자를 확인하여 통역이 잘되었는지를 확인하고 오역하였을 때에는 수정 통역한다. 동료통역사에게 보여주기 위한 숫자의 기록을 할 때에는 핵심 숫자와 한국어 단위를 혼합하여 사용하는 것이 바람직하다.

숫자 123억 불을 예를 들어 보자. 이 숫자는 다음과 같은 방법으로 기록이 가능하다.

① doce mil trescientos millones de dólares
② 12 mil 300 millones de dólares
③ 12,300 millones de dólares
④ 123 억 $

①은 시간적인 여유만 있다면 기록하기는 어렵지만 통역할 때 그대로 읽기만 하면 된다는 점에서 순차통역에는 사용이 가능할 수도 있다. 그러나 순차통역에서는 동료통역사가 없이 자신이 직접 기록해야 하기 때문에 기록 자체가 매우 번거로운 작업이 된다. 그리고 동시통역에서는 지나치게 시간이 소요되어 효용성이 상당히 낮은 방식이다.

②와 ③은 ①에 비하여 기록 시간은 짧아 졌으나 ④에 비하여는 여전히 기록에 시간이 많이 소요되고 또한 통역사도 읽는데 지체하는 시간이 길어지게 됨으로써 오류의 가능성이 더욱 커진다. 한편 ④는 한국어가 연사의 언어일 경우 통역사가 환산해서 스페인어로 통역해야 하며 만약 스페인어가 연사의 언어일 경우에는 기록하는 통역사가 환산을 마친 후 한국어로 적는 방식인데 우선 시각적으로 숫자를 단번에 인식하기 용이하다는 점에서 활용도가 높은 기록방식이다.

결과적으로 숫자의 통역을 위한 통역사들의 협력도 통역사들이 스스로 숫자를 신속하게 파악하고 전환할 수 있는 능력이 있을 때 비로소 간결한 기록 방법을 통해 더욱 효과를 나타낼 수 있다는 점을 알 수 있다.

숫자의 통역은 항상, 기록, 집계, 추산, 상승, 증가, 유지, 횡보, 하락, 감소 등의 술부 통역을 수반한다는 점에서 숫자의 기억, 기록, 통역 등에만 통역사의 노력이 머물러서는 안 되고 항상 관련 있는 동사를 함께 통역하는 훈련을 해야 한다. 다음은 숫자와 관련된 통역 연습에 사용된 문장들의 사례들이다.

1. 한국은행은 3일 우리나라의 외환보유액이 7월 말 현재 2천859억6천만 달러로 집계됐다고 밝혔다.
   El Banco de Corea informó el día 3 que la reserva de divisas a finales de julio sumó 285 mil 960 millones de dólares.

2. 우리나라는 지난 달 월별 기준으로 올해 들어 두 번째로 많은 56억7천400만 달러의 무역 흑자를 기록했다.
   Corea registró el mes pasado un superávit comercial de 5 mil 674 millones de dólares, la segunda cifra mensual más alta del presente año.

3. 총 수주 액수는 24억1,400만 달러, 1척 당 평균 가격은 3백7십7만 천 달러였다.
   El valor total de los pedidos fue de 2 mil 414 millones dólares y el precio promedio de un barco fue de 3 millones 771 mil dólares.

4. 2009년 기준으로 중국의 명목 GDP는 4조9,000억 달러를 기록했다.
   En el año 2009, el PIB nominal de China registró 4 billones 900 mil millones de dólares.

5. 세계 최대 아라비카 커피 생산지인 콜롬비아의 지난 해 커피 생산량은 780만 자루로 33년 만에 최저치를 기록했다.
   Colombia, el mayor productor del café Arabica en el mundo, cosechó el año pasado 7 millones 800 mil sacos, la cifra más baja en 33 años.

통역을 발주하는 기관들은 특히 경제관련 또는 통계가 중요시 되는 회의에서는 숫자의 정확성을 통역사에게 요구하는 사례가 많이 보고된다. 숫자와 관련하여 스페인어-한국어 통역 학습자가 일반적으로 학습하고 숙달해야 하는 사항은 다음과 같다.

- 달러와 원화의 환율, 유로화, 페소화 등 스페인어권 국가들의 통화이름과 환율
- 중남미 각국의 경제 규모와 주요 수출입 품목, 한국과의 교역규모와 주요 수출입 품목
- 한국과 중남미 각국의 경제 현황 즉 인플레이션, 경제 성장률, 실업률 등

이와 같이 경제와 관련된 숫자를 사전지식으로 학습하는 것과 동시에 학습자는 단위가 서로 다른 한국어 원화와 상대 통화를 신속하게 읽고 금액을 환산하는 훈련을 받아야 한다. 훈련의 시작은 큰 단위의 수를 정확하게 읽는 훈련부터 시작한다. 비록 스페인어 수준이 높은 학습자라고 하여도 평소에 익숙하지 않은 단위의 숫자들은 별도로 읽고 통역하는 연습이 반드시 필요하다.

숫자 정보들은 정보량의 밀도라는 측면에서 다른 문장 요소에 비해 정보 처리가 어렵지만 일정한 맥락 속에서 움직이기 때문에 통역사는 세계 경제, 한국 경제, 중남미 경제, 그리고 통역을 제공하는 회의와 관련이 있는 일반적인 통계에 대해서는 관심을 가져야 한다.

우리나라의 지역별 교역 현황 (2009년)

(단위 : 억 불, %)

	수출	수입
	금액	금액
중남미	267	116
아시아	190	1,541
서남아시아	101	472
유럽	560	438
중동	240	616
북미	410	325
대양주	163	160
아프리카	84	318
기타	7.6	4.3
전체	3,635	3,230

출처 : 한국무역협회, 무역통계, 대륙/경제권별 수출입

한–중남미 교역 현황

(단위 : 억 불, %)

년도	2002	2003	2004	2005	2006	2007	2008	2009
수출 (증감율)	88.6 (-8.9)	88.0 (-0.7)	115.6 (31.4)	149.9 (29.7)	205.9 (37.4)	257.8 (25.2)	332.6 (29)	267.6 (-19.5)
수입 (증감율)	37.4 (8.6)	45.9 (22.8)	66.5 (44.9)	70.2 (5.6)	97.3 (38.7)	113.2 (16.4)	137.5 (21.5)	116.4 (-15.4)
수지	51.2	42.1	49.1	79.7	108.6	144.5	195.1	151.1

출처 : 한국무역협회, 무역통계, 대륙/경제권별 수출입

최근 10년 간 교역 4.48배, 흑자 3.28배 증가(2012년 기준)

· 수출 : 89억 → 368억 불(전체의 6.7%)

· 흑자 : 52억 → 171억 불(전체의 60%)

· 건설수주 : 2012년 62억 불(총 수주액 대비 9.5%)

대 중남미 10대 수출품목 및 10대 수출국 수출 증가율 (2009년)

(단위 : 백만미불, %)

10대 수출품목			10대 수출 국가		
품목	금액	증가율	국가	금액	연평균증가율
선박	7,696	-15.1	멕시코	7,133	-21.5
평판 디스플레이	3,831	-2.5	브라질	5,311	-10.4
승용차	2,833	-15.4	버진군도 (영국령)	724	19,778.1
경유	1, 202	-45.2	캐이맨 군도 (영국령)	901	23, 418.6
무선통신기기부품	1,131	-22.5	칠레	2,229	-26.5
칼라TV	947	-46.7	바하마	1, 219	-41.1
자동차부품	826	-17.8	콜롬비아	797	-26.9
합성수지	590	-37.8	파나마	4,477	-30.7
화물자동차	399	-40.6	페루	641	-10.9
아연도강판	359	-24.0	아르헨티나	494	-14.5

출처 : 한국무역협회, 무역통계, 대륙/경제권별 수출입

우리나라의 대 중남미 국가별 수출입 현황 (2012년)

(단위 : 백만 불)

순 위	수출	금액	수입	금액
1	브라질	8,871	브라질	5,055
2	멕시코	7,638	칠레	3,952
3	파나마	3, 443	멕시코	2,169
4	칠레	2,015	페루	1,314
5	콜롬비아	1, 239	아르헨티나	1084
6	페루	1, 235	파나마	434
7	아르헨티나	821	콜롬비아	386
	기타	6,344	기타	2,016
	합계	31,606	합계	16,410

출처 : 한국무역협회, 무역통계, 대륙/경제권별 수출입(2012)

5. 3. 5. 6. 역할극

현장에서의 동시통역 환경을 간접적으로 경험하기 위해서 예를 들어 강의실을 하나의 국제회의장, 수업은 국제회의, 교육자는 국제회의 준비 위원장, 학습자들은 연사, 의장, 발표자, 통역사, 청중이라고 가정하고 각자가 맡은 역할을 실제 현장에서 일어날 수 있는 상황을 연출하여 학습자가 동시통역 학습 효율을 최대한으로 높이는 수업환경을 만드는데 역할극의 목표가 있다. 역할극은 교육자가 조직과 운영 등 국제회의 전반에 대한 경험을 축적하고 있을 때 비로소 정상적으로 활용할 수 있는 교수법이다. 역할극에 필요한 필수 요소들은 국제회의 명칭, 회의 운영 방법, 통역이 필요한 발표문과 발표언어, 학습자들이 준비해야 하는 역할과 분량 등이다. 가능하다면 교육자는 직접 연사 또는 발표자의 역할을 맡지 않는 것이 좋다. 그 이유는 학습자들이 주도적으로 연사 또는 발표자로서 그리고 통역사 또는 통역의 소비자로서 국제회의의 운영을 이해하고 직접 이끌어 갈 수 있을 때 이 수업의 목표가 달성되기 때문이다. 그러나 역할극 초기에는 학습자의 이해가 부족하다는 점을 고려하여 교육자가 직접 회의 진행을 주도할 수 있다.

교육자는 가용 수업 시간을 고려하여 발표 시간, 통역 시간 그리고 코멘트 시간으로 적절하게 배분한다. 수업에 참여하는 모든 학습자들이 균등한 시간과 비중으로 수업에 참여할 수 있도록 한다. 역할극에서 중요한 점은 기본적으로 모든 학습자들은 우수한 순차통역 능력을 갖추고 있다는 전제 하에 동시통역 교육을 실시하고 있기 때문에 동시통역의 마지막 학습단계인 비텍스트 환경 즉 텍스트가 없이 연사가 현장에서 즉흥적으로 발화하는 내용을 통역할 수 있는 능력을 배양하기 위한 훈련의 기회가 주어지는 교수법으로 활용 되어야 한다. 지나치게 회의 시나리오대로 획일적으로 운영되는 수업은 국제회의의 실제 모습과 일치한다고 볼 수 없다.

교육자는 국제회의 명을 정하고 어떠한 의제를 다룰 것이지 사전에 공지한다. 누가 무슨 역할을 맡을지 정한다. 특히 국제회의 실습 수업에는 질의응답 시간을 반드시 마련하여 모든 학습자로 하여금 발표문에 소개되는 내용을 완전히 이해하고 발표 내용은 물론 관련 질문도 통역이 잘 수행될 수 있도록 지도한다. 이를 위해 교육자는 발표문을 학습자가 작성할 경우 사전에 입수하여 발표와 관련되는 질문을 만들고 수업 시간에 청중을 통하여 질문하게 함으로써 연사를 맡은 학습자가 적절히 답변을 하는지, 통역을 맡은 학습자가 정확하게 통역을 하는지 확인한다. 질의응답 세션은 동시통역이 사용되는 대부분의 국제회의에서 채택하고 있으므로 역할극을 통해 학습자들의 긴장을 극복하는 능력, 정확하게 질문의 핵심을 통역하는 능력, 질문자와 연설자 또는 발표자의 의도를 읽어내는 능력을 함양한다. 질문의 일부는 발표자가 직접적으로 설명이나 발표를 한 내용을 중심으로 작성하며 일부는 발표 내용과 관련은 있으나 직접 설명되지 않은 내용을 다루는 것이 좋다. 단, 발표자의 역할을 맡은 사람도 통역 학습자이므로 자신의 발표 내용에 대하여 지식이 부족할 수 있기 때문에 경우에 따라서는 질의 내용과 질의에 대한 연사의 답변도 교육자가 사전에 작성하여 발표자에게 읽도록 한다. 궁극적으로 역할극의 목적은 학습자로 하여금 회의에 관련되는 모든 상황과 주체들에 대한 이해를 돕고 실제 상황에서 동시통역을 진행하는 경험을 축적하는 효과를 거두기 위한 것이지만 부스에서 통역하는 통역 학습자들의 훈련이 우선시 되어야 하며 따라서 즉흥적인 통역 능력을 키우기 위해 지나치게 현실감이 없거나 과도하게 전문적인 내용 또는 발표자의 발표 내용과 상관없는 질문과 답변을 요구할 경우 오히려 교육 효과를 저하시킬 수 있다.

5. 3. 5. 7. 동시통역 고정 표현의 숙달

국제회의에서는 의장 또는 연설자들이 빈번히 사용하는 표현들이 있다. 물론 순차통역에서도 의장과 연설자들이 발언의 시작과 종료 그리고 발언을 중지하거나 이어갈 때 그리고 재개할 때 주로 사용하는 표현들이 중요한 교육 내용이 된다. 그러나 동시통역이 제공되는 국제회의에서의 고정 표현은 순차통역이 제공되는 회의에서 보다 더욱 풍부하고 다양한 고정 표현들이 사용되는데 그 이유는 발언자의 수가 더 많고, 회의의 형식이 다양하며 실제 발언 시간도 두 배 이상으로 늘어나기 때문이다. 이러한 고정 표현들은 거의 모든 회의에서 반드시 사용되므로 학습 효용성이 매우 높다. 따라서 동시통역 학습자들은 이러한 고정 표현들을 완전하게 숙달하여 절약된 자신의 집중력을 통역 난이도가 높은 다른 요소들에 사용할 수 있도록 평소에 훈련해야 한다.

5. 3. 5. 7. 1. 국제회의 진행 관련 표현

국제회의의 진행 책임은 일차적으로 의장(Presidente)에게 있다. 의장은 부의장(Vice Presidente), 사무총장(Secretario General) 등으로 구성되는 의장단을 이끌며 각종 위원회 등 관련 기관 및 기구를 조직한다. 회의가 시작되면 의장은 개회 선언, 의제 소개, 동의 요청, 가결 또는 부결 선언, 공지사항 전달, 정회 선언, 회의 속개 선언, 발언 시간 제한, 긴급 의사진행 절차 처리, 폐회 선언 등의 회의 절차를 원만하게 처리해야 할 책임이 있으며 통역사는 이러한 의장의 회의 진행을 위해 필요한 고정 표현을 완전히 숙달하여 의장과 청중 사이에 어떠한 오해나 의사소통 장애가 발생하지 않도록 해야 한다. 다음은 국제회의에서 빈번하게 사용되는 회의 진행 시나리오 사례이다.

Agenda
의제, 의사일정

Excusas, disculpas
유감표명, 사과

Antes de tratar el orden del día tengo que comunicarles dos cartas de excusa (dar lectura a dos notas de excusa).
의제 논의에 앞서 두 통의 사과서한을 여러분들께 말씀드려야 하겠습니다.

Nuestros colegas Sres....... se han disculpado de no estar presentes hoy debido a otros compromisos por tener otros asuntos que atender.
동료 ...씨는 오늘 선약으로 부득이 참석하지 못해 죄송하다고 하셨습니다.

Los Sres..... se disculpan (por carta)
piden disculpas (por carta) por no poder
asistir
acudir a esta reunión debido a obligaciones contraídas con anterioridad.

동료 ...씨는 (서한을 통해) 선약으로 인해 불참해서 죄송하다고 하셨습니다.

Durante

En su reunión ... (en el transcurso de) la Mesa (o el comité)

Preparó

Elaboró

Estableció

Confeccionó el siguiente proyecto de orden del día, que fue enviado

la propuesta cursado a todos los

la proposición

miembros

delegados

representantes

participantes

parlamentarios.

의장단은 회의 중에 의사일정에 관한 안을 준비해서 (마련해서, 작성해서) 모든 (구성원들, 대표자들, 참가자들, 의원들) 분들에게 배포, 발송하였습니다.

Señores, le invito a que me hagan saber

comuniquen

den a conocer

transmitan las propuestas de enmienda

modificación al

orden del día provisional (provisorio) que deseen presentar.

임시 의제에 대한 수정안이 있으시면 알려주실 것을 부탁 드립니다.

De no haber enmiendas

Si nadie se manifiesta

Si nadie desea proponer enmienda alguna, consideraría (concluiría, deduzco que) están (Uds.) dispuestos a aprobar el orden del día tal cual.

en su estado o forma actual.

tal y como está.

없으시다면, 이 의제 그대로 (통과된 것으로) 하는 것으로 알겠습니다. / 그대로 하겠습니다.

¿Dan su aprobación?

beneplácito?

¿Asisten?

¿Están de acuerdo? (¿Alguna objeción?, ¿Alguien tiene algo que objetar? ¿Alguien quisiera formular reservas? Alguien quisiera exponer reparos?).

동의하십니까? (이의 있으십니까? 추가의견 있으십니까?)

Queda decidido.

Asíse decide.

Queda aprobado.

가결되었음을 선포합니다./ 통과되었습니다.

Ahora que hemos aprobado el orden del día, se trata de

debemos fijar el calendario

(el horario, el orden) de nuestras labores.

Si están de acuerdo (si no hay (ningún) inconveniente) podríamos reunirnos (en sesión), (celebrar sesión, sesión por la mañana de las 9 a las 12 . todas las mañanas de las 9 a las 12.)

의사일정이 통과 되었으므로 동의하시면 (이의 없으시면) 오전 9시에서 12시까지 회의를 진행하겠습니다.

PRESIDENTE : Abro la sesión.

Se abre la sesión.

Queda abierta la sesión.

Doy apertura a la sesión.

Declaro abierta la sesión.

개회를 선언합니다, 회의를 시작하겠습니다

El primer punto del orden del día

del temario

de la agenda trata de...

se refiera a ...

versa sobre...

El orden del día incluye en primer lugar...

se abre con...

오늘의 첫 번째 의제는...

Declaro abierta la primera sesión de nuestra reunión anual

nuestro periodo de sesiones anual

연례회의(연차회의)의 제 1세션 개회를 선언합니다.

Queda abierta la sesión. Señoras y Señores, en cumplimiento del

con arreglo al

en virtud de

conforme al

de conformidad con

en aplicación del

con sujeción al

artículo 2 de nuestro Reglamento (interno), reanudo oficialmente la reunión del

Parlamento Europero (que fue) suspendida

interrumpida el día ...

con fecha ...

개회를 선언합니다. 회칙 제 2조에 의거하여, 정회되었던 유럽 의회 회의 재개를 선언합니다.

PRESIDENTE : Les propongo una pausa

una interrupción

un receso (A. Latina)

un descanso

un entreacto (humor) (막간 휴식 : 유머)

interrumpir ahora nuestras deliberaciones.

labores.

discusiones.

nuestro debate

잠시 휴식 시간을 갖도록 하겠습니다.

y reanudar

reemprender

retomar

proseguir

volver a reunirnos a las... Se suspende la sesión (o queda suspendida la sesión).

...시에 회의를 속개하겠습니다. 정회를 선언합니다.

Señoras y Señores, convendría que nos paráramos ahora

ha llegado el momento de pararnos

es hora de detener(nos)

la discusión

parar

cesar nuestra discusión,

para que todos podamos ir a almorzar (a comer algo, a recobrar fuerza, a reponer fuerzas, a repostar)

오찬을 위해 (식사를 하시거나, 재충전의 시간을 위해) 정회를 하도록 하겠습니다. (정회하는 것이 좋겠습니다.)

Si les complace,

Si están ustedes de acuerdo,

Si les parece bien, pienso que 2 horas bastarán para el almuerzo

con 2 horas tendremos tiempo suficiente para el almuerzo, o sea que

(de forma que)

reanudaríamos las sesiones a las 3 en punto.

15 horas exactamente.

동의 하신다면, 점심 식사는 2시간이면 충분할 것이므로 식사 후 3시 정각에 다시 시작 하도록 하겠습니다.

Les pido que sean muy puntuales

vuelvan muy puntuales

Les ruego la máxima puntualidad

que cumplan puntualmente el horario que nos hemos fijado

que regresen a sus asientos a la hora exacta

ya que nos quedan muchos puntos pendientes

por tratar.

사안이 많이 남아 있으므로 정해진 시간을 엄수해 주시기 바랍니다.

Se levanta la sesión hasta las 3 de la tarde.

3시까지 정회합니다.

Presidente : Se reanuda la sesión (reanudamos la sesión).

의장 : 회의 재개를 선언합니다.

Si les parece, podríamos continuar con el debate allí, donde lo dejamos (interrumpimos), es decir, en el punto 12 del orden del día.

괜찮으시다면, 다루던 의사일정 12번부터 시작하도록 하겠습니다.

Señoras y Señores, ¿podemos continuar?

¿están listos?

내외귀빈 여러분, 계속해도 되겠습니까?

준비 되셨습니까?

De ser así(Si están de acuerdo) se reabre la sesión.

동의 하신다면 회의를 재개 하겠습니다.

Les recuerdo

Me permito recordarles que estábamos tratando el capítulo 14 del informe.

nos habíamos quedado en el capítulo 14 del informe.

14장을 논의 할 차례임을 알려드립니다.

Empiezo por invitar al ponente a que haga uso de la palabra (comenzarépues dando la palabra al ponente).

Para comenzar, otorgo la palabra

concedo la palabra

cedo el uso de la palabra

doy el uso de la palabra al ponente

relator

informante

secretario de actas,

tal como me lo pidióal interrumpir(se) la sesión.

먼저 발제자(서기)께서 발표하시겠습니다.

Tiene (Ud.) la palabra.

발언해 주시기 바랍니다.

Antes de pasar al

abordar el

atacar el orden del día propiamente dicho, tengo varias informaciones

que comunicarles.

notificarles.

본격적인 의사일정에 들어가기 앞서, 몇 가지 공지 사항이 있습니다.

Como introducción (a guisa de introducción (rebuscado)),

A modo de introducción a nuestras labores,

el presidente desea presentarles

exponerles

hacerles partícipes de algunas observaciones (reflexiones, consideraciones, comentarios, ideas) de carácter

orden

índole general.

본건에 들어가기 전, 의장님께서 이 사항에 대한 몇 가지 견해(의견, 생각)를 밝히시겠습니다.

Ante todo

Antes de entrar en materia tenemos

cabe solucionar ciertos asuntos meramente administrativos (de carácter práctico, técnicos), de intendencia, de andar por casa (gracioso).

안건에 들어가기 이전에, 몇 가지 행정적인(실무적인, 기술적인) 문제를 해결해야 하겠습니다.

Se plantea

Nos encontramos ante un pequeño problema de procedimiento que les pido,

tengan a bien examinar conmigo

examinemos juntos

antes de que entremos en materia (antes de que empecemos (con) los trabajos de la conferencia propiamente dichos (el temario de la conferencia en sí)).

회의 절차 상의 조그마한 문제가 있으니 안건 처리에 앞서 의사 진행 관련 사항을 모두 함께 검토해 주시기 바랍니다.

Limitación del tiempo de intervención
발언 시간 제한

A fin de evitar que se prolongue excesivamente (demasiado) el debate, la Mesa ampliada les propone, según reza el párrafo 4 del artículo 31 del Reglamento, limitar el tiempo de palabra impartido

la duración de las intervenciones de la manera (forma) siguiente :

토의가 지나치게 길어지지 않도록, 의장단은 회칙 제31조 제4항에 제시된 바와 같이 발언 시간을 다음과 같이 제한하고자 합니다 :

• 20 minutos al ponente para presentar su texto
15 minutos a los portavoces
voceros de los grupos parlamentarios,

• 연사님은 연설을 20분 내에,
교섭단체 대변인분들은 발언을 15분 내에 마쳐주시면 감사하겠습니다,

quedando entendido
claro
dando por sentado
supuesto que sólo intervendrá un orador por grupo,

단, 그룹 당 한 분의 연설자만 발언하시는 것으로 하겠습니다.

• 10 minutos para los demás miembros
cualquier otro miembro que desee intervenir
expresarse
usar de la palabra
hablar
hacer uso de
la palabra

• 다른 의원들께는 10분의 시간을 드리는 것으로 하겠습니다.

Además en lo que se refiere
en lo que atañe
en lo tocante
en cuanto a
por lo que se respecta a las enmiendas,

proponemos restringir

limitar las intervenciones

y oir solamente una a favor y otra en contra (ceñirnos a 2 intervenciones : un orador a favor y otro en contra).

또한 수정안에 관해서는 찬성하시는 한 분, 반대하시는 한 분의 말씀만 들을 것을 제안 드립니다.

¿De acuerdo? (¿Nadie se opone a este proceder?) ¿Acaso existe alguna contra propuesta por parte de la asamblea? Por consiguiente, queda así declarado.

동의하십니까? (반대하시는 분 아무도 안계십니까?) 참석자 가운데 이 제안에 이의 있는 분 계십니까? 그럼 가결된 것으로 하겠습니다.

Pasamos ahora a la aprobación de las actas de la última sesión, celebrada el 3 de marzo (aprobación de las actas del 3 de marzo). El texto ya les ha sido distribuido (circulado, facilitado, cursado), Quisiera saber si existe alguna objeción.

alguien tiene

이제 3월 3일에 열린 마지막 회의 회의록에 대한 승인 순서로 넘어가겠습니다. 이미 나눠드린 회의록 본문에 대해 이의가 있으신지 알려주시기 바랍니다.

De no ser así,

No?, en este caso doy por aprobadas estas actas.

없으시다면, 이 회의록은 통과 되었습니다.

Tengo que indicarles

señalarles que se han recibido 2 documentos

nos han entregado 2 documentos.

desde las vacaciones de verano

estivales

han llegado 2 documentos

papeles nuevos relativos al tema en discusión.

en relación con el tema a tratar.

여름 휴회 기간부터 현재까지 현안과 관련해 두 개의 새로운 문서가 제출되었다는 사실을 알려드립니다.

Se trata en primer lugar de un proyecto de resolución que fue tramitado inmediatamente y que obra en manos de la subcomisión competente.

첫 번째 문서는 즉시 처리된 후 관할 소위원회에 계류 중인 한 건의 결의안입니다.

El segundo texto será fotocopiado

multicopiado y difundido en el transcurso

de (durante) la sesión.

두 번째 문서는 본회의 중에 사본이 작성돼 배포될 것입니다.

El (su) autor solicita la inscripción de su informe en el orden del día (que se incluya en el orden del día el informe que él ha preparado (elaborado, redactado, confeccionado) (o que se inscriba, que se inserte, se incluya)

문서의 작성자께서 이 문서를 금일 의제로 채택해 줄 것을 요청해 오셨습니다.

Por razones de horario parece conveniente

oportuno

acertado

aconsejable

cabe

procede dejar

aplazar

posponer

postergar

diferir el examen

estudio de dicho informe

para el día de mañana.

y transladarlo al orden del día de mañana.

시간 관계상, 이는 내일로 연기하는 것이 적절해 보입니다.

Asienten?

Aprueban?

Se muestran conformes? (Están)

Acceden?

Dan su visto bueno?

동의하십니까?

Dado que nadie se opone a dicho procedimiento (este proceder, a que procedamos así), deduzco que así lo deciden.

이러한 절차에 대해 반대가 없으시면 이렇게 정하는 것으로 하겠습니다.

El presidente de la Comisión jurídica, solicitóde la Mesa que se retire

excluya

tache

elimine

borre

del orden del día el informe provisional de su comisión.

법사위원회 위원장께서 의사일정에서 위원회의 임시 보고서를 삭제해줄 것을 요청해오셨습니다.

No podemos sino acceder a su ruego

petición

solicitud

pedido(A. Latina)

우리는 이 요청을 받아들일 수밖에 없습니다.

De (común) acuerdo con el vicepresidente, les prepongo invertir (el orden de) los 2 últimos puntos del temario.

부의장님의 말씀에 따라, 저는 전체 주제의 마지막 두 개 항목의 순서를 바꿀 것을 제안합니다.

No hay objeciones? Tomamos esta decisión (Asílo decidimos, queda así decidido, así se decide).

이의 없으십니까? 그렇다면 그렇게 하도록 하겠습니다.

Antes de confeccionar el orden del día de las próximas sesiones

sesiones venideras,

tengo que informarles que de conformidad con el art. 27 del Reglamento de la conferencia, las comisiones responsables de los informes siguientes··· han pedido que se vote sin debate.

다음 순서의 일정을 정하기 앞서, 여러분께 회의의 회칙 제27조 조항에 따라 다음 보고서를 담당하는 위원회가 토론 없이 표결에 부칠 것을 요청하였음을 알려드리고자 합니다.

Creo que podemos aceptar sin más dichas solicitudes,

ya que los textos pertinentes

correspondientes del caso

fueron debidamente distribuidos

이미 관련 문건이 적절히 배부되었기 때문에 이견이 없으시다면 그대로 수용하도록 하겠습니다.

Por último, la Comisión de Asuntos Jurídicos ha transmitido una propuesta

tendente a

con miras a

consistente en

aplicar el trámite urgente a la discusión

solicitar la urgencia para la discusión

de los informes que no hayan sido depositados dentro del plazo

previsto por

fijado por

estipulado por

dispuesto por

consignado por el reglamento

la reglamentación del 11 de mayo de 2011.

마지막으로 법사위원회는 2011년 5월 11일 회칙이 정한 기한 내에 제출되지 못했던 문건의 의사 진행에 관한 긴급 동의안에 대한 제안(건의안)을 제출하였습니다.

Puesto que nadie tiene objeciones sobre el particular, queda decidido el procedimiento de urgencia (Se decide el trámite urgente).

아무도 이 사항에 관해 이의를 제기하지 않으셨으므로, 긴급 의사 진행 절차는 통과되었습니다.

행사 및 회의 진행 통역을 위한 교육요소 연구

한원덕

행사 및 회의 진행 통역을 위한 교육요소 연구*

한원덕
단독/한국외국어대학교

Won-dug Han(2013), Elementos educativos para la interpretación del coreano al castellano para presidir conferencias o actos, Estudios Hispánicos, 67,
Entre Corea y la América Latina recientemente ha aumentado notablemente el intercambio en varios ámbitos, y gracias a ello también muchas más conferencias y actos se han celebrado en ambas regiones para el fortalecimiento de las relaciones bilaterales, y se supone que este fenómeno se solidificará en el futuro también por razones económicas, diplomáticas, etc. El presente trabajo tiene como propósito presentar a los docentes y los aprendices de interpretación una lista de elementos educativos que puedan servirles de guía para optimizar el rendimiento de su servicio de interpretación en conferencias o actos. Estos elementos se dividen en dos clases: los elementos lingüísticos y los extraextralingüísticos. Aquellos incluyen los conocimientos léxicos y gramaticales y estos las capacidades necesarias para comprender la relación entre el maestro de la conferencia, el(o la) intérprete y la audiencia, adaptarse bien a las circunstancias de la interpretación y servir a los participantes con respeto y cordialidad.

[Elementos educativos/Interpretación en Conferencias o Actos/ Enseñanza de Interpretación del Coreano al Español/Enseñanza del Español: /교육요소/회의 또는 행사 통역/한국어-스페인어 통역교육/스페인어교육**]**

* 이 논문은 2012년 6월 조선대학교에서 열린 한국스페인어문학회 여름술대회에서 발표한 논문을 수정 보완한 것임. 이 연구는 2012년 한국외국어대학교 교내학술연구비의 지원에 의하여 이루어진 것임.

1. 서론

최근 세계경제의 위기감이 확산되는 상황 속에서도 한국과 스페인어권 국가들 간의 교류와 협력은 지속적으로 확산되고 강화되고 있는 추세이다. 특히 자원이 풍부한 중남미 국가들과 자본 및 기술 인력을 갖춘 우리나라의 협력은 경제구조의 상호보완성을 바탕으로 더욱 그 필요성이 강조되고 있다고 하겠다. 이러한 양 지역의 협력의 가시적인 증거는 바로 증가하는 양 지역 협력 관련 회의와 교역량, 인사교류 또는 문화교류 행사가 증가하고 있다는 사실이 될 것이다. 특히 사람과 사람이 직접 만나서 상호 관심사를 논의하고 양 지역 발전방향을 정하는 국제회의에서 참가자들은 자신들의 이해와 이익을 극대화하기 위해 노력한다. 또한 상호 직접 접촉을 통한 신뢰와 우호관계 구축을 위한 논의를 하는 동시에 정부관계자 또는 기업으로부터 보다 많은 투자 및 지원을 이끌어 내기 위해 협상력을 최대한 동원한다. 우리나라 참가자들은 주로 중남미 지역의 투자환경 및 투자 대비 수익성에 관한 정보를 얻기 위해 협상에 임한다. 이러한 과정에서 다양한 회의 참가자들 간의 의사소통 과정에 직접적으로 관여하게 되는 사람은 바로 통역사이다. 통역사는 회의에서 다루어지는 모든 주제는 물론 회의조직, 회의 개최 배경 등에 대한 사전지식을 갖추어야 함은 물론 회의 주체들이 원활한 회의진행을 하기 위해 사용하는 의사일정 관련 표현을 교육을 통해 충분히 훈련해야 할 필요성이 크다고 하겠다. 그 이유는 회의진행을 위해 익혀야 하는 교육요소들은 회의의 성격과 내용에 관계없이 항시적으로 사용되기 때문이며 불완전한 학습은 회의 진행에 지장을 초래할 뿐만 아니라 회의 자체의 품격을 떨어트릴 위험을 안고 있기 때문이다. 본 논문에서는 박근혜 대통령 취임식 행사 시나리오 분석을 통해 행사 또는 회의의 진행을 맡는 통역사가 학습하고 교육받아야 하는 언어적 교육요소와 비언어적 교육요소가 무엇인지 파악하고 효과적인 행사진행 통역 교육을 위한 제언을 제시 하고자 한다.

2. 교육요소

외국어로서의 스페인어 교육을 위해서는 언어적 지식 뿐만 아니라 스페인어를 공용어로 사용하는 국가들의 문화와 사회, 역사 및 전통 등 언어와 관련 있는 분야 및 언어가 투영하는 언어적 특성을 교육 과정에 포함하는 것이 필요하다. Michale Canale은 외국어 교육을 위해서는 문법능력(Competencia Gramatical), 사회언어학적 능력(Competencia Sociolingüística), 담화능력(Competencia Discursiva), 언어전략 수행능력(Competencia Estratégica)을 배양해야 한다고 하였다. 여기서 문법능력이란 음운의 인식, 발음, 철자, 어휘의 올바른 사용능력을 의미한다. 사회언어학적능력이란 사회적 관계를 언어로 적절하게 표현하고 목표어가 사용되는 사회의 특성을 파악하여 적절한 표현을 할 수 있는 능력을 말한다. 담화능력이란 모국어의 논리 구조를 목표어의 논리구조로 전환할 수 있는 능력이며 언어전략 수행능력이란 참고자료의 사용 능력, 속도조절능력, 다양한 언어기능을 통합문장으로 표현하는 능력, 사회언어학적으로 가장 무난한 문장을 선택하는 능력, 말을 이어가는 능력 등을 포함한다고

하였다.[1)]

한국어-스페인어의 회의와 행사를 진행하는 통역사의 통역능력도 마찬가지로 문법과 어휘를 잘 사용해야 하는 언어적 측면에서의 통역능력과 비언어적인 관점에서의 통역능력으로 구분된다. 사회통역사는 마땅히 유창한 표현과 발음 그리고 발화의 속도조절, 연사의 의도를 감동적으로 전달할 수 있는 호소력 등 다양한 능력을 갖추어야 할 것이지만 각 나라의 회의진행 방식과 문화, 통역환경과 자신의 관계, 우발적인 상황에의 대응, 통역사간의 공조 등 비언어적 측면에서의 통역능력도 배양해야 한다. 국민의례를 예로 들 수 있는데 '애국가 제창'을 통역할 때 과연 청중에게 한국어로 번역된 애국가를 제공하여 따라 부르도록 할 것인지 아니면 스페인의 (애)국가처럼 원래 가사가 없는 국가를 가진 외국인 국민들을 위해 통역을 생략하고 "애국가가 연주 되겠습니다"로 통역할 것인지를 통역사가 결정해야 하는 상황은 비언어적 통역교육요소가 된다.

이렇게 한국어에서 스페인어로 회의 및 행사의 사회를 통역하는 기법을 교육하기 위해서 교육자가 가르쳐야 하는 요소는 크게 언어적 교육요소와 비언어적 교육요소가 있다. 회의 또는 행사가 일반적으로 어떻게 진행되는지를 파악하기 위해서는 다양한 회의와 행사의 시나리오 패턴 숙지와 통역실습이 필요하다. 그러나 지면의 제약으로 본 논문에서는 박근혜 대통령의 취임식[2)]을 사례 연구의 모델로 정한다.

다음은 스페인어를 비롯하여 6개 외국어로 통역된 박근혜 대통령 취임식 시나리오이다. 박근혜 대통령 취임식은 국회의사당 정원에서 개최되었으며 약 8만 명의 국민들과 내외빈이 참석하였다.

- 지금부터 대한민국 제18대 대통령 취임식을 거행하겠습니다. 먼저 '국민의례'가 있겠습니다. 모두 일어나셔서 게양대에 있는 국기를 향하여 주시기 바랍니다.
- 다음은 '애국가 제창'이 있겠습니다.
- 이어서 '순국선열 및 호국 영령에 대한 묵념'이 있겠습니다.
- 일동 묵념!
- 바로!
- 모두 자리에 앉아 주시기 바랍니다.
- 다음은 대통령 취임행사 위원장이신 김황식 국무총리의 식사가 있겠습니다.

---

1) Michael Canale(1983) "From Communicative Competence to Communicative Language Pedagogy", in J. Richards / R. W. Schmidt (eds), *Language and Communication*

2) 2013년 2월 25일 개최되었으며 한-서, 한-영, 한-불, 한-러, 한-일, 한-중 등 6개 외국어로 동시통역 되었다. 기본적으로 대규모 인원이 참여하며 행사의 주인공이 단 한사람인 행사 즉 대통령 취임식과 같은 행사에서는 통역방향이 한국어로부터 스페인어로 한정된다. 다시 말해서 스페인어권 연사들이 축하 발언을 하거나 특별한 순서를 맡아 스페인어로 연설을 하는 상황이 발생한다면, 당연히 통역은 스페인어에서 한국어로 진행되어야 할 것이나, 다수의 국가에서 많은 국빈들과 대표들이 참석하기 때문에 실무적으로 스페인어권 국가들뿐만 아니라 전 세계의 많은 대표들에게 발언을 하게 한다면 행사 시간이 상당히 길어지게 되므로 취임식에서는 사회자만 한국어로 진행을 맡고 외빈들에게는 동시통역이 제공되었다. 만약 행사가 2시간이 넘게 지속된다면 화장실 사용이나 식사 문제 등 매우 복잡한 상황이 발생할 수 있기 때문에 최대한 신속하게 각 순서가 진행되었다.

- 다음은 대통령께서 '취임선서'를 하시겠습니다.
- 내빈들께서는 모두 자리에서 일어나 주시기 바랍니다.
- 모두 자리에 앉아주시기 바랍니다.
- 이어서 국방부 군악대와 의장대의 행진과 예포발사가 있겠습니다.

구령 : 앞으로 가

구령 : 제자리에 제자리에 서

구령 : 대통령께 대하여 받들어총

충-성

구령 : 세워 총

구령 : 앞으로 가

- 다음은, 대통령께서 국정의 비전과 정책방향을 밝히시는 취임사를 하시겠습니다.
- 이어서, 축하공연이 있겠습니다.
- 큰 박수 부탁드립니다.
- 다음은 대통령께서 단상인사와 인사를 교환하시고 이임 대통령내외분을 환송하시겠습니다
- 대통령께서 이임 대통령 내외분을 환송 하신 후, 중앙통로로 행진하실 예정입니다.
- 모두 자리를 지켜주시기 바랍니다.
- 지금 대통령께서 내빈 여러분들을 만나시기 위해 중앙통로로 향하고 계십니다.
- 지금 대통령께서 취임식에 오신 내빈 여러분 및 온 국민들을 향해 감사의 인사를 하고 계십니다.
- 이상으로. 제 18대 대통령 취임식을 모두 마치겠습니다. 추운날씨에도 참석해 주신 내빈 여러분께 감사드립니다.
- 오늘 취임식을 위해 수고해 주신 전 출연진, 안내요원, 시설요원, 자원봉사자 그리고 방송, 언론관계 여러분께도 깊이 감사드립니다.
- 현재 장내가 매우 혼잡하오니, 안전을 위해 외곽부터 천천히 나가시도록 끝까지 질서를 유지하여 주시기 바랍니다. 안녕히 가십시오. 감사합니다.

2. 1. 언어적 교육요소

2. 1. 1. 어휘

2. 1. 1. 1. 회의 및 행사의 주체와 유형

사회 통역을 위해 필요한 어휘는 기본적으로 회의 주체와 참석자 그리고 회의에 사용되는 연설문이나 발언의 종류 그리고 행사장에 나타나는 무대배치와 소품에 관한 명칭이 주를 이룬다.

취임식 시나리오에 등장하는 인사는 대통령(Presidente), 이임대통령(Presidente Saliente), 내빈(Invitados de Honor), 출연진(Oradores, Ponentes, Artistas, etc.), 안내요원(Guías), 시설요원(Ingenieros, Mecánicos, etc.), 국무총리(Primer Ministro), 의장대(Guardia de Honor), 군악대(Banda Militar), 자원봉사자(Voluntarios), 언론관계자(Periodistas) 등 이다. 이러한 행사의 주체이외에도 통역사는 다양한 회의와 행사의 명칭과 조직을 파악하고 있어야 한다.

국제회의(Conferencia Internacional)3)

하나의 현안에 대하여 토의하고 경우에 따라서는 의사결정을 할 때 개최한다. 국제회의에는 다양한 회의로 구성되는데 예를 들어 의결과 회원(국)간 토론 절차를 포함하는 총회(Asamblea General), 각종 사안을 심의하는 심의회의(Reunión Deliberadora), 회장, 부회장, 사무총장 등 집행부로 구성된 의장단회의(Reunión de la Mesa) 등이 있다.

포럼(Foro)

참석자들이 자유롭게 참여하는 토론의 장이다.

분과회의(Reunión Temática)

국제회의에 참석자와 안건이 많을 경우 이를 나누어 주제별로 진행하는 회의 형식이다. 짧은 회의 기간 동안 더 많은 참석자 또는 참가국들이 의견을 심도 있게 개진할 수 있도록 많은 회의실을 사용하여 동시에 대규모 발표가 가능하도록 할 수 있다는 점이 분과회의의 장점이며 동시에 특정한 주제를 포괄적인 시각에서 한 단계 더 깊이 들어가 보다 심화되고 전문적인 발표와 토론을 가능하게 해주는 회의형식이다.

심포지움(Simposio)

심포지움은 관련 분야 최고 권위자의 철학과 비전, 전문지식 등을 접하는 회의이다.

---

3) 외교부(1992). *국제회의 참가와 협상*. p. 5.

세미나(Seminario)

세미나는 주로 학술적인 내용을 다룬다. 발표자는 자신의 견해나 연구 결과를 청중에게 전달하여 새로운 정보를 제공하고 발표한 내용에 대한 질문과 평가를 받는다. 세미나의 특징은 교육자와 피교육자의 구분이 분명하다는 점이다. 세미나에 참가한 참석자들은 구체적인 주제에 대하여 새로운 정보를 얻고자 하는 목적으로 참가하기 때문에 회의 내용과 토론의 난이도 측면에서 통역사에게 전문적인 지식을 요구할 때가 많다.

워크숍(Taller)

워크숍은 실무 차원의 경험을 교류하고 업무 효율을 높이기 위한 비슷한 수준의 실무자들 간의 회의이다. 따라서 통역사가 참가자들 간의 현안이 무엇인지를 아는 것이 중요하고 정해진 이론적인 용어 보다는 실제 참가자들이 현장에서 느끼는 점 그리고 자주 사용하는 실용성이 강한 어휘와 표현을 숙지해야 한다.

학술대회(Congreso)

학술대회에서는 주로 논문이 발표되고 연구결과에 대한 검증과 토론이 주로 이루어진다. 따라서 통역사가 학자 수준의 스페인어를 구사해야 함은 물론 학술적 내용을 이해하지 못할 경우 통역하기가 매우 어렵다. 전문적인 학술대회의 통역은 일반 통역사가 수행하기 어려우며 학술대회의 성격을 완전히 이해하는 박사학위 소지자 또는 이에 준하는 학식을 갖춘 통역사들이 통역을 담당하는 것이 이상적이다.

사회와 통역이 필요한 회의 이외의 형태를 취하는 행사도 매우 다양하다. 취임식(ceremonia de investidura), 개막식(ceremonia de inauguración), 폐막식(ceremonia de clausura), 기공식(ceremonia de comienzo de la construcción=ceremonia de colocación de la primera piedra), 준공식(ceremonia de terminación de la construcción), 상량식(ceremonia de elevar la armadura)등이 있다.[4)]

회의에 참석하여 회의의 진행을 이끌어 가는 구성원들에 대한 스페인어 표현과 이들의 직무에 대해서도 교육이 필요하다. 의장(Presidente), 부의장(Vicepresidente), 사무총장(Secretario General), 서기(Relator), 회계(Contador) 등 의장단 또는 회장단(Mesa), 그리고 각 전체 회의 사회를 진행하는 사회(Maestro de la Conferencia o Presentador) 세션 진행을 맡는 좌장(Moderador), 토론자(Comentador), 발표자(Ponente o Presentador), 연사(Orador), 청중(Audiencia o Público), 회원(Miembro, Socio) 등이 있다.[5)]

---

4) 이 외에도 상품전시회, 모터쇼, 전시회 등 수많은 행사의 통역 상황을 가정할 수 있지만 지면의 제약으로 일부만 언급한다.

5) 특히 통역사는 참가자들 가운데 여성이 포함되어 있을 경우 스페인어를 구사할 때 문법적인 성의 일치가 잘 이루어지도록 유의해야 한다. 또한 일반적인 원칙에 입각하는 표준적인 회의 진행과 별도로 각 주체들이 특징적으로 나타내는 발화습관, 표현방식, 발화속도 등에 단시간 내에 적응할 수 있도록 노력해야 한다. 통역 수업에 있어서 실제 회의주체들을 강의실에 직접 초빙할 수 없기 때문에 교육자는 가급적 최대한 회의 주체들의 실제

2. 1. 1. 2. 연설, 발표, 발언의 명칭

취임식에서는 국무총리의 식사(Palabras Inaugurales)와 대통령의 취임선서(Juramento de Investidura) 그리고 취임사(Discurso de Investidura)가 행해졌다.

일반적으로 회의 또는 행사에서 빈번하게 나타나는 연설과 발언으로는 개회사(Discurso Inaugural), 폐회사(Discurso de Clausura), 격려사(Palabras de Ánimo/Estímulo), 축사(Palabras de Felicitación), 선도연설(Discurso Liderante), 기조연설(Discurso Clave), 발표문(Ponencia), 프리젠테이션(Presentación), 토론(Debate, Discusión, Comentario) 등이 있다. 모든 회의와 행사는 시작과 종료를 나타내는 표현이 사용되며 또한 행사의 진행을 나타내는 기능어, 참가자에 대한 요청을 위해 필요한 문장, 상황을 설명하는 문장 등을 숙지해야 한다.

2. 1. 2. 회의 및 행사 진행을 위해 필요한 표현

회의 및 행사를 진행하는 사회자는 자신에게 부여된 임무를 수행하기 위해 다양한 의사소통 기능을 수행한다. 사회자의 의사소통 기능은 일반적인 의사소통기능과 달리 청중과의 양방향 의사소통을 하지 않고 사전에 정해진 행사 목적과 진행 원칙에 맞추어 참석자를 향해 정확하며 명확하게 자신의 의사를 전달하는 역할을 하는 것이다. 비록 양방향 의사소통은 아니지만 행사 및 회의 성격에 맞는 공식적인 표현을 사용해야 하며 일반 사적인 대화에서처럼 자의적이고 예외적인 표현을 자제해야 한다.

2. 1. 2. 1. 순서안내

박근혜 대통령 취임식의 주요 순서는 다음과 같다.

> 개식선언, 애국가제창, 묵념, 식사, 취임선서, 의장대
> 행진, 예포발사, 취임사, 축하공연, 폐식선언

행사의 진행 순서는 문장 초반부에 '지금부터', '먼저', '다음은', '이어서', '이상으로'등 부사구를 사용하여 이끌어 간다. 또한 가장 빈번하게 사용된 동사는 '-이 있겠습니다'이다.

> 지금부터...취임식을 거행하겠습니다.
> En este momento, vamos a dar comienzo a la ceremonia de investidura.
> 먼저 국민의례가 있겠습니다.
> Primero, vamos a saludar a la bandera nacional.
> 다음은 애국가 제창이 있겠습니다.

행위를 상정하는 다양한 교육방법을 개발해야 한다. 특히 스페인어를 이해하지 못하는 일반 청중을 발표자 또는 연설자로 수업에서 활용하는 것은 객관적인 통역 전달율 측정과 제고에 도움을 주며 학습자들에게도 실제 상황을 가정하는 수업 환경을 만들 수 있기 때문에 교육 효과를 증가시킨다.

A continuación, vamos a entonar el himno nacional.
이어서 순국선열 및 호국 영령에 대한 묵념이 있겠습니다.
Seguidamente, vamos a guardar un minuto de silencio por los caídos por la independencia y la defensa del país.
... 식사가 있겠습니다.
...Vamos a escuchar las palabras inaugurales.
...취임선서를 하시겠습니다.
...Vamos a pasar al juramento de investidura.
...의장대 행진과 예포 발사가 있겠습니다.
...Vamos a proceder a la marcha de la guardia de honor y a los disparos de salva.
...취임사를 하시겠습니다.
...Va a tener a bien dirigir el discurso de investidura.
...축하공연이 있겠습니다.
...Vamos a apreciar el espectáculo de felicitación.
...환송하시겠습니다.
...Vamos a despedir
...중앙통로로 행진하실 예정입니다.
...Va a marchar
이상으로... 모두 마치겠습니다.
De esta manera, queda clausurada la ceremonia...

'지금부터'또는 '지금은'에 해당하는 스페인어 표현은 'En este momento'를 사용하는 것이 공식적인 자리에서의 사회 진행을 위해 더욱 적절하다. 또한 '다음은'과 '이어서'는 모두 'A continuación', 'Seguidamente'를 사용하여 표현하는 것이 좋다. 이렇듯 순서 안내와 관련된 주요 언어적 교육요소 가운데 하나는 문장을 이끄는 부사구의 숙지이다. 한편 사회 통역을 하면서 미래형 동사를 남용하게 되면 참석자들에게 지나치게 강한 구속감을 주어 심리적 불편함을 끼치게 되므로 요청을 위해 사용되는 동사들의 미래형태 즉 '-rá(n)'형태 보다는 'Vamos a pasar a + 순서명칭'또는 'Vamos a proceder a' + 순서명칭'표현을 사용하여 순서의 진행을 설명한다.

2. 1. 2. 2. 참석자들에 대한 요청

참석자들에 대한 요청은 출연진에 대한 요청, 출연진과 출연하지 않는 청중에 대한 요청으로 구분된다.

2. 1. 2. 2. 1. 출연진에 대한 요청

본 논문에서 출연진이란 대통령을 포함하여 연설이나 공연을 맡아 연단 혹은 무대에 올라 청중 앞에서 자신의 임무를 수행하는 사람들을 지칭한다. 이렇게 순서를 맡은 사람들에 향해 사회자가 요청을 할 때에는 통역사가 언어적 요소에 더욱 주의를 기울여야 한다. 특히 호칭에 있어서 특별한 주의가 요구된다. 보통 연사나 출연자를 한국어로 부를 때 성명이나 직함 뒤에 '-님'을 붙여 부르는 것이 일반적이지만 수식어 '존경하는'이라는 표현이 함께 사용되는 경우가 많다. '존경하는'이라는 수식어가 붙는 직함이나 이름을 스페인어로 통역할 때에는 '존경하는'에 해당되는 다양한 경어 표현을 하는 것이 관례화 되어 있다. 간혹 '대통령 님'또는 '장관 님'이라고만 한국인 연사가 말하더라도 통역사가 'Excelentísimo(a) Sr(a). Presidente(a)''Excelentísimo(a) Sr(a). Ministro(a)'라고 말하면서 '존경하는'에 해당되는 표현을 추가로 삽입해도 결례가 되지 않는다. 다만 1회 이상 이미 '존경하는'에 해당되는 표현을 사용했다면 그 이후에는 Sr(a). Presidente(a) Sr(a). Ministro(a)라고만 간략하게 표현하여 통역의 시간을 줄일 수 있다. 그러나 연사가 분명히 한국어로 '존경하는'이라고 발화할 경우에는 통역사가 이를 반드시 통역해야 한다.

회의참석자들은 무엇보다 자신의 이름이나 직함이 잘못 통역 되는 것 대하여 민감하게 반응한다. 특히 직위에 따라 사용되는 '존경하는'에 해당되는 형용사는 다음과 같다.

국가 공무원 장차관, 대사 이상 등 정부 관련 직을 호칭할 때
Excmo Sr. Presidente
Excmo Sr. Ministro
Excmo Sr. Viceministro
Excmo Sr. Embajador

사회저명인사를 호칭할 때
Distinguido Sr. Rector
Sr. Presidente del Grupo Samsung
Sr. Delegado

개인적인 존경을 표현하며 호칭할 때
Estimado Sr. Kim

출연진을 포함하는 모든 청중들에게 한국어로 특정 사항을 부탁할 때에는 가급적 명령형이나 미래형 '-하실 것 입니다'을 사용하지 않고 가까운 미래 시제를 사용한 표현 '-하시겠습니다.'를 사용하는 점은 스페인어 표현방법과 크게 다르지 않다. 특히 소위 'VIP'라고 판단되는 귀빈들에게는 존중의 뜻이 담긴 표현 '-하시겠습니다'를 사용하고 있는데 이는 '하시기 바랍니다', '-하시기를 부탁 드립니다'보다 간결하면서도 지시나 강제성이 더욱 낮게 느껴지기 때문이다. 다음은 취임식 시나리오에 등장하

는 출연진에 대한 요청부분이다.

...국무총리의 식사가 있겠습니다.
...대통령께서 '취임선서'를 하시겠습니다.
...군악대와 의장대의 행진과 예포발사가 있겠습니다.
...대통령께서...취임사를 하시겠습니다.
...축하공연이 있겠습니다.
...이임 대통령 내외분을 환송하시겠습니다.

또한 출연진 중에는 가장 중요성이 큰 사람으로부터 직급이나 서열이 낮은 사람이 포함될 수 있기 때문에 필요한 경우에는 행사가 누구를 위한 행사이며 이러한 서열을 구별 지을 필요가 있는지도 유의해야 한다. 취임식 시나리오에는 대통령에게는 '대통령께서'라는 경어를 사용한 반면 국무총리에게는 '국무총리의 식사'라고 소개함으로써 의도적인 평어를 사용하였다. 그러나 다양한 분야를 대표하는 참석자들이 모인 자리라면 구태여 어느 참석자에게 경어를 사용해야 하는지, 서열을 결정할 수 있는 확실한 기준이 무엇인지를 파악할 수 없는 상황도 발생하기 때문에 특정 출연진을 겨냥한 경어의 사용은 회의 환경과 사용의 필요성 등 여러 가지 요인들을 고려하여야 한다.[6]

2. 1. 2. 2. 2. 청중에 대한 요청

남녀를 함께 호칭할 때는 여성을 먼저 부른다.

내외귀빈여러분 Señoras y Señores
신사숙녀여러분 Damas y Caballeros
각국대표여러분 Distinguidos Delegados
친애하는 국민여러분 Estimados Ciudadanos

특정인을 먼저 부르고 다른 사람 또는 사람들을 함께 부를 경우에는 따로 따로 부른다. 즉 접속사 y 를 사용하여 연결하지 않는다. Y를 사용하여 연결해서 부를 경우에는 나중에 불려지는 사람들에게 비중이 떨어지는 사람이라는 인상을 줄 가능성이 있기 때문이다. 특히 지시형용사 otros를 사용하면 더욱 존경의 의미가 퇴색된다.

6) 호칭과 의전에 관한 사항은 시나리오 원문을 작성할 때 이미 고려해야 하는 사항이기 때문에 통역사의 영역이 아니라고 볼 수도 있겠지만 최종적으로 통역과정에서는 통역사가 개입여부를 판단해야 함으로 전혀 관계가 없다고 볼 수 없다.

Excmo. Sr. Ministro

Señores Invitados de Honor

(Otros Invitados de honor.)(X)

스페인어문학회 가족 여러분

Queridos Integrantes/Socios de la Asociación Coreana de Hispanistas

존경하는 경제인 여러분[7)]

Estimados Empresarios.

(Economistas(X), Gente Económica(X))

사회자가 낭독하는 행사 시나리오에는 출연진을 포함한 청중 전체에 대한 요청을 위해서 '바랍니다'또는 '하여 주시면 감사 하겠습니다'와 같은 요청을 구하는 동사들이 주로 사용되지만 묵념과 같은 엄숙한 순서에서는 한국어 표현으로 명령형이 등장하기도 한다. 그러나 청중에 대한 요청은 말 그대로 정중한 요청의 형식으로 진행하는 것이 좋다. 안전이나 예상치 못한 비상상황이 아니라면 가급적 명령형을 사용해서는 안 되며 의무감을 주는 미래형을 사용하는 것도 결례가 된다. 명령형이나 미래형 동사 보다는 'Pueden + inf'를 사용하거나 'Les rogamos que..., Les solicitamos que..., Les pedimos que... 등의 정중한 표현을 활용하는 것이 좋다.

일동 묵념!

Vamos a guardar un minuto de silencio.

¡Silencio! (X)

바로!

(스페인어에는 해당 표현 없음. 다음 문장 '앉아 주시기 바랍니다'의 통역으로 대체한다.)

앉아 주시기 바랍니다.

Pueden sentarse.

Tomen asiento.(X)

Ustedes se sentarán.(X)

국기를 향하여 주시기 바랍니다.

Les rogamos cordialmente que se dirijan a la bandera nacional.

---

7) 경제인에는 기업인, 경제학자, 경제 분석가, 경제 관련 공무원, 경제에 종사하는 사람 등 매우 광범위한 집단이 포함된다. 하지만 경제를 대표하는 사람들로써 회의에 참석하는 사람들 가운데 가장 대표성이 있는 사람들로 부르는 것이 좋으며 대부분의 경우 기업인이 가장 많은 수를 차지한다.

Ustedes se dirigirán a la bandera nacional.(X)

내외빈과 참석자 여러분께서는 일어나 주시기 바랍니다.

Les pedimos mantenerse en su asiento.

Levántense.(X)

Manténganse en su asiento.(X)

2. 1. 3. 행사 진행에 관한 상황설명

박근혜 대통령 취임식 시나리오에는 사회자가 출연진 특히 박 대통령의 움직임을 설명하는 부분이 나타난다. 이렇게 취임식의 전체적인 상황을 설명하는 목적은 두 가지로 요약할 수 있는데 첫째는 청중에게 각 순서가 예정대로 잘 진행되고 있다는 것을 알리고 필요한 협조를 부탁하는 것이며 둘째는 출연진이 등장하고 퇴장하는 시간의 적막감을 상황설명을 통해 해소하려는 것이다. 특히 외국인 참석자의 경우 행사이해를 위해 상황설명을 들어야 하는 필요성이 더욱 크다고 하겠다. 상황설명은 주로 현재 진행형 동사를 사용하여 표현한다.

대통령께서 ...중앙통로로 이동하고 계십니다.

La señora presidenta se está trasladando por el pasillo central...

지금 대통령께서 ...국민들을 향해 감사의 인사를 하고 계십니다.

La señora presidenta está dando sus palabras de agradecimiento a los ciudadanos...

2. 1. 4. 참석자에 대한 감사와 인사

사회자는 행사를 주관하는 기관을 대표해서 행사 시작 전후에 참석자들에게 행사 참석에 대한 감사를 표시하는 것이 관례이다. 감사의 이유는 주로 참석자들이 바쁜 일정 가운데 귀중한 시간을 할애 하였다는 사실 그리고 여러 가지 불비한 환경 또는 불순한 날씨에도 불구하고 참석해 준 것이 된다. 한국어로는 보통 감사의 뜻을 하나의 문장으로 표현하지만 스페인어로는 두 개의 문장 즉 첫째 문장은 감사의 대상을 부르는데 사용하고 두 번째 문장은 감사의 뜻을 표현하기 위해 형성하는 것이 감사의 뜻을 보다 명료하게 전달할 수 있다는 점에서 바람직하다.

추운날씨에도 참석해 주신 내빈 여러분께 감사드립니다.

Señoras y señores invitados de honor.

Les agracedemos haber participado a pesar del tiempo frío.

...출연진께도 감사드립니다.

...Damos las gracias también a los señores oradores y los artistas.

...안녕히 가십시오. 감사합니다.

...Que vayan con Dios. Gracias.

2. 2. 비언어적 교육요소

2. 2. 1. 통역사의 개입 결정

참석자들은 크게 청중과 대통령을 비롯하여 연단에 자리한 내빈들 그리고 축하공연 의장대 행진 등을 담당하는 출연진으로 구분할 수 있다. 따라서 사회자의 진행 멘트는 이러한 다양한 행사 참여자들에게 행사의 순서를 안내하고 각자가 담당하는 역할을 시간에 맞추어 수행할 수 있도록 안내하는 역할을 한다. 다만 행사 중에 대형 화면에 나타나는 내용, 배경음악이나 주제음악에 포함된 노래의 가사, 행진을 위해 군인들 사이에 오가는 구령 등은 사회자의 음성을 통해 청중에 전달되는 것이 아니기 때문에 통역사가 통역개입을 해야 하는 지의 여부는 상황에 따라 결정하는 것이 좋다. 시나리오에 사회자의 안내 이외에 이러한 모든 사항들이 포함되어 있다면 동시통역이 가능하겠지만 그렇지 않은 경우 즉 모든 자료가 단지 행사장의 모니터에만 나타나는 경우에는 통역이 불가능한 상황도 일어날 수 있기 때문이다. 예를 들어 햇빛이 많은 날에는 화면이 선명하지 않기 때문에 통역사가 인식할 수 없고 군인들의 구령도 또한 장소가 넓은 야외 공간일 경우 통역부스에서는 들리지 않으며 공연 중에 출연진이 말하는 내용은 강한 소음이나 음악 반주 소리로 인해 청취가 어렵기 때문이다. 취임식에서 사회자가 말하지 않았지만 통역이 필요했던 부분은 국기에 대한 맹세, 애국가의 가사 그리고 박근혜 대통령이 취임연설 후 내빈과 청중에 인사할 때 장내에 연주되었던 그룹 '해바라기'의 노래 '내게 행복을 주는 사람'이었다. 다른 공연 작품들은 너무나 많은 출연진과 빠른 노래 가사로 인해 통역을 제공할 경우 오히려 공연의 자연스러운 감상에 지장을 줄 수 있기 때문에 가사와 랩 부분을 전하지 않았다. 만약 상당히 가사의 분량이 많은 노래를 빠르게 통역한다는 상황을 가정한다면 스페인어권 국가의 청중으로 하여금 공연의 고유한 감흥과 감동을 느끼도록 하는데 지장을 주었을 지도 모른다. 따라서 곡조와 곡의 흐름을 방해할 정도의 통역 상황에서는 노래 가사와 공연의도를 간략하게 설명하는 것으로도 충분할 수 있다.

2. 2. 2. 사회자와 통역사

내국인 참석자에 대한 행사 및 회의 진행에 대한 일차적인 책임은 사회자가 맡는다. 그러나 외국인 참석자들은 통역이 정확하고 원활하게 제공되지 않을 경우 회의 내용을 이해하는 데 있어서 어려움을 겪게 되므로 통역사의 역할도 사회자의 역할 못지않게 중요하다. 순차통역이 제공되는 회의의 경우에는 사회자 1인 통역사 1인의 조합이 이상적이다. 사회자가 2인 이상일 경우 남성 1인 여성 1인이 사회를 보게 되는 경우가 가장 많은데 이때 순차통역사 까지 무대에 등장하게 되면 청중시각에서 모두 사회자로 보이며 산만하게 느껴질 수 있다. 남성 1인이 사회를 볼 때에는 여성 통역사 1인이 통역을 담당하는 것이 좋다. 이때에는 여성 통역사가 반드시 남성의 문법적인 성을 맞출 필요는 없다. 왜냐하면 청중은 통역사를 통역으로 받아들이기 보다는 사회자로 인식하는 경향이 더욱 강하기 때문이다. 여성이 사회를 보는 경우에는 여성 통역사의 역할이 무난하게 받아들여지는데 여성 사회자를 남성이 통역하는 상황은 부득이한 상황 즉 여성 통역사의 섭외가 불가능한 상황이 아니라면 피하는 것이 적절하다. 한편 순차통역의 경우 가능한 사회자와 통역사는 역할을 분담해서 수행하는 것이 좋다. 즉 한 사람이 사회자와 통역사의 역할을 동시에 맡는 것 즉 1인 2역을 하는 것은 회의의 생동감을 많이 떨어트리므로 피하는 것이 좋다. 그 이유는 동일한 사람이 한국어로 사회를 보다가 스페인어로 언어를 바꾸게 되면 한국인 청중은 스페인어 진행 멘트가 끝날 때 까지 기다려야 한다는 느낌을 갖게 되는데 상대적으로 통역사가 다른 사람이라면 회의가 지연되는 느낌을 덜 받게 되기 때문이다.

2. 2. 3. 회의진행의 특이사항

모든 회의는 항상 예상치 못한 상황변화로 인해 언제든지 회의순서와 발표내용이 변경될 수 있다. 따라서 회의 주최 측 또는 사회자와 사전에 협의하여 특이한 변경 사항은 없는지를 확인한다. 연사에게는 특히 감사를 전달하려는 대상을 사전에 확인해 줄 수 있는지를 요청하고, 참석자 명단 가운데 지연도착이나 결석한 사람은 없는지를 문의한다. 국민의례 순서가 있을 경우 애국가는 제창인지, 단순히 듣는 것인지를 미리 알아보고 국기가 단상 어느 위치에 있는지를 눈으로 확인한다. 간혹 통역 부스가 연단에 설치되는 경우가 있는데 이럴 때에는 국기를 향하는 귀빈들의 시선이 통역부스로 향할 때가 있으므로 통역사들은 애국가가 연주되거나 국기에 대한 경례가 진행될 때 잠시 부스 밖에서 대기하는 것도 좋다.

2. 2. 4. 행사 진행 방식의 문화적 차이

각종 회의와 행사는 국가 별로 진행 방법이 다를 수 있다. 즉 우리나라의 국민의례를 사회자의 안내에 따라 그대로 통역할 경우 내빈이나 외국인 청중은 자국의 관습과 다르게 진행되는 국민의례가 다소 불편하게 느껴질 수 있다. 물론 방문국의 의식과 의례를 존중한다는 의미에서 한국인 참석자들이 하는 대로 따라 할 수는 있지만 의전이 중요시 되는 국가행사나 민간차원의 대규모 중요 행사에서 사전 설명을 듣지도 못하고 주변의 참석자들이 어떻게 하는지를 살펴보고 따라 하는 것도 당황스러운 일이 될 수 있는 것이다. 따라서 통역사는 이러한 상황을 사전 설명 없이도 편안하고 안전하게 관리될 수 있도록 통역해야 한다. 이를 위해서는 스페인어권 국가들의 국민의례 방식에 대하여 사전에 조사할 필요가 있지만 해외에서의 통역이 아니라 국내에서의 통역 상황이라면 스페인어권 국가와 우리나라의 차이점을 파악하여 최대한 간격을 줄이는 노력이 수반되어야 할 것이다.

2. 2. 5. 참석자의 명칭 확인

감사 인사는 행사 통역에 있어서 의례적인 부분이 되기도 하지만 경우에 따라서는 매우 중요한 통역 대상이 되기도 한다. 특히 감사 인사를 할 때 그 대상에 대한 파악이 잘 되지 않는 경우가 없도록 유의해야 한다. 즉 사전에 감사 인사를 받을 인사의 직함과 성명을 정확히 숙지해야 하며 발음에도 주의를 기울여야 하는데 특히 통역이 스페인어에서 한국어로 제공되는 환경에서는 더욱 실수 없이 확인해야 하는 부분이다. 그 이유는 외국인 연사들이 특정 한국인에 대해 감사표시 할 때 한국인의 직함이나 성명을 잘 발음하지 못하게 되며 통역사가 이해하지 못하여 통역이 누락되거나 오역되는 경우가 발생할 수 있기 때문이다.

2. 2. 6. 통역사의 사전 준비

1개 또는 2개의 공식 언어가 사용되고 참석자의 수가 제한적인 소규모 회의 및 행사는 사회 통역도 순차통역 방식을 채택할 수 있다.[8] 그러나 3개 이상의 공식 언어가 사용되며 청중이 천명을 초과하는 대규모 회의 및 행사 통역은 주로 동시통역으로 진행한다. 그 이유는 행사의 시간을 줄여서 가능한 많은 순서를 소화하기 위함이다. 또한 다양한 언어를 사용하는 참석자가 많은 회의 또는 행사를 순차통역을 할 경우 시간의 제약으로 여러 언어를 순차적으로 서비스 할 수 없기 때문에 동시통역을 통해 동시에 다국어 통역 서비스를 제공할 수 있기 때문이다. 동시통역은 원칙적으로 2인이 수행한다. 따라서 통역사는 협의를 통해 각자의 임무를 사전에 정한다. 박근혜 대통령 취임식의 경우 사회자는 남성이었고 국무총리도 남성이어서 사회통역과 총리의 식사는 남성 통역사가 담당했다. 한편 박근혜 대통령의 취임선서와 취임사는 여성 통역사가 수행하여 청중으로 하여금 더욱 연설에 몰입할 수 있게 하였다. 우리나라에는 스페인어 여성 동시통역사의 수가 남성 동시통역사보다 압도적으로 많아서 행사 진행 통역이 항상 이렇게 남성 1인 여성 1인의 조합을 갖출 수 있는 것은 아니다. 그러나 남성과 여성 발언자가 많이 등장하는 회의나 행사에서는 남성 발언자는 남성통역사가, 여성 발언자는 여성 통역사가 통역하는 것이 자연스러우므로 혼성 통역 팀이 더욱 조화롭게 보이는 것은 사실이다. 끝으로 사회 통역을 맡은 사람은 행사 직전에 반드시 자신의 통역이 청중에 전달되고 있는지를 확인해야 한다. 이 일은 사실 통역사의 임무 보다는 시설이나 음향담당자가 확인해야 하는 작업이지만 통역이 얼마나 중요한 역할을 하는지를 깊이 인식하지 못하는 일부 음향담당자들은 무대와 내국인 청중의 소통에만 관심을 가지고 통역부스의 음향에 부주의하여 행사 중에 외국인 청중이 통역을 듣지 못하는 상황도 발생할 수 있기 때문이다.

---

8) 통역 방식을 결정하는데 있어서 반드시 언어의 수나 청중의 규모가 유일한 기준이 되는 것은 아니며 천명이라는 숫자도 필자의 경험을 토대로 제시한 기준일 뿐이다. 회의 언어가 3개 이상일 경우 사실상 순차통역이 불가능한 이유는 모든 언어로 순차통역 할 경우 회의 시간이 매우 길어지기 때문이다. 참석자가 1,000명이 넘게 되는 행사의 경우 통역이 필요하지 않은 사람도 많아지게 되어 통역이 꼭 필요한 사람에게만 수신기를 통해 동시통역 하면 행사 시간을 매우 단축할 수 있는 장점이 있다.

3. 결론

본 논문에서는 각종 회의 및 행사의 사회 통역을 담당하는 통역사가 학습해야 하는 언어적/비언어적 교육요소를 박근혜 대통령의 취임식 시나리오 분석을 통해 살펴보았다. 통역사의 임무는 기본적으로 원활한 의사소통에 기여하는 것이다. 그러나 통역사는 연사, 사회자, 토론자 등이 원하는 정보전달의 직무뿐만 아니라 회의가 지니는 역사적 의미, 청중의 문화적, 정서적 반응 까지도 이해하고 이를 토대로 청중의 수용성이라는 측면에서 최적화된 정보를 전달할 수 있는 자질과 소양을 갖추어야 한다. 통역사가 사회 통역을 할 때 가장 유의해야 하는 것은 우선 참가자들에게 자신의 통역이 최대한의 정중함을 갖고 다가가고 있는지를 확인해야 하며 이러한 정중함이 언어적으로는 어떻게 표현되는지에 대해 항상 연구하고 숙달해야 할 것이다. 많은 참석자들이 모여드는 대규모 회의와 행사의 시간적 제한이나 불비한 설비와 통역환경의 이유로 현장에서 받아들이는 청각적 시각적 정보를 전부 통역할 수 없는 상황이 발생한다면 어느 부분을 통역하고 어느 부분을 생략할 것인가를 판단하여 최대한 청중의 이해를 도우면서도 불필요한 통역은 하지 않도록 해야 할 것이다. 통역사는 또한 스페인어권 국가들의 회의 및 행사 진행 문화와 관습을 잘 반영하는 통역을 제공해야 할 것이다.

참고문헌

남성우(2006) 통번역의 이해와 수행, 한국문화사, 서울.

외교부(1992) *국제회의 참가와 협상,* 외교부, 서울, *p. 5.*

정혜연(2012) "통역에 대한 다섯 가지 가설", *통번역학연구*, 통번역연구소, 서울. pp. 145-176.

Canale, M. (1983), "From Communicative Competence to Communicative Language Pedagogy", in J. Richards / R. W. Schmidt (eds.), *Language and Communication*, Longman, London.

Collados Aís, A. & Sabio Pinilla, J. A.(2003),) (eds) *Avances en la Investigación sobre Interpretación,* Editorial Comares, Granada.

Fernández Cinto, J.(1991) *Actos de Habla de la Lengua Española*, Edelsa, Madrid.

Fernández Sánchez, M. M. & Muñoz Martín, R(2007) *Aproximaciones Cognitivas al Estudio de la Traducción y la Interpretación*, Editorial Comares, Granada.

Larousse Planeta, S. A.(1995) *Manual Práctico de Expresión Oral.*

Stubbs, M. (1983) *Análisis del Discurso*, Alianza, Madrid.

2013년 2월 박근혜 대통령 취임식에서 행한 김황식 국무총리 개식사.

2013년 2월 박근혜 대통령 취임식 시나리오.

2013년 2월 박근혜 대통령 취임사.

5. 3. 5. 7. 2. 어휘와 담화 행위

현재 지구촌에는 수많은 의제를 다루는 다양한 국제회의가 열리고 있다. 통역사는 이렇게 많은 모든 주제에 대하여 심도있는 지식을 축적해야 하지만 개인이 항상 변화하는 세계정세와 경제 상황 그리고 스페인어권 각국의 최근 현안에 대하여 항상 준비되어 있다는 것은 사실상 불가능한 일이며 최선의 대안은 자신이 주로 담당하는 회의에 대하여 자료를 구축하고 가장 많이 사용되는 어휘와 문형 그리고 담화행위에 대해서 잘 준비하는 것이다. 예를 들어 63차 유엔총회의 종합토론에서 18개국(적도기니, 쿠바 불참으로 제외)의 스페인어권 연설자들이 세계의 보편적인 가치와 관련하여 가장 많이 언급한 주요 어휘들은 발전(131회), 평화(97회), 안보(71회), 인권(68회), 빈곤(65회), 테러(39회), 협력(39회), 전쟁(35회), 기후변화(34회), 민주주의(33회)였다.

또한 각국의 대표들이 가장 많이 사용한 담화 행위는 지지(Apoyar), 희망, 기원(Desear, Aspirar, Querer), 청원(Pedir), 촉구(Exigir), 제안(Proponer), 필요(Necesitar), 기쁨(Alegrar), 의무(Deber), 환영(Celebrar, Congratular, Saludar, Acoger)으로 나타났다. 따라서 통역사가 유엔 관련 회의를 맡아서 통역하는 것을 가정할 때에는 이러한 어휘와 동사 그리고 관련 담화표지들을 적극 연구하고 학습해야 한다. 학습자 스스로 관심 분야의 회의에 대해 지식을 쌓으며 동향을 파악하고 표현하고자 하는 개념을 스페인어와 한국어로 전달할 수 있도록 훈련한다.

5. 4. 동시통역 평가

국제회의통역사협회(AIIC)는 국제회의 참석자 200명을 대상으로 통역의 품질을 평가할 때 가장 중요한 요소가 무엇인지 질문하였다. 설문조사 결과는 다음과 같다(Moser, P.:1995)

- 마이크 작동 미숙, 기침, 속삭임, 웃음소리, 연설문 넘기는 소리, 필기구만지는 소리, 팔찌 등 장신구 소리
- 미완성 문장

- 단조로운 패턴
- 거부감 주는 음성
- 전문용어 오용
- 전문지식 부족
- 필요 없는 발성 습관
- 지나친 침묵
- 연설자보다 지나치게 길게 발화
- 과장된 억양
- 가식적인 의사전달

이 평가 결과는 객관적으로 관찰되는 부분만 포함한다. 그러나 설문 참여자는 문장의 오역이나 비문법적인 문장의 생성 등 더욱 심각한 사안에 대해서는 분류하지 않았다. 사실 동시통역의 평가에서 청취를 방해하는 요소 가운데 가장 심각한 통역 오류는 오역이다. 그러나 오역 중에도 부분 오역과 전체 오역이 있으며 청중이 느끼는 오역에 대한 반감과 충격 또한 무엇을 어떻게 오역했는가에 따라서 달라질 수밖에 없다. 예를 들어 중남미 지역에서 개최되는 남북한 관계에 관한 국제회의에서 통역사가 수 시간씩 완벽한 통역을 수행했다고 하더라도 만약 통역사가 실수로 핵무기가 북한이 아닌 한국에서 개발되었다고 통역을 할 경우 한반도 정세에 밝지 않은 일부 스페인어권 청자들은 그대로 사실을 받아들이거나 혼동에 빠질 개연성이 크다. 지리적으로 한반도는 중남미 대륙과 멀리 떨어져 있기 때문에 남한과 북한의 정치 경제적 상황을 정확히 구별하지 못하는 스페인어권 청자들도 많기 때문이다. 단순히 남북한 간의 인구 수, 한반도의 위치, 기후, 등에 대하여 통역을 잘못했다는 것과 핵무기의 개발 주체가 바뀐 것을 동일하게 하나의 오역으로 단순 계산하기엔 통역 품질의 차이가 너무나 크다.

또한 경제적인 성격의 회의 특히 한국 또는 중남미 국가들의 투자 환경과 시장 규모에 대한 정보를 제공하는 세미나에서 통역사가 숫자를 오역하면 청중의 정서적 반감은 다른 요소들의 오역보다 더욱 커진다. 중남미 국가들에서 한국을 찾아온 사절단과 중남미 지역에 대해 관심을 갖고 참석한 한국의 기업인들 입장에서는 숫자로 명확히 제시되는 시장 규모, 시장 동향 등의 자료 수집과 이 자료에 대한 이해를 제고하는 것이 참석의 직접적인 목적일 경우가 많기 때문이다.

일부 국제회의 참석자들은 스페인어 통역을 들을 때 영어-스페인어 통역사들의 수준과 비교할 가능성이 있다. 그러나 한국어-스페인어 통역은 영어-스페인어 통역과 같은 기준으로 평가할 수 없다. 영어-스페인어 통역의 장점은 다음과 같다.

1) 영어-스페인어 어순의 차이가 상대적으로 적다. 따라서 전혀 다른 문장 구조 특히 어순이 상이한 한국어와 스페인어간 통역보다 수행 시간이 짧고 용이하다.
2) 유사한 어원을 가진 단어가 많아 단어의 통역 전환이 상대적으로 쉽다.
3) 스페인어권 문화와 영어권 문화와 역사는 다른 점도 많지만 이 두 지역의 차이가 한국의 문화 및 역사가 스페인어권 국가들의 문화, 역사와 다른 정도에는 미치지 못할 것이다. 두 언어 간 또는 두 지역 간 공유되는 문화소가 많을수록 통역사의 배경지식 축적과 학습에 유리하게 작용할 것이라는 점을 추정하기란 어렵지 않다.

Angela Collados Aís(1998)는 국제회의에 참석하여 동시통역을 제공받은 경험이 있는 일반인과 전문통역사의 통역 품질에 기대치의 비교를 통해 상호간의 차이를 기술하려는 목적으로 실험을 실시하였다. 조사에 참석한 일반인의 수는 모두 42명이었으며 10명은 30세 미만, 23명은 30세-45세, 7명은 46세-60세, 2명은 60세 초과의 연령층에 속했다. 이들은 모두 교수로서 법학 정치학 법철학 정치학을 전공한 사람들로서 국제회의 참석 시 동시통역을 제공받은 경험이 있고 이를 토대로 실험에 임하였다.

일반 통역 사용자의 품질 기대치

	1	2	3	4	5
자연스럽지 않은 강세	10	23	9	0	0
좋지 않은 음성	7	19	9	5	2
유창성의 부족	0	2	8	22	10
비논리적 연결	0	0	1	10	31
의미 전달 실패	0	0	0	5	37
미완성된 통역	0	2	7	20	13
전문용어 오류	0	0	10	23	9
적절하지 않은 화법	0	5	16	17	4
단조로운 어조	3	19	10	9	1
알아듣기 힘든 발음	0	5	10	18	9

이 도표에서 1은 통역 품질에 있어서 가장 낮은 기대치를 나타내고 5는 가장 높은 기대치를 나타낸다. 반면에 전문통역사들의 통역 품질에 대한 기대치는 일반인의 기대와는 다른 기대치를 보였다.

전문 통역사의 품질 기대치

	1	2	3	4	5
자연스럽지 않은 강세	0	8	4	2	1
좋지 않은 음성	0	1	8	3	3
유창성의 부족	0	0	4	5	6
비논리적 연결	0	0	0	2	13
의미 전달 실패	0	0	0	1	14
미완성된 통역	0	0	2	8	5
전문용어 오류	0	0	1	9	5
적절하지 않은 화법	0	0	2	6	7
단조로운 어조	0	0	5	5	5
알아듣기 힘든 발음	0	0	3	6	6

이 표에서 알 수 있는 것은 일반인과 통역사 모두 정확한 의미 전달에 큰 중요성을 두고 있었지만 적절치 못한 화법과 단조로운 억양 그리고 명확한 발음 영역에 있어서는 전문통역사가 더욱 민감하게 반응하고 있는 것을 보여준다.

그렇다면 한국에서 통역사로 활동하고 있는 사람들과 일반 사용자는 어떠한 반응을 보일 것인가라는 문제가 관심을 끈다. 동일한 표를 이용하여 실험을 실시하였다. 참여 인원은 전문 통역사 4명 일반 통역 사용자 4명이었다. 전문 통역사는 2년간의 전문통역 교육을 받고 동시통역사로서 현장에서 활동하는 통역사들이며 일반 통역 사용자는 단순히 국제회의에 참석하여 통역서비스를 제공받은 경험이 있는 사람들이다. 그 결과 아래와 같은 도표를 얻게 되었다(한원덕:2003).

한국어-스페인어 통역 사용자의 기대치

	1	2	3	4	5
자연스럽지 않은 강세	1	1	1	1	
좋지 않은 음성			2	2	0
유창성의 부족				3	1
비논리적 연결					4
의미 전달 실패					4
미완성된 통역					4
전문용어 오류			1	1	2
적절하지 않은 화법		1	2		1
단조로운 어조		2	2		
알아듣기 힘든 발음			1	1	2

한-서 전문 통역사의 기대치

	1	2	3	4	5
자연스럽지 않은 강세	1		3		
좋지 않은 음성		1	2	1	
유창성의 부족		1		3	
비논리적 연결				1	3
의미 전달 실패				1	3
미완성된 통역				1	3
전문용어 오류			1	3	
적절하지 않은 화법			1	2	1
단조로운 어조		1	1	1	1
알아듣기 힘든 발음				1	3

응답자의 반응은 일반 사용자의 경우와 전문통역사의 경우 모두 논리적이지 않은 통역, 의미 전달 실패, 미완성된 통역에 대해 가장 심각한 평가를 내렸다. 이 결과를 통해 유추할 수 있는 것은 한국어와 스페인어 간의 통역 난이도가 영어-스페인어 통역과 유사한 유형의 서양어 간 통역보다 높기 때문에 논리적이고 의미가 통하는 통역을 실행하는 것이 무엇보다 중요하며 어조가 단조롭고 자연스럽지 않으며 음성이 좋지 않은 것은 부차적인 목표가 될 수 있다는 것이다.

동시통역의 평가는 이렇게 어떤 언어들 간의 통역인지 그리고 사용자들이 통역에 대한 전문적인 소양이 있는지 없는지에 따라 달라진다. 또한 동시통역이 제공되는 회의의 수준에 따라서도 평가는 다양하게 변한다. 난이도가 낮은 수준의 텍스트를 사용하는 연사를 통역할 경우 청중은 음성이 좋고 듣기 편한 통역에 높은 점수를 주게 되고 이 경우 의미 전달과 전문용어의 적절한 구사 능력을 갖춘 통역사라 할지라도 청중의 귀에 듣기 좋은 통역을 할 수 없으면 전문통역 능력이 없지만 음성이 좋은 통역사보다 좋지 않은 평가를 받게 된다. 전문적이고 복잡한 내용에 대한 통역이라면 당연히 음성도 좋아야 하겠지만 일차적으로 정확한 내용 전달이 더욱 중요하다.

수업 시간에 교육자가 학습자들을 대상으로 하는 평가에는 반드시 해당 학기 동시통역 교육을 위해 부과했던 학습 과제들을 성실히 이행하였는지에 대한 평가가 이뤄져야 한다. 또한 과제나 교수법의 활용을 통해서 학습자가 진전되는 부분이 있었는지 확인해야 한다. 학습자에 따라서는 개별적인 노력에 의해 학습 시간이 많아질수록 스스로 탁월한 학습 효과를 내는 교육 요소들도 있고 교육자가 구체적으로 학습 목표를 설정하여 학습자들에게 충분히 알리고 주의를 집중시킨 후 학습자들이 지시대로 학습 목표를 달성해 가고 있는지를 항목별로 확인해야 한다. 다음은 학습자들의 동시통역 능력 평가에 필요한 요소들로서는 단순화전략의 사용, 공손어법, 적절한 통역 중지와 재개, 다양한 표현 구사, 숫자의 정확성, 중립적 표현의 구사, 불필요한 사이음 제거, 예측 전략의 사용 등이 있다.

Capítulo 6

통역 교육 과정

Programas de interpretación

Capítulo

6 통역 교육 과정

6. 1. 국내의 스페인어 통역 교육기관 교육 과정

1) 한국외국어대학교

1-1) 통번역대학 스페인어통번역학과

1학년	2학년	3학년	4학년
전공독서토론(1), (2)	스페인어시사토론(1), (2)	고급스페인어작문(1), (2)	스페인어발달사(1), (2)
초급스페인어강독(1), (2)	전공독서세미나(1), (2)	고급스페인어청취	스페인어순차통역(1), (2)
초급스페인어문법(1), (2)	중급스페인어강독(1), (2)	고급스페인어회화(1), (2)	스페인어에세이쓰기(1), (2)
초급스페인어스피치(1), (2)	중급스페인어강독(1), (2)	스페인문학사(1), (2)	스페인어통번역세미나(1), (2)
초급스페인어작문(1), (2)	중급스페인어문법(1), (2)	스페인어문장구역	스페인연극
초급스페인어회화(1), (2)	중급스페인어스피치(1), (2)	스페인어문학번역	중남미경제(1), (2)
초급시청각스페인어(1), (2)	중급스페인어작문(1), (2)	스페인어 언어학 개론(1), (2)	중남미소설
	중급스페인어회화(1), (2)	스페인 역사와 문화(1), (2)	중남미지성사
		이베로아메리카역사와 문화(1), (2)	스페인소설
		전공FLEX스페인어(1), (2)	스페인지성사
		중남미문학사(1), (2)	중남미현대사회연구
		중남미정치(1), (2)	
		스페인어미디어번역	
		스페인어미디어통역	

1-2) 통번역대학원 한서과 국제회의통역전공/통번역전공 석사과정

학기	2개언어(A-B)과정					
	구분	교과목명	학수번호	주당시수	학점	비고
제1학기	공통필수	통번역 입문(비영어 계열)		2	1	
		주제특강 I		2	1	
	선택	B언어숙달 I		2	1	택1
		한국어숙달 I		2	1	
	전공필수	일반번역 A→B		2	2	
		일반번역 B→A		2	2	
		순차통역 A→B 입문		2	2	
		순차통역 B→A 입문		2	2	
		B언어 주제 발표		2	1	
계				16	12	
제2학기	공통필수	주제특강 II		2	1	
		통번역주제강독		2	1	택1
		B언어시사토론		2	1	
	선택	B언어숙달 II		2	1	택1
		한국어숙달 II		2	1	
	전공필수	산업경제번역 A→B		2	2	
		산업경제번역 B→A		2	2	
		순차·문장구역 A→B I		2	2	
		순차·문장구역 B→A I		2	2	
계				14	11	

학기	통번역전공						국제회의통역전공				
	구분	교과목명	학수번호	주당시수	학점	비고	교과목명	학수번호	주당시수	학점	비고
제3학기	선택	논문지도Ⅰ		-	-	P/F	논문지도Ⅰ		-	-	P/F
		동시통역 입문Ⅰ		2	2	택1	지역 사회 통역 A<->B		2	2	택1
		지역 사회통역		2	2		정치법률 번역 A-B		2	2	
		전문순차통역 A<->BⅠ		2	2		정치법률 번역 B-A		2	2	
	전공필수	정치법률번역 A→B		2	2		순차통역 A→BⅡ		2	2	
		정치법률번역 B→A		2	2		순차·문장구역 B→AⅡ		2	2	
		순차통역 A→B Ⅱ		2	2		동시통역 A→BⅠ		2	2	
		순차통역 B→AⅡ		2	2		동시통역 B→AⅠ		2	2	
		번역프랙티컴		2	2		전문동시Ⅰ		2	2	
계				12	12				12	12	

1-3) 통번역대학원 한서과 박사과정 (통역학, 번역학, 통번역학)

구분	과목명	
필수과목	번역이론	
	통역이론	
필수선택과목	번역세미나	통역/번역 교수법
	통역세미나	문학 번역
	통역/번역학 연구 방법론	텍스트 언어학
	통역/번역학 심화 연구 지도	담화와 통역/번역
	통역/번역학 심화 강독 지도	기계번역
	통역/번역과 커뮤니케이션	언어와 정보
	통역/번역의 역사	통역/번역과 문화
	컴퓨터와 번역	언어와 사회
	전문용어 연구	언어학 입문
	언어학 세미나	

2) 선문대학교 통번역대학원

공통필수	
교과목	통역번역 입문 (Introduction to Interpretation & Translation)
	모의회의 (Mock Conference)
전공필수	
교과목	B언어 토의 (B language Debate)
	지역입문 (Social and Cultural Issues of B Language Countries)
	순차통역 (A→B, B→A) (Consecutive Interpretation A→B, B→A)
	일반번역 (A→B, B→A) (General Translation A→B, B→A)
	문장구역 (Sight Translation A→B, B→A)
	동시통역 (Simultaneous Interpretation A→B, B→A)
	석사학위논문지도 (Supervised Thesis Research)

학기	교과구분	교과목명	비고
제1학기	공필	통번역입문	1학기 공통
	전필	지역입문 I	
		순차통역 1AB	
		순차통역 1BA	
		일반번역 1AB	
		일반번역 1BA	
		문장구역 1AB	
		문장구역 1BA	
제2학기	전필	B언어토의 I	
		지역입문 II	
		순차통역 2AB	
		순차통역 2BA	
		일반번역 2AB	
		일반번역 2BA	
		문장구역 2AB	
		문장구역 2BA	

학기	교과구분	교과목명	비고
제3학기	공필	Mock Conference Ⅰ	3학기 공통
	전필	순차통역 3AB	
		순차통역 3BA	
		동시통역 1AB	
		동시통역 1BA	
		일반번역 3AB	
		일반번역 3BA	
		B언어토의 Ⅱ	
제4학기	공필	Mock Conference Ⅱ	4학기 공통
	전필	순차통역 4AB	
		순차통역 4BA	
		동시통역 2AB	
		동시통역 2BA	
		일반번역 4AB	
		일반번역 4BA	
		석사학위 논문지도	

6. 2. 해외의 스페인어 통역 교육기관 교육 과정

6. 2. 1. 스페인

1) Universidad Pontificia de Comillas

1-1)국제회의 통역대학원

<table>
<tr><th>MATERIA</th><th>ASIGNATURAS</th><th>CARÁCTER</th><th>CUATRIMESTRE</th></tr>
<tr><td rowspan="3">국제회의통역
(Interpretación de Conferencias)</td><td>순차통역기법
(Técnicas de Interpretación Consecutiva)</td><td>필수</td><td>Anual</td></tr>
<tr><td>동시통역기법
(Técnicas de Interpretación Simultánea)</td><td>필수</td><td>Anual</td></tr>
<tr><td>Teoría de la Interpretación y Documentación</td><td>필수</td><td>Anual</td></tr>
<tr><td rowspan="2">통역연계과목
(Materias Afines a la Interpretación)</td><td>통역 관련 국제기관
(Organizaciones Internacionales para intér-pretes)</td><td>필수</td><td>1er. cuatrimestre</td></tr>
<tr><td>통역 관련 EU기관
(Instituciones Europeas para intérpretes)</td><td>필수</td><td>1er. cuatrimestre</td></tr>
<tr><td>졸업논문(Trabajo de Fin de Máster)</td><td>졸업논문(Trabajo de Fin de Máster)</td><td>필수</td><td>2°cuatrimestre</td></tr>
<tr><td>통역 실습(Prácticas de Interpretación)</td><td>통역 실습(Prácticas de Interpretación)</td><td>필수</td><td>2°cuatrimestre</td></tr>
</table>

1-2)법률-경제 번역 석사과정

<table>
<tr><th>MODULOS</th><th>MATERIAS</th><th>ASIGNATURAS</th><th>DURACION</th></tr>
<tr><td rowspan="5">MÓDULO TRANSVERSAL OBLIGATORIO</td><td rowspan="2">Materia 1:
Recursos metodológicos aplica-dos a la traducción</td><td>Introducción a la traducción jurídico-financiera y análisis del discurso especializado</td><td>Cuatrimestral</td></tr>
<tr><td>Herramientas TAO, documenta-ción y terminología aplicadas a la traducción Jurídico-Financiera</td><td>Cuatrimestral</td></tr>
<tr><td rowspan="3">Materia 2:
Nociones jurídico-financieras para traductores (I)</td><td>Derecho comparado para la tra-ducción</td><td>Cuatrimestral</td></tr>
<tr><td>Inversión y mercados de capital</td><td>Cuatrimestral</td></tr>
<tr><td>Introducción a la contabilidad</td><td>Cuatrimestral</td></tr>
</table>

MODULOS	MATERIAS	ASIGNATURAS	DURACION
MÓDULO TRANSVERSAL OPTATIVO	Materia 3: Nociones jurídico-financieras (II)	Ampliación en Derecho privado y Derecho público	Cuatrimestral
		Ampliación en mercados financieros	Cuatrimestral
	Materia 4: Interpretación de enlace y aspectos profesionales de la traducción	Organización y gestión profesional de la traducción	Cuatrimestral
		Teoría y práctica de interpretación de enlace en el ámbito jurídico-judicial	Cuatrimestral
MÓDULO ESPECÍFICO DE TRADUCCIÓN JURÍDICA	Materia 5: Teoría y práctica de traducción de contratos y títulos de propiedad	Principios de técnica contractual	Cuatrimestral
		Teoría y práctica de traducción de contratos y títulos de propiedad	Cuatrimestral
	Materia 6: Traducción de documentos del ámbito del Derecho Penal	Teoría y práctica de traducción en materia de Derecho Penal	Cuatrimestral
MÓDULO ESPECÍFICO DE TRADUCCIÓN FINANCIERA	Materia 7: Organización y actividad societaria	Fundamentos teóricos de la organización y actividad societaria	Cuatrimestral
		Teoría y práctica de traducción en materia de sociedades	Cuatrimestral
	Materia 8: Instituciones y entidades financieras	Los mercados monetarios y financieros	Cuatrimestral
		Teoría y práctica de traducción de documentación financiera	Cuatrimestral
MÓDULO ESPECÍFICO DE TRADUCCIÓN JURADA	Materia 9: Metodología de la traducción jurada y ética profesional	Metodología y deontología de la traducción jurada	Cuatrimestral
	Materia 10: Traducción de documentación judicial	Teoría y práctica de traducción de documentación judicial y de sistemas ADR	Cuatrimestral
	Materia 11: Traducción de documentación registral, estado civil y sucesiones	Teoría y práctica de traducción de documentación registral	Cuatrimestral
		Teoría y práctica de traducción de documentos relativos al estado civil de las personas incluyendo la tutela y la adopción	Cuatrimestral
	Materia 12: Traducción de otros documentos públicos	Teoría y práctica de traducción de documentación institucional	Cuatrimestral
		Teoría y práctica de traducción de expedientes, títulos académicos y otra documentación administrativa	Cuatrimestral
		Teoría y práctica de traducción de documentación fiscal	Cuatrimestral

MODULOS	MATERIAS	ASIGNATURAS	DURACION
MÓDULO TRABAJO FIN DE MÁSTER	Materia 13 : Trabajo fin de máster		Cuatrimestral
MÓDULO DE PRÁCTICAS	Materia 14 : Módulo de prácticas		Cuatrimestral

2) Uiversidad Autónoma de Barcelona

2-1) 번역통역학부

다양한 통역번역 방식을 가르치는데 교육목적을 두고 있는 Uiversidad Autónoma de Barcelona 번역통역학부의 교육 과정은 크게 전문번역(법률, 금융, 기술, 과학), 출판번역, 사회 및 기관 통역번역 4가지로 나눠진다.

학년 구분 없음 : B-A 순차통역 준비			
1학년	2학년	3학년	4학년
B언어 1, 2	통번역 역사	통번역에서의 문화 중재를 위한 기초(독일어)	C언어 및 번역 5, 6
까스테야노 1	B언어 3, 4	C언어 및 번역 3, 4	졸업논문지도
까딸란 1 (Idioma)	까딸란 2(Idioma)	통역입문	
B-A 번역 1	C언어 및 번역 1, 2	B-A 전문번역 입문	
통번역 기법 소개	까스테야노 2	통번역 기법	
까딸란 1 (Lengua)	A-A 번역	통번역 이론	
	B-A 번역 1, 2	통번역 전문 용어	
		B-A 번역 3	
		A-B 번역(Esp, Cat)	
이하 선택 과목(학년 구분X)			
A언어 교정(Esp, Cat)	통번역을 위한 사회적 중재	C언어 1, 2	국내/국제 기구 및 제도 소개
A언어 회화(Esp, Cat)	외부 실습	번역을 위한 응용언어학	A언어 숙련자/ 전공자를 위한 A언어(Lengua)(Esp)
독일어 숙련자/전공자를 위한 B언어(독어)	B-A-B 양방향 통역 준비(독어)	A언어 문학(Cat)	B-A 문학 번역
B-A 법률-경제 번역	A-A 시청각 및 로컬라이제이션 번역 (Esp., Cat.)	A-B 전문 번역	B-A 비문학 텍스트 번역
B-A 기술-과학 번역			

2-2) 통번역 석사과정

Especialidad en traducción y mediación cultural	Especialidad en traductologia	Especialidad en interpretación
Módulo 1 (Común) : Disciplinas de referencia y bases metodológicas		
Módulo 2 : Fundamentos de la traducción especializada (*)	Módulo 2 : Fundamentos de la traductología y de los estudios interculturales	Módulo 2 : Interpretación consecutiva (*)
Módulo 3 : Traducción especializada : literaria y audiovisual (*)	Módulo 3 : Iniciación a la investigación y trabajo de fin de máster	Módulo 3 : Interpretación simultánea. Introducción (*)
Módulo 4 : Traducción especializada : jurídica y técnica		Módulo 4 : Interpretación simultánea. Consolidación
Módulo 5 : Trabajo práctico		

3) Universidad de Granada

3-1) Universidad de Granada 통역번역학부

1학년	2학년	3학년	4학년
A언어 1, 2	A언어 3	B언어 번역2,3	통역 2
B언어 1, 2	B언어 3, 4	Traductología	B언어 번역 4,5
A언어 문화 (Esp.)	언어학	Terminología	C언어 번역 2,3
문헌	컴퓨터 정보학 (Informática)	C언어 번역 1	La profesión del Tel
C언어 1, 2	B언어 번역 1	통역 1	졸업프로젝트 지도
	B언어 문화	C언어 5,6	선택과목3
	C언어 3, 4	선택과목1	선택과목4
	C언어 문화	선택과목2	선택과목5
이하 선택과목 및 C언어/문화			
Edición y maquetación para la traducción	Introducción a la Interpretación en el Comercio y el Turismo B/C-A	Traducción en Ciencia y Tecnología B/C-A	Traducción en Humanidades, Ciencias Sociales y Jurídicas B/C-A
Introducción a la Interpretación en los Servicios Públicos B/C-A	Literatura y Traducción Lengua B/C	Recursos informativos para la Traducción e Interpretación	갈리시아 문화
C언어 1-6	까딸란 1, 2,3	네덜란드어 1, 2,3, 4	루마니아어 1, 2,3, 4
C언어 문화	불가리아어 1, 2	폴란드어 1, 2,3, 4	가예고 1, 2

3-2) Universidad de Granada 통번역 석사과정

Primer período
통역과 번역 현대이론
통역학/번역학 입문

1학기 동안 통역번역 관련 기본 지식과 소양을 갖춘 학생들은 2학기에 보다 전문적인 선택과목 24학점을 이수해야 한다. 학생들은 다음과 같은 6개 관련분야 중 2개의 모듈을 선택해야 한다.

1. Procesos cognitivos de la Traducción y de la Interpretación	2. Traducción científica, técnica y multimedia	3. Interpretación
Traductología cognitiva (CURSO FUNDAMENTAL)	Traducción científica y técnica (CURSO FUNDAMENTAL)	Interpretación de conferencia : Estudios funcionales, descriptivos y de calidad (CURSO FUNDAMENTAL)
El proceso de interpretación (CURSO FUNDAMENTAL)	Gestión de terminología (CURSO FUNDAMENTAL)	Interpretación en los servicios públicos(CURSO FUNDAMENTAL)
Fundamentos cognitivos de la Traducción y de la Interpretación (CURSO FUNDAMENTAL)	Traducción Audiovisual (Doblaje, Subtitulado, Audiodescripción) (CURSO FUNDAMENTAL)	El proceso de interpretación (CURSO FUNDAMENTAL)
Metodología de las Ciencias Sociales		Herramientas informáticas para la investigación en TI
Herramientas informáticas para la investigación en TI	Metodología de las Ciencias Sociales	Texto y discurso
Didáctica de la Traducción	Herramientas informáticas para la investigación en TI	Metodología de las Ciencias Sociales
Didáctica de la Interpretación	Texto y discurso	Fundamentos cognitivos de la Traducción y de la Interpretación
Diseños de investigación	Didáctica de la Traducción	Didáctica de la Interpretación
	Diseños de investigación	Diseños de Investigación
4. Traducción Literaria y Estudios Culturales en TI	**5. Didáctica de la Traducción y de la Interpretación**	**6. Traducción Jurídica, Jurada y Comercial**
Traducción literaria (CURSO FUNDAMENTAL)	Didáctica de la Traducción (CURSO FUNDAMENTAL)	Traducción jurídica, jurada y comercial : Estudios funcionales, descriptivos y de calidad (CURSO FUNDAMENTAL)
Traducción e Ideología (CURSO FUNDAMENTAL)	Didáctica de la Interpretación (CURSO FUNDAMENTAL)	Traducción jurídica, jurada y comercial : tipologías textuales (CURSO FUNDAMENTAL)
Herramientas informáticas para la investigación en TI	Metodología de las Ciencias Sociales	Metodología de las Ciencias Sociales

4. Traducción Literaria y Estudios Culturales en TI	5. Didáctica de la Traducción y de la Interpretación	6. Traducción Jurídica, Jurada y Comercial
Texto y discurso	Herramientas informáticas para la investigación en TI	Herramientas informáticas para la investigación en TI
Historiografía de la Traducción	Traductología cognitiva	Texto y discurso
Traducción y Literatura Comparada	Diseños de Investigación	Derecho Comparado aplicado a la Traducción y a la Interpretación
Traducción Audiovisual (Doblaje, Subtitulado, Audiodescripción)		Gestión de terminología
Traducción Audiovisual (Doblaje, Subtitulado, Audiodescripción)		Interpretación en los servicios públicos
Didáctica de la Traducción		Didáctica de la Traducción

학생들은 3학기에는 연구논문을 작성하는데 전념한다. 학생들은 논문을 통해 전문분야의 업무를 수행하기 위해 필요한 기본적인 소양을 갖췄다는 것을 증명해야 한다. 선택분야의 전문교수가 각 학생의 논문을 지도한다.

3-3) 박사과정 Doctorado "Lenguas, textos y contextos"

El programa de doctorado "Lenguas, textos y contextos"comprende la formación de doctores relacionada con las lenguas clásicas y modernas, en las áreas de Lingüística, Filología, Literatura, Traducción e Interpretación. El acceso preferente a este doctorado lo constituyen estos cinco másteres universitarios de perfil investigador:

- Máster universitario en Estudios superiores de lengua española.
- Máster universitario en Traducción e interpretación.
- Máster universitario en Filología y tradición clásicas.
- Máster universitario en Culturas árabe y hebrea : pasado y presente.
- Máster universitario en Literatura y lingüística inglesas.
- Máster universitario en Estudios latinoamericanos : cultura y gestión.
- Máster universitario en Enseñanza del español como lengua extranjera : lengua, cultura y metodología.

4) Universidad de Salamanca

4-1)통번역학부

1학년	2학년	3학년
Informática básica	Segunda lengua extranjera I,II	Traducción Jurídica y/o económica 1ªleng. extr.
Lengua española I, II	Expresión Oral	Terminología aplicada a la traducción
Primera lengua extranjera I, II	Documentación aplicada a la Traducción	Fundamentos de interpretación 1ªleng. extr.
Lingüística aplicada a la traducción	Introducción a la Economía y al Derecho : conceptos básicos y terminología	Traducción directa II : 2ªlengua extranjera
Traducción directa 1ªlengua extranjera	Introducción al lenguaje científico-técnico	Traducción científico-técnico 1ªlengua extranjera
Fundamentos para la traducción 1ªleng. Extranj.	Recursos tecnológicos para la traducción	Lengua española III
Recursos lexicográficos para la traducción	Traducción directa I	Introd. a la interpretac. simultánea 1ªL. Extran.

4학년 공통과정	
Gestión terminología y de proyectos	Traducción especializ. inversa 1ªleng. extranjera.
Aspectos deontológicos de la traduc. y la interpretación	Trabajo de Grado
4학년 : 번역전공	**4학년 : 통역전공**
Seminario de traducción 1ªlengua extranjera I, II	Interpretación simultánea 1ªlengua extranjera
Seminario de traducción 2ªlengua extranjera I	Interpretación simultánea 2ªlengua extranjera
	Modalidades de interpretación

선택과목	
Para cursar en cualquier curso	
Lengua Portuguesa I, II, III, "IV y Traducción"	Lengua Italiana I, II, III, "IV y Traducción"
Para cursar en 2º, 3ºo 4ºcurso	
Audiodescripción	Subtitulado para sordos
Para cursar en 3ºo 4ºcurso	
Segunda lengua extranjera III(영, 독, 프)	Prácticas de Traducción (B언어)
Prácticas de traducción (3ªlengua extranjera)	Localización (Inglés)
Traducción audiovisual (Inglés)	Traducción de textos turísticos (Francés)
Traducción literaria (Alemán como 2ªlengua extranjera)	Traducción jurídica (Francés)
Interpretación simultánea avanzada	Estudios y tendencias en interpretación
Interpretac. Consecut. y simultánea (leng.extr.Portugúes)	Traducción literaria (Primera/Segunda lengua extranjera : Inglés)

4-2) 번역과 문화 간 중재 전공 석사과정

<table>
<tr><th colspan="3">구분</th><th>과목명</th></tr>
<tr><td colspan="3" rowspan="4">전공필수</td><td>Aspectos teóricos de la traducción y la mediación intercultural</td></tr>
<tr><td>Análisis del discurso : aplicación a la construcción de textos especializados</td></tr>
<tr><td>Gestión terminológica, recursos documentales y gestión de proyectos aplicados a la traducción</td></tr>
<tr><td>Seminario permanente y Prácticas</td></tr>
<tr><td rowspan="8">전공
선택</td><td colspan="2" rowspan="2">Asignaturas metodológicas</td><td>Fundamentos de la práctica traductora
(Fra.Ing.Ale)</td></tr>
<tr><td>Aspectos metodológicos de la investigación en traducción y mediación intercultural</td></tr>
<tr><td rowspan="6">Módulos de especialidad</td><td>Traducción Jurídica</td><td>Traducción jurídica : francés, inglés, alemán</td></tr>
<tr><td>Traducción Económico Empresarial</td><td>Traducción económico-empresarial : francés, inglés</td></tr>
<tr><td rowspan="2">Traducción Científico-Técnica y Localización</td><td>Localización</td></tr>
<tr><td>Traducción científico-técnica</td></tr>
<tr><td rowspan="2">Traducción y Edición de Textos de Humanidades y Traducción Audiovisual</td><td>Traducción y edición de textos de Humanidades</td></tr>
<tr><td>Traducción audiovisual</td></tr>
<tr><td colspan="4">Trabajo de Fin de Máster</td></tr>
<tr><td colspan="4">Cada uno de los módulos de especialidad consta de :
• Una parte de fundamentos correspondiente a la formación básica en los principios de cada campo profesional.
• Una parte de carácter aplicado y práctico, con posibilidad de realizar prácticas externas o internas, supervisadas y/o tutorizadas.</td></tr>
</table>

5) Universidad de Málaga

5-1)통번역학부

학기	교과목
1학년	Lengua y cultura "A" aplicadas a la Traducción e Interpretación (I), (II)
	Lengua y cultura "B" aplicadas a la Traducción e Interpretación (I), (II)
	Lengua y cultura "C" aplicadas a la Traducción e Interpretación (I), (II)
	Lingüística General
	Recursos informáticos aplicados a la Traducción e Interpretación
2학년	Herramientas para la práctica de la Traducción I : Terminología
	Lengua y cultura "A" aplicadas a la Traducción e Interpretación (III)
	Lengua y cultura "B" aplicadas a la Traducción e Interpretación (III), (IV)
	Lengua y cultura "C" aplicadas a la Traducción e Interpretación (III), (IV)
	Traducción General "BA-AB" (I), (II)
	Gramática Normativa
	Herramientas para la práctica de la Traducción II : Documentación
3학년	Interpretación bilateral "BA-AB"
	Lingüística Aplicada a la Traducción e Interpretación
	Traducción científico-técnica "BA-AB" (I)
	Traducción General "CA-AC" (I), (II)
	Traducción humanística "BA-AB" (I)
	Interpretación consecutiva "BA-AB"
	Teorías lingüísticas de la traducción e interpretación
	Traducción audiovisual "BA-AB"
	Traducción jurídica y socioeconómica "BA-AB" (I)
4학년 공통	Edición y revisión de textos para la traducción
	Prácticas tuteladas de traducción e interpretación
	Trabajo fin de grado
전문번역전공(TRADUCCIÓN ESPECIALIZADA)	
필수선택	Interpretación bilateral "CA-AC"
	Traducción especializada "CA-AC" (I), (II)

학기	교과목
자유선택 (이 중 세 과목을 선택함)	Traducción científico-técnica "BA-AB" (II)
	Traducción científico-técnica "BA-AB" (III)
	Traducción humanística "BA-AB" (II)
	Traducción institucional "BA-AB"
	Traducción jurídica y socioeconómica "BA-AB" (II)
	Traducción jurídica y socioeconómica "BA-AB" (III)
각 전공별 공통 선택 과목 (이 중 한 과목 선택)	Sistemas e Instituciones Internacionales
	Traducción y cultura : Historia, género y ética de la traducción
	Variación lingüística
국제회의통역전공	
필수선택	Interpretación bilateral "CA-AC"
	Interpretación simultánea "BA-AB" (I), (II)
	Traducción especializada "CA-AC" (I), (II)
각 전공별 공통 선택 과목 (이 중 한 과목 선택)	Sistemas e Instituciones Internacionales
	Traducción y cultura : Historia, género y ética de la traducción
	Variación lingüística
일반번역전공(TRADUCCIÓN GENERALISTA)	
필수선택	Lengua y cultura "C2" aplicadas a la Traducción e Interpretación (I), (II)
	Traducción especializada "CA-AC" (I), (II)
자유선택 (이 중 한 과목을 선택함)	Traducción científico-técnica "BA-AB" (II), (III)
	Traducción humanística "BA-AB" (II)
	Traducción institucional "BA-AB"
	Traducción jurídica y socioeconómica "BA-AB" (II), (III)
각 전공별 공통 선택 과목 (이 중 한 과목 선택)	Sistemas e Instituciones Internacionales
	Traducción y cultura : Historia, género y ética de la traducción
	Variación lingüística

A언어 : 스페인어
B언어 : 프랑스어 / 영어
C언어 : 독일어, 아랍어, 프랑스어, 그리스어, 영어, 이태리어
C2언어 : 독일어, 아랍어, 프랑스어, 그리스어, 영어, 이태리어

Los estudiantes deberán elegir una lengua "B"y una lengua "C", distinta de la elegida como Lengua "B", al matricularse en primer año del título de Grado en Traducción e Interpretación y esas son las combinaciones lingüísticas principales con las que habráde cursar la carrera. En caso de optar, en cuarto curso, por el itinerario de Traducción Generalista, habrán de elegir, como Lengua "C2", una lengua distinta a las elegidas como Lenguas "B"y "C".

5-2) 출판번역전공 석사과정

학기	과목명	구분
1학기	ASPECTOS ÉTICOS, PROFESIONALES Y LEGALES DE LA TRADUCCIÓN	Opt.
	CORRIENTES DE TRADUCTOLOGÍA	Ob.
	LA ESTRUCTURA DEL DISCURSO. PROCESOS DE COMPOSICIÓN TEXTUAL. REDACCIÓN Y CORRECCIÓN DE ESTILO	Opt.
	METODOLOGÍAS DE LA INVESTIGACIÓN TRADUCTOLÓGICA	Ob.
	REDACCIÓN CIENTÍFICA EN ESPAÑOL Y HERRAMIENTAS INFORMÁTICAS PARA LA PRÁCTICA DE LA TRADUCCIÓN CIENTÍFICA Y TÉCNICA	Opt.
	TRADUCCIÓN DE UNIDADES FRASEOLÓGICAS : PROCEDIMIENTOS, TÉCNICAS Y ESTRATEGIAS	Opt.
	TRADUCCIÓN E INTERPRETACIÓN EN LA MEDIACIÓN CULTURAL : INMIGRACIÓN Y ENCUENTRO DE CIVILIZACIONES	Opt.
	TRADUCCIÓN EDITORIAL (1) : POESÍA, ENSAYO LITERARIO Y TEATRO	Opt.
	TRADUCCIÓN EDITORIAL (2) : NARRATIVA	Opt.
	TRADUCCIÓN EDITORIAL (6) : TEXTOS MÉDICOS	Opt.
	VARIACIÓN LINGUÍSTICA Y TRADUCCIÓN	Opt.
2학기	APROXIMACIONES TEÓRICAS A LA LITERATURA TRADUCIDA	Opt.
	DIDÁCTICA DE LA TRADUCCIÓN	Opt.
	LA INTERPRETACIÓN EN LOS CAMPOS EDITORIAL Y ACADÉMICO	Opt.
	LITERATURA, CINE Y TRADUCCIÓN : TEORÍA Y PRÁCTICA DE LA ADAPTACIÓN CINEMATOGRÁFICA Y DE LA TRADUCCIÓN DE GUIONES	Opt.
	PRÁCTICAS TUTELADAS DE TRADUCCIÓN O INTERPRETACIÓN	Prácticas Externas
	TENDENCIAS LITERARIAS CONTEMPORÁNEAS	Opt.
	TERMINOLOGÍA, LEXICOGRAFÍA Y DICCIONARIOS	Opt.
	TRABAJO FIN DE MÁSTER	Trabajo fin de estudios
	TRADUCCIÓN EDITORIAL (3) : TEXTOS HUMANÍSTICOS	Opt.
	TRADUCCIÓN EDITORIAL (4) : TEXTOS SOCIOPOLÍTICOS Y FILOSÓFICOS	Opt.
	TRADUCCIÓN EDITORIAL (5) : DOCUMENTOS DEL ÁMBITO JURÍDICO E INSTITUCIONAL	Opt.
	TRADUCCIÓN EDITORIAL (7) : DOCUMENTOS DEL ÁMBITO TÉCNICO	Opt.
	TRADUCCIÓN EDITORIAL (8) : CÓMIC Y NOVELA GRÁFICA	Opt.
	TRADUCCIÓN EDITORIAL (9) : TEXTOS PERIODÍSTICOS	Opt.

5-3) Lingüística, Literatura y Traducción 박사과정

연구주제 :

- Lingüística y lengua española
- Lingüística y lenguas modernas
- Traducción especializada, tecnologías de la traducción e interpretación
- Literatura y cultura española
- Traducción, literatura y sociedad
- Literatura y cultura en lenguas modernas

6-1) Universidad de Las Palmas de Gran Canaria 통번역학부

학년	학기	교과목
1학년	1학기	A언어 1
		B언어 1
		C언어 1
		언어학 Lingüística
		컴퓨터 Informática
	2학기	A언어 2
		B언어 2
		C언어 2
		문헌 Documentación
2학년	1학기	A언어 3
		B언어 3
		C언어 3
		Terminología
		(Introducción a la traducción B Inglés)
	2학기	A언어 4
		B언어 4
		C언어 4

학년	학기	교과목
3학년	1학기	Traducción general B Inglés
		Interpretación consecutiva B I inglés
		Herramientas de la traduc. asistida por ordenador
		Traducción, interpretación y profesión
		Introducción a la Traducción C Alemán
	2학기	Traducción audiovisual y accesibilidad
		Traducción turístico-comercial B Inglés
		Traducción económico-jurídica B Inglés
		B언어 순차통역
		Traducción general C Alemán
4학년	1학기	B언어 동시통역
		C언어 순차통역
		Traducción científico-técnica B Inglés
		Introducción a la traduc. especializada C Alemán
		D언어 1 (선택)
		Civilización y cultura B Inglés
	2학기	D언어 2(선택)
		B언어 동시통역 2
		Interpretación consecutiva y de enlace C Alemán
		C언어 동시통역
		교외실습(Prácticas externas)
		졸업논문(Trabajo fin de grado)

6-2) Universidad de Las Palmas de Gran Canaria 통번역 석사과정

a. 통역과 문화 간 중재

학기	교과목	학점
1학기	Teorías de la traducción	6
	Terminología y traducción especializada	6
	Técnicas de toma de notas para la mediación intercultural	6
	Técnicas de oratoria en la mediación intercultural	6
	Mediación en los servicios públicos (inglés/francés/alemán)	
2학기	Interpretación bilateral (inglés/francés/ alemán)	6
	Mediación en contextos especializados (inglés/francés/alemán)	6
	Prácticas en empresa	12
	Trabajo fin de máster	6

b. 통역·번역연구 전공 교과목

학기	교과목	학점
1학기	Teorías de la traducción	6
	Terminología y traducción especializada	6
	Metodología y técnicas de investigación	6
	Conceptos y técnicas de investigación en Interpretación	6
	Conceptos y técnicas de investigación en didáctica de la traducción y la interpretación	
2학기	Conceptos y técnicas de investigación en la traducción especializada	6
	Fundamentos cognitivos en la traducción y la interpretación	6
	Prácticas en empresa	12
	Trabajo fin de máster	6

c. 문학, 인문, 미디어번역

학기	교과목	학점
1학기	Teoría de traducción	6
	Terminología y traducción	6
	Estudios literarios y humanísticos Crítica literaria	6
	Traducción humanística(inglés, franceś, alemán)	6
	Traducción literaria(inglés, franceś, alemán)	6
2학기	Fundamentos teóricos de la traducción audio-visual	6
	Fundamentos teóricos de la traducción audio-visual	6
	Fundamentos teóricos de la traducción audio-visual	6
	Prácticas en la empresa	12
	졸업논문	6

d. 법률 및 국제무역 번역

학기	교과목	학점
1학기	Teoría de traducción	6
	Terminología y traducción especializada	6
	Sistemas judiciales e introducción a la economía	6
	Traducción de textos económicos (inglés/francés/alemán)	6
	Traducción de textos jurídicos (inglés/francés/alemán)	6
2학기	Conceptos fundamentales del comercio exterior	6
	Traducción de textos comerciales (inglés/francés/alemán)	6
	Prácticas en empresa	12
	Trabajo fin de máster	6

6. 2. 2. 멕시코

- Universidad Autónoma de Guadalajara 통번역 석사과정

학기	교과목
1학기	Técnicas y Prácticas de Traducción I
	Técnicas y Prácticas de Lexicología I
	Seminario de Lingüística Contrastiva
	Panorama de la Cultura Universal I
	Redacción en Español
2학기	Técnicas y Prácticas de Traducción II
	Técnicas y Prácticas de Interpretación Consecutiva y Simultánea I
	Técnicas y Prácticas de Lexicología II
	Panorama de la Cultura Universal II
	Redacción en Inglés
3학기	Técnicas y Prácticas de Traducción III
	Técnicas y Prácticas de Interpretación Consecutiva y Simultánea II
	Técnicas y Prácticas de Lexicología III
	Seminario de la Cultura Universal
	Investigación Dirigida

6. 2. 3. 칠레

- Pontificia Universidad Católica de Valparaíso 통번역학부

a. INTERPRETACIÓN INGLÉS-ESPAÑOL

학기	과목
1학기	Lengua Inglesa 1
	Gramática del Español
2학기	Lengua Inglesa 2
	Comprensión Textual
	Gramática Inglesa
	Lingüística Textual
3학기	Lengua Inglesa 3
	Composición Textual 1
	Taller de Traducción/ Interpretación Informatizada
	Cultura Técnico-Científica
4학기	Lengua Inglesa 4
	Composición Textual 2
	Semántica y Lexicografía
	Cultura Humanística
5학기	Gramática Contrastiva 1
	Terminología 1
	Teoría de la Traducción e Interpretación
	Práctica de la Interpretación 1
6학기	Gramática Contrastiva 2
	Práctica de la Interpretación 2
	Terminología 2
	Oratoria 1
7학기	Práctica de la Interpretación 3
	Oratoria 2
	Culturas en Contacto 1
	Terminología 3
8학기	Oratoria en Inglés
	Práctica de la Interpretación 4
	Culturas en Contacto 2
9학기	Taller de Titulación

b. TRADUCCIÓN INGLÉS - ESPAÑOL

학기	과목
1학기	Lengua Inglesa 1
	Gramática del Español
2학기	Lengua Inglesa 2
	Comprensión Textual
	Gramática Inglesa
	Lingüística Textual
3학기	Lengua Inglesa 3
	Composición Textual 1
	Taller de Traducción/ Interpretación Informatizada
	Cultura Técnico-Científica
4학기	Lengua Inglesa 4
	Composición Textual 2
	Semántica y Lexicografía
	Cultura Humanística
5학기	Gramática Contrastiva 1
	Terminología 1
	Teoría de la Traducción e Interpretación
	Práctica de la Traducción 1
6학기	Gramática Contrastiva 2
	Práctica de la Traducción 2
	Terminología 2
	Edición 1
7학기	Edición 2
	Práctica de la Traducción 3
	Culturas en Contacto 1
	Terminología 3
8학기	Edición en Inglés
	Práctica de la Traducción 4
	Culturas en Contacto 2
9학기	Taller de Titulación

6. 2. 4. 페루

Universidad César Vallejo 통번역학부

학기	교과목
1 학기	CATEDRA VALLEJO
	COMPETENCIA COMUNICATIVA
	DESARROLLO PERSONAL
	HABILIDADES LOGICO-MATEMATICAS
	TUTORIA I
	INGLES I
	FRANCES I
2학기	REDACCION UNIVERSITARIA
	TUTORIA II
	ACTIVIDADES INTEGRADORAS
	INGLES II
	FRANCES II
	MORFOSINTAXIS DEL ESPAÑOL
	GRAMATICA FRANCESA
3학기	METODOS ESTADISTICOS
	TUTORIA III
	INGLES III
	FRANCES III
	ANALISIS LINGÜISTICO DEL ESPAÑOL
	GRAMATICA INGLESA
4학기	FILOSOFIA
	TUTORIA IV
	TEORIA DE LA TRADUCCION E INTERPRETACION
	INGLES IV
	FRANCES IV
	GRAMATICA COMPARADA INGLES-ESPAÑOL

학기	교과목
5학기	METODOLOGIA DE LA INVESTIGACION CIENTIFICA
	TRADUCCION JURIDICA, ECONOMICA Y FINANCIERA INGLES
	INGLES V
	FRANCES V
	LINGÜISTICA APLICADA A LA TRADUCCION
6학기	CONSTITUCION Y DERECHOS HUMANOS
	TRADUCCION APLICADA A LOS NEGOCIOS INTERNACIONALES-INGLES
	TRADUCCION APLICADA A LOS NEGOCIOS INTERNACIONALES-FRANCES
	INTERPRETACION EN INGLES I
	GRAMATICA COMPARADA FRANCES-ESPAÑOL
7학기	CULTURA AMBIENTAL
	TRADUCCION TECNICO-CIENTIFICA-INGLES
	TRADUCCION TECNICO-CIENTIFICA-FRANCES
	INTERPRETACION EN INGLES II
	CULTURA Y ACTUALIDAD DE PAISES ANGLOFONOS
8학기	TRADUMATICA
	BUSINESS MANAGEMENT
	TERMINOLOGIA
	INTERPRETACION EN INGLES III
	CULTURA Y ACTUALIDAD DE PAISES FRANCOFONOS
9학기	PROYECTO DE INVESTIGACION
	PRACTICA PRE PROFESIONAL I
10학기	DESARROLLO DE PROYECTO DE INVESTIGACION
	PRACTICA PRE PROFESIONAL II

6. 2. 5 Monterey Institute of International Studies

Monterey Institute of International Studies

1학기	2학기	3학기	4학기
Introduction to Translation Written/Sight E-K (4)	Intermediate Translation Written/Sight E-K (4)	Overview of Translation and Interpretation Studies (1)	Translation and Interpretation as a Profession (1-2)
Introduction to Translation Written/Sight K-E (4)	Intermediate Translation Written/Sight K-E (4)	Advanced Translation I (4)	Advanced Translation II (4)
Introduction to Interpretation : E-K, K-E (4)	Intermediate Interpretation - Consecutive E-K (2)	Advanced Interpretation I - Consecutive E-K (2)	Advanced Interpretation II - Consecutive E-K (2)
	Intermediate Interpretation - Consecutive K-E (2)	Advanced Interpretation I - Consecutive K-E (2)	Advanced Interpretation II - Consecutive K-E (2)
	Intermediate Interpretation - Simultaneous B-A (2) (Recommended)	Contemporary Research on Translation or Interpretation (1-2)	

국제회의 통역전공 과목

1학기	2학기	3학기	4학기
Introduction to Translation Written/Sight E-K (4)	Intermediate Translation Written/Sight E-K, K-E (4)	Overview of Translation and Interpretation Studies (1)	Translation and Interpreting as a Profession (1-2)
Introduction to Translation Written/Sight K-E (4)	Intermediate Interpretation - Consecutive E-K, K-E (4)	Interpretation Practicum (2-4)	Interpretation Practicum (2-4)
Introduction to Interpretation : E-K, K-E (4)	Intermediate Interpretation - Consecutive E-K, K-E (4)	Advanced Interpretation I - Consecutive E-K, K-E (4)	Advanced Interpretation II - Consecutive E-K, K-E (4)
Introduction to Computer-Assisted Translation (2) (Recommended)		Advanced Interpretation I - Simultaneous E-K, K-E (2-4)	Advanced Interpretation II - Simultaneous E-K, K-E (2-4)
Three-language track requires : Introduction to Interpretation (2 units C into English) Introduction to Translation (2 units C into English)	Three-language track requires : Intermediate Interpretation - Consecutive C-K (2) Intermediate Interpretation - Simultaneous C-K (2) Intermediate Translation (2 units C into English)	Contemporary Research on Interpretation (1) Three-language track requires: Advanced Interpretation I - Consecutive C-K (0-2) Advanced Interpretation I - Simultaneous C-K (2) Advanced Interpretation I - Simultaneous E-K, K-E (2-4)	Three-language track requires : Advanced Interpretation II - Consecutive C-K (0-2) Advanced Interpretation II - Simultaneous C-K (2)

이 외에 다음과 같은 전문직업인 대상 비학위 단기 통번역 교육프로그램을 제공하고 있다.

- Professional Development for Translators and Interpreters
- Written Exam Preparation for Court Interpreters
- Computer-Assisted Translation--On-Site
- Conference Terminology and Procedures--On-Site
- Website Translation and Localization--Online/On-site
- Training of Trainers for the Healthcare Interpreting Profession— Off-Site
- Editing and Revision For Translators--Online
- Customized Programs

6. 2. 6. 기타 스페인어권 통번역 교육기관

지역	대학
Andalucía	Universidad de Córdoba
	Universidad Pablo de Olavide (Sevilla)
Castilla y León	Universidad de Valladolid
Cataluña	Universidad Pompeu Fabra
	Universidad 'Osona'
	Universidad de Vic
Canarias	Comunidad Valenciana
	Universidad de Alicante
	Universidad Jaume I (Castellón)
	Universidad de Valencia
Galicia	Universidad de Vigo
Madrid	Universidad Complutense
	Universidad Autónoma de Madrid
	Universidad Alfonso X El Sabio
	Universidad Antonio Nebrija
	Universidad Europea de Madrid
	Universidad Pontificia de Comillas
Murcia	Universidad de Murcia
País Vasco	Universidad del País Vasco

중남미의 통역번역 관련 대학

국가	대학
Chile	Universidad de Concepción
	Universidad de Playa Ancha (Valparaíso)
Guatemala	Universidad de San Carlos de Guatemala (USAC-Ciudad de Guatemala)
México	Universidad Autónoma de Nuevo León (UANL)
	Instituto Superior de Intérpretes y Traductores (ISIT)
Perú	Universidad Ricardo Palma (Lima)
	Universidad Femenina del Sagrado Corazón (UNIFE- Lima)
	Universidad Peruana de Ciencias Aplicadas (UPC- Lima)
	Universidad Autónoma San Francisco (UASF - Arequipa)
Venezuela	Universidad Central de Venezuela (Caracas)
	Universidad de los Andes (Mérida)

참고문헌 Referencias

1. 스페인어

Baigorri Jalón, J.(2000): *La Interpretación De Conferencias: El Nacimiento De Una Profesión. De París A Nuremberg*, Comares, Granada.

Aguirre, B. & Gómez de Enterría, J.(1992): El Español por Profesiones, SGEL.

Iliescu Gheorghiu, C.(2001): *Introducción A La Interpretación-La Modalidad Consecutiva*, Universidad de Alicante.

Chomsky,N.(1985): *El Conocimiento Del Lenguaje*, Traducido Por E. Bustos Guadano, Alianza, Madrid.

Collados Aís, A & Sabio Pinilla, J. A.(2003): *Avances En La Investigación Sobre Interpretación*, Comares, Granada.

Collados Aís, A & Fernández Sánchez, M.(2001): *Manual de Interpretación Bilateral*, Universidad de Granada.

Collados Aís, A., Fernández Sánchez, M., Pradas Macías, M. & Sánchez Adam, C. (2003): *La Evaluación De La Calidad En Interpretación*, Comares, Granada.

Collados Aís, A.(1998): "Expectativas de Calidad en Interpretación Simultánea De Usuarios e Intérpretes": *La Evaluación De la Calidad En Interpretación Simultánea*, Granada, Comares.

Comité Organizador de la Séptima Conferencia Internacional Para Las Instituciones Nacionales De Los Derechos Humanos.(2004): *Programa De La Conferencia*, Seúl.

Sánchez Trigo, E. & Díaz Fouces, O.(2000): *Traducción & Comunicación*, Vol.1, Universidad de Vigo.

Fernández Sánchez, M. M. & Muñoz Martín, R.(2008): *Aproximaciones Cognitivas Al Estudio de la Traducción y la Interpretación(EDS)*, Comares, Granada.

Galván, H.(2008): *El Rostro De La Esperanza, Editora Centenario*, S. A., República Dominicana.

Han, W. D.(2008): "Un Análisis Didáctico De Discursos Pronunciados Ante Las Naciones Unidas", *Estudios Hispánicos*, Vol.49, Asociación Coreana de Hispanistas, 49-68.

Han, W. D.(2007): "La Enseñanza Del Español En El Contexto De La Interpretación Simultánea Del Coreano Al Español", *Actas Del Sexto Congreso De Hispanistas De Asia*, Asociación Asiática De Hispanistas, Manila, pp.457-472.

Han, W. D.(2005): "La Enseñanza Del Español Como Lengua De Interpretación En Corea", *Estudios Hispánicos*, Vol. 37, Asociación Coreana De Hispanistas, 395-411.

Han, W. D.(1994): *Análisis Teórico Y Empírico Sobre La Interlengua Y El Análisis De Errores*, Universidad Complutense De Madrid, Tesis Doctoral.

Iliescu Gheorghiu,C.(2001): *Introducción A La Interpretación Consecutiva*, Universidad de Alicante.

Jorge Díaz Cintas.(2001): *La Traducción Audiovisual*, Almar.

Kim, W. J.(1985): "Factores de la transferencia negativa en el aprendizaje del español en Corea", *Acta del primer congreso de hispanistas de Asia*, Seúl, Corea, 217 –227.

Liceras, J. M.(1992): *La Adquisición De Las Lenguas Extranjeras*, Visor, Madrid.

Moller Runge, J.(2001): *Necesidades Liguísticas del Traductor/Intérprete*, Alhulia, Granada.

Park, H. K.(1999): "Estudio Sobre El Establecimiento De La Carrera De Interpretación En El Programa De Licenciatura", *En Conference Interpretation And Translation*, Korea Society Of Conference Interpretation, pp.47-74.

Schachter,J.(1974): "Un Error En El Análisis De Errores" En J.M.Liceras(ed): *La Adquisición De las Lenguas Extranjeras*, 1992, Visor, Madrid.

Searle, J.(1994): *Actos De Habla*, Cátedra, Madrid.

Seco, R.(1975): *Manual De Gramática Española*, Aguila, Madrid.

Servicio Coreano De Información Para El Extranjero.(1996): *Herencia Cultural Coreana*, Seúl.

Stubbs, M.(1983): *Análisis del Discurso*, Alianza Psicología, Madrid.

Victor García Hoz.(1993): *Enseñanza Y Aprendizaje De Las Lenguas Modernas*, Madrid, Rialp.

Wingfield, A. & Byrnes, D.L.(1988): *Psicología Y Memoria Humana*, Trillas, México DF.

2. 영어

Adler, H.(2002): The Sociophysiology Of Caring In The Doctor-patient Relationship. *Journal Of General Internal Medicine* 17: 874-81.

AIIC.(1997): "The 1996 Statiscal Report"In *Bulletin De PAIIC*, Vol. XXV-n. 3,(15-September) Ginebra, 36-45.

AIIC.(1995): "Expectations Of Users Of Conference Interpretation", *Final Report On Survey.*

Arjona, E.(1978):"Intercultural Communication And The Training Of Interpreters At The Monterey Institute Of Studies", En Gerver, D. & Sinaiko, H. W.(EDS), 35-44.

Baker, D. R. Hayes, & Fortier, J. P.(1998): "Interpreter Use And Satisfaction With Interpersonal Aspect Of Care For Spanish-Speaking Patients", *Medical Care* 36(10): 1461-70.

Barnett, S.(2002): "Cross-Cultural Communication With Patients Who Use American Sign Language", *Family Medicine* 34(5): 376-82.

Berk-Seligson, S.(1990): *The Bilingual Courtroom: Court Interpreters in the Judicial Process*, University of Chicago Press.

Bialystock, E. & Sharwood Smith, M. (1985): "Interlanguage Is Not A State of Mind". An Evaluation Of The Construct For Second Language Acquisition", *Applied Linguistics*, 6(2):101-117

Bowen, D & Bowen. M.(1984): *Steps To Consecutive Interpretation*, Pen & Booth, Washington.

Clyne, M.(1967): *Transference and Triggering, Marinus*, Nihoff, The Hague.

Davidson, B.(2001): "Questions In Cross-linguistic Medical Encounter: The Role Of The Hospital Interpreter", *Anthropological Quarterly* 74(4): 170-8.

Dornic, S.(1978): "Language Dominance, Stress, and Individual Differences", *The Bilingual's Performance*, In Gerver, D. & Sinaiko, H. W.(EDS), 259-271.

Dulay, H. C, & Burt, M. K.(1985): "You Can't Learn Without Goofing: *Perspectives on Second Language Acquisition*, Longman, London.

Dulay, H Burt, M & Krashen, S.(1982): *Language Two*, Oxford University Press.

Ellis, R.(1985): *Understanding Second Language Acquisition*, Oxford University Press.

Ferguson, W. J. and Candib, L. M.(2002): "Culture, Language, And The Doctor-patient Relationship", *Family Medicine* 34(5): 353-61.

Fries, C. C.(1945): *Teaching and Learning English As A Foreign Language Ann Arbor*, University of Michigan Press.

Gile, D.(1990): "Scientific Research vs. Personal Theories In The Investigation Of Interpretation"In L. Gran & Ch. Taylor, 28-41.

Jones, R.(1998): *Conference Interpreting Explained*, St. Jerome, Manchester.

Kaufert, J. & Putsch, R.(1997): *"Communication Through Interpreters In healthcare: Ethical Dilemmas Arising From Differences In Class, Culture, Language And Power"*, The Journal Of Clinical Ethics 8(1), 7.

Kellerman, E. & Sharwood Smith, M.(EDS): *Crosslinguistic Influence in Second Language Acquisition, Pergamon*, New York.

Kuo, D & Faga, M.(1999): "Satisfaction With Methods Of Spanish Interpretation In An Ambulatory Care Clinic", *Journal of General And Internal Medicine* 14: 547-50.

Krashen, S. D.(1983): *Principles And Practice In Second Language Acquisition*, Oxford, Pergamon Press.

Lado, R.(1957): *Linguistics Across Cultures*, The University of Michigan Press.

Mason, I.(1999): "Dialogue Interpreting. Special Issue", *The Translator*, 5:2.

Nermser, W.(1971): "Approximative Systems Of Foreign Language Learners"in J, C. Richards(ed.): *Error Analysis: Perspectives On Second Language Acquisition*, 1985, Longman, London.

Park, J. Y.(2001): *Understanding On The United Nations*, Beobmoonsa, Seoul Park.

Kang, S. G, Park, S. H, Park J. Y. & Hong, K(2000): *The UN In The 21st Century*, Korean Academic Council On The United Nations System, Mineumsa, Seoul.

O'Malley, J. M. & Chamot, A. U.(1990): *Learning Strategies in Second Language Acquisition*, Cambridge

Roderick Jones.(1988): *Conference Interpreting Explained*, St.Jerome.

Richards, J.(1985): *The Context of Language Teaching*, Holt Rinehard and Winston, New York.

Seleskovitch, D. & Lederer, M.(1989): *A Systematic Approach To Teaching Interpretation*, European Communities, Paris.

Seleskovitch, D.(1975): *Language*, Langues Et Mémoire, París: Minard.

Selinker, L.(1972): "Interlanguage" *IRAL*, 10(3), 209-231.

Union of International Association.(2005): *Annual Report, Korea Tourism Organization*, Seoul.

Stubbs, M.(1983): *Discourse Analysis. The Sociolinguistic Analysis Of Natural Language*, Oxford, Blackwell.

Wenden, A. & Rubin, J.(1987): *Learner Strategies In Language Learning*, London, Prentice Hall International.

Widdowson(1978): *Teaching Language as Communication*, Oxford.

Report

BP Statistical Review Of World Energy (June 2009)

USGS Mineral Commodity Summaries (2009)

Wilfredo Amr Ruiz(2011): "Quien Sacrifica Libertad Por Seguridad No Merece Ni Lo Uno Ni Lo Otro" 16/07/2011 El Diario NY.

3. 한국어

강일중(2001): *산업뉴스 취재의 실제*, LG 상남언론재단.

강지혜(2004): *통역의 이해*, 한국문화사.

곽중철(2012): *곽중철의 통역강의록*, 한국외국어대학교 출판부.

곽중철(2010): *법률통번역입문*(역서: *Introduction to Legal Interpreting, Erik Hertog*), 한국외국어대학교 출판부.

_____(2009): *의료통역입문*(역서: *Medical Interpreting & Cross-Cultural Communication Angelelli*, C. V.), 한국외국어대학교 출판부.

곽중철(2001): "*외교 및 정치 회견 통역에 관한 소고*" *한국외국어대학교 통역번역연구소 논문집*. 제 5집. 1-22.

김대진(2002): *국제회의 통역 교육*, 한국문화사.

김한식(2003): *한일 통역과 번역*, 한국문화사.

남성우(2006): *통번역의 이해와 수행*, 한국문화사. 317-318.

박혜경(1999): "학부 과정의 통역 Track 개발에 관한 연구" 국제회의통역과 번역 한국국제회의통역학회 pp.47-74.

방교영(2013): *통번역사 교육 ABC(역서)*, 한국외국어대학교 출판부.

서울중앙지방법원(2006): *형사법정통역인 교육자료.*

심상완(2004): "스페인어 청취 저해 요인 분석과 해결방안", *스페인어문학* 30. 379-398.

온여정(2013): "통번역의 업무": *2013 결혼이민자 통번역서비스 전담인력 신규양성교육자료*, 한국외국어대학교 다문화교육원, 52.

외교부(1992): *국제회의 참가와 협상.*

유선영(2001): *새로운 신문 기사 스타일*, 한국언론재단.

이재경(1998): *기사 작성의 기초*, 나무와 숲.

정혜연(2008): *통역학개론*, 한국문화사.

정혜정(2002): *이야기속 스페인어 관용표현*, 한국외국어대학교 출판부.

정호정(2007): *통역 번역의 이해*, 한국문화사

최정화(1988): *통역입문*, 신론사.

한국언론연구원(1996): *신문 방송 기사 문장.*

한국언론연구원(1990): *신문기사의 문체*.
한원덕(2013): "회의 진행 스페인어 통역 교육 연구", *스페인어문학 67호*, 한국스페인어문학회, 237-257.
한원덕(2011): *희망의 얼굴*(역서: El Rostro De La Esperanza: Héctor Galván(2008)), 한국외국어대학교 출판부.
한원덕(2007): "스페인어 순차통역 정보저장과 재생산에 관한 연구-노트테이킹을 중심으로", *스페인어문학 43호*, 한국스페인어문학회, 251-278.
한원덕(2004) "해외의 스페인어 통역 교육 과정 연구", *스페인어문학 32호*, 179-194.
한원덕(2003): "한국어 스페인어 동시통역 품질 기대치 고찰", *스페인어문학 29호*, ,한국스페인어문학회, 153-167.
한원덕(2001): "경제스페인어 통번역교수법 개발에 관한 연구", *한국외대 통역번역연구소 논문집 5집*, 241-259.
한원덕(2001): "스페인어 순차통역 교육과 전이현상에 대한 연구", *스페인어문학 20호*, 한국스페인어문학회, 187-209.
홍성호(2000): 교열 리포트, 커뮤니케이션북스.

4. 연설문

Textos Del Discurso Y Los Archivos De La Intervención

Del Discurso dirigido por el presidente Roh Moo-hyun En El Encuentro Empresarial Corea-España, El 14 De Febrero
Del Ministro De Asuntos Exteriores De España, Miguel Angel(2007)
Del Ministro De Relaciones Exteriores Bruno Stagno(2007)
Del Ministro De Relaciones Exteriores Felipe Pérez(2007)
Del Ministro De Relaciones Exteriores Reinaldo Gargano(2007)
Del Ministro De Relaciones Exteriores Nicalás Maduro(2007)
Del Presidente De Argentina Nestor Kirchner(2007)
Del Presidente De Bolivia Evo Morales(2007)
Del Presidente De Chile Michelle Bachelet(2007)
Del Presidente De Colombia Álvaro Uribe(2007)
Del Presidente De Ecuador Rafael Correa(2007)
Del Presidente De El Salvador Antonio Saca(2007)
Del Presidente De Nicaragua Daniel Ortega(2007
Del Presidente De Panamá Martín Torrijos(2007)
Del Presidente De Paraguay Nicanor Duarte(2007)

Del Vice Ministro de Relaciones Exteriores Gonzalo Gutiérrez(2007)
Del Presidente Leonel Fernández(2007)
En El Debate General De La 62 Asamblea General de las Naciones

Fuente: El Diario NY
G20 서울 Business Summit 개막 총회 환영사(2010. 11)
Obiang 적도기니 대통령(2010. 8) 방한 환영 답사
Ricardo Martinelli 파나마 대통령 국빈만찬사(2010. 10)
Ricardo Martinelli 파나마 대통령 공식환영식 연설(2010. 10)
2006 경제부총리 취임사(2006. 7. 권오규 부총리 연설문)
개발을 위한 재정지원(2005. 9. 아르헨티나 외교 장관 연설문)
도미니카공화국대통령 국빈방한 연설문(2006)
콜롬비아 자원 설명회(2006. 5. 광업부 전문가 연설문)
페루 에너지 광물 장관 연설(2005. 7. 연설문)
한-스페인 포럼 개막연설(2003. 11. 주한 스페인 대사 연설문)

2009 한중남미 고위급 포럼 자료
북핵실험과 동북아 정세 분석기사(2006. 10. 유뉴스 분석기사)

CIA World Fact Book: https://www.cia.gov/library/publications/the-world-factbook/
외교통상부 국가 및 지역정보: http://www.mofa.go.kr/countries/index.jsp?menu=m_40
대한상공회의소 국제통상정보서비스: http://global.korcham.net/Service/Country/appl/Map-Main.asp
대한무역투자진흥공사 해외무역관: http://www.kotra.or.kr/kh/about/KHKIPI050M.html?&MENU_CD=F0121&TOP_MENU_CD=F0104&LEFT_MENU_CD=F0121&PARENT_MENU_CD=F0112
대통령 기록관: http://www.pa.go.kr/usr/cms/cmsList.do
중남미 국가 대통령실 홈페이지

색인 Índice

A

B

C

D

E

R

S

T

U

V

ㄱ

ㅂ

ㅅ

ㅇ

ㅈ

ㅍ

ㅎ

스페인어
통역교육론

초판 인쇄 2013년 11월 7일
초판 발행 2013년 11월 15일

지은이 한원덕
발행인 박 철
발행처 한국외국어대학교 출판부
130-791 서울특별시 동대문구 이문로 107
전화 02)2173-2495~7
팩스 02)2173-3363
홈페이지 http://press.hufs.ac.kr
전자우편 press@hufs.ac.kr
출판등록 제6-6호(1969. 4. 30)
삽 화 정도영
디자인 · 편집 디자인퍼브 02)2254-4308
인쇄 · 제본 네오프린텍(주) 02)718-3111

ISBN 978-89-7464-887-9 93770 정가 18,000원

*잘못된 책은 교환하여 드립니다.

HU:iNE은 한국외국어대학교출판부의 어학 및 사회과학도서 Sub Brand이다. 한국외대의 영문명인 HUFS, 현명한 국제전문가 양성의(International+Intelligent)의 의미를 담고 있으며, 휴인(携引)의 뜻인 '이끌다, 끌고 나가다'라는 의미처럼 출판계를 이끄는 리더로서, 혁신의 이미지를 담고 있다.